VEHICLE VISUALIZATION

梅赛德斯-奔驰_CLA45 非商业项目 模型：**戴鑫祺** 材质灯光渲染：**戴鑫祺** 修图：**戴鑫祺**

梅赛德斯-奔驰_CLA45 非商业项目 模型：**戴鑫祺** 材质灯光渲染：**戴鑫祺** 修图：**戴鑫祺**

梅赛德斯-奔驰_CLA45 非商业项目 模型：戴鑫祺 材质灯光渲染：戴鑫祺 修图：戴鑫祺

梅赛德斯-奔驰_CLA45 非商业项目 模型：戴鑫祺 材质灯光渲染：戴鑫祺 修图：戴鑫祺

梅赛德斯-奔驰_CLA45 非商业项目 模型：戴鑫棋 材质灯光渲染：戴鑫棋 修图：戴鑫棋

梅赛德斯-奔驰_SLS AMG 非商业项目 模型：戴鑫祺 材质灯光渲染：戴鑫祺 修图：戴鑫祺

法拉利_458-Italia 非商业项目 模型：**戴鑫祺** 材质灯光渲染：**戴鑫祺** 修图：**戴鑫祺**

梅赛德斯-奔驰_C260 非商业项目 材质灯光渲染：戴鑫祺 修图：戴鑫祺

梅赛德斯-奔驰_C260 非商业项目 材质灯光渲染：戴鑫祺 修图：戴鑫祺

福特_翼虎 非商业项目 材质灯光渲染：戴鑫祺 修图：戴鑫祺

路虎_揽胜 非商业项目 模型：谌瑶 材质灯光渲染：戴鑫祺 修图：戴鑫祺

AC_Cobra427 非商业项目 模型：Czlaper 材质灯光渲染：戴鑫祺 修图：戴鑫祺

AC Cobra427 非商业项目 模型 材质灯光渲染 修图

保时捷_911 非商业项目 模型：**谌瑶** 材质灯光渲染：**戴鑫祺** 修图：**戴鑫祺**

INFINITI FX

英菲尼迪_FX36 非商业项目 材质灯光渲染：**戴鑫祺** 修图：**戴鑫祺**

迈凯轮-P1 非商业项目 材质灯光渲染：戴鑫祺 修图：戴鑫祺

梅赛德斯-奔驰_CLA45 非商业项目 模型：**戴鑫祺** 材质灯光渲染：**戴鑫祺** 修图：**戴鑫祺**

梅赛德斯-奔驰_CLA45 非商业项目 模型：戴鑫祺 材质灯光渲染：戴鑫祺 修图：戴鑫祺

Full CGI by
STORMFISHER

梅赛德斯-奔驰_CLA45 非商业项目 模型：戴鑫祺 材质灯光渲染：戴鑫祺 修图：戴鑫祺

Full CGI by
STORMFISHER

梅赛德斯-奔驰_CLA45 非商业项目 模型：戴鑫祺 材质灯光渲染：戴鑫祺 修图：戴鑫祺

英菲尼迪_Q50S 非商业项目 模型：黄林冲 材质灯光渲染：戴鑫祺 后期合成：戴鑫祺

英菲尼迪_Q50S 非商业项目 模型：黄林冲 材质灯光渲染：戴鑫祺 后期合成：戴鑫祺

英菲尼迪_Q50S 非商业项目 模型：黄林冲 材质灯光渲染：戴鑫祺 后期合成：戴鑫祺

英菲尼迪_Q50S 非商业项目 模型：黄林冲 材质灯光渲染：戴鑫祺 后期合成：戴鑫祺

英菲尼迪_Q50S 非商业项目 模型：黄林冲 材质灯光渲染：戴鑫祺 后期合成：戴鑫祺

VEHICLE VISUALIZATION

光与硅的艺术

VRED 汽车可视化渲染

戴鑫祺　编著

人 民 邮 电 出 版 社

北　京

图书在版编目（C I P）数据

光与硅的艺术 ： VRED汽车可视化渲染 / 戴鑫祺编著
. -- 北京 ： 人民邮电出版社, 2017.2
ISBN 978-7-115-44525-4

Ⅰ. ①光… Ⅱ. ①戴… Ⅲ. ①汽车－车体－设计
Ⅳ. ①U463.820.2

中国版本图书馆CIP数据核字(2017)第006827号

内容提要

本书提供了基于 Autodesk VRED 的汽车外观可视化解决方案，而非传统的软件教学书籍。本书的目标并不是讲解软件操作，而是提供一种集成式的知识产品，令读者可以高效地学习汽车外观可视化的关键知识体系。

本书的技能架构基于 VRED 展开，主要 3D 图形工作均在 VRED 中执行。此外，本书通过在 VRED 工作流程中嵌入 3ds Max、VirtualRig Studio Pro 与 HDR Light Studio，可以分门别类地专项解决相应的技术性问题，实现对汽车外观可视化工作的完整覆盖。

本书主要分为 3 个部分：第 1 部分（第 1 章~第 2 章）讲解了汽车可视化行业与专业技术的理论知识；第 2 部分（第 3 章~第 10 章）讲解了 VRED 软件的工作技能，包括 HDR Light Studio 与 VirtualRig Studio Pro 等附属软件的操作；第 3 部分（第 11 章~第 17 章）讲解了商业应用案例，通过 5 个教学案例和 1 个补充案例将汽车外观可视化的各大主要应用主题串联起来，实现从入门级到资深级的知识覆盖。

本书适用于汽车广告从业人员，包括职业数字化汽车广告设计师、汽车研发单位的可视化工程师、传统 4A 公司美术指导、传统汽车广告摄影师以及平面广告修图师，同时还适用于建筑 CGI 领域的技术人员、游戏团队的美术人员以及高校、教育机构的学生等。此外，本书对于对汽车 CGI 工作感兴趣且具有一定软件使用经验，但尚未入行的爱好者也同样适用。

◆ 编　　著　戴鑫祺
　责任编辑　赵　迟
　责任印制　陈　犇
◆ 人民邮电出版社出版发行　　北京市丰台区成寿寺路 11 号
　邮编　100164　　电子邮件　315@ptpress.com.cn
　网址　http://www.ptpress.com.cn

◆ 开本：889×1194　1/16
　印张：22.5　　　　彩插：12
　字数：575 千字　　2017 年 2 月第 1 版
　　　　　　　　　　2017 年 2 月北京第 1 次印刷

定价：148.00 元

读者服务热线：(010)81055410　印装质量热线：(010)81055316
反盗版热线：(010)81055315

前言 PREFACE

这是一本关于汽车外观可视化的书籍。

解决方案

在行业内，我们常常会面对一些错综复杂的问题，为了解决这些问题，我们会相应地设计一整套产品体系。这种体系就叫作解决方案（Solution）——为了解决特定问题而提出的特定整体式方案。

本书也是一个解决方案，这是本书与常见软件教学书籍的不同之处。相应的特定问题和方案请参考下文。

1. 提出问题

如何快速、有效地掌握汽车外观可视化技能？

2. 提供方案

» 获取汽车外观可视化所需要的基本知识储备，主要包括如下内容。

行业工作内容。

行业发展状况。

从业者工作状态。

基本汽车知识。

基本汽车审美知识。

基本技术储备。

» 使用下列软件，分别解决项目进程中所面临的各阶段性问题，进而解决前面所提出的整体性问题。

Autodesk 3ds Max：可视化模型检查与整理。

Autodesk VRED：汽车外观可视化。

Lightmap HDR Light Studio：自定义环境照明（布光）。

DevTank VirtualRig Studio Pro：运动模糊效果制作。

Adobe Photoshop：后期修图。

» 通过本书合理的内容编排，读者可以在较短的时间内掌握书中的内容。

第1部分（第1章~第2章）：基本知识储备，包括行业知识和软、硬件需求等。

第2部分（第3章~第10章）：软件技术知识，包括技术储备和VRED、HDR Light Studio、VirtualRig Studio Pro等重要软件的专门教学。

第3部分（第11章~第17章）：商业项目教学，运用前两部分所学的知识执行真正的汽车可视化项目。

3. 总结

可以看到，为了达到快速、有效地掌握汽车外观可视化技能这个目标，除了应该储备相应的知识，还需要联合使用多种软件。但是，请不要被这个复杂的软件列表吓到，我们不需要精通每一个软件的每一项功能，只需要掌握那些可以满足我们制作需求的模块即可——这种学习方法可以大大降低学习成本，减小学习难度。

在上述软件中，VRED居于核心地位，其他软件的学习都围绕着VRED展开，以满足VRED的需求为优先。所以，本书是一套基于VRED的汽车可视化解决方案教学。

需要注意的是，我们虽然用了极大的篇幅从头讲解VRED的操作性知识点，但这并不是一本《Autodesk VRED Pro 2015 从入门到精通》或者《30天从零开始学会VRED》的书。VRED虽然居于核心软件的位置，但它仍然是为“汽车外观可视化”这一主题服务的，其他软件也是如此。在学习时，请千万要意识到这一点！

读者知识背景

我立志于写一本深入浅出的汽车可视化教学书籍，让有志于学习汽车可视化相关知识的读者都能得到帮助。但是，如果从基本的Photoshop使用方法开始教学，显然会造成严重的篇幅浪费。所以，如果你计划完整地学习本书的内容，建议你具备以下技能。

具有主流三维软件（3ds Max、Maya等）的入门级使用经验。

具有主流后期软件（Photoshop、After Effects等）的入门级使用经验。

了解基本的3ds Max使用方法。你无需掌握渲染、动画、建模等复杂模块，但需要了解基本的面板功能，以及视口操作和导入导出等内容。

了解基本的Photoshop使用方法。你无需掌握复杂的修图技能，但需要了解基本的面板功能，以及图层、画笔和蒙版等相关知识。

简单来说，你需要有三维软件和Photoshop的使用经验。不过，如果你是在主机厂设计院工作的可视化工程师，可以不用掌握3ds Max相关技能——因为VRED可以直接打开常见的工业格式的文件，所以在流程中，你无需使用3ds Max进行模型整理。

感谢

本书时断时续地写了足足两年，在这珍贵的两年中，我有幸得到了许多人的帮助和支持，在此，请接受我真诚的感谢。

感谢Mackevision（迈科伟城）对本书的图像内容授权，特别感谢Beatrix Frisch女士和Nadja Atwaa女士的帮助。

感谢Maground（美观图像）提供的高品质HDRI和背景图像，感谢于丽萍女士的帮助。

感谢DOSCH DESIGN提供的高品质HDRI，感谢Sebastian Dosch先生的支持。

感谢BITONE（比特视界）对本书的图像内容授权，感谢叶青先生的支持。

感谢戴翼先生和王立阳先生对虚拟评审内容的检查和指正。

感谢Czlaper先生、谌瑶先生和黄林冲先生提供的制作精美的车辆模型（它们被使用在随书的作品集之中）。

感谢Osama Al-Qader先生提供的引用作品授权。

此外，还要感谢我的朋友王凯为CLA演示案例制作的高品质制动卡钳模型。

资源下载说明

本书附带项目教学的相关操作文件和最终效果文件等，以及与本书相关的22个教学视频文件。扫描右侧的“资源下载”二维码，关注我们的微信公众号即可获得下载方式。资源下载过程中如有疑问，可通过在线客服或客服电话与我们联系。在学习的过程中，如果遇到问题，也欢迎您与我们交流，我们将竭诚为您服务。

官方网站：www.iread360.com

客服邮箱：press@iread360.com

客服电话：028-69182687、028-69182657

资源下载

扫描二维码

下载本书配套资源

目录

CONTENTS

第1部分　基本知识储备

01 汽车可视化行业概述 009

1.1 汽车可视化行业概述 010

1.2 著名汽车可视化供应商简介 014

1.3 汽车可视化行业发展现状 016

02 应用软件和硬件需求 017

2.1 应用软件说明 018

2.2 你需要的硬件装备 021

2.3 软件安装说明 024

第2部分　软件技术知识

03 基础教学导读与CG技术知识 029

3.1 关于软件基础教学 030

3.2 CG技术知识 031

04 开始学习VRED 043

4.1 开始学习前的准备工作 044

4.2 VRED工作流程、演示案例与显示模式 046

4.3 VRED的工作界面 054

4.4 VRED的基本操作 063

05 VRED基本工作模块解析 067

5.1 SceneGraph（结构树）：场景管理 068

5.2 Transform（变换）：对象变换操作 070

5.3 Asset Manager（预设管理器）：预设管理 073

5.4 Ambient Occlusion（环境光阻光） 076

5.5 Geometry Editor（几何编辑器）：法线处理 080

5.6 Camera Editor（摄影机编辑器）：摄影机管理 085

5.7 Timeline（时间线）：动画控制 095

06 材质与材质编辑器 097

6.1 Material Editor（材质编辑器） 098

6.2 Reflective Plastic Material（反射塑料材质） 101

6.3 Glass Material（玻璃材质） 110

6.4 观察真实车漆 113

6.5 Carpaint Material（车漆材质） 131

6.6 Shadow Material（阴影材质） 133

07 环境与照明 135

7.1 关于Environment（环境） 136
7.2 创建环境 138
7.3 Sphere Environment（球形环境） 138
7.4 HDR Light Studio 142

08 渲染输出 149

8.1 概述 150
8.2 File Output（文件输出） 150
8.3 General Settings（通用设定） 157
8.4 Raytracing Quality（光线追踪质量） 159
8.5 Display Output（显示输出） 162
8.6 渲染按钮 163
8.7 渲染参数模板 164

09 模型准备 167

9.1 模型准备工作介绍 168
9.2 3ds Max中的模型准备流程 169
9.3 导出设置 174
9.4 脚本工具 175
9.5 其他备注 176

10 VirtualRig Studio Pro 177

10.1 关于VirtualRig Studio Pro 178
10.2 VirtualRig Studio Pro格式 179
10.3 VirtualRig Studio Pro图标栏 179
10.4 Project Settings（项目设置） 180
10.5 Render Settings（渲染设置） 181
10.6 Change Image（更改图像） 182
10.7 Blurrer（模糊线） 182
10.8 Spherical image mode（球形图像模式） 184

第 3 部 分 商 业 项 目 教 学

11 车辆外观表现思路 185

11.1 车辆术语 186
11.2 外观表现思路 188
11.3 布光原理 193

12 项目教学01 197

12.1 项目说明 198
12.2 使用工作文件夹 198
12.3 模型准备与导入 200
12.4 材质指定 202
12.5 摄影机 215
12.6 布光 219
12.7 最终产品输出 228
12.8 后期修图 232

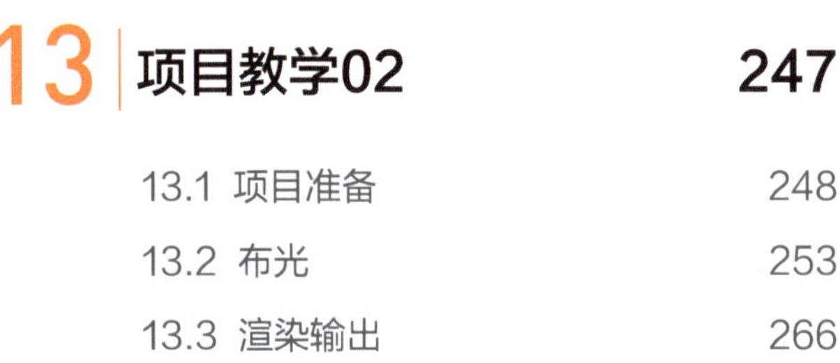

13 项目教学02 247

13.1 项目准备 248
13.2 布光 253
13.3 渲染输出 266
13.4 修图 274

14 项目教学03 281

14.1 项目准备 282
14.2 摄影机确认 284
14.3 布光 284
14.4 渲染输出 290
14.5 修图 294

15 项目教学04 299

15.1 项目准备 300
15.2 环境与摄影机 302
15.3 环境运动模糊 307
15.4 布光 313
15.5 动画 317
15.6 渲染输出 319
15.7 修图 323

16 项目教学05 329

16.1 项目准备 330
16.2 构思 331
16.3 车漆 332
16.4 环境与摄影机 333
16.5 材质微调 335
16.6 布光 336
16.7 渲染输出 339
16.8 修图 344

17 补充教学——焦散 353

17.1 概述 354
17.2 文件准备 354
17.3 灯光 355
17.4 参数调整 357
17.5 渲染输出 358

汽车可视化行业概述

VEHICLE VISUALIZATION

- 了解汽车可视化技术的应用领域
- 了解业内著名公司
- 了解从业人员的就业方向

1.1 汽车可视化行业概述

对于Vehicle Visualization（汽车可视化）的概念，业界并没有严格的定义。它通常是指一切使用虚拟技术来制作汽车影像的工作。在很多时候，它和“汽车虚拟影像”是同一个意思。

汽车可视化也常常被笼统地称为“汽车CG”，这不但是因为CG（Computer Graphics，计算机图形）是实现可视化最重要的手段，而且“汽车CG”还可与“建筑CG”“影视CG”等其他CG行业进行区分。

汽车可视化业务涵盖了汽车产业链的多个环节，从前期设计到后期营销阶段均有介入。其中，最典型的应用集中在3个领域：产品设计、工程模拟和市场营销。

TIPS 在实际工作中，“可视化”通常是指产品设计和市场营销两个领域，而不包括工程领域，这是一个惯例。

1.1.1 汽车可视化在行业中的应用

在行业内部，通常将一般意义上的“汽车厂”称为“主机厂”，以便与产业链上的其他供应商进行区分。“主机厂”下属的造型设计部门是可视化技术的主要用户之一。

设计部门使用的可视化相关技术主要是Virtual Reality（虚拟现实），其含义基本等同于：使用计算机来模拟现实世界，令真实的车辆在被制造前即可被观察和感知，以便于完善设计方案。本书将介绍的Autodesk VRED Pro 2015就是一款著名的虚拟现实/可视化软件。

经过多年发展，虚拟现实已经扎根于汽车造型设计的方方面面：从曲面造型、反射检查和方案配置到人机工程，都有虚拟现实技术的身影。其中，最典型的应用是“虚拟评审”——新车的生死劫。

当一辆新车的造型设计进行到后期阶段，往往会有多个方案需要斟酌考量。同时，下级部门也需要向上级部门进行汇报展示。为了完成这些工作，“虚拟评审”应运而生，它是在一个专门配置的评审室内进行的，主要配备如下。

（1）配备了能与真车1：1显示的巨大PowerWall（一种超大显示屏）。

（2）使用昂贵的高性能图形工作站。

（3）安装了专为此种业务开发的虚拟现实软件。

除了上述常规配置，高标准的“虚拟评审”甚至还配装了沉浸式的3D HMD（Head Mount Display，头盔）或CAVE设备，以便于完整、真实、准确地展示各个设计方案的优劣与特点，帮助设计团队筛选出最优秀的组合方案。

“虚拟评审”工作会使用到专业的评审软件。目前，最常用的评审软件有Autodesk Showcase、Autodesk VRED（PI-VR VRED）和DassaultSystems 3DExciteDeltaGen（RTT DeltaGen）这3种，下面将进行介绍。

TIPS

Autodesk Showcase：这是著名的行业软件供应商Autodesk开发的虚拟评审软件，如图1-1所示。它常被整合进造型设计软件Alias Automotive，作为可视化解决方案。其特点是历史悠久、功能完善、易于使用和硬件需求低，但视觉质量和产品性能较差。

图1-1 Autodesk Showcase

Autodesk VRED（PI-VR VRED）：这是原德国供应商PI-VR开发的优秀虚拟现实软件，后被Autodesk收购，作为Showcase的替代方案，参与汽车可视化市场的竞争，如图1-2所示。VRED是Virtual Reality Editor（虚拟现实编辑器）的缩写，它不但功能丰富、上手简单、视觉质量优秀、数据交换能力出众，而且对硬件需求适中，是该领域十分有力的竞争者。

图1-2 Autodesk VRED（PI-VR VRED）

DassaultSystems 3DExciteDeltaGen（RTT DeltaGen）：这是由原德国供应商RTT开发的著名虚拟现实软件，后被DassaultSystems（达索系统）收购，作为达索系统的3DExperience平台下的可视化解决方案使用，如图1-3所示。DeltaGen是可视化领域事实上的行业标准，普及率极高——在全球设计中心几乎人手一套，其功能强大，使用方便，视觉质量极其优异，数据准备能力十分出众。不足之处是，它的硬件需求极高，价格昂贵，故只适用于高端行业用户。

图1-3 DassaultSystems 3DExciteDeltaGen（RTT DeltaGen）

1.1.2 工程设计与模拟

工程设计与模拟领域的可视化应用较为"技术范儿"，这一领域的从业者不是设计师，而是工程师；应用目标不是出于"美术"，而是基于"工程"。

我们熟知的车辆结构设计、流体力学模拟、材料强度模拟和碰撞安全模拟等工作都属于工程设计与模拟范畴。在这里，我们必须提到一款重量级软件——DassaultSystems CATIA。

CATIA是Computer Aided Three-Dimensional Interface Application（计算机辅助三维界面应用）的缩写，是一款行业标准级别的CAD/CAE/CAM（计算机辅助设计/计算机辅助工程/计算机辅助制造）一体化软件，也是每一个汽车可视化行业的从业者都应当知晓的软件，如图1-4所示。

图1-4 CATIA

主机厂的工程部门通常使用CATIA来设计最终整车数据，这些数据包含了整车的各种工程信息，将用于最后的汽车制造流水线。所以，CATIA生成的整车数据即真车最准确、最完美的数字备份。对于这样的整车数据，业内有一个专门的称呼：数模，即工业数据模型，用于区分一般非工业的三维车辆数据（如爱好者使用Polygon建模制作的汽车模型）。

数模是最完美的车辆数据，也是最珍贵的车辆数据，所以，通常是被厂家严格保密的。只在必要时才会将数模提供给专门的供应商，同时主机厂会与供应商签署严格的保密协议，以防数据外泄。

对于主机厂和供应商而言，数模都是极为重要的资产。

TIPS 数模也常常被称为“工模”“数据”“工业数据”，它来源于英文Data（数据）。在业内，使用任何一个称呼都是可行的。

1.1.3 市场营销

市场营销是汽车可视化技术最重要的应用领域之一，也是距离你我最近的领域。这种“近”不仅仅指我们生活中随处可见汽车广告，还表示如果一个普通人想要进入汽车可视化行业，这是最容易的途径。

市场营销已经深深地根植于可视化技术，常见的业务内容有四大类：互动展项、卖点视频、TVC和CGI摄影。

互动展项：常见于车展、体验中心或车辆营销活动，如图1-5所示，是新兴的细分市场。这类业务往往使用高技术的虚拟现实或互动体验手段与观众进行互动，双向地传播目标信息，事半功倍，如图1-6所示。

图1-5 马自达创驰蓝天营销活动

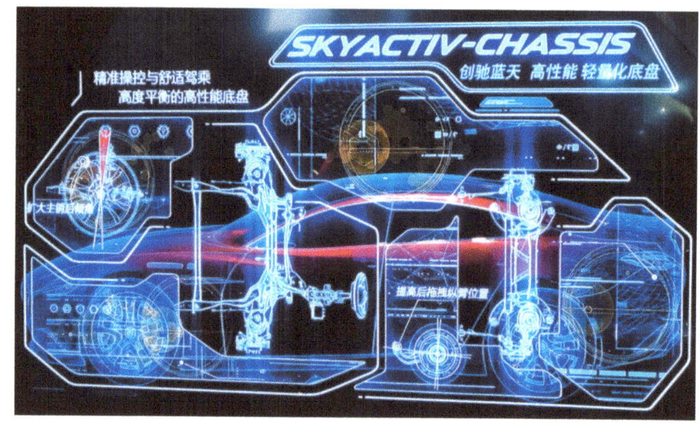

图1-6 马自达创驰蓝天互动展项（BITONE）

卖点视频：这是一些简短的小型视频，其目的是说明车辆的相关功能或信息。卖点视频的出现基于一个简单的需求——让用户方便、直观地了解车辆的相关信息。

TIPS 在这些需要被说明的车辆信息中，有一部分较为隐蔽，无法让用户直接知晓，如车身电子稳定系统；一部分较为复杂，难以让用户直观地理解，如涡轮增压原理；一部分则根本无法让用户直接体验，如安全气囊的弹出保护机制。

这三类信息传播占据了卖点视频的绝大部分内容，另有一种特殊的卖点视频，被称为“360观车”。这种视频可以让用户从各个方向无死角地查看目标车辆，并且为车辆选装不同的配置。“360观车”往往应用在用户无法直接接触真车的场合，如各大车商的官方网站与移动APP上，如图1-7和图1-8所示。

图1-7 梅赛德斯-奔驰Driving Experience（Mackevision）

TIPS

图1-8 英菲尼迪Q50S 360观车（BITONE）

TVC：TVC是Television Commercial（电视广告片）的缩写。在目前的TVC项目中，可视化技术最主要的角色是扮演一个技术说明人——展示常规拍摄无法展示的技术性内容，如飞旋的齿轮、运动的活塞、车体内部的钢架等。

TIPS

TVC通常有全实拍、全CG、实拍+CG这3种。根据项目需求、执行周期、美术风格、项目预算的不同，客户会选择不同的TVC执行方案。

一般来说，全实拍的TVC具有最出色的细节品质，全CG的TVC则可以展现最大的想象力，“实拍+CG”的方案能结合两者的优势，但技术要求较高，执行难度较大。

无论哪种方案，TVC都是一种技术要求高、执行周期长、参与人员众多、单位费用高昂的项目。TVC业务的执行能力往往代表着技术团队的行业高度，图1-9和图1-10分别是保时捷918和英菲尼迪JX的TVC分镜头效果。

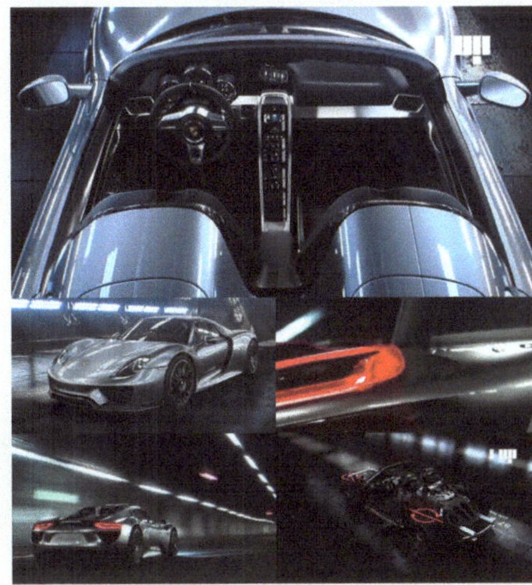

图1-9 保时捷918：部分TVC镜头（Mackevision）

图1-10 英菲尼迪JX：部分TVC镜头（BITONE）

CGI摄影：我们在杂志、车书、广告牌上看到的汽车平面广告，有很大一部分使用了可视化技术。许多精美的广告往往被认为是摄影师的手笔，然而事实上，它们却是CGI技术的成果。图1-11为梅赛德斯-奔驰平面广告。

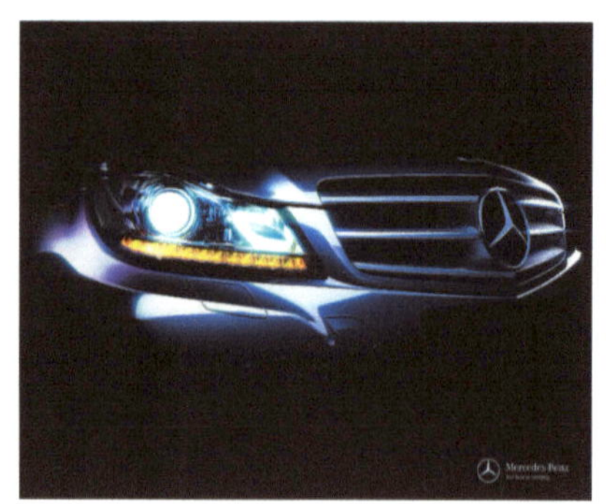

图1-11 梅赛德斯-奔驰平面广告（BITONE）

TIPS

CGI（Computer Generated Image，计算机图像）如同字面意思，是指由计算机生成的图像内容。在行业内部，为了与TVC等动画业务相区分，CGI通常是指Single Frame（单帧）或称Still Image（静态图像）。在CGI技术与传统摄影术的碰撞过程中，因为双方的工作思路和服务内容十分接近，所以，前者也常常被称为"CGI摄影"——传统摄影术的延伸与部分替代品。

相信许多人会问："为什么不直接去拍一张照片呢？"

事实上，我已经被问过无数次这种问题了。在我有限的职业生涯当中，每当介绍起自己的工作，人们总是会感到诧异："为什么你们不直接去拍一张照片呢？"其答案是复杂的，不过简单来说，商业广告摄影是汽车的"艺术照"，而直接去拍一张是"生活照"。为了拍好一个女孩的艺术照，我们需要购买昂贵的相机，准备专业的摄影棚，请她穿上最美的衣衫，为她精心地化妆，小心地调节每一处灯光，让她摆出最动人的姿势，在最美好的瞬间捕捉她最美丽的神情……如果是外拍，我们还要为她预约最佳的外景地，期盼最合适的天气，做好最万全的准备，然后等待光影中最美的一瞬间……

以上每一步都不简单，于人如此，何况汽车！

要拍摄汽车的"艺术照"，既难又贵，因为这涉及拍摄器材、场地支持、新车保密、车辆调度、周期安排、样车运输、车辆美容和拍摄安全等方方面面。更何况某些新车犹如深闺中的姑娘，时常因为各种原因调度不得，有时甚至还没有被制造出来，想拍还拍不到呢！

CGI摄影在质量上几乎能做到以假乱真，并且由于全虚拟的特性，很大程度上解决了实拍中的难题。由于技术进步，CGI摄影往往能够提供更短的制作周期和更有竞争力的报价，逐渐占有了一部分原属于实拍的市场，成为重要的广告执行手段。

但请不要误会，CGI摄影并不是廉价的实拍替代品，而是一种新的制作方式。它与实拍的关系更类似于绘画与摄影的关系——二者都是艺术表现方法，并无高下之分，同时各有各的风格、优势和劣势。

学习CGI摄影是进入汽车可视化行业最快速、最简单的途径。但CGI摄影也是"易于上手，难于精通"的，当跨过了最初的技术门槛以后，个人的美学修养将决定从业者最终能达到的高度。所以，对于有志于从事汽车可视化行业的人来说，掌握技术和提升审美都是非常重要的。

1.2 著名汽车可视化供应商简介

下面将对业内的知名团队进行简要介绍。

1.2.1 Mackevision（迈科伟城）

Mackevision是老牌德国企业，拥有超过20年的历史，是全球可视化行业的领导者，中文名为"迈科伟城"或"马克视觉"。它拥有优秀的技术开发能力与极强的美术制作能力，多年来为梅赛德斯-奔驰、宝马、保时捷等一线大牌制作过众多质量优异的可视化产品。

官方网站：http://www.mackevision.com

官方网站二维码如图1-12所示。

图1-12 Mackevision官方网站二维码

1.2.2 3DExcite（RTT）

3DExcite即上文提到的RTT，被Dassault Systems（达索系统）收购后改名3DExcite，也是一家老牌的德国企业。3DExcite本质上并不是一家视觉供应商，而是软件开发商，在可视化领域提供以DeltaGen为核心的一系列解决方案。虽然其主业并非视觉业务，但3DExcite制作的许多项目都达到了较高的行业标准。

官方网站：http://www.rtt.ag/zh

官方网站二维码如图1-13所示。

图1-13 3DExcite官方网站二维码

1.2.3 Staud Studios

Staud Studios是一家著名的德国供应商，业务横跨实拍与CGI两大领域，拥有世界顶尖的项目执行品质。它使用VRED进行创作的CGI工作内容被放在Autodesk官网上，供各国用户学习。

VRED案例展示：http://www.autodesk.com/products/vred/case-studies

官方网站：http://www.staudstudios.com

VRED案例展示和Staud Studios官方网站二维码如图1-14和图1-15所示。

图1-14 VRED案例展示二维码

图1-15 Staud Studios官方网站二维码

1.2.4 BITONE（比特视界）

BITONE是BitAuto（易车集团）旗下的专业可视化供应商，总部位于北京，是国内技术最强、业务能力最优秀的供应商之一。多年来它已为梅赛德斯-奔驰、奥迪、英菲尼迪等品牌制作过大批优秀的广告作品。

官方网站：http://www.bitone.com

官方网站二维码如图1-16所示。

图1-16 BITONE官方网站二维码

1.3 汽车可视化行业发展现状

以广告行业为例。广告行业在国外经过多年发展，商业环境成熟，技术流程完善，从业人员经验丰富；而广告行业在国内还处在起步阶段，整个行业历史不到十年，高速发展不到五年，是十足的新兴行业。

由于目前中国已经超越美国成为全球最大的汽车市场，相关的可视化业务必然随之扩张。同时，由于国际尖端企业的进入和国内新兴团队的组建，相关市场的竞争必将更加激烈。激烈的竞争将带来更开放的市场环境，加速制作水平的提升，促进数字产品更新换代，这对于具体的从业者而言既意味着不断面临挑战，也代表着源源不断的机会。就目前整体市场而言，汽车可视化行业的从业人员集中在以下3个领域。

1.3.1 主机厂可视化部门

通常下辖于主机厂内部的设计院是重要的支持部门。在国内，如一汽大众、上海泛亚、长安福特和广汽集团等均设有此部门，这个部门负责新车设计的可视化相关工作，通常还负责“虚拟评审”。作为汽车产业链上当之无愧的甲方，大型主机厂的待遇和福利水平均十分优秀，在可视化部门工作通常是令人羡慕的。

1.3.2 专业可视化公司

市场营销领域的专业技术公司是广告公司的一种。由于专业程度高、技术储备足和市场定位明确的优势，这种公司往往能成为业界的核心力量。前文所述Mackevision即是此类公司的代表。

这些公司的技术骨干往往都是行业内的技术精英，同时，团队还为员工提供了良好的培训机会。对于从业者而言，此类技术型团队是学习专业技能的不二选择；我曾见过许多新入行的毕业生在加入这类公司后，技术水平在短短几个月内便突飞猛进。

1.3.3 摄影/修图/广告公司

这是另一种广告公司，主要由传统广告团队增设计算机图形部分而来。与专业可视化公司制作各式各样的可视化内容不同，此类公司的主要业务为摄影及CGI摄影——它们进行了市场上的大多数汽车平面广告业务。与上面提到的专业可视化公司相比，这类传统广告公司的技术水平稍弱，技术团队也较小，其长处在于深厚的行业积累和美术经验。

TIPS

就目前而言，无论哪个领域，专业的汽车可视化从业者都处于严重缺乏的状态，各家公司都面临着招不到人的难题，而近几年的市场增长更是加剧了这种状况。

其原因在于，作为一个独特的细分领域，汽车表现的相关岗位需要从业者具有较大跨度的知识储备：一个普通从业者不仅需要懂得如何使用专业软件，还需要具备一定的美学素养，并且还应当了解相关的汽车常识；更高级的从业者还必须具备汽车工程知识和软件开发知识——这样的跨界需求在任何行业都会导致人才培养困难。

复杂的知识背景需求使入行的门槛抬高，再加上行业刚刚起步，业内采用的还是师傅带徒弟、手把手教人的培训方式，所以，难以开展批量培训。而许多有志于此的新人往往由于缺乏学习资料而不得不大走弯路或半途而废，因此人才自然紧缺。

立志从事汽车可视化行业的人请坚定好你的信念，准备好面对各式各样的挑战吧！道路曲折，回报丰厚，你我共勉！

02 应用软件和硬件需求

V E H I C L E   V I S U A L I Z A T I O N

- 了解应用软件需求
- 了解硬件平台要求
- 安装所需软件

2.1 应用软件说明

我们将使用多种软件完成相应的任务目标，每种软件均有其特殊的专业用途，合理搭配相关软件，将实现工作效率的最大化。本书将讲解的软件如表2-1所示，请不要被这个列表吓倒，因为我们只需要使用每个软件的部分甚至一小部分功能。而且这里的多数软件都十分容易上手，有的甚至只需要20分钟就能学会，所以，学习压力并不大。

表2-1 本书使用的相关软件列表

软件名称	软件分类	项目用途
Autodesk 3ds Max 2015	综合性3D软件	模型检查与准备
Autodesk VRED Pro 2015	专业虚拟现实软件	车辆外观表现
Lightmap HDR Light Studio 4.1	专业布光辅助软件	光照环境控制
DevTank VirtualRig Studio 2.2 Pro	专业运动模糊制作软件	背景/环境运动模糊处理
Adobe Photoshop CC 2014	专业图像处理软件	后期修图

TIPS 请一定要明白，汽车表现是一项典型的“易于上手，难于精通”型的工作，所以，在学习的开始阶段，千万不要有太大的压力。

2.1.1 Autodesk 3ds Max软件说明

Autodesk 3ds Max是全球最优秀的三维内容制作软件之一，是与Autodesk Maya并驾齐驱的著名综合性工作平台。它功能强大、上手容易、插件丰富、资料众多，在国内拥有极其广大的用户群。

本书将使用中文版Autodesk 3ds Max 2015（以下简称3ds Max）作为综合性工作平台。这款软件负责模型检查与准备工作，为VRED的可视化操作提供基本的模型数据。中文版Autodesk 3ds Max 2015的启动界面如图2-1所示，其工作界面如图2-2所示。

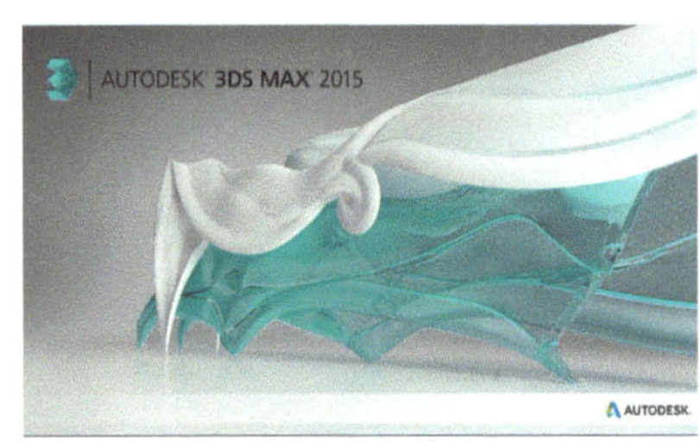

图2-1 中文版Autodesk 3ds Max 2015启动界面

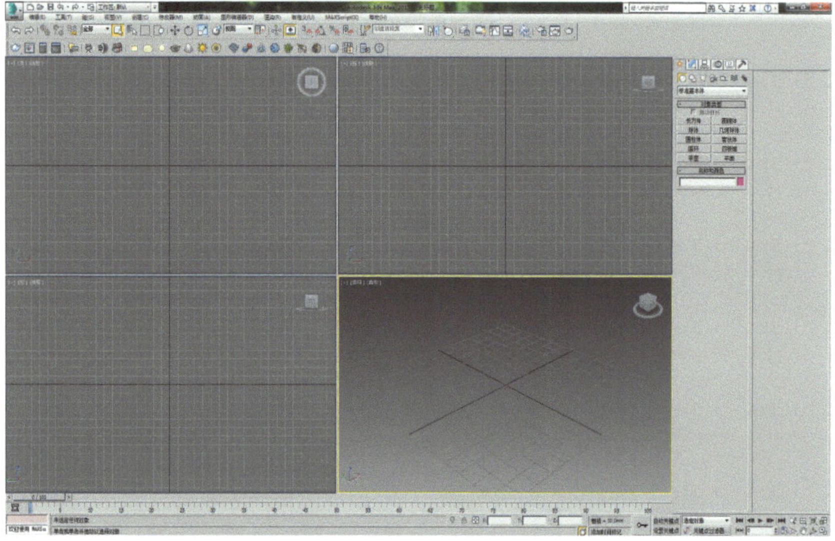

图2-2 中文版Autodesk 3ds Max 2015工作界面

2.1.2 Autodesk VRED软件说明

Autodesk VRED是一款优秀的虚拟现实软件，主要应用于主机厂造型设计部门，是Autodesk推荐的汽车可视化解决方案。

VRED是Virtual Reality Editor（虚拟现实编辑器）的缩写，原本是德国软件公司PI-VR旗下的产品，后被大名鼎鼎的Autodesk收购，用以替代自家的Showcase，并参与汽车可视化市场竞争。

作为一套可视化解决方案，为了应对不同的用户需求，VRED系列软件有三大版本，分别是VRED、VRED Design和VRED Professional（VRED Pro），三者类似于汽车上常见的低配、中配和高配的关系，其中VRED Pro是功能最强的版本。除此以外，VRED还提供了辅助模块VRED Server和VRED Presenter，用于分布式渲染和产品展示。

在本书中，Autodesk VRED Pro 2015（以下简称VRED）将作为汽车外观表现的核心软件进行讲解，其启动界面如图2-3所示，工作界面如图2-4所示。

图2-3 Autodesk VRED Pro 2015 启动界面

图2-4 Autodesk VRED Pro 2015 工作界面

VRED虽然是一款主要供评审使用的虚拟现实软件，但其配备的多项功能对CGI摄影而言均十分有用，同时上手容易、视觉质量好，因而也普遍被当作常规渲染器使用，如前文中提到过的Staud Studios的例子。

TIPS 在本书出版时，按照惯例，Autodesk应当已经发布了VRED的新版本，但是我建议你在学习时仍然使用2015版，以保证功能说明上的一致性。当你学会一个版本以后，学习另一个版本将是十分轻松的。

2.1.3 Lightmap HDR Light Studio软件说明

HDR Light Studio是Lightmap公司推出的专业HDRI制作软件，能极其高效地创建优质全景HDRI，是产品表现用户必备的辅助软件。

HDR Light Studio的使用极其简单，可谓“打开即会”。同时，它还为众多软件开发了数据接口，可实现优质的实时操作。值得称赞的是，HDR Light Studio已经与VRED实现了无缝整合，这令我们可以在VRED中享受到极其舒畅的交互式布光体验。

本书中使用的HDR Light Studio版本为4.1版，我将它作为VRED的附属布光软件进行讲解。Lightmap HDR Light Studio 4.1的启动界面如图2-5所示，工作界面如图2-6所示。

图2-5 Lightmap HDR Light Studio 4.1启动界面

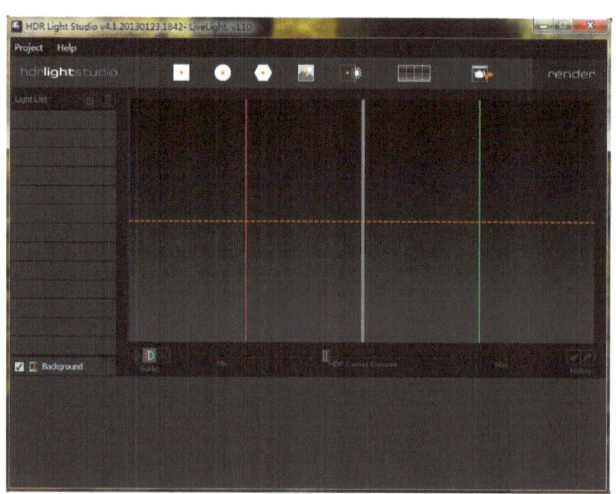

图2-6 Lightmap HDR Light Studio 4.1工作界面

TIPS 在本书出版时，按照惯例，Lightmap 应该已经发布了HDR Light Studio的新版本，但是我仍然建议你使用文中所述的4.1版本进行学习，以保证功能说明的一致性。同VRED一样，学会一个版本后学习另一个版本将会十分容易。

2.1.4 DevTank VirtualRig Studio Pro软件说明

DevTank VirtualRig Studio Pro是一款非常特别的软件，它的功能十分简单，简单到仅仅被用来创建运动模糊图像。但是，它十分重要，重要到我们必须专门为它保留一块硬盘空间，以方便快速地对图像进行运动模糊计算。

DevTank VirtualRig Studio Pro是一款专业的、极其强悍的运动模糊处理软件，它可以为没有运动模糊的图像添加逼真的运动模糊效果，是模拟路跑画面的神器。它不仅可以处理常规的背景图片，还能优质高效地处理360°全景HDRI，是车辆渲染的必备软件。

在没有DevTank VirtualRig Studio Pro的年代，想要对全景HDRI添加运动模糊是一项极其艰难的工作。有了DevTank VirtualRig Studio Pro以后，一切都变得不同了，请记住这款小巧的软件，它会成为制作酷炫路跑效果的好帮手。在本书中，使用的软件版本为VirtualRig Studio 2.2 Pro，其工作界面如图2-7所示。

TIPS 我建议你安装与本书版本相同的DevTank VirtualRig Studio Pro进行学习，避免出现教学内容与所用软件功能不符的情况。

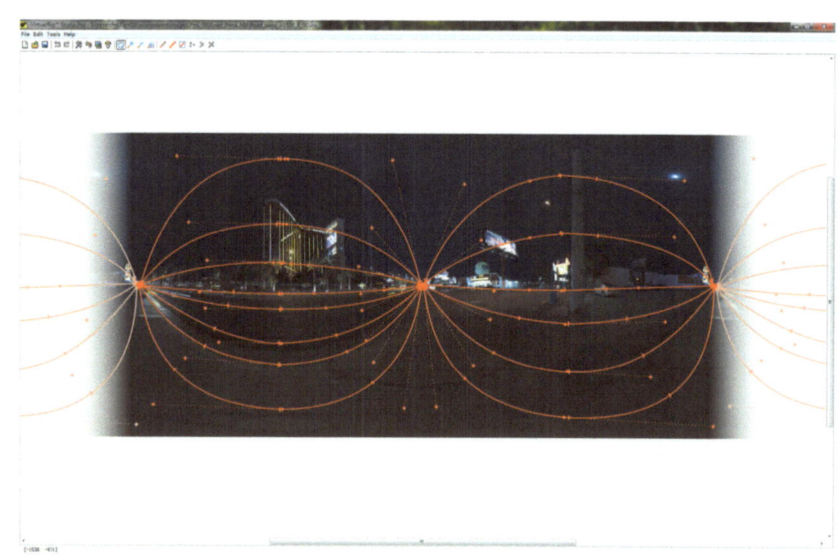

图2-7 DevTank VirtualRig Studio 2.2 Pro工作界面

2.1.5 Adobe Photoshop软件说明

还有比Photoshop更知名、更大众化的设计软件吗？

还有比“P一下”更通俗易懂的设计术语吗？

还有比会“P图”更讨女朋友欢心的设计技能吗？

没有！一定没有！

那么，关于它的介绍，也是完全多余的了。

你只需知道，本书使用的软件版本为Photoshop CC 2014 中文版，其启动界面如图2-8所示，工作界面如图2-9所示。

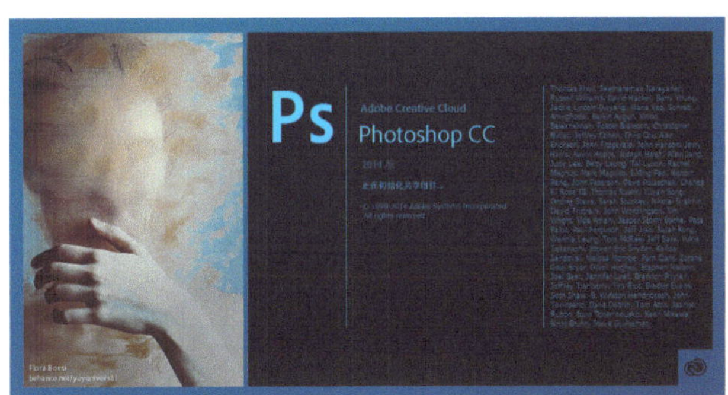

图2-8 Adobe Photoshop CC 2014 启动界面

图2-9 Adobe Photoshop CC 2014 工作界面

2.2 你需要的硬件装备

“工欲善其事，必先利其器”。汽车可视化软件是典型的硬件“大户”，为了良好地开展工作，你至少需要一台配置过关的计算机。由于VRED为全书最核心，也是最具代表性的工作平台，所以，相关硬件配置均以VRED需求为基准。

2.2.1 Autodesk官方配置需求

表2-2所示是Autodesk官方提供的VRED系列产品配置需求表（2014年版，中英对照）。

表2-2 VRED系列软件配置需求列表

Category 【项目】	Requirements 【需求】
Hardware 【硬件】	(64-bit) Intel® processor with Intel® EM64T-capable or AMD® Athlon 64®, AMD Opteron® processor 【兼容EM64T技术的64位英特尔处理器，或者AMD速龙64/皓龙处理器】
	1GB RAM 【1GB内存】
Graphics requirements 【图形需求】	Generation NVIDIA Mobile / Quadro 【英伟达移动式/Quadro显卡】
	High End：Quadro K6000/6000/5000，Quadro FX 5800/4800，Quadro FX 3800，Quadro FX 5600/4600，Quadro FX 3700M 【高端：Quadro K6000/6000/5000，Quadro FX 5800/4800，Quadro FX 3800，Quadro FX 5600/4600，Quadro FX 3700M】
	Midrange：Quadro K4000/4000，Quadro FX 3800，Quadro FX 2800M，Quadro FX3700，Quadro FX 2700M 【中端：Quadro K4000/4000，Quadro FX 3800，Quadro FX 2800M，Quadro FX3700，Quadro FX 2700M】
	Low End：Quadro K2000/2000，Quadro，Quadro FX 3700，Quadro FX 1700M 【低端：Quadro K2000/2000，Quadro，Quadro FX 3700，Quadro FX 1700M】
	GX1xx：Quadroplex 7000 (2 x Quadro 6000) 【GX1xx：Quadroplex 7000 (2 x Quadro 6000)（一种特殊的超高性能显卡设备）】
	GT2xx：Quadroplex 2200D2 (2 x Quadro FX5800) 【GT2xx：Quadroplex 2200D2 (2 x Quadro FX5800)（一种特殊的超高性能显卡设备）】
	Generation AMD RV 870，V 4800/V3800 【新一代AMD RV 870，V 4800/V3800】
	Highend：FirePro V9800/V8800 【高端：FirePro V9800/V8800】
	Midrange：FirePro V7800/V5800 【中端：FirePro V7800/V5800】
	Low end：Fire Pro 【低端：Fire Pro】

续表

Category 【项目】	Requirements 【需求】
Operating Systems 【操作系统】	Microsoft® Windows® 7 (64-Bit) 【微软64位版Windows 7】 Microsoft® Windows® 8 and Windows® 8.1 (64-Bit) 【微软64位版Windows 8或8.1】 Microsoft® Windows® Server 2008 R2 【微软Windows Server 2008 R2】 Additionally for VRED Render Node Linux Version： Linux with GNU C Library stable release version 2.5 with installed X-Server （VRED Linux 渲染节点相关需求，Windows用户不必关心此内容）
Other Software 【其他软件】	Adobe® Acrobat® Reader (required to view PDF documentation provided)，www.adobe.com 【Adobe Acrobat Reader（用于阅读软件附带的PDF文档），www.adobe.com】 Internet Browser (certified： Mozilla Firefox， Internet Explorer 6) 【网络浏览器（建议选择：Firefox、IE6）】 Flash Player to view Tutorials 【FlashPlayer用于观看视频教程】 Graphics Card Driver 【显卡驱动】 Driver software for optional hardware 【其他硬件驱动】
Optional Hardware 【可选硬件】	3D Mouse. Make sure to install the latest driver software 【3D鼠标。确认为其安装最新的驱动程序】（3D鼠标是一种特殊的控制设备）

2.2.2 我的配置建议

由表2-2可知，建议使用64位的操作系统操作VRED，并配备高性能的专业显卡。但配置表往往不能说明全部问题，为了更好地完成任务，依据我的使用经验，特提供如下建议。

以下建议均基于2015年初的软硬件发展情况，由于计算机更新换代极快，请酌情参考。

1.专业CGI用户

专业CGI用户需要依靠软硬件平台产生收益，同时还面临庞大的任务量、严苛的客户需求，以及紧张的制作工期。所以，为生产资料投资是明智的，建议此类用户购买专业图形工作站。

- 使用Intel（英特尔）-NVIDIA（英伟达）平台。
- 配备双路至强CPU、E5或更强型号。
- 配备至少32GB内存，128GB尤佳。
- 配备双显示器，24寸或更大。
- 配备预算范围内最强的NVIDIA专业显卡。但是，如果预算有限，无法配置K4000或以上型号，则购买NVIDIA高端游戏卡代替。
- 配备128GB或以上高性能SSD。
- 配备舒适的键盘和鼠标。
- 配备专业显示校准设备（可选）。

2.非专业用户/爱好者/学生

非专业用户通常不直接依靠软硬件平台产生收益，也无需面对复杂的项目环境和紧张的制作工期，所以，不建议直接购买上述高性能工作站，以免造成浪费。

- 使用Intel（英特尔）-NVIDIA（英伟达）平台。
- 配备i5CPU，或更强型号。
- 配备至少16GB内存。
- 配备24寸或更大显示器，推荐使用双显。
- 配备中高端游戏显卡。
- 配备舒适的键盘和鼠标。
- 配备128GB或以上的高性能SSD（可选）。

2.3 软件安装说明

本节将简要介绍部分软件的安装方法。常规软件如3ds Max、Photoshop都非常大众化，因而不再做具体介绍。

在安装时，即使软件支持中文，也建议将所有软件都放置在全英文路径中，以免出现兼容性问题。这对专业软件来说非常重要，这也是一个良好的工作习惯。

特别提醒，不要使用绿色版软件。如果你只需要学习，那么正版软件的试用模式是你的最佳选择。

2.3.1 Autodesk VRED安装说明

VRED是Autodesk自家软件，其安装方法与3ds Max或Maya没有什么区别，所以在此不做详细介绍。注意，安装好VRED以后，请安装HDR Light Studio，以方便后续的布光操作。

第1步： 激活安装程序，单击Install（安装）按钮，进行下一步，如图2-10所示。

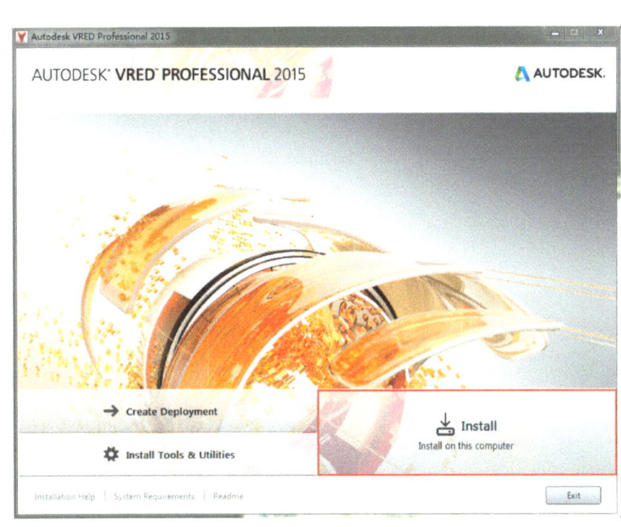

图2-10 安装第1步

第2步： 选择I Accept（我接受）单选按钮，然后单击Next（下一步）按钮，如图2-11所示。

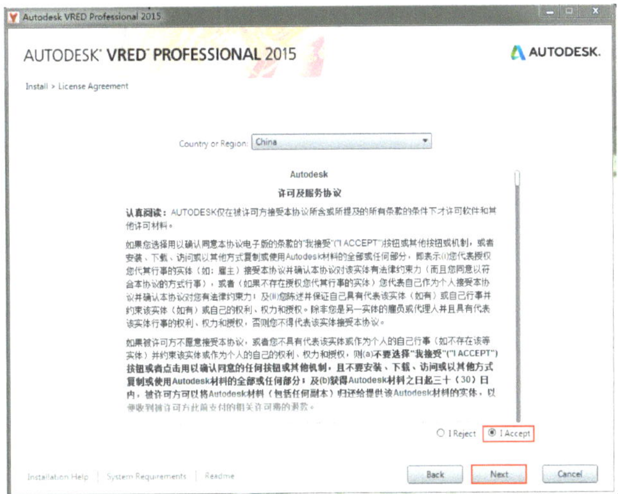

图2-11 确认用户协议

第3步： 输入Serial number（序列号）和Product key（产品密钥），然后单击Next按钮，如图2-12所示。

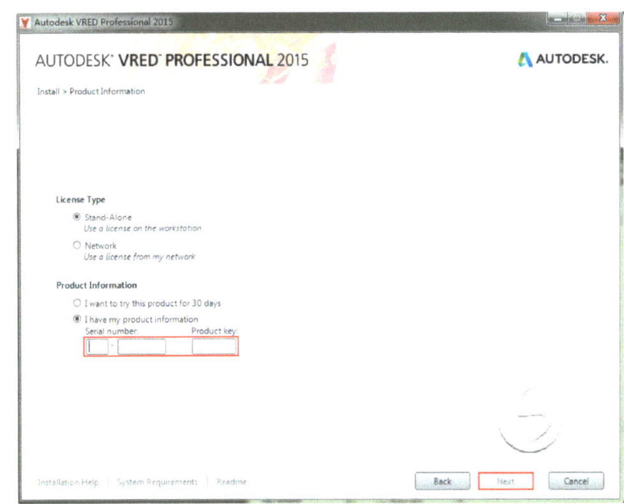

图2-12 输入产品序列号

TIPS 如果想使用试用版，可以选择I want to try this product for 30 days（我想试用30天）单选按钮，从而跳过序列号步骤。

第4步： 为安装指定一个全英文安装路径，然后单击Install（安装）按钮，进行安装，如图2-13所示。

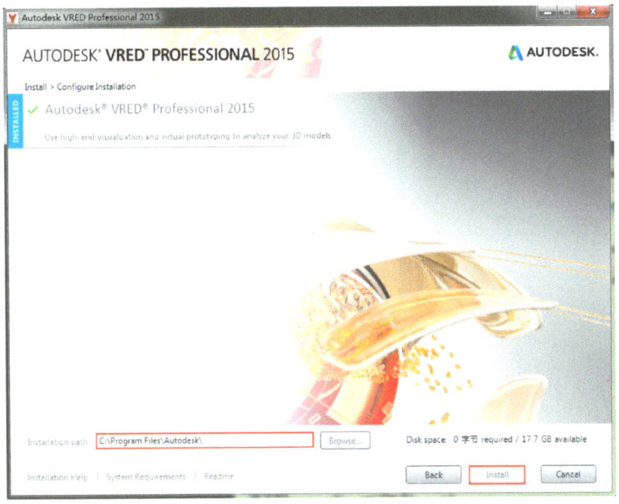

图2-13 设置安装路径

第5步： 安装完成后，即可使用VRED，这与其他Autodesk软件基本相同。其启动界面如图2-14所示。

图2-14 VRED启动界面

2.3.2 Lightmap HDR Light Studio安装说明

HDR Light Studio的安装较为简单，是常规的“下一步”型安装方法，只需要在安装过程中选择合理的路径即可。

第1步：激活安装程序，单击I Agree（我同意）按钮,进行下一步，如图2-15所示。

图2-15 安装第1步

第2步：为安装指定一个全英文目录，然后单击Install（安装）按钮，进行安装，如图2-16所示，安装过程如图2-17所示，启动界面如图2-18所示。

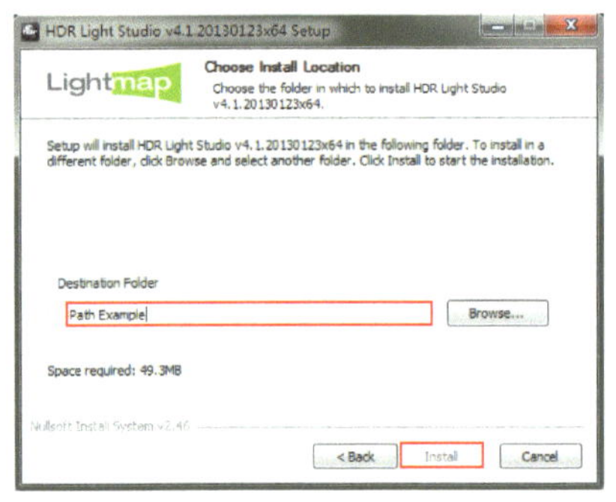

图2-16 设置安装路径

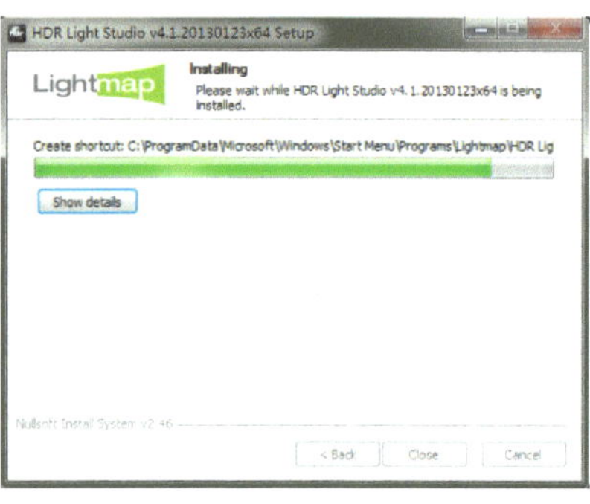

图2-17 安装过程

图2-18 HDR Light Studio启动界面

安装完成后，为了以后的工作方便，可为HDR Light Studio安装Picture Light（图片灯光）素材包——如果你购买了相关资源的话。

第1步：首先请确认你拥有Picture Light（图片灯光）素材包。

素材包通常为.hdp格式，如图2-19所示。

图2-19 素材包（云）

第2步：打开HDR Light Studio主程序，在左上角的菜单栏中执行Help（帮助）>Open Warehouse Directory（打开仓库文件夹）命令，打开HDR Light Studio的系统素材文件夹（仓库文件夹），如图2-20所示。

图2-20 系统素材文件夹

系统素材文件夹通常位于C:\Program Files\Lightmap\HDR Light Studio Warehouse V4.0文件夹中，由HDR Light Studio自动创建。

第3步：将素材包中的内容复制并粘贴到系统素材文件夹内，如图2-21所示，然后重启HDR Light Studio主程序。

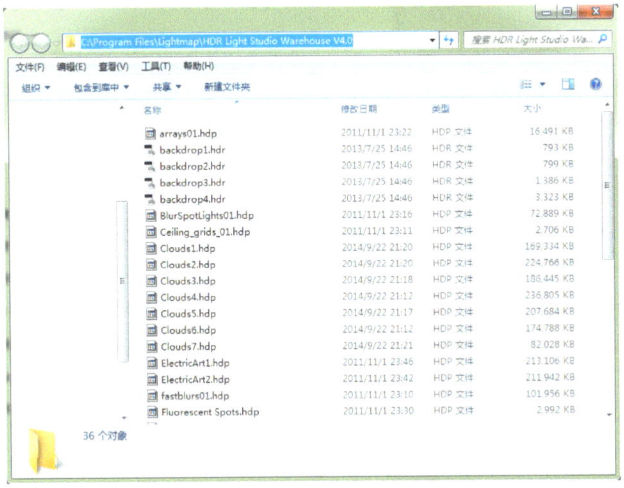

图2-21 包含素材包的系统素材文件夹

第4步：单击HDR Light Studio主面板上的Picture Light（图片灯光）按钮，打开Picture Light Browser（图片灯光浏览器）对话框。如果浏览器显示了内容，如图2-22所示，则证明素材包安装成功；否则，应重新进行上述操作。

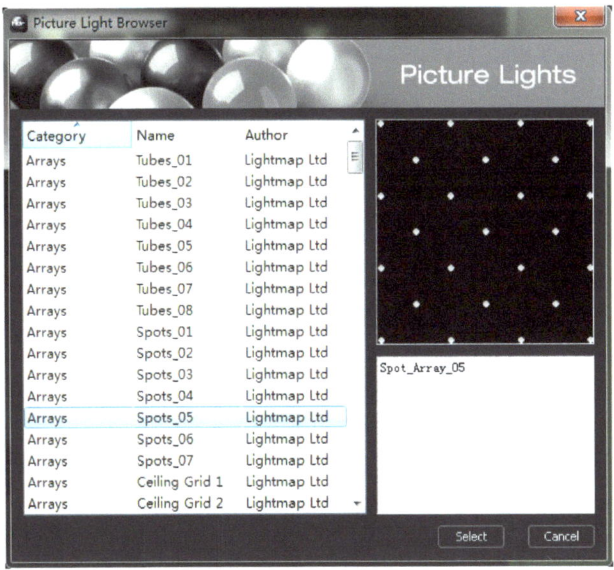

图2-22 包含内容的Picture Light Browser

2.3.3 VirtualRig Studio 2.2 Pro安装说明

VirtualRig Studio 2.2 Pro的安装相较上面两个软件来说稍显复杂，它还需要一个额外的Java程序才能被正常使用。这个Java程序由于各种原因并没有被集成在VirtualRig Studio 2.2 Pro安装包中，需要用户自行下载并安装。

对于安装了相应Jave程序的计算机，VirtualRig Studio 2.2 Pro的安装较为常规，可一次完成。如果没有安装Java程序，那么VirtualRig Studio 2.2 Pro在安装时会提醒你缺少Java程序，你只需要按照提示进行下载并安装，完成安装后重新启动VirtualRig Studio 2.2 Pro安装程序即可。下面是VirtualRig Studio 2.2 Pro的安装教学，这里假定你已经完成了相应Java程序的安装。

Java与VirtualRig Studio 2.2 Pro的关系类似于.Net Farmework与3ds Max的关系：前者并非后者的一部分，但是要想使用后者，必须先安装前者。

第1步：激活安装程序，单击Next（下一步）按钮，进入下一步，如图2-23所示。

图2-23 开始安装

第2步：单击I Agree（我同意）按钮，进行下一步，如图2-24所示。

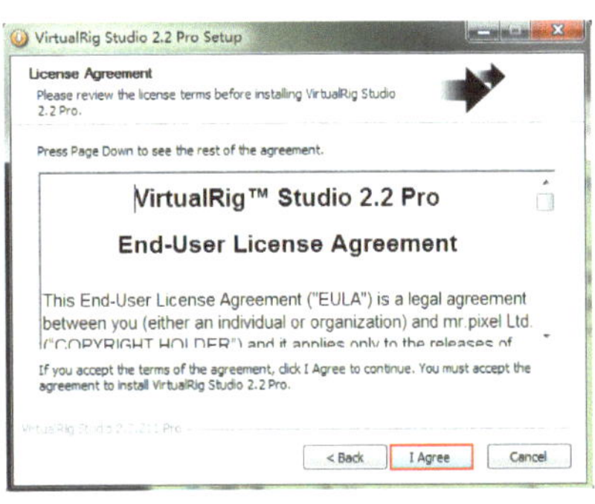

图2-24 确认用户协议

第3步：为软件指定一个全英文安装路径，然后单击Next（下一步）按钮，如图2-25所示。

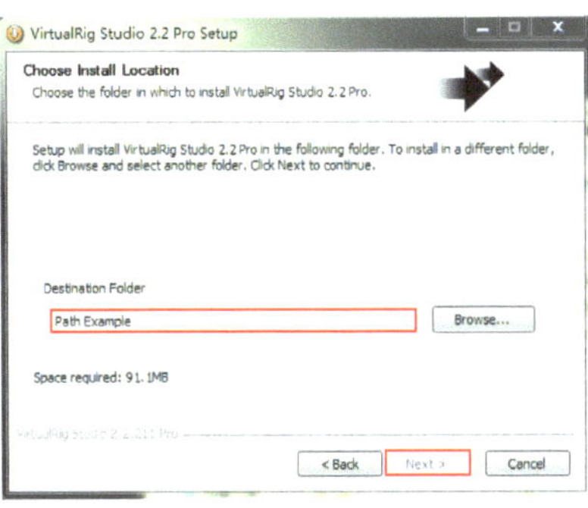

图2-25 设置安装路径

第4步：单击Install（安装）按钮，进行安装，如图2-26所示。

第5步：单击Finish（结束）按钮，完成安装，如图2-27所示。同时可打开演示案例。

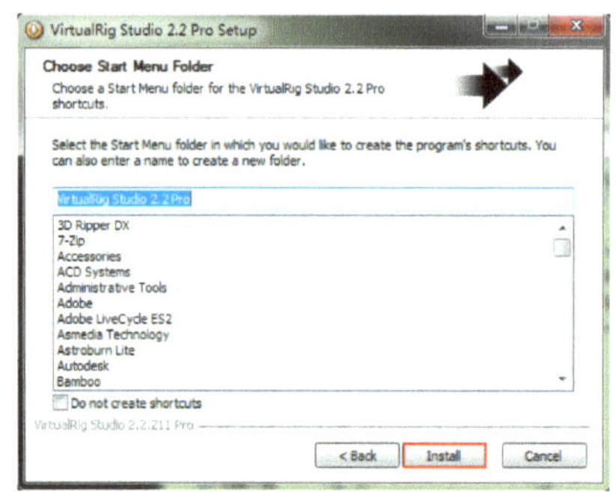

图2-26 确认安装

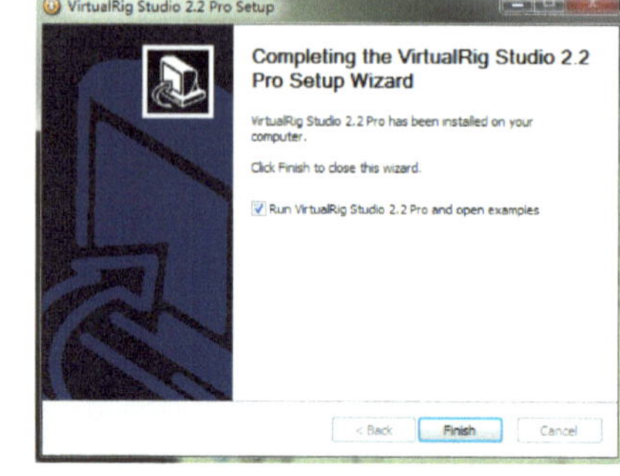

图2-27 完成安装

如果你不想查看演示案例，可取消勾选“Run VirtualRig Studio 2.2 Pro and open examples”（运行VirtualRig Studio 2.2 Pro，并打开演示案例）复选框。

03 基础教学导读与CG技术知识

VEHICLE VISUALIZATION

- 了解如何学习软件基础知识
- 了解CG技术知识，并掌握HDRI、全景图和IBL的相关知识

3.1 关于软件基础教学

从现在开始，我们将进入本书的第2部分（第3章~第10章）——软件基础教学。

这一部分的主要目的是让你快速掌握VRED、HDR Light Studio和VirtualRig Studio Pro这3个主要软件的基本使用方法，了解基本的CGI知识，构建完整的知识框架，从而形成足够的知识储备，为学习本书的第3部分商业项目教学做准备。

3.1.1 模块化思路

无论多么复杂的设计过程，其根基都是由一些相对简单、相互独立，但又相互联系的模块所组成的。同拼乐高积木一样：首先你需要一块块小积木，然后在合适的位置使用合适的方法将这些积木组装起来，最后就能得到你想要的结果。这就是模块化思路，也是我们学习三维软件的基本思路。

本书的第2部分就是关于VRED、HDR Light Studio和VirtualRig Studio Pro的基本模块教学章节。在这里，我会尽可能地淡化美术的意义，着重以技能和操作方法来讲解软件的各项功能，使你尽可能简单、高效地学会它们，并有效地应用在之后的项目教学当中。

第2部分是真正的基础技能章节，请认真学习。在之后的项目教学章节，我将讲解的重心定位于制作思路上，不再进行基础操作演示。

3.1.2 如何学习软件基础知识

我设计了一种复合的教学方式，让你更有效率地掌握相关技能，它包含视频和文字两个部分。

视频部分的要点在于让你直观地学习软件操作——我认为，对于基础教学而言，视频的信息量和易学程度大大超过传统的文字教学。

文字部分的意义在于更有利于预习、复习，并提供了软件功能的速查手段。我将重要的参数含义和操作思路在文字内容中进行了专门罗列，以方便查询。

对于基础部分的学习，建议你在每个章节开始之前先大致浏览一下文字内容，然后观看教学视频，或者根据你的学习习惯调换顺序。虽然很多章节的视频与文字内容几乎相同，但是这样的学习方法有助于快速而牢固地掌握知识点，同时你在工作中遇到问题时也方便快速复查。

3.2 CG技术知识

本节将介绍一些基本的技术知识，帮助你拓展知识面、强化知识储备，从而更有效地学习软件。这些知识对于了解软件的工作原理十分有用，但可能稍显生涩和枯燥。同时，它们对于单纯地提高表现技能没有太大用处，所以如果你真的不感兴趣，也可以跳过本节。但是我仍然强烈建议你对本部分的知识有所了解，因为它们对今后的学习会很有帮助！

3.2.1 HDR与HDRI

首先来思考一个问题，有一张普通的图片：图片中的天空有一轮烈日，地面上放着一张白纸。请问在显示器上太阳和白纸分别是什么颜色的？

相信大家会毫不犹豫地回答：它们都是白色的。然而，虽然看起来都是一样的白色，但是事实上太阳和白纸一样亮吗？

显然，太阳比白纸亮得多，只是图像（如.jpg格式）不能记录比白色更亮的颜色，同时显示器也没有办法真正显示太阳的亮度。可是，我们仍然有强烈的需求去记录“太阳比白纸亮”这一事实。这时，HDR应运而生了。

HDR是High Dynamic Range的缩写，含义为高动态范围，它是一个技术概念。Dynamic Range（动态范围）也叫反差比，是指一张图像中最亮和最暗处的比值。描述一张图像的动态范围常用EV（Exposure Value）表示，这是一个摄影术语，中文名为“曝光值”。一张图片覆盖的EV越多，则动态范围越大；更大的动态范围代表着更多的亮度与色彩信息，而更多的亮度和色彩信息意味着更出色的图像细节。

HDRI是一种特殊的、可以存储极大动态范围的图像的统称。HDRI是High Dynamic Range Image（高动态范围图像）的缩写；相对地，普通图像被称为LDRI，是Low Dynamic Range Image（低动态范围图像）的缩写。

当直接查看缩略图时，HDRI的动态范围优势通常并不明显；但当把它们用于照明与反射环境时，HDRI与普通图像的差别将会非常巨大。图3-1所示是在Photoshop中直接查看高低动态范围图像的对比效果：左边是原始HDRI，右边是转制过的“低动态范围”HDRI——将它转换成低动态图像（JPG）以后，再转回高动态，从而清除了它的动态范围，本质上，它和一张普通JPG图片没有什么区别。

之所以将HDRI转为JPG，而后再转回HDRI，是因为VRED无法将JPG作为环境贴图——开发者已经考虑到了低动态图像无法满足渲染需求的事实。

在下文中，有时也将“高动态范围”简称为“高动态”，将“低动态范围”简称为“低动态”。

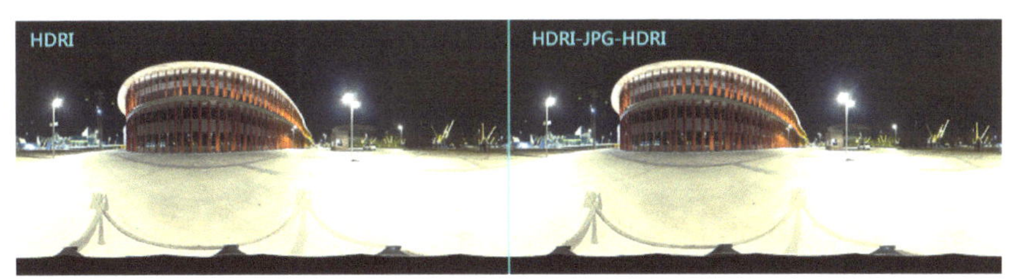

图3-1 Photoshop中的对比效果

本演示HDRI来自Maground（美观图像，www.Maground.cn），这张优秀的HDRI还将出现在项目教学05中。感谢美观图像为本书提供的素材支持！

虽然在Photoshop中直接查看两张图片时不会看到明显的区别，但是当图像被用于渲染后，其中的差别将会十分明显。图3-2所示是在VRED中使用原始HDRI渲染的效果；图3-3所示是在VRED中使用处理后的HDRI渲染的效果。对比两张效果图，注意观察车身光照、材质质感与地面阴影部分，你会看到极其显著的差异——显然使用原始HDRI渲染的图像品质更好。请注意，除了更换环境贴图外，对这两张图没有做过任何参数修改。

通过这个对比，可以理解我们通常一定要使用HDRI作为Environment（环境）的原因。

图3-2 在VRED中使用原始HDRI渲染的图像

图3-3 在VRED中使用处理后的HDRI渲染的图像

TIPS 虽然严格意义上来说HDR是指一种技术，而HDRI是指使用了这种技术的图像，但是在大多数场合中，人们都混用了这两个概念。所以，请不要为此纠结。有许多文件格式都能达到高动态范围的技术要求，其中最常用的两种格式是.hdr与.exr。后者也叫OpenEXR，是ILM（工业光魔）主导开发的高动态格式，在影视后期行业有着广泛的应用。

3.2.2 位深度（Bit Depth）

Bit Depth（位深度）是一个与HDR和图像细节息息相关的概念，也叫Color Depth（颜色深度）。计算机的运算是二进制的，它只认识0和1。当我们要表示颜色的时候，这有什么含义呢？

如果只有一对0和1，0代表黑色，1代表白色，这非常好理解。但是，黑色与白色之间的灰色怎么办？黑白灰之外的红绿蓝又怎么办？

为了表示更多的颜色，我们需要增加0和1的数量。延续上一个例子，以术语来说，一对0和1叫作一个Bit（位），一个位可以用来表示两种状态，如纯黑色和纯白色。假如图像是单色的，那么增加一个位，就多了一对状态来表示黑色和白色中间的颜色，也就是深浅不同的两种灰色。增加的位越多，能描述的灰色就越多；我们能描述的灰色越多，那么颜色的渐变就越平滑，图像的细节也就越丰富——这就是位深度的概念。

计算机使用红绿蓝（RGB）三个通道来混合出各种颜色。将刚才所说的黑白灰概念应用到每一个单独的颜色通道，即红色通道的一个位包含两个状态，用来表示纯黑色与纯红色；在红色通道中加入更多的位，就能描述纯黑色与纯红色之间更多不同明度的红色。同理，在绿色和蓝色通道中添加更多的位，就能描述更加准确的绿色和蓝色。

每个通道内包含的位越多，颜色的渐变就越平滑，图像的细节也就越丰富。

有一个专有的名词被用来描述每个色彩通道所包含的0和1的数量——每通道位深度。我们所说的图像色彩深度，指的都是每通道位深度。如8位图像、16位图像和HDRI中常见的32位图像，这些“×位图像”指的都是在这些文件中，每一个色彩通道包含多少位。

普通的图像，如.jpg格式就是一种典型的8位文件，每个通道可以存储2^8=256种颜色，这也是拾色器用0~255共256个级别来表示颜色值的原因。

在任何时候都应聚焦于每通道位深度这个概念，否则会造成严重的混淆。有时你会看到48位图像，事实上它是指每通道16位，RGB三个通道总共16+16+16=48位的图像。同理，我们有时会遇到“32位真彩色”这样的说法，它是指RGB三个通道加透明的Alpha通道，总共8+8+8+8=32位的图像，事实上，这是标准的8位图像，和每通道32位图像有着本质的区别。

图3-4所示是3ds Max提供的PNG图像保存选项，这是通常所谓的48位PNG图片。注意，事实上每通道位深度是16位的。

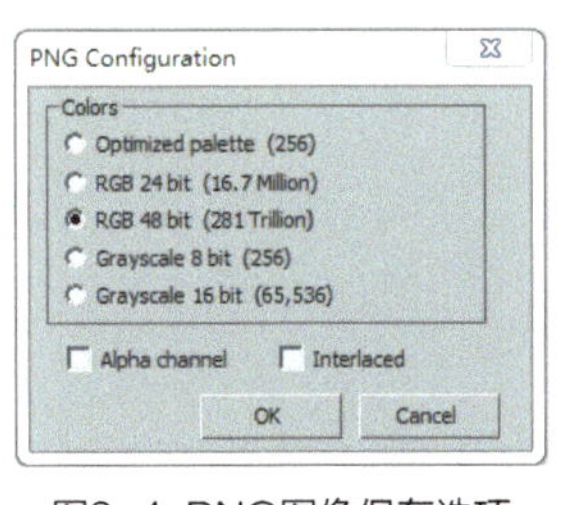

图3-4 PNG图像保存选项

TIPS

8位图像每通道可以表示2^8=256种颜色，32位图像每通道可以表示2^{32}=4294967296种颜色。但是，多数显示器都只能显示8位图像的颜色。（我们将在下一小节讲解这个知识点。）

在学习位深度时，千万不要用数字0和1来理解每个位内部的0和1这个概念，0和1只是用来表述两种状态的代号，即A状态和B状态，与数学中的加减乘除无关。

高动态范围图像几乎都是32位的，但并不是所有32位图像都是高动态范围的。HDRI的判断标准取决于图像的具体动态范围，而非位深度或者文件格式。

3.2.3 色调映射

Tonemapping（色调映射，又叫影调映射），是一道HDRI的“可视化”工序。我们已知HDRI的动态范围远超过显示器的可显示范围，那么我们必然需要一种手段，将HDRI处理成可被显示器良好显示的状态。即使用某种程序处理原始的HDRI亮度数据，根据一定的规则削减其过高的动态范围至低动态，使之可以被显示器正确显示，这就是色调映射的工作。

要实现色调映射的目标有许多方法，有的极其简单，有的十分复杂，下面以Photoshop和VRED为例。

在Photoshop中，执行“图像>调整>HDR色调”菜单命令，打开“HDR色调”对话框，在其中可以选择控制的“方法”，如图3-5所示。另外，该对话框还提供了大量的“预设”模板，以优化色调映射结果，如图3-6所示。

相对于Photoshop中“HDR色调”对话框内容的多样化，VRED要简单许多：在Render Settings（渲染设置）对话框的File Output（文件输出）选项卡中，有专门的Tonemap HDR选项，如图3-7所示。

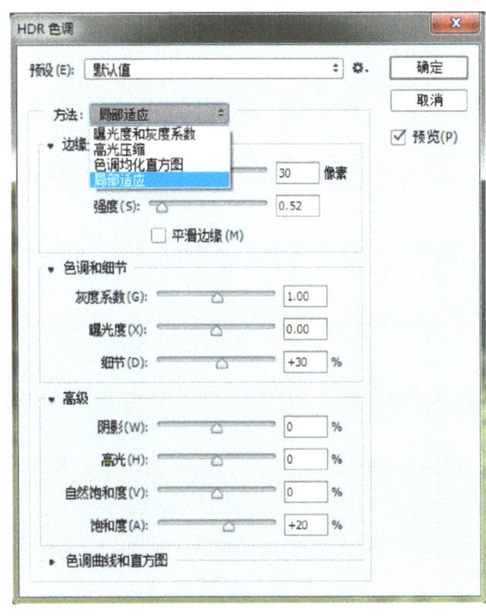
图3-5 Photoshop提供的“HDR色调”对话框

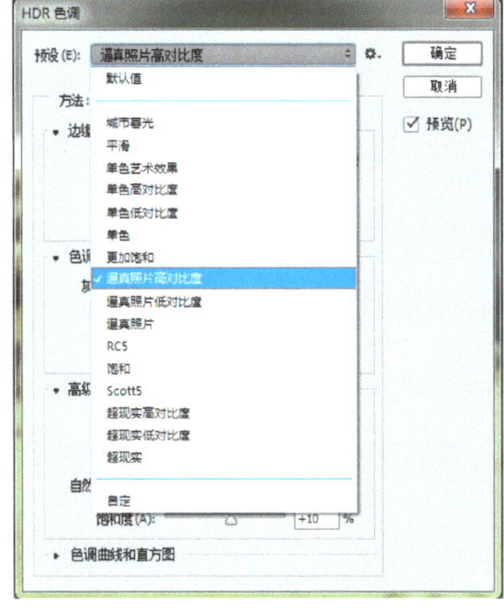
图3-6 Photoshop提供了大量的预设模板

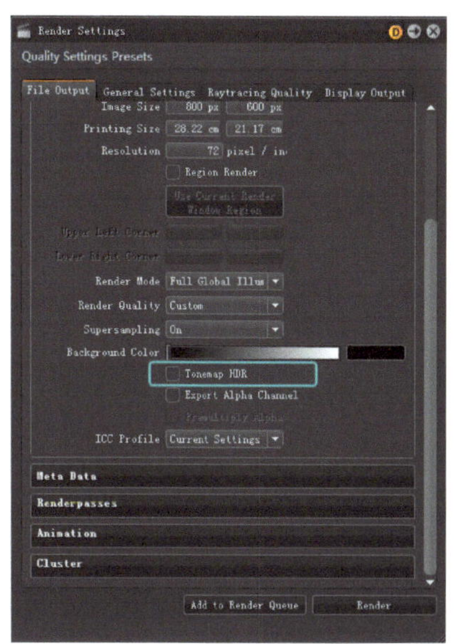
图3-7 VRED提供的色调映射选项

虽然VRED相对Photoshop而言只提供了一个选项，但是请不要认为VRED功能弱。事实上，VRED的Render Window（渲染窗口）本身就是一个强大的色调映射程序，在VRED进行内部计算时，光照与材质等数据均是高动态范围的。只是当显示到渲染窗口时，高动态图像数据已经被映射到了低动态范围，所以无需再进行复杂的处理。这个Tonemap HDR（色调映射HDR）选项的作用仅是在最终渲染输出时清除过高的动态范围，以免常规图像格式对高动态内容支持不佳。

3.2.4 全景图

许多时候，我们将全景图称为HDRI，事实上这并不严谨。

Panorama（全景图）是指一种视野超级宽广的图像。在CG领域，常见的全景图像往往呈水平360°、垂直180°覆盖整个场景，画幅（长：宽）呈现出2：1的特征。由于这与世界地图依照经纬度将球面展开的方式相同，所以又称为Latitude-Longitude（“纬度-经度”）模式。

只要符合视野超级宽广这一特性即可被称为全景图，所以，即使是手机扫描的全景图片也是Panorama，如图3-8所示。

图3-8 手机的全景扫描模式

事实上，我们在渲染时使用的全景图是一种特殊图像——HDR Panorama（HDR全景图，也称全景HDRI）。从名字可知，这是全景图的高动态版，相对普通版本来说，它们具有HDR特性，这就是业界长久以来一直用HDR指代这类图片的原因。

全景HDRI有多种表现形式，除了“纬度-经度”，还有Cubic Map（“立方体”）模式和Light Probe（“光探头”）模式。对于这些不同的表现形式，有一个专用术语叫作Image Projection（“图形投射”）。“纬度-经度”“立方体”和“光探头”都是典型但不同的图形投射方式。

“纬度-经度”模式的HDRI也被称为Spherical Map（“球形映射”），是最常见的类型，如图3-9所示。

图3-9 “纬度-经度”模式的HDRI

TIPS 本书有时会将“全景HDRI”简称为HDRI。

图3-10所示是来自VRED默认的Orange_Seaview环境中的“立方体”HDRI，十字架是它最典型的特征之一。

图3-11所示是一张“光探头”HDRI，是极度扭曲的球形影像，主要用于为某些3D软件提供光照信息，如Mental Ray就有一个专门的Light Probe Shader。

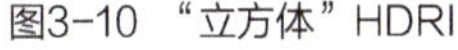
图3-10 “立方体”HDRI

图3-11 “光探头”HDRI

TIPS

VRED不依赖于任何文件名特征来识别图像模式，只要HDRI画幅为2:1，即被当作“纬度-经度”模式。在教学中，将一直使用这种HDRI作为Environment Map（环境贴图），建议大家在日常工作中也这样做。

3.2.5 基于图像的照明

IBL（Image-Based Lighting，基于图像的照明）是一个重要的概念，它与最终渲染的效果息息相关。

Lighting（照明）是一项重要的工作，它是作品能够被看见且变得好看的主要原因之一。在传统的CG流程中，这一工作主要通过操作Light（灯光）来进行。回想一下你用过的3D软件，无论是3ds Max还是Maya，那些Omni（泛光灯）、Spot Light（聚光灯）和Directional Light（平行光）等无一不令你印象深刻。

IBL是一种特殊的照明方法，它并不直接依赖于灯光的颜色或强度，而是将图像本身视作光源，由图像本身的颜色和亮度信息来确定照明的颜色和强度。

图3-12所示是在3ds Max中用VRay模拟的一个简单的IBL范例。它是一个由普通的VRayLight-Plane（VRay面光源）与一个普通的亮灰色地面构成的场景。

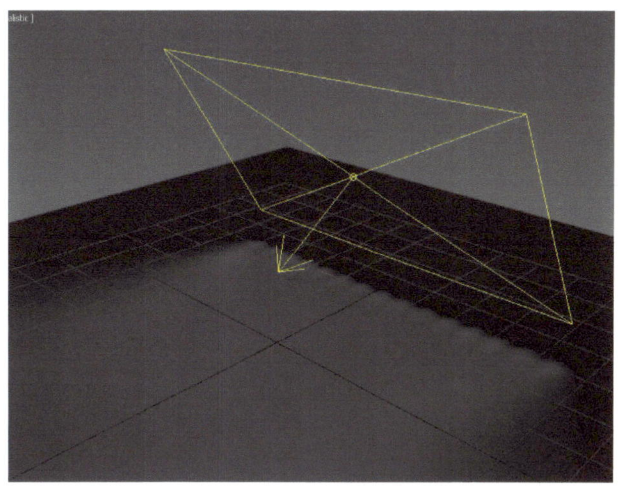
图3-12 简单的场景

第1步：直接渲染场景，效果如图3-13所示。此时场景被照亮，照明的强度和颜色都由灯光自身的参数（白色，亮度为1）来决定。

第2步：在Photoshop中制作一个色谱渐变，如图3-14所示，然后将此图保存到硬盘中。

图3-13 直接渲染效果

图3-14 Photoshop制作的色谱贴图

第3步：将保存好的色谱图片指定给VRay面光源，作为灯光贴图，参数面板如图3-15所示。这时，一个最简单的IBL案例就完成了。渲染的结果如图3-16所示。此时，照明的颜色改由色谱贴图控制，亮度不变。

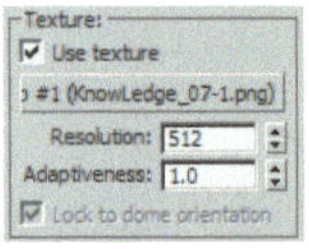

图3-15 色谱贴图加载位置

图3-16 色谱贴图的渲染结果

第4步：为了说明贴图亮度对照明结果的影响，为色谱加入了一个亮度渐变，如图3-17所示。重新指定贴图并再次查看渲染结果，此时的照明颜色和强度都随贴图的变化而变化，如图3-18所示。

图3-17 加入亮度渐变的色谱

图3-18 加入亮度渐变后色谱贴图的渲染结果

注意照明强度的变化。在以上所有测试中，没有修改过任何灯光参数。

看完上面的简单示范，让我们回到正题。如果使用一张全景HDRI包裹住整个场景，并直接使用HDRI的亮度和颜色信息参与IBL（照明计算），就能在很大程度上复制出现实世界的光照。这就是使用HDRI渲染的图像看起来如此真实的原因之一，也是环境的动态范围对渲染结果影响如此巨大的原因之一。

VRED的渲染方式极度依赖IBL，因为这个特性，在VRED中几乎从不使用实体灯光，这与普通三维软件的工作流程有着极大的差异。但是，你会喜欢这个差异的，因为这可以节约很多精力；不过作为补偿，需要为VRED准备十分优质的HDRI，这样才能渲染出漂亮的图像。

3.2.6 环境光阻光

AO（Ambient Occlusion，环境光阻光）也叫环境光遮蔽或环境光吸收，是一种三维软件模拟真实世界的技巧（Trick），在整个计算机图形领域均有广泛应用。如同AO有多个中文名一样，在英文中它也常被称为Occlusion或Occ。

简单来说，AO是一种依据几何体结构来人为增加阴影的方法。它会为距离相近的两个结构增加暗部软阴影，使图像更有体积感和细节感，类似于实体军事模型制作中的“渍洗”工序。

下面用一个稍显极端的例子来说明AO对图像细节的影响。图3-19是一个典型的写实渲染结果。图3-20是图3-19清除了AO信息的效果，其体积感和接地感均明显减弱。其中，AO信息的单独显示效果如图3-21所示，请注意它的软阴影特征。

图3-19 使用烘焙AO的原始演示案例

图3-20 清除AO以后的效果

图3-21 AO通道的单独效果

VRED提供了两种不同的AO模式，分别对应实时预览与最终输出，这将在具体的教学章节详细讲解。

3.2.7 运动模糊

MB（Motion Blur，运动模糊）是一个十分简单的概念：如果物体运动得太快，那么就会看不清它，而且运动得越快越看不清。

运动模糊对于汽车表现十分重要。在很多时候，我们都需要表现汽车运动的速度感，运动模糊恰恰就是表现速度感的最佳方式。试想一下那些飞驰的车辆吧！

图3-22所示是在城市夜晚中飞驰的迈凯轮P1，注意车轮、背景和车身反射的运动模糊效果。

图3-22 运动模糊效果（Mackevision）

3.2.8 菲涅耳反射与折射率

Fresnel Reflection（菲涅耳反射）和IOR（Index of Refraction，折射率）是与反射和折射质感表现紧紧相关的概念，它们都是真正的物理概念，其中Fresnel（菲涅耳）是一位伟大的法国物理学家的名字。在CG表现中，我们只需要了解它们对最终效果的影响即可。

1.菲涅耳反射

菲涅耳反射是一种常见的反射特征。简单来说，它是指对象的表面反射强度与观察者的视线角度之间所存在的一种对应关系：如果你的视线与被观察对象的表面垂直，那么所看到的反射结果会比较弱；而如果你的视线与被观察对象的表面接近平行，那么所观察到的反射结果会比较强。

除了镜子和某些金属，一般的反射材料都具有菲涅耳反射特性，如玻璃、水、抛光塑料及车漆。下面使用VRED做了一个简单的模拟效果来说明菲涅耳反射特征。观察图3-23所示的效果，这是一个典型的不透明黑色玻璃球（也可以叫作“钢琴漆”），可以明显地观察到中心区域和边缘区域的反射强度的差别，其材质参数如图3-24所示。

图3-23 黑色玻璃球

图3-24 玻璃材质参数

前面的玻璃球效果或许不够明显，为了更好地进行说明，使用HDR Light Studio制作了一张纯白色HDRI，如图3-25所示。然后将VRED环境换成这张纯白色的HDRI，并将视口背景改为黑色，这样就可以更清晰地看见菲涅耳反射效果了，如图3-26所示。请特别注意球体边缘的反射强度变化。

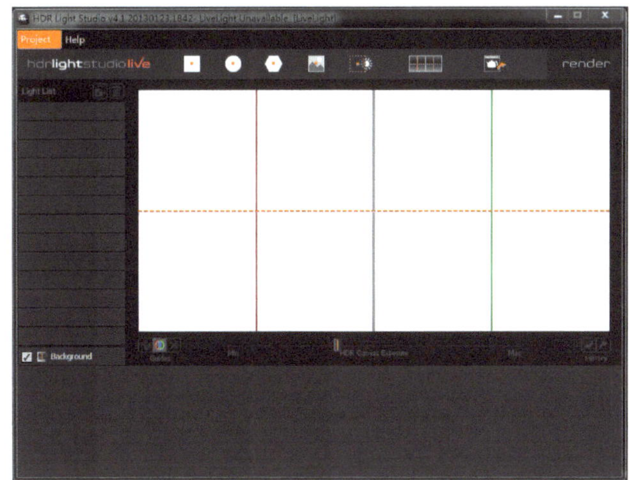

图3-25 使用HDR Light Studio制作的纯白色HDRI环境

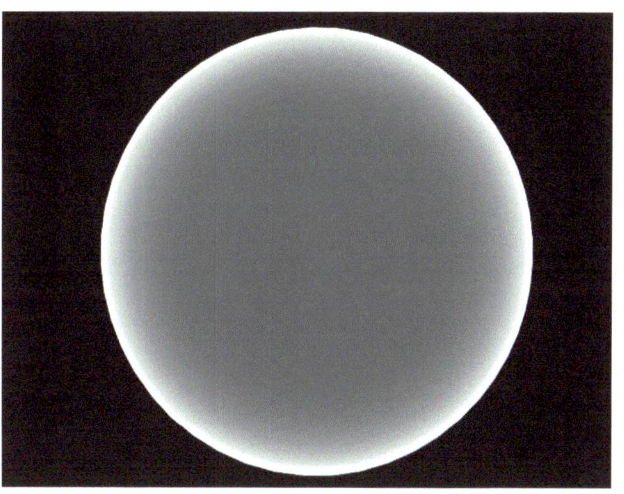
图3-26 纯色环境效果

作为对比，接下来是镜面材质的演示。如图3-27所示，镜面球体的各个方向均表现出相同的反射强度。另外，请特别注意蓝框标注区域，这是球体与地面的接触部分，几乎无法分辨出反射图像和原始图像的区别。这时球体的反射强度高达100%，即反射图像与原始图像完全相同——这种完美反射只存在于计算机的世界中，现实世界的高反射物体无论如何都做不到这一点。

镜子不具有菲涅耳反射特性的主要原因仍然是金属——镜子背后镀有一层银。

图3-27 镜面材质

2.折射率

折射率同样是一个重要的物理概念，不过，这里我们只关注它的视觉效果。一般来说，以反射论，折射率越高的对象，从垂直角度观察其表面时，反射强度越高；以折射论，折射率越高的对象，折射产生的变形效果越明显。折射率通常以1.0作为参照，折射率为1.0的对象不产生折射变形。

折射率影响的不仅是折射效果，从理论上来说，它还影响反射效果。不过，三维软件通常没有这么严格，如VRED，其玻璃材质的折射率就只影响折射特性，而不影响反射；而VRay材质的反射和折射参数中，各自有一个独立的折射率控制选项。

下表所示为对象的折射率数值，它们是重要的参考数据。在实际创作中，我们往往依照物体的真实折射率来设定基本参数，然后根据创作需要进行微调。

物质	折射率
空气	≈1.0
水	1.33
钻石	2.417
玻璃	1.40~1.60

下面以图3-28所示的纯透明球体对象为例，这是一个折射率为1.0的对象。由于折射率为1.0的对象不产生折射变形，所以它看起来像一个气泡。接下来仅修改Index of Refraction（折射率）参数，如图3-29所示。请注意观察后续图像中的折射变形对比。

图3-28 折射率为1.0的对象

图3-29 材质参数面板

将Index of Refraction（折射率）修改为1.5，此时球体对象的效果如图3-30所示，这是一个典型的玻璃球变形效果；将Index of Refraction（折射率）修改为2.5，此时球体对象的效果如图3-31所示，现在的折射率与钻石接近，球体的折射变形变得更加明显了。

图3-30 折射率为1.5的效果

图3-31 折射率为2.5的效果

3.2.9 视场

FOV（Field of View，视场）是一个术语，是指眼睛所能看到的范围，即视野的大小。

在三维软件中，FOV通常是指摄影机的视野，常用角度来表示，如30° FOV。由于我们的视场是长方形的，所以对于FOV的测量也有两种常用方式：Horizonal（水平）测量和Vertical（垂直）测量，如图3-32所示。VRED默认使用垂直测量得出的FOV角度。

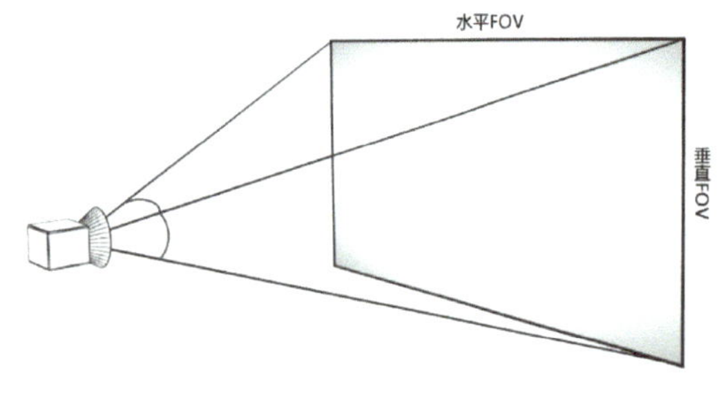

图3-32 水平与垂直FOV示意图

还有一些软件对FOV使用Diagonal（对角线）测量方式。大多数软件的FOV测量方式都可手动在几种测量类型间修改。

3.2.10 间接照明与全局照明

Direct Illumination（直接照明）是指光源发出的光直接照亮物体的效果。与之相对的Indirect Illumination（间接照明）是指光源发出的光照射到物体之后，发生反弹，从而照明其他物体的效果。Global Illumination（全局照明）是上述两种照明的混合，既包括灯光直接照明的效果，也包括间接照明的光线反弹效果。

下面用VRay来模拟十分经典的直接照明和全局照明效果。

首先，使用VRay模拟直接照明，如图3-33所示。请注意没有被灯光照射到的物体，其阴影部分呈现出百分之百的黑色。

然后，启动VRay的GI（全局照明）模块，为场景提供间接照明计算，如图3-34所示。注意之前纯黑色的阴影部分，它们此时变亮了。另外，整张图像的细节都变得更加丰富了。

图3-33 直接照明效果

图3-34 GI效果

3.2.11 光线追踪

RT（Ray Tracing/Raytracing，光线追踪，也叫光线跟踪，简称光追）是一种重要的算法。在各种渲染器中都能看到它的身影，它最显著的特性在于能够非常正确地计算Reflection（反射）和Refraction（折射）。

“光线追踪”这四个字容易让人产生误会，以为计算机在追踪光源发出的光线，进而根据这些光线来计算显示结果。然而，事实恰恰相反，计算机的计算方向是逆向的——Ray是指从屏幕发出的“射线”，而非光源发出的光线。下面简单介绍光线追踪的计算过程，其原理如图3-35所示。

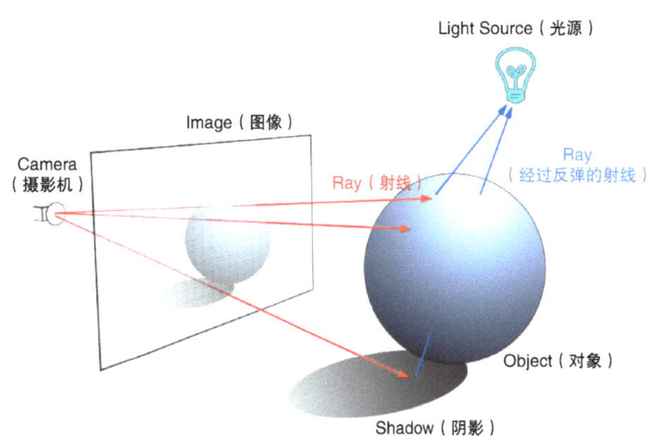

图3-35 光线追踪原理图

光线追踪的计算过程

（1） 渲染器从屏幕像素开始，向场景发出Ray（射线）。

（2）射线碰到对象以后，根据入射角度、曲面法线和对象参数等信息发生反弹。

（3）反弹产生的新射线如果碰到光源，就根据光源参数和对象属性等信息计算结果，使对象被照亮。

（4） 如果反弹产生的新射线碰到了其他的对象，则根据它们双方的参数、光源及其他场景特性来计算结果，生成遮挡阴影、相互反射等效果。

（5） 反复执行射线反弹操作，以获得更精确的计算结果。

（6）如果射线什么都没有碰到，那么像素得到的默认返回结果就是黑色。

上述计算过程仅仅是从思路上解释了光线追踪的过程，而实际的光线追踪计算要比上面的说明复杂得多。计算一个完整场景通常需要上亿条射线，这对任何计算机来说都是极大的计算量。因此，光线追踪渲染器通常都需要花费非常多的时间才能得到令人满意的图像。即便如此，光线追踪算法的优点目前仍无可取代，那就是极高的真实度。

TIPS

RT除了作为Ray Tracing（光线追踪）的缩写，还可以作为Real Time（实时）的缩写，而Real-Time Ray Tracing（实时光线追踪）的缩写是RTRT。请注意根据场合区分，避免混淆。

真正从光源开始追踪光线以计算结果的是一种GI算法——Photon Mapping（光子图），也叫光子映射。VRED、Mental Ray、VRay都支持这种GI算法。不过它过于老旧，所以现在已经很少被使用了。

另外，普通用户没有必要完全理解光线追踪的知识，只需记住如下结论：效果很好，计算很慢。

3.2.12 推荐阅读

以上都是较为简单的技术概述，如果你有更深入的学习计划，那么建议你学习以下资料。

1.《HDRI手册——高动态范围影像处理技术》（Christian Bloch/李京 人民邮电出版社）

这是一本优秀读物，中英文我各看了一遍，它深入地讲解了大量关于HDR技术的细节，这些细节非常复杂而有趣。如果你对HDR感兴趣，想深入了解它的技术原理、素材采集和软件应用等信息，推荐你阅读它。如果你英文够好，推荐你阅读原版著作*The HDRI Handbook: High Dynamic Range Imaging for Photographers and CG Artists*（Christian Bloch），相比中文版，它包含了更多的CG知识（因为中文版删除了最后的CG章节）。

此外，关于色调映射、位深度、IBL和Gamma校正的相关知识，都能从这本书中获得更深入的了解。

2.《数字绘图的光照与渲染技术》（Jeremy Birn/杜静芬 清华大学出版社）

这本书的原版英文名为*Digital Lighting and Rendering*，也是我强力推荐的一本优秀读物。相对于《HDRI手册——高动态范围影像处理技术》，它具有更广泛的视野和更完整的流程性，适合渲染师用来构建完整的知识体系。建议专职渲染师花一些精力来阅读这本书。

3.*Practical Colors And Lights*（Gnomon Workshop）

这是Gnomon出品的视频教程，中文名可以翻译为《实用色彩与灯光》。

这是一部与软件技术无关的教程，主要讲解色彩与光照理论。与CG技术相比，它更偏向于纯艺术领域。建议花几个小时观看这部视频，它能帮助你更有效地观察现实世界，以及调整软件中的光照效果。顺便你还能从中知道AO模拟的到底是一种什么样的自然现象。

04 开始学习VRED

VEHICLE VISUALIZATION

- 了解VRED的基本工作流程
- 了解演示案例
- 了解实时预览模式与光线追踪模式的区别和联系
- 了解几种光线追踪模式之间的区别和联系
- 了解菜单栏重要内容
- 了解图标栏按钮
- 了解快捷方式栏按钮
- 掌握基本摄影机操作技巧
- 掌握选择相关操作技能

4.1 开始学习前的准备工作

在开始正式学习之前，有必要进行一些简单的准备工作，首先确保相关软件已经正确安装并可以正常使用，然后按照本节的内容进行初始设置。

4.1.1 修改CPU相关性

VRED在进行光线追踪计算时会消耗大量的CPU资源，可能导致系统响应缓慢，甚至假死。所以，在使用VRED时，建议首先修改CPU的相关性，以避免出现上述问题。

第1步：打开VRED。

第2步：按快捷键Ctrl+Shift+Esc，打开“Windows任务管理器”窗口，如图4-1所示。

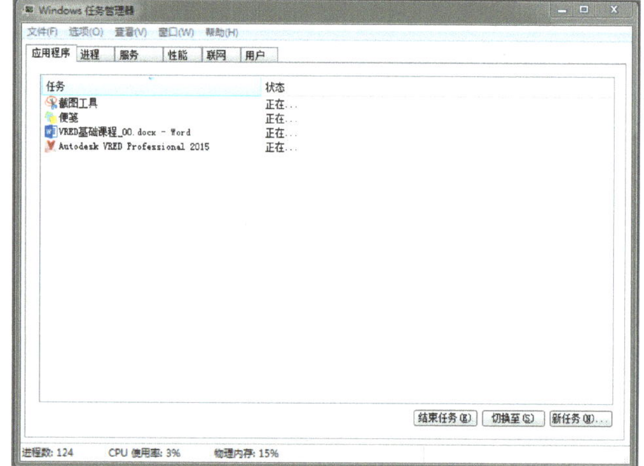

图4-1 “Windows任务管理器”窗口

第3步：切换到“进程”选项卡，然后在“映像名称”中找到VREDPro.exe进程，如图4-2所示。

第4步：在该进程上单击鼠标右键，然后在弹出的快捷菜单中选择“设置相关性”命令，打开“处理器相关性”对话框。接着关闭一到两个CPU，最后单击“确定”按钮，如图4-3所示。

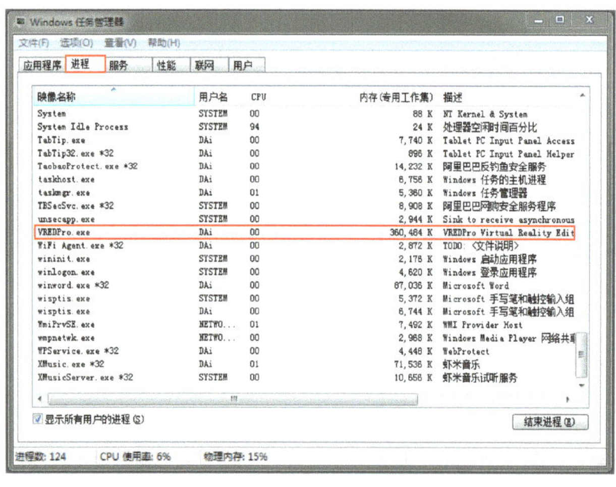

图4-2 Windows任务管理器的进程面板

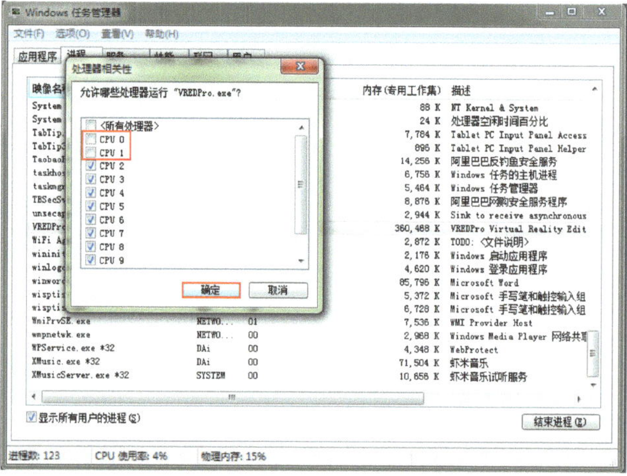

图4-3 设置处理器相关性

4.1.2 VRED界面设定

初次安装的VRED可能使用了Simple UI（简易用户界面）模式。请检查主界面右上角的Simple UI（简易用户界面）按钮是否处于橙色的激活状态，如图4-4所示。如果它处于激活状态，可单击该按钮将其关闭。在整个教学中，都将使用传统的标准UI模式，如图4-5所示。

图4-4 Simple UI 按钮

图4-5 标准UI界面

4.1.3 VRED首选项设置

某些读者的VRED可能已经使用过了，软件设定可能发生了变化，为了学习方便，建议将首选项恢复到默认设置。

第1步： 单击左上角的Edit（编辑）按钮，在弹出的菜单中选择Preferences（首选项）命令，如图4-6所示。

第2步： 在弹出的Preferences（首选项）对话框中单击左下角的Set All Default（将所有设置恢复默认）按钮，然后单击OK（确认）按钮，如图4-7所示。

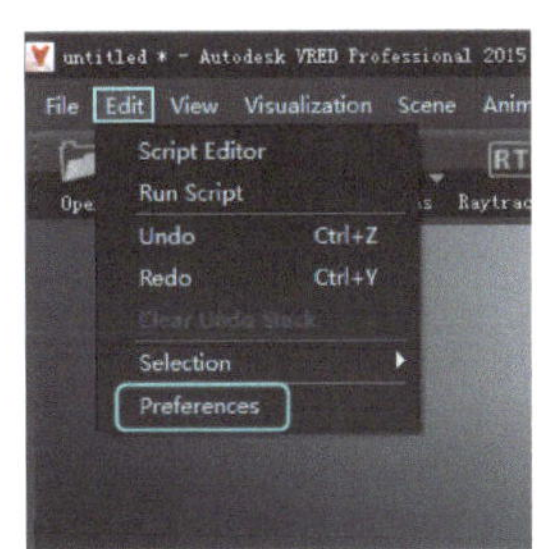

图4-6 打开首选项

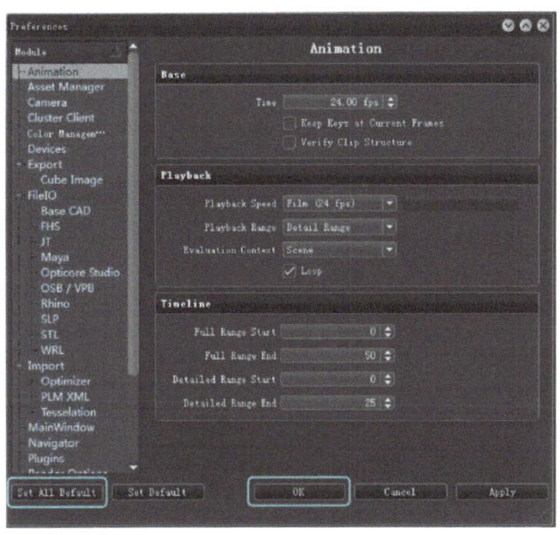

图4-7 首选项默认设定

TIPS

如果Asset Manager（预设管理器）使用了外部路径，恢复默认设置后的VRED可能会出现预设丢失的问题。此时，可以通过修改首选项的Asset Manager（预设管理器）属性，添加或修改路径，找回预设。

另外，默认预设文件存储在VRED安装目录下的data/Assets文件夹中。如果要使用默认预设，可增加或修改现有路径到这个文件夹，如图4-8所示。本书中讲解的预设均基于默认预设。

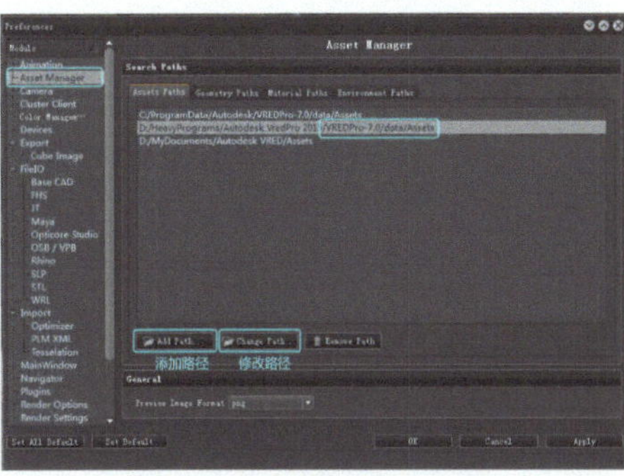

图4-8 预设管理器的路径设置

4.2 VRED工作流程、演示案例与显示模式

VRED是一款极其简单的“渲染器”，相对VRay和Mental Ray等传统渲染器来说，它的参数逻辑和工作流程都很简单。事实上，对于一个有三维渲染经验的用户来说，只需要一个下午，就能掌握基本的VRED操作流程，并且还能渲染出一张不错的作品。

4.2.1 流程说明

VRED的工作流程主要分前、中、后3个部分，分别对应模型准备、材质灯光渲染及后期合成。在本书中，将使用3ds Max完成模型准备工作，使用Photoshop完成后期合成工作（修图），剩下的其他CG工作都将在VRED中完成。

VRED的基本工作流程如图4-9所示。

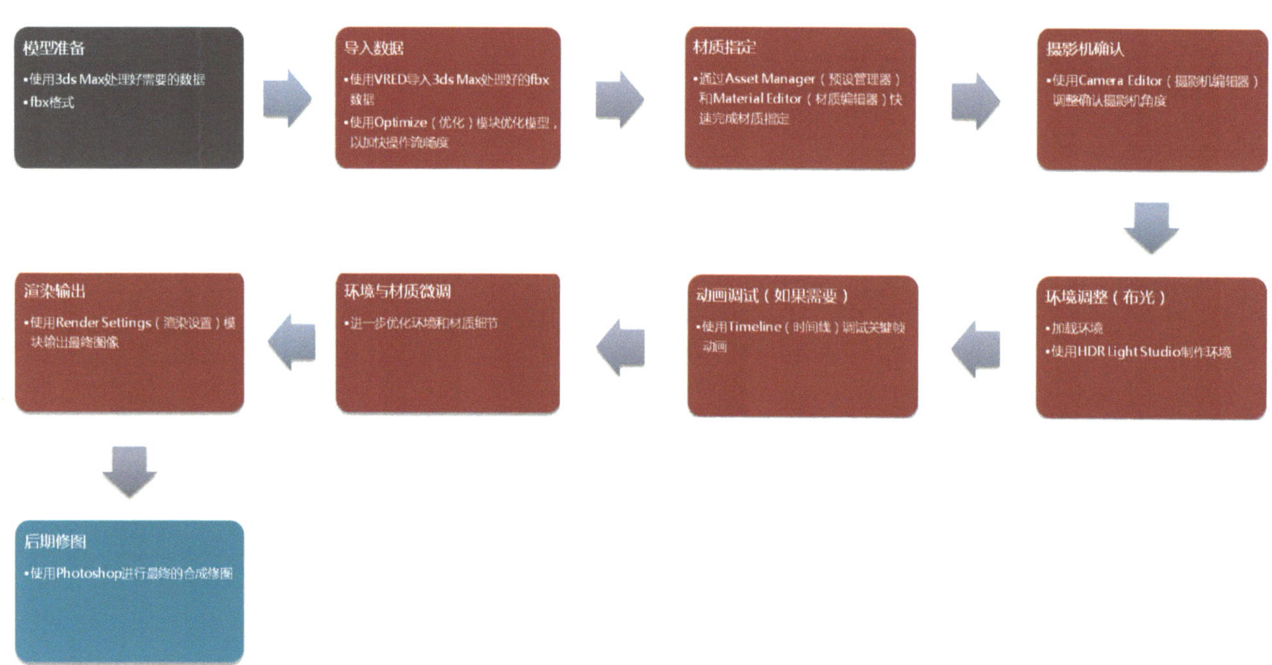

图4-9 VRED的工作流程

VRED工作流程相关说明

» **模型准备：**这是基础性工作，需要用户细心检查。良好的模型数据可以大幅提高后续工作的效率。在教学中，将使用3ds Max处理一个多边形模型，然后通过fbx文件进行数据交换，供VRED使用。

模型准备在真正的工业数据可视化流程中有一个专用名词，叫作Data Preparation（数据准备）。它是一项复杂而细致的工作，并且有着相当高的技术含量，通常由专门的数据模型师执行。之所以在这里没有使用Data Preparation（数据准备）这个词，是因为常规多边形模型的处理过程较为简单，如果使用相同的名词可能会造成混淆。需要注意的是，本书内容不考虑工业数据，只关注常规多边形模型，因为真正有机会接触工业数据的读者实在是太少了。

» **导入数据：**这可以看作是模型准备与VRED可视化之间的衔接环节。在这个环节对导入的模型进行基本的检查处理，供后续环节使用。

» **材质指定：**这是简单而轻松的工作，为车辆的各个部分指定合适的材质。由于VRED预设的存在，绝大多数常见材质都不需要用户从零开始进行调节，只需把预设指定到车身正确的地方即可。

» **摄影机确认：**这是商业项目的重要环节，摄影机一旦被确认，则不允许再进行修改。对于CGI摄影来说，所有的努力都将围绕这辆车在这个角度的最佳效果而进行。

» **动画调整：**这不是每个项目都必须执行的操作。一般来说只有路跑场景才需要调整动画，以便渲染运动模糊效果。

» **环境调整：**这在业内俗称Lighting（布光），主要依靠环境HDRI和HDR Light Studio完成。它是整个表现流程的重中之重。通常，这个环节决定了整体渲染质量的60%，也是最见渲染师功力的部分。

TIPS 注意，这里所说的决定质量是指渲染输出的原始素材质量，而非最终成图的质量。

» **环境与材质微调：**这是一个细致的、考验个人功力的环节，这一步主要集中在对图像细节内容的处理，优秀的作品与卓越的作品往往在这一步见分晓。

» **后期修图：**Composition（后期/合成）是三维用户的常见用语，Retouching（修图）是平面美术和广告执行的一贯说法。虽然措辞不同，但在这里，它们是指同一件事——对原始渲染素材进行处理，以得到最终的图像。

TIPS

后期修图在行业细分中属于平面美术，而非三维美术的工作。所以，这个环节在商业项目中通常由修图师而非渲染师来执行。当然，在这本书中，我们不会做这样的区分。

修图对于成品的意义极其重大，对于一个常规的广告表现项目来说，如果布光决定了渲染素材质量的60%，那么修图决定了整个最终效果的50%~70%，所以，业内也有“三分渲七分修”的说法。

当然，“三分渲七分修”只是为了说明修图的意义，对于渲染师而言，不管修图对于最终效果起到多大的提升作用，我们仍然应该努力追求渲染出最优质的素材！

4.2.2 演示案例

VRED自带了一个非常优秀的汽车演示案例——Automotive Genesis，基础教学将主要基于这个案例来展开。在进行VRED软件教学之前，先介绍这个案例，如图4-10所示。

图4-10 VRED自带演示文件Automotive_Genesis

1.文件位置

官方演示案例文件位于软件安装目录下的Examples（范例）文件夹中，文件名为Automotive_Genesis.vpb，建议将这个文件事先备份，以免学习中的误操作而影响到文件的原始性。

可以在Windows资源管理器中找到这个文件，直接将它拖曳到VRED中打开。也可以在VRED中执行File（文件）>Open Examples（打开范例）菜单命令来打开范例文件夹，进而打开演示文件，如图4-11所示。

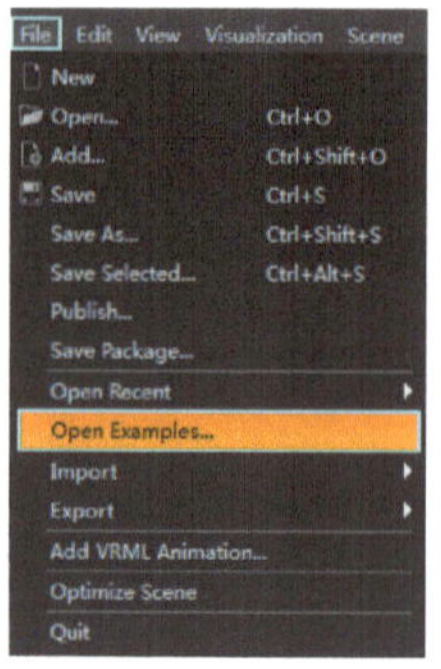

图4-11 打开演示文件

2.车身换色（材质演示）

Automotive Genesis场景包含许多演示内容，覆盖了VRED功能的多个方面。其中，材质切换就是非常直观和令人感兴趣的一个内容；通过它，可以为车身设置不同颜色的车漆。

单击主面板下方快捷方式栏中的Materials（材质）按钮，可以打开Material Editor（材质编辑器），如图4-12所示。

在材质列表中选中Carpaint Switch（车漆切换器），如图4-13所示，然后在它的子选项之间切换激活状态，就能实现对车漆的换色操作，如图4-14所示。

图4-12 快捷方式栏的材质编辑器按钮

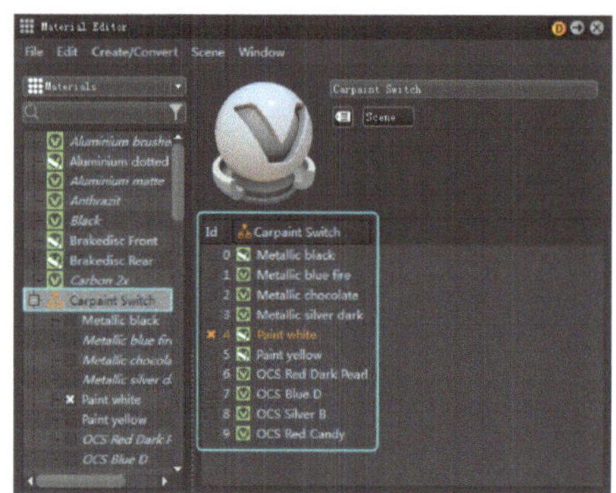

图4-13 材质编辑器中的不同车漆材质

图4-14 车身换色效果

TIPS 你的Material Editor（材质编辑器）打开以后的默认样式可能与我的截图有所不同，我会在“6.1 Material Editor（材质编辑器）”中讲解具体原因。在这一步，你只要能够通过材质列表修改车漆配色即可。

3.环境切换

通过切换不同的Environment（环境），可以观察车辆在不同场景中的表现效果。通过Material Editor（材质编辑器），可以找到Environments（环境切换器），如图4-15所示。通过选择不同子选项，即可实现场景切换，如图4-16所示。

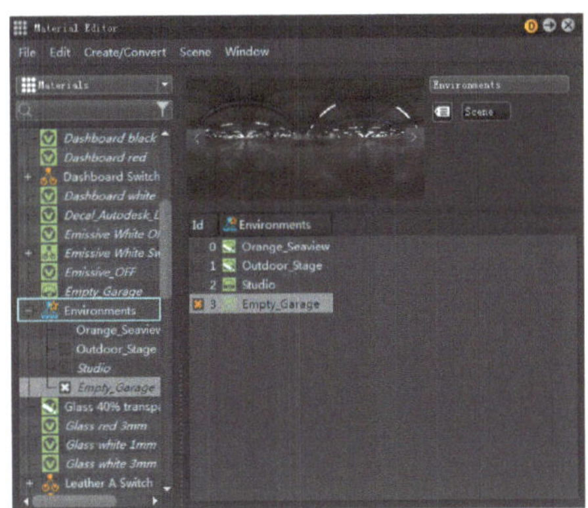

图4-15 材质编辑器中的环境与环境切换器

图4-16 不同的环境效果

4.其他切换

单击主面板快捷方式栏的VSets（变量管理器）按钮，如图4-17所示，可以打开Variant Sets（变量管理器）面板，如图4-18所示。双击以展开面板左边的文件夹，然后双击所显示的子内容就能发现惊喜。可以尝试调用更多的预设配置，如预设动画（Animation）、车牌修改（License Plate）、开关车灯（Lights）、更改车顶附件（Roof），等等，如图4-19所示是不同的车顶附件效果。

图4-17 VSets按钮

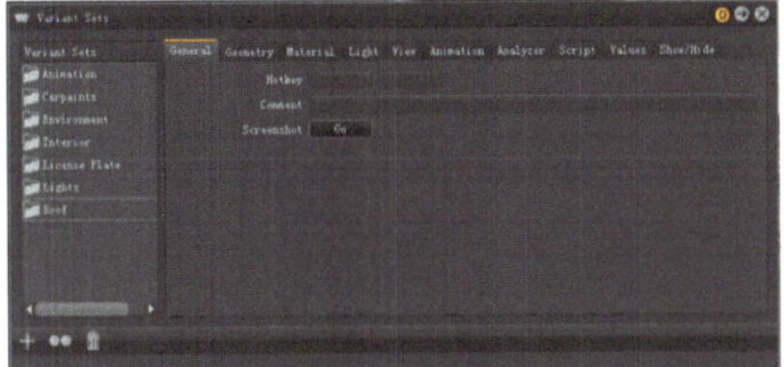

图4-18 变量管理器面板

图4-19 不同的车顶附件

“变量管理器”也称“配置管理器”或“方案管理器”，主要用途是管理场景中的各个可变配置内容。

VRED软件基础教学将主要基于本演示案例展开，但不会涉及它所包含的所有内容。因为我们的着眼点在于如何进行汽车外观表现，所以，配置设置和TouchSensor（触发器）设定等虚拟现实内容在本书中不做讲解。

4.2.3 显示模式

初次使用VRED这类虚拟现实软件的渲染师一定会为它毫无延迟的优质交互式显示效果所倾倒。比起传统的3ds Max、Maya等软件来说，简直是一个天上一个地下，图4-20所示是VRED的显示效果，图4-21所示是3ds Max的显示效果，可以看到，对比十分显著。

图4-20 VRED中的Genesis

图4-21 3ds Max中的Genesis

1.实时游戏与光线追踪

VRED优秀的实时交互效果依赖于显卡计算，默认模式下的显示结果并非传统意义上的“渲染”，而是一种专为汽车可视化工作所优化的“实时游戏”。简单来说，它在本质上和极品飞车没有什么区别。

“实时游戏”模式下的显示效果很出色，效率也极高，但由于技术原因，它具有一些不可避免的缺陷，如无法计算真实的反射与折射。请查看下面的效果对比。

图4-22所示是默认模式下的显示效果，车身没有反射出后视镜的倒影，只反射出了场景环境；图4-23所示是Full Global Illumination（完整全局照明）模式下的显示效果，无论环境还是后视镜，它们都在车身上呈现出了正确的反射结果。

图4-22 默认模式下的显示效果

图4-23 Full Global Illumination模式下的显示效果

图4-24所示是默认模式下的玻璃球，这个显示结果极其错误，这分明就是是一个气泡。图4-25所示是Full Global Illumination（完整全局照明）模式下的玻璃球，这才是正确的玻璃折射结果。

图4-24 默认模式下的玻璃球

图4-25 Full Global Illumination模式下的玻璃球

另外，除了最典型的反射与折射问题，默认模式下的材质质感、光照表现和阴影细节等均存在或多或少的缺陷。图4-26所示是默认模式下的车轮，其质感较为平庸；图4-27所示是Full Global Illumination（完整全局照明）模式下的车轮，其质感相当出色。

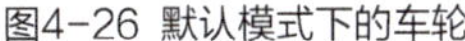

图4-26 默认模式下的车轮

图4-27 Full Global Illumination模式下的车轮

图4-28所示是默认模式下的整体光照质感与阴影，图4-29所示是Full Global Illumination（完整全局照明）模式下的整体光照质感与阴影，请特别注意画面中真实的硬阴影。

图4-28 默认模式下的整体光照质感与阴影

图4-29 Full Global Illumination的整体光照质感与阴影

由于“实时游戏”模式，也就是默认模式存在着上述无法避免的缺陷，VRED为了高质量地输出渲染结果，提供了效果更为优秀的Raytracing（光线追踪）模式，也叫“RT模式”。Full Global Illumination（完整全局照明）是效果最优秀的Raytracing（光线追踪）模式。相对应地，“实时游戏”模式被称为Rasterization（光栅化）或OpenGL模式。

TIPS “实时游戏”模式有一个更常用的称呼，称为“实时预览”模式；在此后的章节中，将一直使用“实时预览”这个词。

使用图标栏的RT按钮可以激活Raytracing（光线追踪）模式。当光线追踪启用后，软件使用效果优异的光线追踪算法为场景计算正确的反射、折射、光照、材质、阴影等细节效果。但是，由于光线追踪计算量极大，系统响应速度会因此而显著变慢——这就是我们一开始需要习惯性关闭CPU相关性的原因。

一般来说，应该使用实时预览模式查看场景整体效果、执行基本操作；使用光线追踪模式调整细节，渲染最终高品质图像。

TIPS “光线追踪”“光栅化”和OpenGL均是计算机图形学术语，普通用户了解即可。

2.光线追踪的操作模式

VRED为光线追踪计算提供了两种不同的操作模式：Interactive（交互模式）和Still Frame（静帧模式）。用户可以使用抗锯齿按钮在这两种模式间进行切换。

- **交互模式：**当RT按钮打开、Antialias（抗锯齿）按钮关闭时，系统进入光线追踪交互模式，以方便用户操作。
- **静帧模式：**当RT按钮与Antialias（抗锯齿）按钮同时打开，且用户停止操作后，系统将进入光线追踪静帧模式，以提供更高的渲染质量。

上述两种模式可以分别设定不同的渲染参数，通常为一低一高。这样，用户可以使用Interactive（交互模式）初步查看或调试光线追踪结果，然后使用Still Frame（静帧模式）查看最终渲染结果。

TIPS 事实上，两种操作模式的诞生，是一种对光线追踪巨大计算量的妥协。

3.光线追踪的计算模式

除了前面介绍的操作模式，VRED还为光线追踪提供了5种不同的计算模式，以达成速度与质量的平衡。每种计算模式都可应用于上述的操作模式当中。

- **CPU Rasterization（CPU光栅化）：**使用CPU替代显卡进行光栅计算的模式。这是一种对于显卡性能进行妥协的“实时预览”模式，而非真正的Raytracing（光线追踪）模式。
- **Precomputed Illumination（预烘焙照明）：**最基本的光线追踪模式，仅供正确计算反射折射使用，建议用于Raytracing（光线追踪）交互模式。
- **Precomputed+Shadows（预烘焙+阴影）：**更细腻的Raytracing（光线追踪）模式，可实时计算正确的光线追踪阴影。
- **Precomputed+IBL（预烘焙+IBL）：**更优秀的Raytracing（光线追踪）模式，使用预计算的间接光照与实时环境照明。
- **Full Global Illumination（完整全局照明）：**最佳质量方案，也是耗时最长的方案，是静帧模式与产品级输出的首选方案，简称FGI。

在Render Settings（渲染设置）对话框的Raytracing Quality（光线追踪质量）选项卡中，找到Illumination Mode（照明模式）卷展栏，通过它可以为每一种光线追踪操作模式设定上述各种计算模式，如图4-30所示。

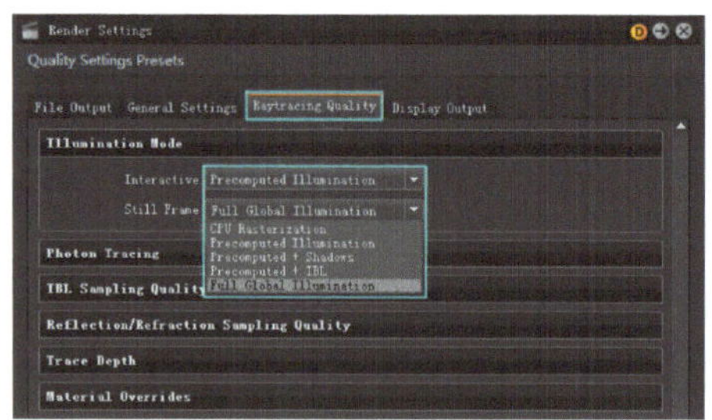

图4-30 光线追踪模式设置面板

TIPS 关于两种操作模式和5种计算模式的知识将在“08 渲染输出”中进行详细讲解，这里的介绍仅用于预习。

4.实时预览与光线追踪模式的区别

由于计算方法存在本质上的不同，“实时预览”与Raytracing（光线追踪）模式存在效果上的显著差异。除前文所述的真实反射与折射、材质质感、光照表现和阴影细节等方面外，它们之间还存在一种极其重要的差异，即反射位置偏差。

观察图4-31和图4-32所示的效果图中的标注区域，注意白色灯光条的反射位置，能够轻易地看出，“实时预览”与Raytracing（光线追踪）模式不仅在效果上存在差别，在反射位置上也存在着明显的差异。

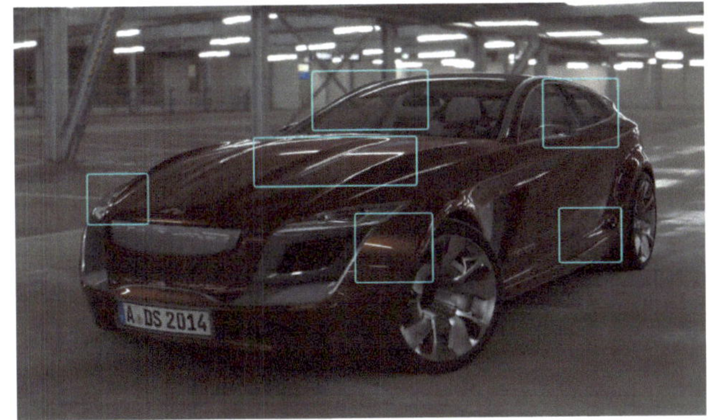

图4-31 实时预览模式的渲染结果

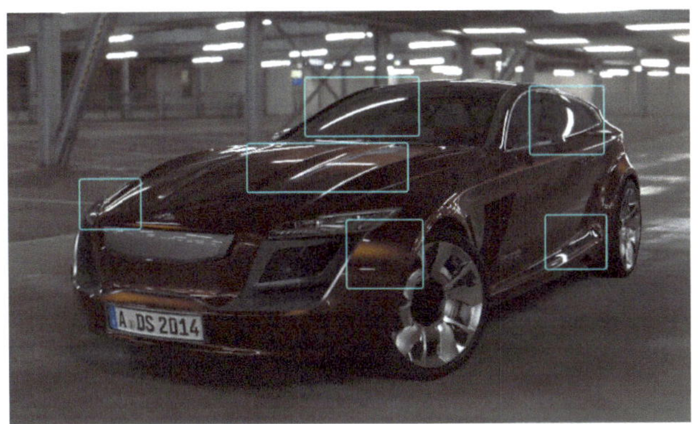

图4-32 光线追踪模式的渲染结果。

不过，这种反射位置的些许差异在室外环境渲染时不会带来太大困扰，如晴空万里的机场环境，如图4-33和图4-34所示。

图4-33 典型晴朗室外环境下的实时预览结果

图4-34 典型晴朗室外环境下的光线追踪结果

但是，在需要进行精确布光的摄影棚表现时，这种反差会带来严重的问题，如图4-35和图4-36所示。注意车体侧面的白色反射分界线的位置变化。因为这种差异的存在，建议一旦需要精确布光，则打开光线追踪计算。

图4-35 典型摄影棚环境下的实时预览模式渲染结果

图4-36 典型摄影棚环境下的光线追踪模式渲染结果

再次注意图中的差异位置，这种差异产生的原因在于："实时预览"模式在计算环境反射时，使用的是虚拟的环境贴图；而Raytracing（光线追踪）模式在计算环境反射时，使用的是周围真实存在的Environment Geometry（环境几何体）。几何体存在着形状、尺寸和远近的变化，而环境贴图没有，所以，两种模式的最终计算结果会产生一些偏差。

> **TIPS**
>
> 初学者可能会被VRED复杂的多种渲染模式所困扰，在这里提供如下简单归纳与建议。
>
> （1）使用实时预览模式进行基本设定。如物体对位、材质指定、环境预览、摄影机确认等工作都应当在实时预览模式进行，以提高工作效率。还可以在这个模式中进行初步的效果调试。
>
> （2）使用光线追踪Interactive（交互模式）进行精确布光。光线追踪交互模式是只激活RT按钮而不激活抗锯齿按钮的渲染模式，推荐为光线追踪交互模式指定Precomputed Illumination（预烘焙照明）计算方法，它可以计算正确的反射、折射效果，且不会消耗太多的性能。
>
> （3）使用光线追踪Still Frame（静帧模式）来进行最终的布光与材质效果微调。光线追踪静帧模式是同时激活RT按钮和抗锯齿按钮的渲染模式。建议为光线追踪静帧模式指定Full Global Illumination（完整全局照明）计算方法，它是我们查看最终结果的第一选择。

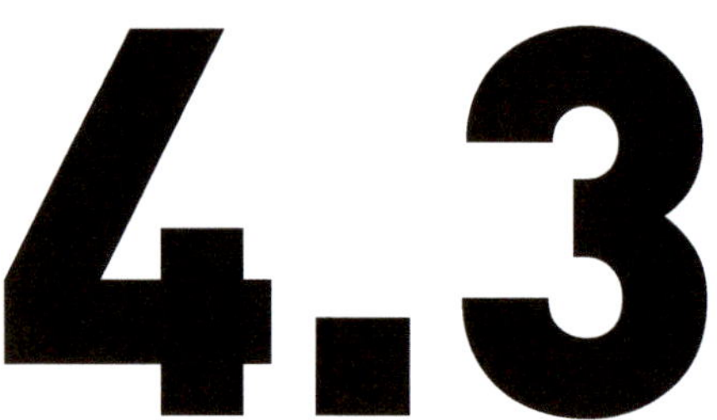

VRED的工作界面

本节将学习VRED的基本用户界面，请打开你的演示文件：Automotive_Genesis.vpb。

VRED的用户界面分为上、中、下三大部分，包括6个主要栏目，界面如图4-37所示。

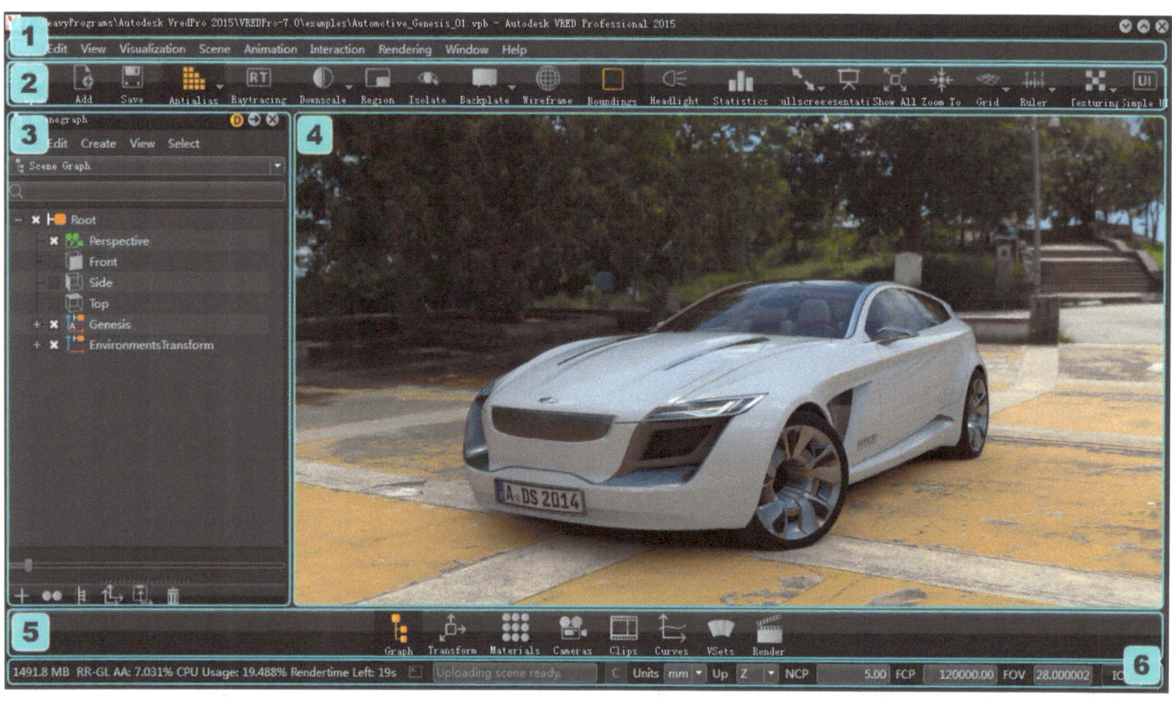

图4-37 VRED主面板

界面图示说明

» **1. Menu Bar（菜单栏）：** 包含VRED的各项操作命令和功能模块。

» **2.Icons Bar（图标栏）：**提供常用功能的快捷方式。

» **3.侧边栏：**VRED的侧边栏可以高度地自定义，各功能模块都可在侧边栏进行组装、拆分，以方便使用。图示中侧边栏为SceneGraph（结构树）模块。

» **4.Render View（渲染窗口）：**也叫视口，是图像的显示窗口。VRED默认提供一个Render Window（渲染窗口），也可手动创建更多渲染窗口或关闭它们。

» **5.Quick Access Bar（快捷方式栏）：**提供常用模块的快捷方式。

» **6.Status Line（状态栏）：**提供内存使用、计算状态、裁切平面、FOV和场景基本参数等信息。

4.3.1 Menu Bar（菜单栏）

VRED Menu Bar（菜单栏）的翻译如图4-38所示。下面将对重要的菜单栏命令进行介绍。

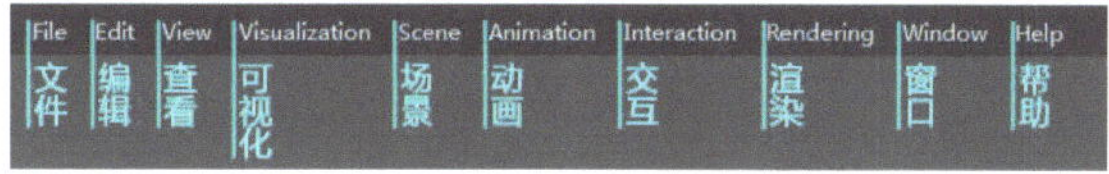

图4-38 菜单栏

菜单栏重点功能说明

» **File（文件）：**提供基本的Open（打开）、Save（保存）、Save As（另存为）等功能。此外，请注意Optimize Scene（优化场景）模块，如图4-39所示。它可以优化场景，使操作更加流畅。该模块的打开方式为执行File（文件）>Optimize Scene（优化场景）菜单命令，如图4-40所示。

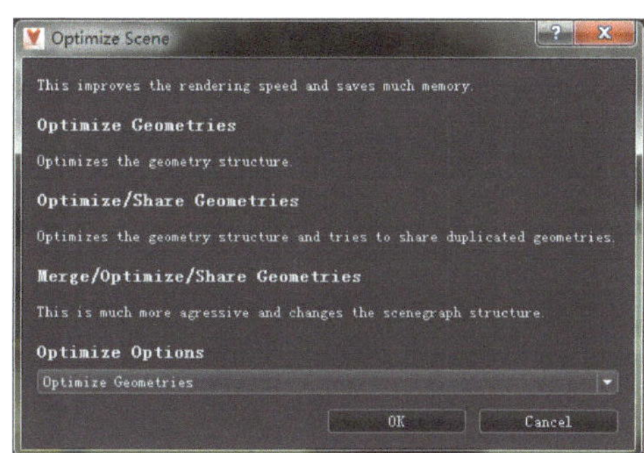

图4-39 优化场景模块

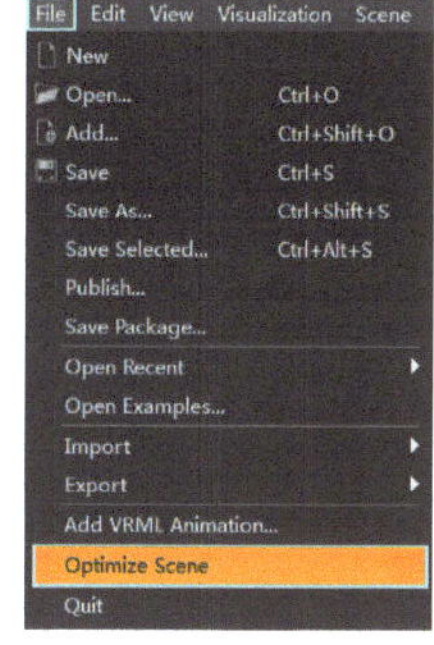

图4-40 优化场景模块的打开方式

» **Edit（编辑）：**主要的Undo（撤销）与Redo（重做）功能与其他软件完全相同，不过快捷键Ctrl+Z与快捷键Ctrl+Y拥有更高的使用频率。此外，请注意Preference（首选项）模块：执行Edit（编辑）>Preference（首选项）菜单命令，如图4-41所示，可以打开Preference（首选项）对话框，其界面如图4-42所示。

» **Visualization（可视化）：**提供不同的可视化显示方式，如图4-43所示。这里仅介绍重要的显示模式。

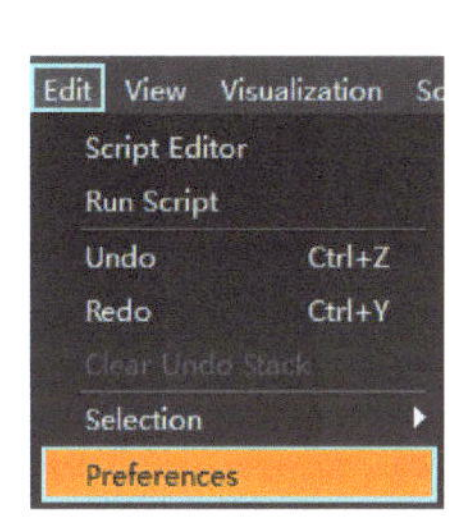

图4-41 首选项的打开方式

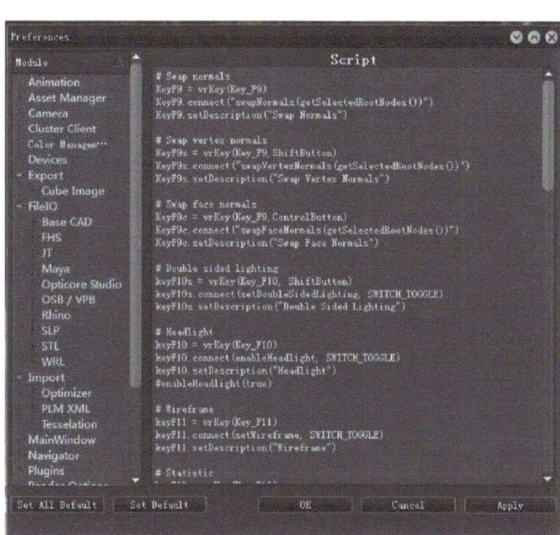

图4-42 首选项对话框

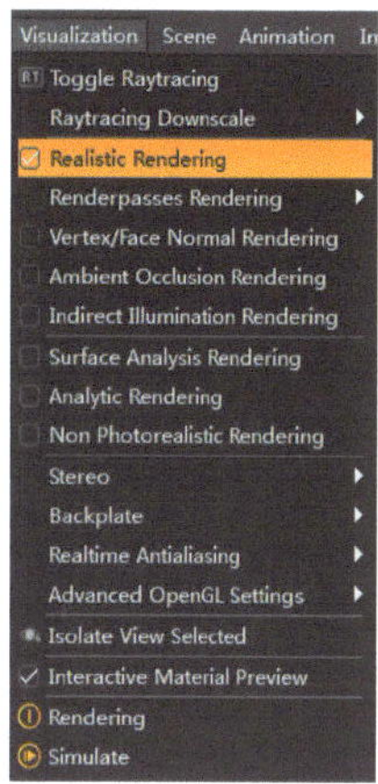

图4-43 可视化菜单

Realistic Rendering（写实渲染）：写实渲染模式，系统默认设置，效果如图4-44所示。

Renderpasses Rendering（渲染元素模式）：也可称为Render Passes（渲染通道）或Multipass Rendering（分层渲染）模式。打开光线追踪以后，可以使用此系列模式查看某个单独的渲染元素，如图4-45所示，这里展示的是Diffuse IBL（漫反射-基于图像的照明）通道。

图4-44 写实渲染模式

图4-45 渲染元素模式

Vertex/Face Normal Rendering（顶点/面 法线模式）：这种模式也叫“法线诊断模式”。这是用来检查曲面法线是否正确的渲染模式，如图4-46所示。

TIPS Vertex/Face Normal Rendering的直译“顶点/面 法线模式”过于拗口，在书中主要使用意译：“法线诊断模式”。

Ambient Occlusion Rendering（环境光阻光模式）：用来查看烘焙AO的渲染模式，如图4-47所示。在这种模式中，地面的斑块是一种显示错误，可以不用理会。

图4-46 法线诊断模式

图4-47 烘焙AO显示结果

TIPS

注意，VRED包含两种AO算法，上述Ambient Occlusion Rendering（环境光阻光模式）只显示烘焙AO结果。要查看光线追踪计算的AO结果，可按以下步骤操作。

第1步： 激活图标栏的RT按钮以启用光线追踪，并确认Antialias（抗锯齿）按钮关闭，以节约运算量，避免卡顿。

第2步： 执行Visualization（可视化）>Renderpasses Rendering（渲染元素模式）>Auxiliary Channels（辅助通道）>Occlusion（阻光）菜单命令，如图4-48所示。图像显示效果如图4-49所示。

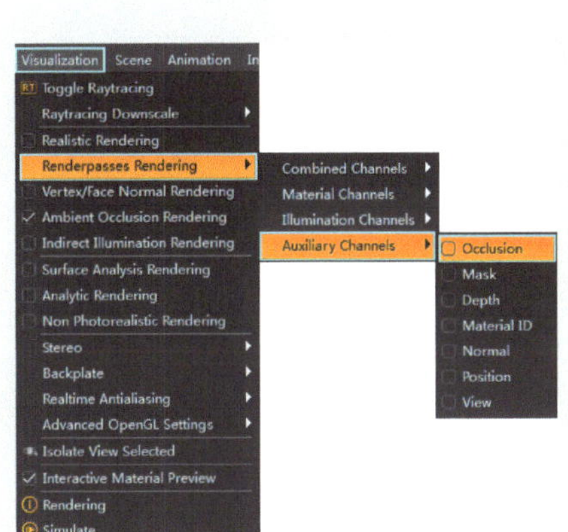

图4-48 光线追踪阻光的打开方式

图4-49 光线追踪Occlusion的显示结果

烘焙AO和光线追踪AO的详细知识将在后面的章节中详细讲解。

» **Scene（场景）：** 主要提供各个子模块的启动索引，如图4-50所示。这里仅介绍重要的模块。

Ambient Occlusion（环境光阻光）： 这是管理预烘焙功能的模块，也叫AO面板，如图4-51所示。可用来烘焙AO（环境光阻光）与Indirect Illumination（间接照明），供实时预览及光线追踪的Precomputed（预计算）模式使用。烘焙过的模型在实时预览时可以获得更好的显示结果。

光线追踪预计算模式将在“08 渲染输出”中讲解。

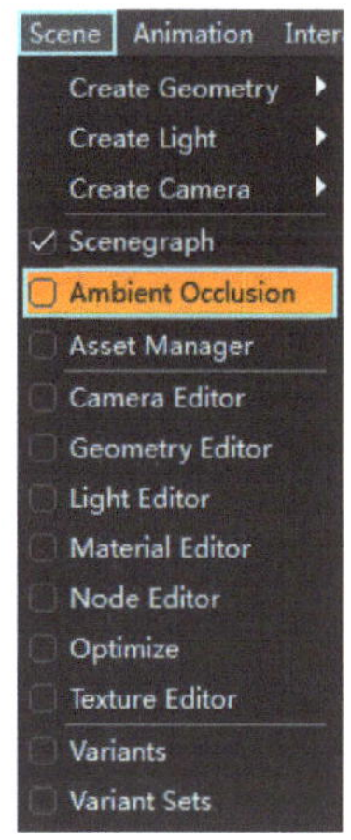

图4-50 Scene菜单

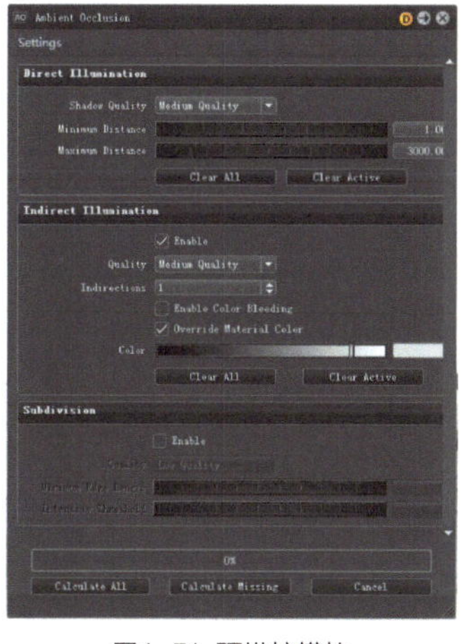

图4-51 预烘焙模块

Asset Manager（预设管理器）： 提供大量材质与场景预设，大幅降低创作门槛，深受用户喜爱，其参数面板如图4-52所示。我们在材质指定、材质调试、环境调试等环节将会大量使用预设管理器。

Geometry Editor（几何编辑器）： 用以编辑几何体的相关属性，最常用的功能是修正对象法线，其参数面板如图4-53所示。将在“5.5 Geometry Editor（几何编辑器）：法线处理”中讲解这个模块。

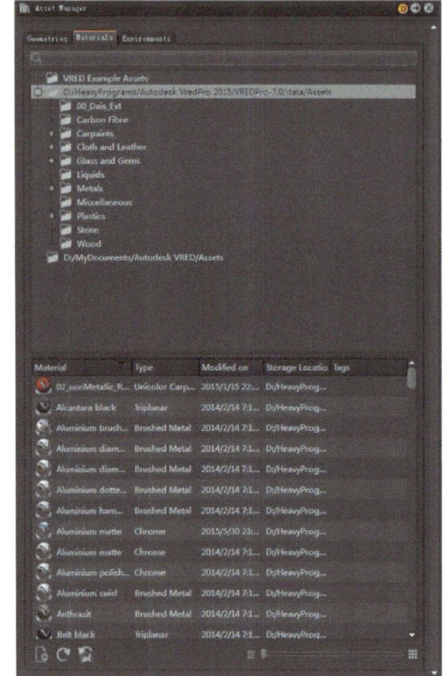

图4-52 预设管理器

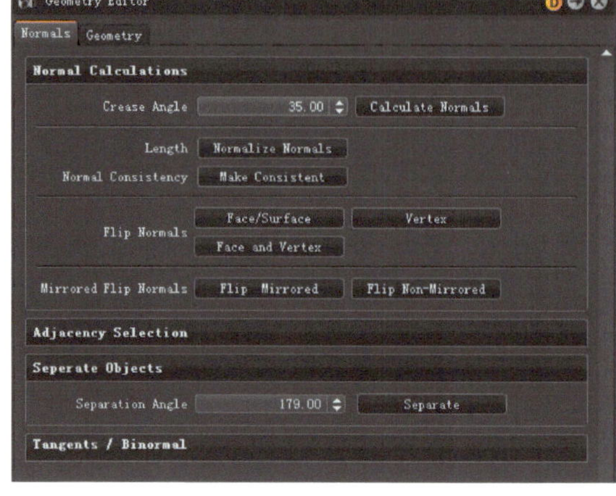

图4-53 几何编辑器

» **Animation（动画）：**动画面板提供了一系列动画制作工具，如图4-54所示。对于我们来说，只需要掌握Timeline（时间线）即可，其参数面板如图4-55所示。Timeline（时间线）模块用于调整动画时间的相关功能；在教学中，它被用来制作车轮旋转动画的关键帧，以便渲染运动模糊特效。

图4-54 动画菜单

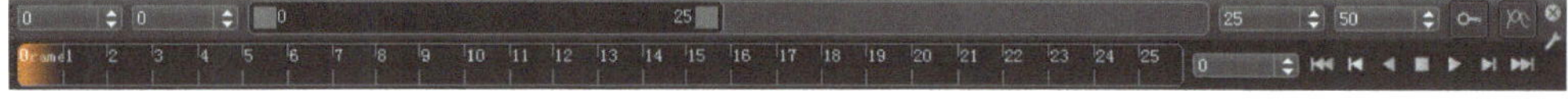

图4-55 时间线

» **Window（窗口）：**主要用于修改Render Window（渲染窗口）的相关参数，如图4-56所示。

下面将介绍常用的Render Window Size（渲染窗口尺寸）命令，如图4-57所示。这一系列命令主要用于调整Render Window（渲染窗口）的尺寸。需要注意的是，改变它们只会影响VRED主面板的渲染窗口尺寸，而不会影响最终输出图像的尺寸，对后者的修改需要在Render Settings（渲染设置）模块中进行。

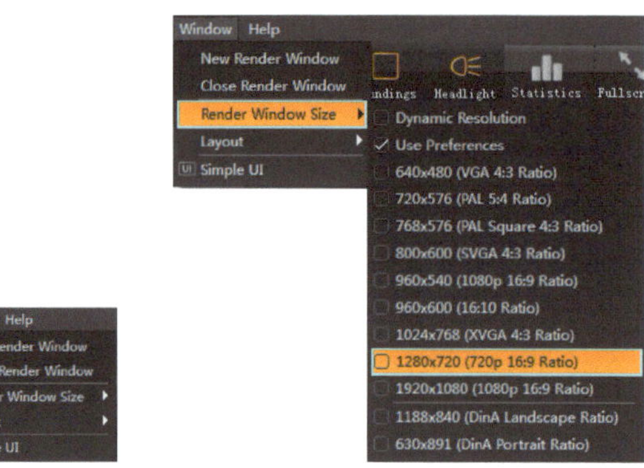

图4-56 窗口菜单　　图4-57 Render Window Size的相关命令

Dynamic Resolution（动态分辨率）： 根据主面板的大小自动动态调整窗口尺寸。

Use Preferences（使用首选项）： 使用由Preferences（首选项）>Render Options（渲染选项）>Render Window（渲染窗口）菜单命令设定的参数。Preferences（首选项）设定的渲染窗口尺寸是720像素×576像素，如图4-58所示。那么，如果激活了Use Preferences（使用首选项），则渲染窗口的尺寸就是720像素×576像素。注意，如果要修改首选项的这个参数，建议勾选Use Fixed Resolution（使用固定分辨率）复选框。

1024×768（XVGA 4:3 Ratio）： 标准4：3渲染尺寸。

1280×720（720p 16:9 Ratio）： 标准16：9渲染尺寸。

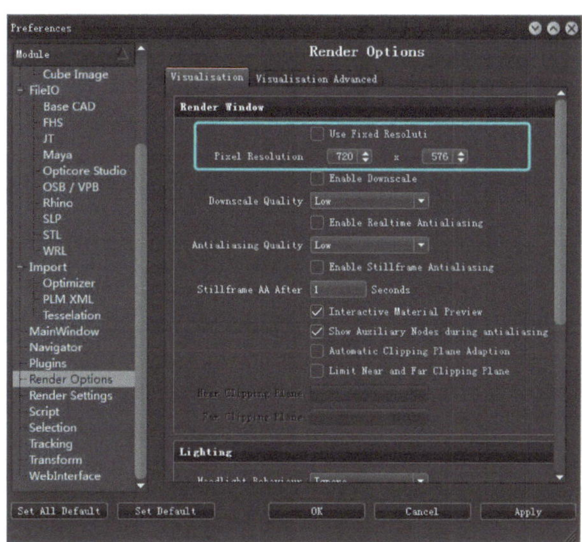

图4-58 渲染分辨率预设

TIPS

建议将Render Window（渲染窗口）的画面比例调整到与最终输出的一致，以获得最准确的预览效果。如本书的最终输出都使用3840像素×2160像素（16：9），所以，Render Window（渲染窗口）使用的都是1280×720（720p 16：9 Ratio）选项，它们的比例都是16：9。

» **Help（帮助）：** 帮助菜单为我们提供了许多参考内容，如图4-59所示。

Documentation（文档）： 可获取帮助文档及学习资料。

可以访问如下链接，查看帮助（包括视频与文档）。
http://help.autodesk.com/view/VREDPRODUCTS/2015/ENU/?guid=GUID-B9B11365-C98E-4CED-9B21-8B903C2FCFC7

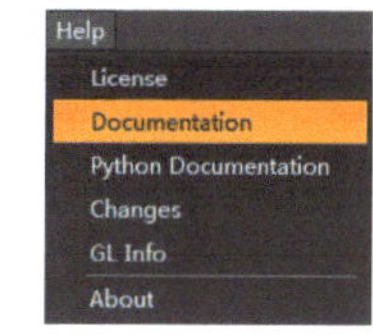

图4-59 帮助菜单

4.3.2 Icons Bar（图标栏）

VRED Icons Bar（图标栏）的翻译如图4-60所示，下面对图标栏中的重要按钮进行讲解。

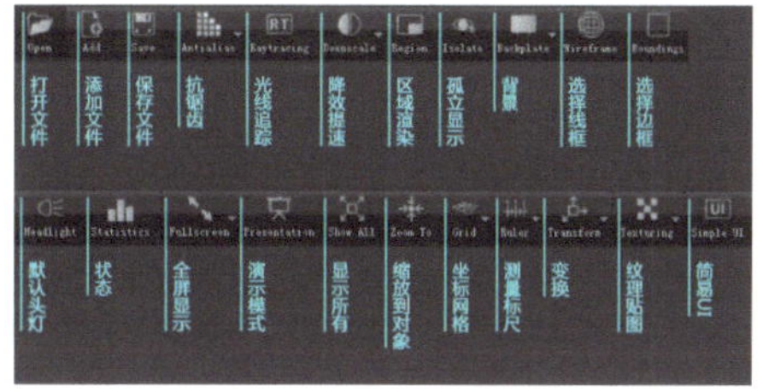

图4-60 图标栏翻译

图标栏重点功能说明

» **Open（打开）：** VRED可以打开多种常见数据格式，将最常用的文件格式整理如下。

.vpb： VRED二进制场景文件（默认的VRED场景文件）。

.fbx： 通用场景交换文件，我们将使用这种格式在3ds Max和VRED之间进行数据交换。

TIPS 关于文件格式的详细信息，请参考“文件操作”（4.4.2）的内容。

» **Add（添加）：** 向当前场景添加对象，类似于3ds Max中的Merge（合并）命令。

» **Save（保存）：** 保存当前场景。

» Antialias（抗锯齿）：也称AA按钮，是一个重要且常用的按钮，提供Render Window（渲染窗口）抗锯齿功能。在按钮上按住鼠标左键不放，可以调出两个子选项，但是不建议使用它们。

在此再次特别强调抗锯齿按钮的功能：当RT按钮被激活、系统进入光线追踪（Raytracing）计算模式时，抗锯齿按钮将成为光线追踪Interactive（交互模式）和Still Frame（静帧模式）的切换开关。如果抗锯齿按钮没有被激活，则系统进入光线追踪Interactive（交互模式）；如果抗锯齿按钮和RT按钮被同时激活，则系统进入光线追踪Still Frame（静帧模式）。

» **Raytracing（光线追踪）：** 简称RT按钮，用于启动光线追踪功能，是十分重要的按钮。光线追踪计算提供更精确的反射、折射效果，甚至更真实的GI（全局照明）效果。

TIPS Raytracing（光线追踪）交互与静帧模式的相关知识在前文中已有涉猎，具体内容将在“08 渲染输出”中讲解。

» **Region（区域渲染）：** 只渲染画面中的某个部分。按下此按钮后，渲染窗口的左下角会显示提示文本，如图4-61所示。此时，按住R键不放，光标将变为十字形；然后按住鼠标左键，并拖曳出一个矩形，即可指定渲染区域。

图4-61 区域渲染模式

TIPS 在区域渲染模式被激活的情况下，想要更新渲染区域时，建议双击该按钮以后再按住R键拉框，以免出现误操作。

» **Isolate（孤立显示）：**孤立显示选中对象。

» **Backplate（背景）：**使用图片背景替换标准环境背景，按住此按钮不放可以调出两个子选项。

Create Backplate（创建背景）：使用图像文件创建背景。

Delete Backplate（删除背景）：删除背景。

» **Wireframe（选择线框）：**用几何体线框标注被选中的对象。

» **Boundings（选择边框）：**用立方体边框标注被选中的对象。

» **Headlight（默认头灯）：**默认头灯，并非指汽车的前大灯。它是指一盏与摄影机位置同步绑定的默认场景灯光，用于在场景刚设立且没有材质和照明时让用户能够看清对象。

TIPS 在刚创建场景时打开头灯，以便看清对象。但是请注意，当进入环境调试环节以后，务必将其关闭。

» **Statistics（状态）：**提供帧数等场景信息显示。

» **Fullscreen（全屏显示）：**使渲染窗口覆盖整个屏幕，可按Esc键取消。按住此按钮不放，可以调出子选项Multi-Display fullscreen（多屏全屏），它的含义是，如果计算机安装了多个屏幕，则使渲染窗口铺满所有屏幕，而不是只铺满主屏幕。

» **Presentation（演示模式）：**进入虚拟现实演示模式。在此模式下，系统将允许启用Variants（变量设定器）绑定的快捷键。对于我们的工作需求而言，无需使用此模式。

TIPS 读者也无需学习Variants（变量设定器）和Variant Sets（变量管理器）两个配置管理工具。

» **Show All（显示所有）：**显示整个场景。

» **Zoom To（缩放到对象）：**缩放到选定对象。如果没有选定对象，则显示所有对象。

» **Grid（坐标网格）：**显示坐标网格。按住此按钮不放，可以调出子选项。

*xy：*显示*xy*平面坐标网格。

*xz：*显示*xz*平面坐标网格。

*yz：*显示*yz*平面坐标网格。

*Show labels（显示标签）：*显示坐标系标签。

*Settings（设置）：*Size（尺寸）用于设置坐标系大小（测量面大小），Tile（平铺）用于设置坐标系平铺次数（方格数量）。

» **Ruler（测量标尺）：**显示虚拟测量标尺。

» **Transform（变换）：**提供移动、旋转、缩放等功能。按住此按钮不放，可以调出子选项，重要功能说明如下。

Local Mode（局部模式）：系统默认使用世界坐标计算物体变换，打开此选项后，变换操作将使用对象的局部坐标。

Use Fixed Steps（使用固定步长）：按固定数值操作对象变换。如果需要按10mm为标准移动对象，或以5° 为标准旋转对象，或按20%为标准缩放对象，则需要打开此选项。

TIPS

在首选项中设定标准步长的方法如下。

打开首选项面板，找到Transform（变换）>Transform Step Sizes（变换步长）位置，Translation/Rotation/Scale Step Size分别对应“移动”“旋转”“缩放步长”值，如图4-62所示。

图4-62 首选项设置面板

Translation/Rotation/Scale Manipulator（移动/旋转/缩放控制器）：提供交互式的移动、旋转、缩放控制器，你只需记住快捷键Shift+W/E/R即可。

» **Texturing（纹理贴图）：**用来摆放纹理贴图的投射工具。

TIPS 纹理贴图相关知识将在“6.2 Reflective Plastic Material（反射塑料材质）”中介绍。

» **Simple UI（简易UI）：**切换为简易UI。

TIPS 注意，本教程不使用简易UI。如果VRED当前处于简易UI模式，应将其关闭。

4.3.3 Quick Access Bar（快捷方式栏）

VRED Quick Access Bar（快捷方式栏）提供常用模块的快速访问通道，其翻译如图4-63所示。下面对快捷方式栏中的按钮进行说明。

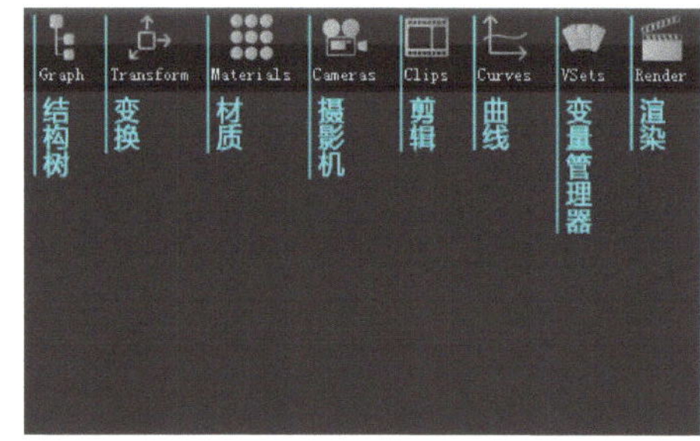

图4-63 快捷方式栏翻译

快捷方式栏图标功能说明

» **Graph（结构树）：**打开SceneGraph（结构树）模块，以目录方式管理所有场景对象。

» **Transform（变换）：**打开Transform（变换）面板。Transform（变换）面板是图标栏Transform（变换）按钮的参数化设定面板，提供更精确、更细致的调整能力。

» **Materials（材质）：**打开Material Editor（材质编辑器），用于材质管理与调试。

» **Cameras（摄影机）：**打开Camera Editor（摄影机编辑器），用于摄影机管理与控制。

» **Clips（剪辑）：**打开Clip Maker（剪辑工具），用于动画序列编组与控制。

» **Curves（曲线）：**打开Curve Editor（曲线编辑器），用于精确调整动画。

» **VSets（变量管理器）：**打开Variant Sets（变量管理器），用于变量和配置管理。

» **Render（渲染）：**打开Render Settings（渲染设置）面板，用于设置渲染参数。

4.3.4 Status Line（状态栏）

状态栏提供了场景相关的基本信息说明，其对应翻译如图4-64所示。通常不使用状态栏，且状态栏中的各项参数均为字面意思，故不再一一讲解。

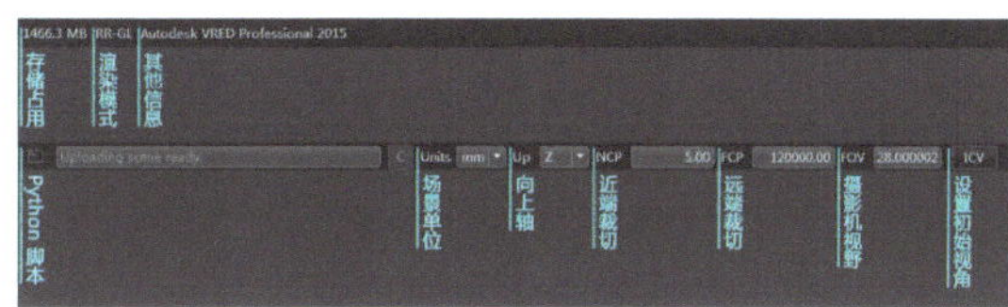

图4-64 状态栏翻译

4.4 VRED的基本操作

本节主要介绍VRED的基本操作命令，包括视口操作和文件操作。

4.4.1 视口操作

视口操作即用户在渲染窗口内执行的操作，主要包括摄影机浏览和对象选择两类。

1.视口摄影机操作

视口摄影机操作是使用频率最高的操作，在其他软件中被称作“视口导航”。使用视口摄影机操作来多角度地浏览三维场景。

常用视口摄影机操作说明

» **旋转视口：**按住鼠标左键，然后拖曳鼠标指针。

» **推拉摄影机：**按住鼠标右键，然后拖曳鼠标指针。

» **平移摄影机：**按住鼠标中键，然后拖曳鼠标指针。

» **倾斜摄影机：**同时按住鼠标左右键，然后拖曳鼠标指针。

» **推拉摄影机：**滚动鼠标滚轮。

» **确定目标点：**使用鼠标右键双击曲面上某个点，可以命令摄影机对准该处，并将其设定为目标点。

» **完整显示对象：**使用鼠标中键双击曲面上某个点，可以命令摄影机对准该处，将其设定为目标点，并推拉摄影机直到目标对象完整显示。

» **切换到初始视角：**单击视口中的HOME图标即可切换到初始视角。

» **显示整个场景：**单击Show All（显示所有）按钮即可显示整个场景。

» **最大化显示：**使用Zoom To（缩放到）按钮可以推拉机位至选定对象，将其完整显示。如果没有选定对象，则显示整个场景。该按钮效果等同于3ds Max中的Z键和Maya中的F键。

2.视口选择操作

视口选择操作是指不经过SceneGraph（结构树），直接在视口中选择对象的操作。

常用视口选择操作说明

» **选择单个对象：**按住Shift键，然后单击对象。

» **加选单个对象：**同时按住Ctrl键和Shift键，然后单击对象。

» **框选对象：**按住Shift键，然后使用鼠标左键框选（从左上方往右下方）对象，即可选择完全处于选区内的对象；按住Shift键，然后使用鼠标左键框选（从右下方往左上方）对象，则选中与选择框有交集的对象。

» **减选对象：**按住Shift键，然后单击鼠标右键，可以清除所有被选对象；按住Ctrl键和Shift键，然后使用鼠标右键单击某个对象，可将它从被选状态中清除，注意这条命令与上一条的区别在于，Shift键+鼠标右键的操作会清空所有已选择的对象，而Ctrl键+Shift键+鼠标右键的操作只会将被单击的对象从选择状态中清除；按住Shift键，然后使用鼠标右键框选（从左上方往右下方）对象，可以将完全包括在选择框中的对象从被选状态中清除；按住Shift键，然后使用鼠标右键框选（从右下方往左上方）对象，可将与选择框有交集的对象从被选中状态中清除。

» **全选：**使用快捷键Ctrl+A可以一次选中所有对象。

» **反选：**使用快捷键Ctrl+I可以反转被选状态，将已被选中的对象设定为未被选中，将未被选中的对象设定为已被选中。注意，如果在没有选择任何对象的情况下使用快捷键Ctrl+I，则所有对象都会被选中，其效果同全选。

4.4.2 文件操作

本节主要讲解VRED的文件操作命令。

VRED场景可以使用3种格式进行保存，它们分别是.vpb、.vpe和.vpf。其中，.vpb是默认的场景文件格式，建议在以后的工作中使用.vpb格式。

1.图标栏按钮

VRED的文件操作主要使用图标栏的Open（打开）、Add（添加）和Save（保存）3个按钮，熟练使用这3个按钮即可满足日常的大多数工作。

常用文件操作按钮说明

» **Open（打开）**：VRED可以打开多种文件格式。除了自身的.vpb以外，还能打开各种常见工业与数据交换格式。常见文件格式整理说明如下。

.vpb：VRED场景工程文件。

.fbx：Autodesk旗下的重要文件交换格式。本书将使用该格式在3ds Max与VRED之间进行数据交换。

.obj：另一款重要的通用文件交换格式，主要用于几何体数据的交换。

.CATPart/.CGR/.CATProduct：Dassault Systems CATIA的文件格式，常见于汽车工业数据。

.jt：另一种常见于汽车工业数据的文件格式。

.wire：Alias文件格式，常见于汽车造型设计文件。

.igs/.iges：常见的NURBS曲面格式。

.stp：常见的工业数据交换格式。

» **Add（添加）**：向当前场景添加文件，相当于3ds Max中的Merge（合并）命令，可添加的文件格式与打开命令的相同。

» **Save（保存）**：保存当前场景。默认新场景将被保存为.vpb格式。

2.File（文件）命令

上述3个按钮已经可以满足多数日常工作需要。如果要执行的操作不在它们之中，那么菜单栏的File（文件）命令就派上用场了。

常用File（文件）命令说明

» **New（新建）**：新建场景。

» **Save As（另存为）**：将当前场景另存为一个新的文件。

» **Save Selected（保存选定对象）**：单独保存选定对象。

» **Publish（发布）**：发布当前场景。这是一个有趣的功能，当发布场景时，系统会要求你进行时间设定；勾选Limit period of validity（限制可用期限）复选框，即可设定文件的可用时间，如图4-65所示。使用发布功能以后，如果其他用户需要打开这个场景，则只能在你设定的时间范围内执行，逾期场景将无法使用。

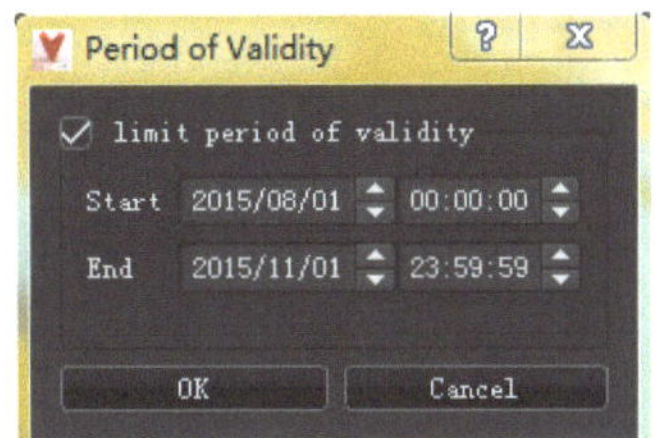

图4-65 时间设定面板

» **Save Package（保存包）**：将当前场景和所有纹理打包存储，类似于3ds Max中的Archive（归档）操作。

» **Open Recent（打开最近）**：打开最近使用过的文件。

» **Open Examples（打开范例）**：打开VRED自带的范例文件夹。

» **Export（导出）：** 导出文件，如图4-66所示。VRED支持多种导出，如果需要将VRED场景导出为供其他三维软件使用，则可以选择图中的两个操作。常用的交换格式有.fbx和.obj。

Scene（场景）：导出当前场景。

Selected（选定对象）：导出选定对象。

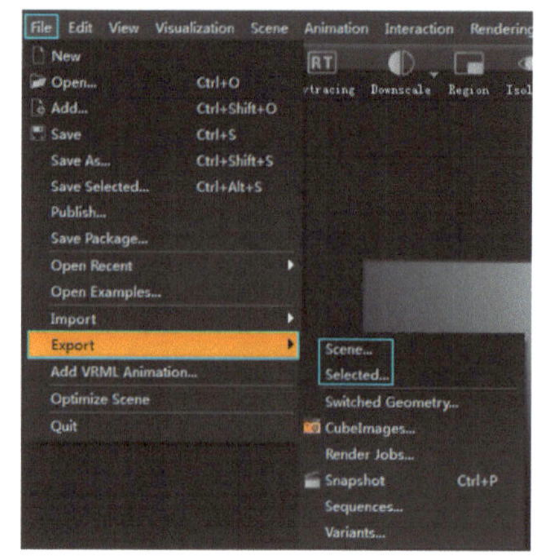

图4-66 文件命令

3.保存对话框

当要关闭当前场景或创建新场景时，系统可能会弹出两种对话框询问下一步操作。

常见系统询问对话框说明

» **保存与否对话框：** 询问用户在关闭文件前是否保存当前场景，如图4-67所示。

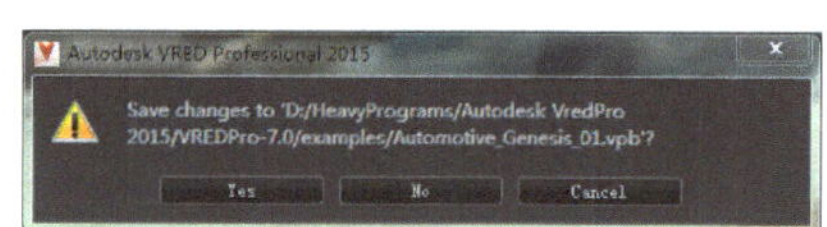

图4-67 保存与否对话框

Yes：保存。

No：不保存。

Cancel：取消。

» **关闭场景与否对话框：** 询问用户是否要关闭（Destroy）当前场景，如图4-68所示。

Yes：关闭。

No：不关闭。

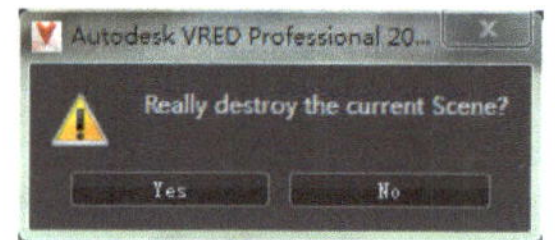

图4-68 关闭场景与否对话框

4.导入对话框

当使用VRED打开非VRED标准文件格式时，VRED会弹出Import Options（导入设置）对话框，如图4-69所示。对话框中的参数主要是针对工业数据设置的。对于教学中使用的来自3ds Max的Polygon文件来说，它们几乎不起作用。所以，保持默认设置，单击OK（确定）按钮即可完成导入，单击Cancel（取消）按钮可以放弃导入。

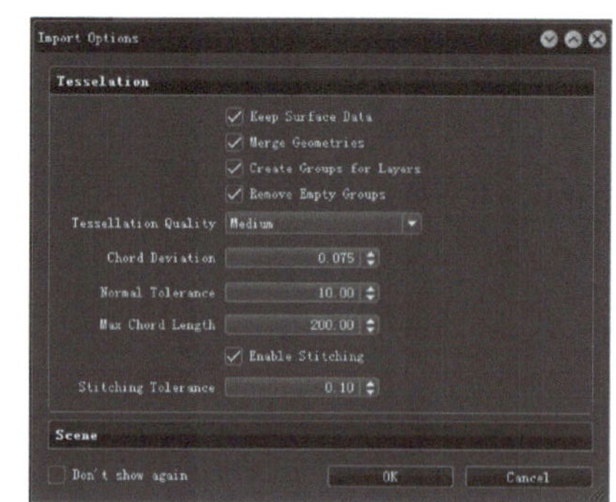

图4-69 导入设置对话框

TIPS 工业数据用户可以使用当前默认设置导入，通常此设置可以满足一般表现用途。

05 VRED基本工作模块解析

VEHICLE VISUALIZATION

- 了解结构树模块功能
- 识别相应图标
- 了解变换模块功能
- 掌握移动、旋转、缩放相关命令
- 掌握将旋转轴心放置到物体中心的方法
- 了解预设管理器功能
- 掌握材质替换方法
- 了解基本的法线问题成因
- 掌握几何编辑器的法线反转按钮
- 掌握常规法线问题修正手段
- 了解两种AO模式的区别和联系，以及各自的优缺点
- 掌握基本的AO烘焙技能
- 了解摄影机编辑器
- 掌握视点相关知识
- 掌握镜头参数相关命令
- 掌握使用时间线创建关键帧动画的方法

5.1 SceneGraph（结构树）：场景管理

SceneGraph（结构树）是用于管理场景中所有对象的树状结构图，即整个场景的目录。通过SceneGraph（结构树），可以对场景内容实现轻松的管理。

5.1.1 打开方式

单击快捷方式栏的Graph按钮，可以打开/关闭SceneGraph（结构树），如图5-1所示。SceneGraph（结构树）面板如图5-2所示。

图5-1 单击Graph图标

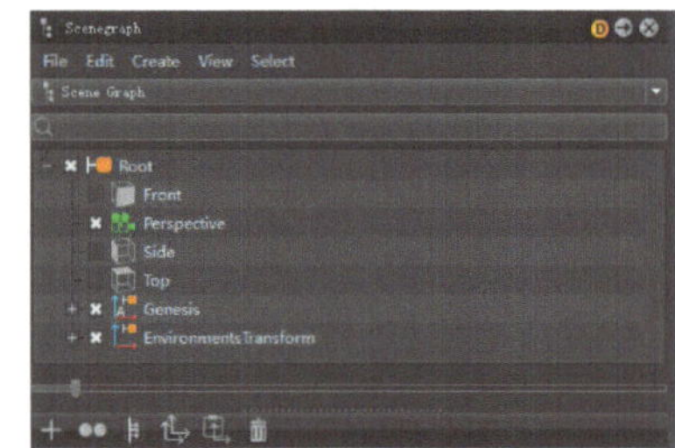

图5-2 结构树面板

5.1.2 结构树模块

SceneGraph（结构树）面板比较简单，下面对其进行简单介绍。

SceneGraph（结构树）面板结构说明

» **菜单栏：**用于执行操作命令，如图5-3所示，这些命令基本可被鼠标右键操作代替。

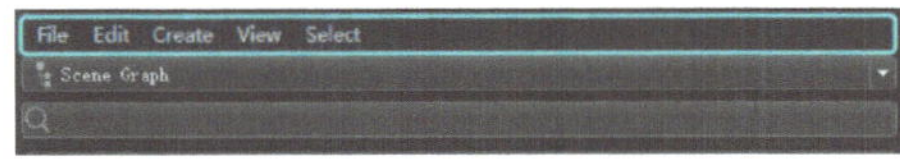

图5-3 结构树模块的菜单栏

» **SceneGraph（结构树）与Scene Tags（场景标签）切换选项：**用于在场景树状结构和场景标签显示之间进行切换，通常使用默认的SceneGraph（结构树）模式，如图5-4所示。

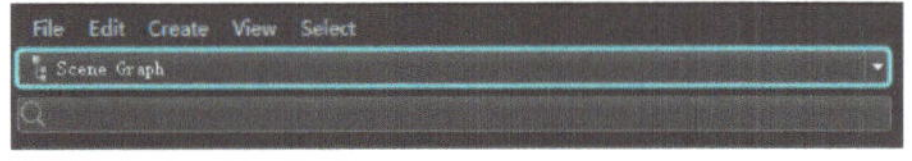

图5-4 结构树与场景标签切换选项

» **搜索框：**按名称搜索对象，如图5-5所示。

图5-5 搜索框

» **结构树窗口：**SceneGraph（结构树）的主窗口用于管理场景结构，如图5-6所示。

TIPS

如果在切换选项中选择了Scene Tags模式，则该窗口会用场景标签窗口代替结构树窗口。不过不建议这么做，在此也不做详细讲解。

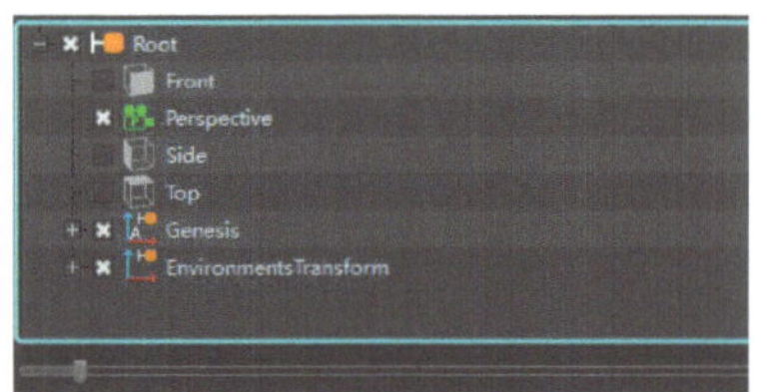

图5-6 结构树窗口

：加号/减号用于展开/关闭层级显示，乘号用于切换可见性，黄色圆角矩形表示Group（组）。

Genesis：图标中的红蓝箭头表示这个对象经过了Transform（变换）操作，A小标表示它被添加了Animation（动画）。

Roof：Switch（切换器）。该图标代表几何切换器，它被用来在不同的配置中切换几何体可见性。

skin#3847：曲面对象，常见于直接导入的工业数据。

ShadowPlane3：网格对象，也就是3ds Max中常见的Polygon（多边形）或Mesh（网格）对象。

Environments：环境切换器，特殊的环境管理工具。

Studio：Environment（环境）对象。注意VRED中的Environment（环境）对象与其他软件稍有区别，它包含两个特殊的子对象，其中一个是Environment Geometry（环境几何体），另一个是Shadow Plane（地面阴影片）。关于它们的知识，将在“7.1 关于Environment（环境）”与“7.4 HDR Light Studio”章节中详细讲解。

Perspective：透视摄影机。图标中的P代表“Perspective-透视”，它说明了这种摄影机的类型。当前图标被显示为绿色，这表明它是Render Window（渲染窗口）中的激活摄影机；如果摄影机处于未激活状态，它将显示为灰色。

TIPS 图示中的标准透视摄影机通常也是场景中的默认摄影机，随场景一同被创建。

OrthographicCamera：正交摄影机。图标中的O代表“Orthographic-正交/直角”，它同样用于说明摄影机的类型。注意该图标被显示为灰色，这表示它不是当前Render Window（渲染窗口）中的激活摄影机。

：默认Front（前）、Side（侧）、Top（顶）正交摄影机。

缩放滑块：用于整体或局部调整结构层级展开程度，如图5-7所示。

图5-7 缩放滑块

TIPS

在结构树窗口单击鼠标右键，可以调出丰富的操作命令，在图5-8中已将重点内容进行了翻译。由于命令均为字面意思，故不做详细讲解。

同时，请记住下列常用的快捷键。熟练使用它们可以大大提高工作效率。

创建组：Ctrl+G。

搜索：Ctrl+F。

隐藏选中对象：Ctrl+H。

显示选中对象：Ctrl+J。

显示所有对象：Ctrl+Shift+J。

缩放到对象：F。

把结构树当作Windows资源管理器，把组当作文件夹，把对象本体当作文件，你会很容易理解它的操作逻辑。因此，复制、粘贴、删除、重命名、修改树结构等操作也与普通Windows操作相同，不再赘述。

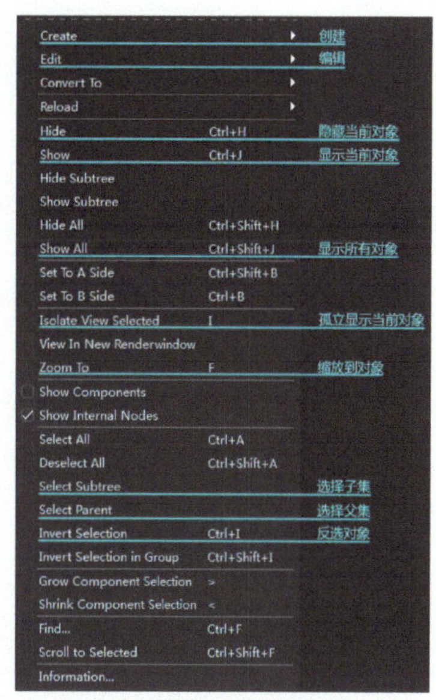

图5-8 右键命令面板翻译

» **工具按钮：**VRED在结构树模块的下部提供了一些常用功能的操作按钮，它们的翻译说明如图5-9所示。

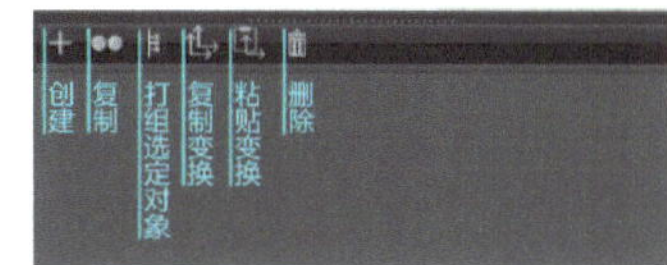

图5-9 快速操作按钮对应翻译

创建: 创建几何体、灯光、环境、相机等各种对象。由于通常在各种专门模块中创建对象，因而这个按钮并不常用。

复制: 复制选定对象。

打组选定对象: 创建一个新的Group（组），将已选中的对象放到这个组中，成为它的子对象。这是一个非常有用的功能，可以极其方便地重新组织结构树。

复制变换: 复制当前对象的所有Transform（变换）信息到剪贴板，包括移动、旋转、缩放等。

粘贴变换: 将复制好的Transform（变换）信息指定给选定对象。

删除: 删除选定对象。

5.2 Transform（变换）：对象变换操作

Transform（变换）模块是主界面图标栏Transform（变换）按钮的加强版，你或许注意到了它们二者使用了完全相同的图标。图标栏的Transform（变换）按钮如图5-10所示，快捷方式栏的Transform（变换）模块如图5-11所示。

相比图标栏的Transform（变换）按钮，Transform（变换）模块提供了更细致的变换控制能力。当需要精确操作或快捷键（Shift+W/E/R）提供的手动控制杆无法满足操作需求时，可以使用Transform（变换）模块。

图5-10 图标栏的变换按钮

图5-11 快捷方式栏的变换模块按钮

5.2.1 Transform（变换）模块的打开方式

上文中已经提到，可以使用快捷方式栏的Transform（变换）图标打开Transform（变换）模块，如图5-12所示。打开后的面板如图5-13所示。它包括两个页面，分别是Basic（基本）和Advanced（进阶），提供了不同的控制功能，我们主要使用的是Basic（基本）页面。在下文中将讲解它的各卷展栏内容。

图5-12 快捷方式栏的变换模块按钮

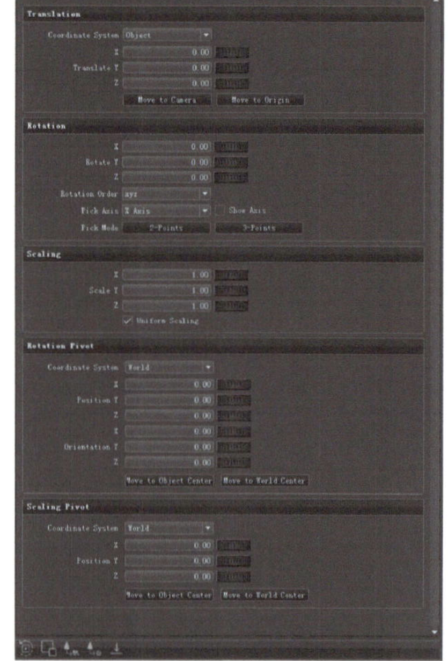

图5-13 Transform（变换）模块面板

5.2.2 移动对象

Translation（移动）卷展栏的参数用于控制对象移动。注意，在默认情况下，所有的移动都以物体Pivot（轴点）为准，而非以物体中心为准。

常用参数说明

» **Coordinate System（坐标系）：** 设定移动坐标系。

Object（对象）： 使用对象坐标系。

World（世界）： 使用世界坐标系。

» **Translate X/Y/Z（移动X/Y/Z）：** 设定选中对象在*x*/*y*/*z*轴上的移动量。

» **Move to Camera（移动到相机）：** 将选中对象移动到当前摄影机的位置。

» **Move to Origin（移动到初始位置）：** 将选中对象移动到世界坐标系中的原始位置。

5.2.3 旋转对象

Rotation（旋转）卷展栏的参数用于控制对象旋转。同理，所有的旋转都以轴点（Pivot）为准，而非以物体中心为准。

常用参数说明

» **Rotate X/Y/Z（旋转 X/Y/Z）：** 设定选中对象在*x*/*y*/*z*轴上的旋转量。

» **Pick Mode（拾取模式）：** 通过交互式的点击方式为对象指定旋转轴位置和方向。不建议使用它，因为它很难获得精确的结果。

2-Points（两点式）： 按住Shift键以后单击场景中的两个位置，系统会根据第二个点的位置定位旋转轴点，然后使用两个点的连线计算旋转轴的方向。

3-Points（三点式）： 按住Shift键以后单击场景中的3个位置，这3个位置会定义一个虚拟的三角平面，之后系统则根据这个平面的位置和方向计算旋转轴心。

Rotation的其他选项用来设定复杂的旋转属性，不建议修改Rotate X/Y/Z（旋转 X/Y/Z）以外的其他参数。

5.2.4 缩放对象

Scaling（缩放）卷展栏的参数用于控制对象缩放。

常用参数说明

» **Scaling X/Y/Z（缩放 X/Y/Z）：** 设定对象在*x*/*y*/*z*轴上的缩放量。

» **Uniform Scaling（统一缩放）：** 统一三轴缩放。

5.2.5 旋转轴点

Rotation Pivot（旋转轴点）卷展栏的参数用于设置为对象进行旋转计算时的参考Pivot Point（轴点），即前面提到的Pivot（轴点）。通常不建议修改这些参数。

TIPS Pivot（轴点）和Pivot Point（轴点）在此表达相同的含义。通常我们使用Pivot这个词，它可以被认为是Pivot Point的简称。

常用参数说明

» **Coordinate System（坐标系）：** 设置旋转坐标系。

World（世界）：使用世界坐标系。

Object（对象）：使用对象坐标系。

» **Position X/Y/Z（坐标 X/Y/Z）：** 设置轴点位置。

» **Orientation X/Y/Z（方向X/Y/Z）：** 设置轴点的方向——即轴点自身旋转值。

» **Move to Object Center（移动到对象中心）：** 将轴点移动到对象边界框的中心。

TIPS 边界框即选中对象后出现的黄色方框，它表示对象在世界空间中所占的立方体体积。

» **Move to World Center（移动到世界中心）：** 将轴点移动到世界坐标系的中心。

5.2.6 缩放轴点

Scaling Pivot（缩放轴点）卷展栏的参数用于设置为对象进行缩放计算时的参考轴点（Pivot Point）。通常不建议修改这些参数。

常用参数说明

» **Coordinate System（坐标系）：** 设置缩放坐标系。

World（世界）：使用世界坐标系。

Object（对象）：使用对象坐标系。

Position X/Y/Z（坐标 X/Y/Z）：设置轴点位置。

5.2.7 Transform（变换）的图标栏

关于面板底部图标栏的功能说明，已在图5-14中进行标注。由于它们的功能与字面含义相同，故不再一一说明。

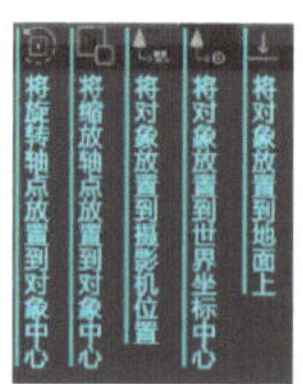

图5-14 图标栏翻译

5.3 Asset Manager（预设管理器）：预设管理

Asset Manager（预设管理器）是VRED的一大优秀模块，包含大量可直接使用的预设内容。它包含Geometries（几何对象）、Materials（材质）、Environments（环境）3个页面，其中后两者是使用频率最高的部分。借助预设管理器，你可以节约大量的材质调试时间。

5.3.1 打开方式

Asset Manager（预设管理器）没有位于主界面的快捷方式按钮，要打开它，可执行Scene（场景）>Asset Manager（预设管理器）菜单栏命令，如图5-15所示。打开后的Asset Manager（预设管理器）面板如图5-16所示，当前展示的是其Materials（材质）页面。

图5-15 预设管理器打开方式

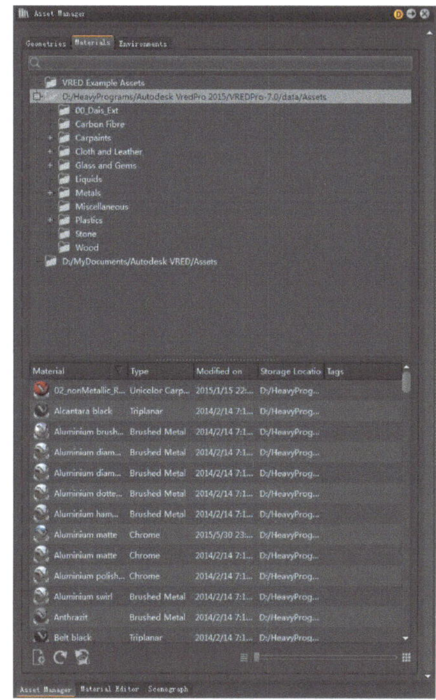

图5-16 预设管理器——材质页面

5.3.2 路径设定

通过设置Preference（首选项）面板中的Asset Manager（预设管理器）属性，可以自定义Asset Manager（预设管理器）的路径。默认预设文件存储在VRED安装目录下的data/Assets文件夹中，要使用默认预设可增加或修改现有路径到这个文件夹，如图5-17所示。

此外，也可以为Asset Manager（预设管理器）指定其他路径，使用自己的特殊目录。

图5-17 修改预设管理器路径

部分用户重置首选项后可能造成默认预设丢失，重新指定默认路径即可修复此问题。此外，这还取决于软件的安装位置，你的默认预设路径显示与截图中的可能有所不同。

5.3.3 缩放滑块

Asset Manager（预设管理器）面板右下角的滑块可用来调整预设缩略图的大小，如图5-18所示。

图5-18 缩放滑块

5.3.4 材质预设

材质预设依照结构树方式管理，通过相应文件夹可以快速找到所需材质。默认预设文件夹的翻译如图5-19所示。

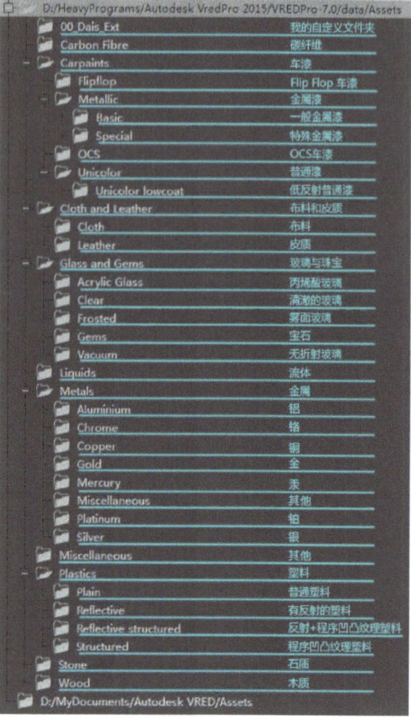

图5-19 预设材质文件夹及对应翻译

TIPS

作为结构树，你可以使用Windows资源管理器的拖曳等方法重新组织预设文件夹的结构，但是不建议修改原始预设的组织结构。

注意，默认预设中没有00_Dais_Ext文件夹，这是我单击鼠标右键，然后在选项中选择Create Folder（创建文件夹）命令创建的自定义目录，如图5-20所示。你可以创建自己的自定义目录，然后把常用材质拖曳到里面。

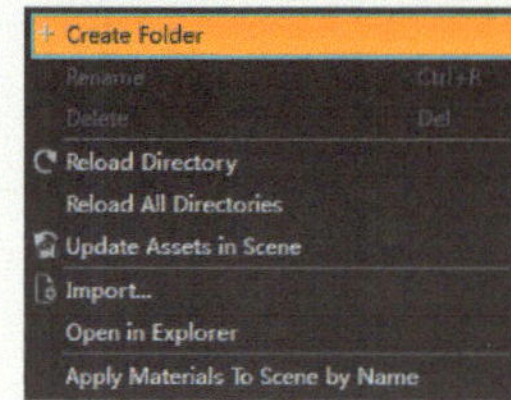

图5-20 创建自定义文件夹

重要材质特性说明

英文中的材质命名往往使用“材料类别+描述词汇”的方式，如抛光铝的英文名是Aluminium Polished；其中Aluminium 表示“铝”，Polished表示“被抛光”。下面以引擎盖为例，将重要的材质特性描述词汇进行翻译和说明。

TIPS Aluminum 和 Aluminium都是表示铝的单词。

» **Polished（抛光）：** 镜面抛光材质的后缀，如上文举例的抛光铝。其效果如图5-21所示。

图5-21 Aluminium Polished（抛光铝）

» **Matte（亚光）：** 亚光材质的后缀，如Aluminium Matte（亚光铝），如图5-22所示。

图5-22 Aluminium Matte（亚光铝）

» **Brushed（拉丝）：**拉丝材质的后缀，如Aluminium Brushed（拉丝铝），如图5-23所示。注意，这里为了演示效果而使用了夸张的参数。

图5-23 Aluminium Brushed（拉丝铝）

» **Diamond Plate（花纹板）：**花纹板材质的后缀，如Aluminium Diamond Plate（花纹铝板），如图5-24所示。这里同样为了演示而使用了夸张的参数。

图5-24 Aluminium Diamond Plate（花纹铝板）

» **Hammered（锻造）：**未经细致处理的锻造材料的表面会留下大大小小的不规则凹坑，如图5-25所示。注意，这里同样使用了夸张的参数。

图5-25 Aluminium Hammered（锻造铝）

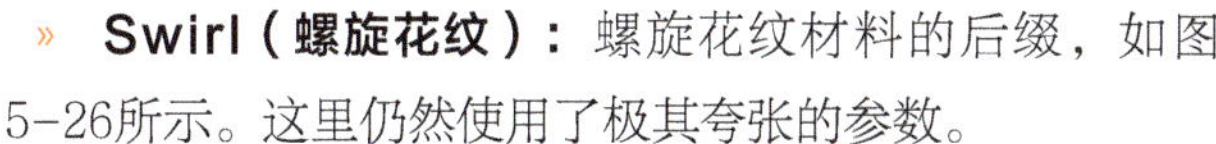

» **Swirl（螺旋花纹）：**螺旋花纹材料的后缀，如图5-26所示。这里仍然使用了极其夸张的参数。

图5-26 Aluminium Swirl（螺旋花纹铝板）

下面介绍材质预设的指定方法。

第1种：直接将Asset Manager（预设管理器）中的预设材质球拖曳到目标对象上。

第2种：选中需要被指定材质的对象，然后在Asset Manager（预设管理器）中的材质球上单击鼠标右键，在弹出的快捷菜单中选择第1个命令Apply To Selected Nodes Ctrl+M（应用到已选择对象），如图5-27所示，即可将材质指定到目标对象上。

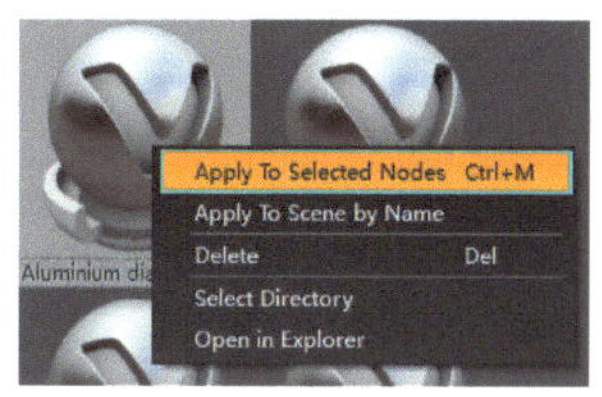

图5-27 应用到已选择对象命令

5.3.5 环境预设

VRED提供了一些基本的、可直接使用的环境预设，以便用户查看车辆在不同环境中的效果。Asset Manager（预设管理器）中的Environments（环境）面板如图5-28所示，常用环境预设如图5-29~图5-31所示。

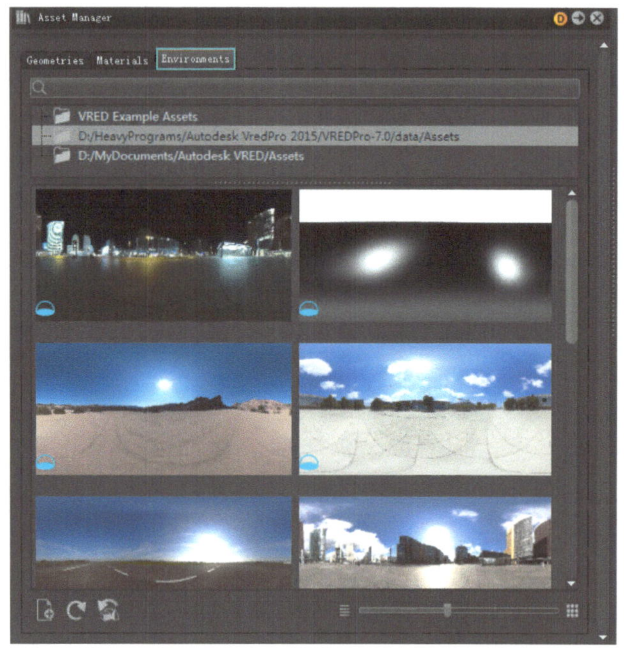

图5-28 环境预设

图5-29 Studio

图5-30 Airfield

图5-31 Winding_Road

TIPS Studio（工作室）是系统默认的环境。推荐使用Airfield（机场）和Winding_Road（弯道）作为调试材质时的测试环境。

在Asset Manager（预设管理器）中选中环境后，使用鼠标右键单击它，然后在弹出的快捷菜单中选择第一个命令Add to Scene（添加到场景），如图5-32所示，即可完成环境加载。

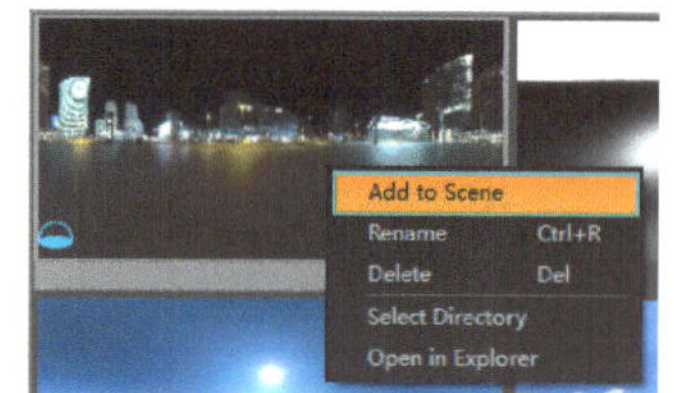

图5-32 环境加载命令

5.4 Ambient Occlusion（环境光阻光）

AO（Ambient Occlusion，环境光阻光）是一种增加真实感的小技巧，它模拟物体转角处比平坦处更暗的现实效果，能以很低的成本有效地增加图像的真实感和体积感。VRED提供了两种环境光阻光的计算方法。一种是“烘焙AO”，另一种是“光线追踪AO”。

5.4.1 烘焙AO

不考虑环境光照特性，根据几何体结构进行计算而得到的AO被称为“烘焙AO”，有别于真正的光线追踪AO。它的主要用途是增强实时预览模式的效果，如图5-33所示。

图5-33 烘焙AO计算结果

优点说明

» 可提升实时预览效果。

» 一次烘焙，反复使用。

» 灵活控制阻光半径。

» 可用于光线追踪Precomputed（预计算）模式，以节约渲染时间。

缺点说明

» 质量低于光线追踪AO。

» 不根据真实光照计算结果。

» 无法生成硬阴影。

» 如果需要高品质的细节表现，则计算时间十分漫长。

5.4.2 光线追踪AO

“光线追踪AO”在VRED中被称为Occlusion通道，它是使用光线追踪算法，考虑几何体结构和环境光照特性所计算的真实阻光，效果如图5-34所示。

图5-34 光线追踪AO计算结果

优点说明

- 极佳的渲染质量。
- 依据真实光照计算结果。
- 可以产生硬阴影。

缺点说明

- 一次计算，无法反复使用。
- 计算时间较长。
- 缺乏控制的灵活性。

关于AO的其他知识，可参考第3章中“CG技术知识”的内容。

5.4.3 AO结果查看

如果要单独查看“烘焙AO”结果，可在关闭RT按钮的情况下执行Visualization（可视化）>Ambient Occlusion Rendering（环境光阻光模式）菜单命令，如图5-35所示。烘焙AO的效果如图5-36所示。

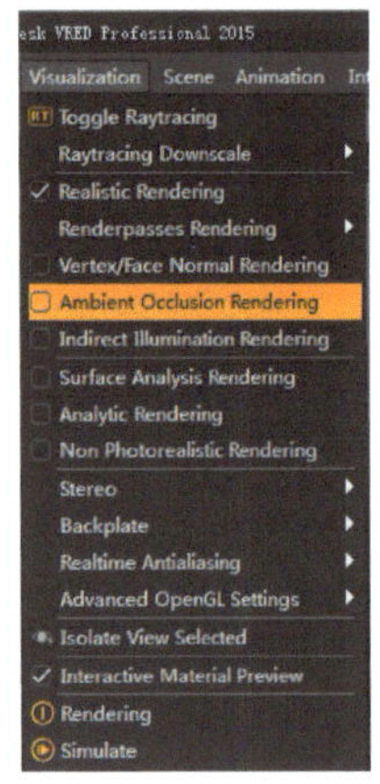

图5-35 环境光阻光模式打开方式

图5-36 环境光阻光模式渲染结果

如果要单独查看“光线追踪AO”渲染结果，可在激活RT按钮的情况下执行Visualization（可视化）>Renderpasses Rendering（渲染元素模式）>Auxiliary Channels（辅助通道）>Occlusion（阻光）菜单命令，如图5-37所示。光线追踪AO的渲染效果如图5-38所示。

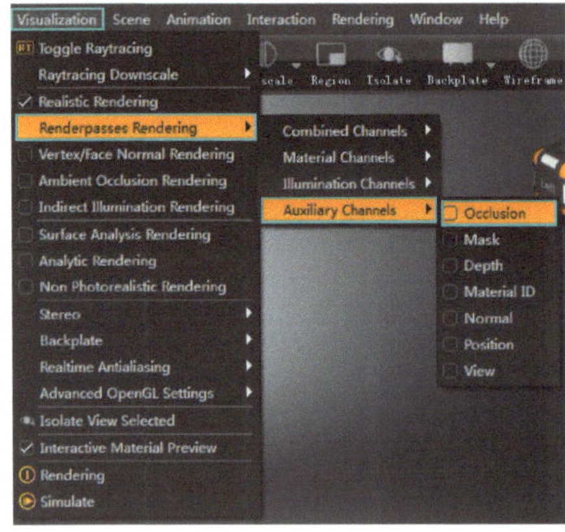

图5-37 光线追踪AO模式打开方式

图5-38 光线追踪AO模式渲染结果

5.4.4 Ambient Occlusion模块

Ambient Occlusion（环境光阻光）模块简称AO模块或AO面板，用于控制场景中的AO和Indirect Illumination（间接光照）烘焙工作。烘焙后的场景可获得更好的实时预览效果，同时，烘焙结果还能用于Precomputed（光线追踪预计算）模式，以节约渲染时间。

再次强调，AO模块是依据几何体结构进行计算的“烘焙AO”，而非Render Settings（渲染设定）面板提供的基于光照和光线追踪计算的真实阻光。

AO模块没有快捷方式图标，可执行Scene（场景）>Ambient Occlusion（环境光阻光）菜单命令，打开它，如图5-39所示。打开后的AO模块如图5-40所示。

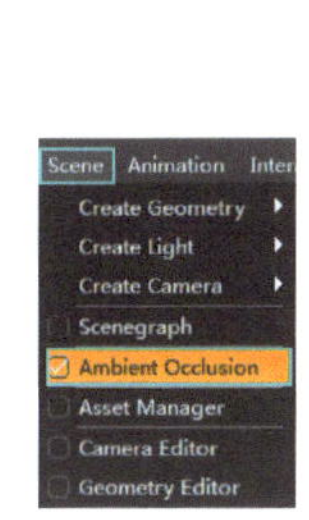

图5-39 AO模块的打开方法

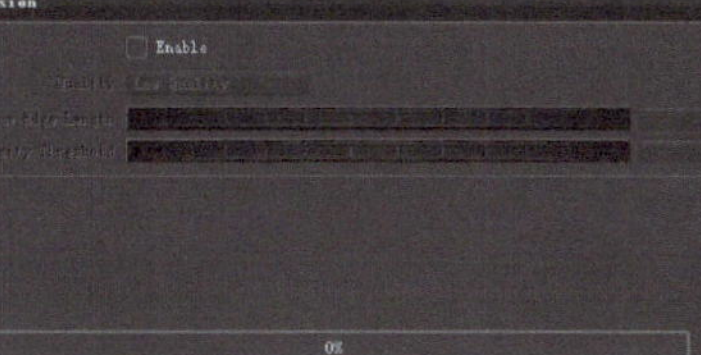

图5-40 AO模块面板

Ambient Occlusion模块常用功能说明

» **Settings（设置）：**提供系列附属功能，如预设参数设定、从现有对象读取烘焙参数等，使用频率较低。

» **Direct Illumination（直接照明）：**注意这里的“直接照明”与“灯光”和“照明”无关，其参数主要控制AO烘焙功能。

Shadow Quality（阴影质量）：设定烘焙AO的阴影质量，从Preview（预览）到Ultra High（超级高）共分为六档。越高级的档位的烘焙质量越高，但是计算时间也越长。普通场景预览可以使用Low（低）或Medium（中等）质量，为了追求更高质量也可使用更高档位，但需要付出额外的计算时间。

Minimum Distance（最小距离）：最小烘焙距离。请保持默认1.00，以获得良好的细节结果。

Maximum Distance（最大距离）：最大烘焙距离。默认参数为3000.00，几乎适合所有汽车场景。如果你认为烘焙的AO阴影范围过大，可以适当调小这个数值。

Clear All（清除全部）：删除选定对象所有烘焙信息。

Clear Active（清除当前）：删除选定对象烘焙信息。

Indirect Illumination（间接照明）：该部分参数用于烘焙间接照明。

Enable（启用）：打开间接照明烘焙。将这个选项保持关闭即可。

对于外观表现而言，间接照明对最终效果影响不大，同时最终渲染输出会使用Full Global Illumination（完整全局照明）模式，所以不建议预烘焙间接照明，这样可以节约场景准备时间。

» **Subdivision（细分）：**VRED烘焙质量与几何体网格密度有着明确的正相关关系，所以，如果几何体网格密度不足，那么就无法烘焙出优秀的结果。细分能大幅增加几何体表面的网格密度，使烘焙得到更细腻平滑的结果；但细分过程会消耗一定时间，且增加几何体面数。

Enable（启用）：打开细分功能。

Quality（质量）：设定细分质量，有Low（低）、Medium（中）和High（高）三个可选，质量越高，耗时越多。

Minimum Edge Length（最小边长）：设定细分的最小边长，即小于此长度的几何体边不会被细分。通常使用默认值即可。

Intensity Threshold（强度阈值）：设定细分的强度限值，通常不建议修改，否则可能会造成夸张的计算量。

» **Calculate All（计算所有）**：使用当前参数为选中对象重新计算烘焙结果，而不考虑它是否已经被烘焙过。

» **Calculate Missing（计算丢失部分）**：使用当前参数为选中对象计算烘焙结果，如果选中对象已有烘焙信息，则跳过计算。

» **Cancel（取消）**：取消烘焙计算。

当烘焙计算开始后，进度条将显示烘焙进度。但是应注意，烘焙过程中软件有可能假死，所以，不要完全相信进度条所显示的工作进度。

5.5 Geometry Editor（几何编辑器）：法线处理

Normal（法线）是指垂直于物体表面的一条线。在三维软件中，通常使用法线来描述多边形的曲面走向。本节将学习常见的法线问题和排除方法，尝试使用Geometry Editor（几何编辑器）处理常见法线错误。

严格来说，法线是Vector（向量），而非线。不过，对于普通用户来说，完全没有必要进行严格的区分。事实上，对于普通用户而言，根本没有必要深究法线的含义。你只需要知道，当法线出现错误以后，应该如何进行修正即可。

5.5.1 法线问题

在VRED中，法线分为两种，分别是Face Normal（面法线）和Vertex Normal（顶点法线），它们被用来描述一个曲面的“正面方向”与“平滑弧度”。如果法线出现问题，对象的曲面就会出现一些奇怪的特征。

图5-41所示是法线正确的实时预览效果，图5-42所示是法线错误的实时预览结果。对比效果正确的图像，观察图5-42中的标注部分：它们的亮度和受光方向都出现了问题，如引擎盖的颜色出奇的暗，同时在A区域中，本应属于阴影部分的车门向下转折结构被照亮了，而它上方的受光面却反而变成了暗部。

查看图5-43，Vertex/Face Normal Rendering（法线诊断模式）揭示了问题的成因——法线错误。注意刚才有问题的部分，在这里它们被显示为蓝色。

图5-41 正常的实时预览效果

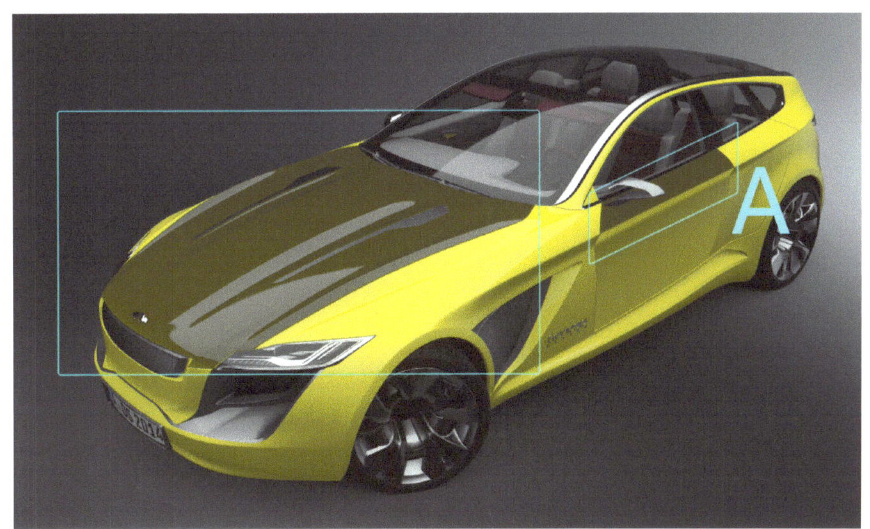

图5-42 法线错误的实时预览效果

图5-43 法线诊断模式

TIPS Vertex/Face Normal Rendering（法线诊断模式）的相关知识将在下文中进行讲解。

法线错误会有各种各样的奇特表征，常见的法线错误主要是法线方向错误，即法线没有正确地朝向“外面”。图5-44和图5-45所示的分别是法线正常的实时预览模式和法线正常的法线诊断模式。在法线诊断模式下，绿色代表法线“朝外”。

图5-44 法线正常的实时预览模式

图5-45 法线正常的法线诊断模式

法线诊断模式可以显示出几何体的法线状态，如图5-46所示。注意车身上的蓝色、紫色和金色标注，它们表示这些位置的法线存在问题。已知绿色代表正常的“朝外”，那么蓝色、紫色、金色就都表示错误的法线“朝内”问题。

图5-46 法线错误的法线诊断模式截图

法线颜色含义说明

- **绿色：** 正确，面法线和顶点法线都朝外，无需处理。
- **蓝色：** 错误，面法线和顶点法线都朝内，应同时反转二者。
- **紫色：** 错误，顶点法线朝内，面法线正确，需反转顶点法线。
- **金色：** 错误，面法线朝内，顶点法线正确，需反转面法线。

TIPS 你无需准确记住每个颜色的含义，只要知道车体对象都应当是绿色即可。

法线没有正确地朝向“外面”会对实时预览模式的显示质量产生严重的影响，刚才已经查看过相关效果。

对于光线追踪而言，这种错误的影响几乎可以忽略。所以，如果只需要渲染光线追踪结果，也可以无视此类法线错误，以节约几何体修正的时间。图5-47所示是法线错误的实时预览模式截图，注意引擎盖的奇怪颜色；图5-48所示是同一个场景的光线追踪渲染结果，可以看到，引擎盖的问题消失了。

图5-47 法线错误的实时预览模式截图

图5-48 法线错误的光线追踪模式

5.5.2 Vertex/Face Normal Rendering（法线诊断模式）

Vertex/Face Normal Rendering（法线诊断模式，也叫顶点/面 法线模式）是一种辅助显示模式，在上文中已有所涉猎。这种显示模式能够帮助我们快速查找出法线问题。

执行Visualization（可视化）>Vertex/Face Normal Rendering（法线诊断模式）菜单命令，即可打开法线诊断模式，如图5-49所示。法线正确的显示效果如图5-50所示。

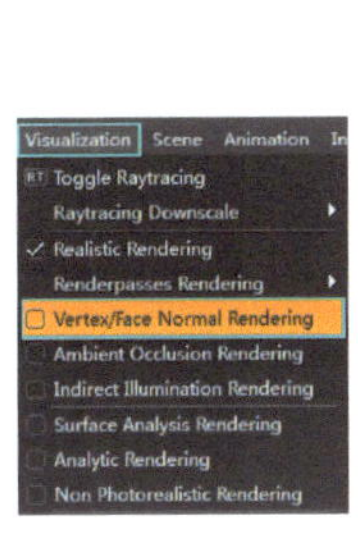

图5-49 法线诊断模式的打开方式

图5-50 法线诊断模式显示效果

5.5.3 Geometry Editor（几何编辑器）

要修正法线问题，需要使用Geometry Editor（几何编辑器），其Normal Calculations（法线计算）功能专门用于解决上述问题。

Geometry Editor（几何编辑器）是专门用来修改几何体参数的模块，其主要用途是调整对象法线和细分工业曲面。在日常工作中，这个模块的使用频率较低，所以，只介绍较为关键的法线修改部分，让你有能力应对上述常见错误。

Geometry Editor（几何编辑器）没有主面板快捷方式，需要执行Scene（场景）>Geometry Editor（几何编辑器）菜单命令来打开这个模块，如图5-51所示。Geometry Editor（几何编辑器）面板如图5-52所示。

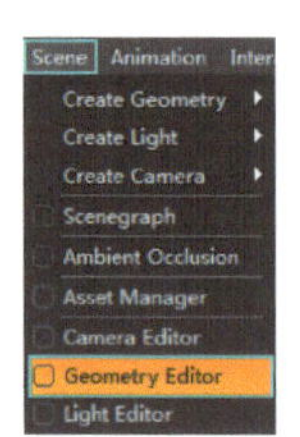

图5-51 几何编辑器打开方式

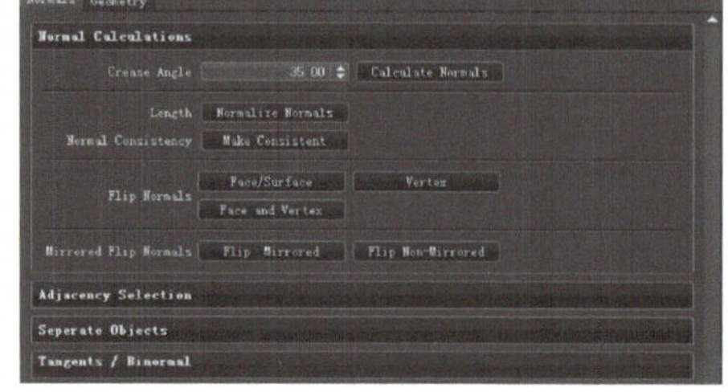

图5-52 Geometry Editor（几何编辑器）参数面板

Geometry Editor（几何编辑器）Normal Calculations（法线计算）功能说明

» **Crease Angle（折痕角度）**：即“平滑角度”。当使用Calculate Normals（计算法线）按钮，令系统重新计算曲面法线时，本角度决定转折结构的“软硬”程度。越低的数值表示越硬的转角，其作用和3ds Max中Smooth（平滑修改器）的Threshold（阈值）参数相同，如图5-53所示。

Calculate Normals（计算法线）：根据Crease Angle（折痕角度）参数为选中对象重新计算法线。通常不建议使用这个按钮，因为它很容易破坏车身表面的原始曲率。

图5-53 3ds Max中的Smooth修改器

» **Length**：Normalize Normals（长度：规格化法线）：统一法线向量的长度。

» **Normal Consistency**：Make Consistent（法线一致化：使一致）：在其他软件中，这个功能可能会被叫作“统一法线”。其作用是，当一个对象的法线有些反、有些正时，修改法线，使它们保持统一的朝向。但是，实际上它并不是太有效。

» **FlipNormals（反转法线）**：以不同的方式反转对象的法线，其后面这3个按钮是修正法线错误的主要按钮。

Face/Surface（面或曲面）：反转选定对象的面法线，修正金色错误。

Vertex（顶点）：反转选定对象的顶点法线，修正紫色错误。

Face and Vertex（面与顶点）：同时反转选定对象的面法线和顶点法线，修正蓝色错误。

5.5.4 经验与建议

下面将提供一些经验性的建议，它们主要针对使用多边形模型的用户，工业数据用户仅作为了解即可。

第1点：虽然VRED具备法线修改功能，但仍然要养成事先处理好模型的习惯。因为用VRED处理模型问题显然不如在3ds Max或者Maya中方便。

第2点：如果模型没有明显的、不可挽回的曲面错误，尽量少用Calculate Normals（计算法线）按钮，因为它很容易造成预期之外的曲面平滑结果。

第3点：一切法线问题以最终渲染结果为准。如果仅用VRED进行渲染，而不是做实时演示，那么只要光线追踪计算结果无误，即可不修改法线错误，这样可以节约时间和精力。

第4点：无需背下每种法线错误的颜色、成因及修复按钮，只需记住如下思路即可。

① 在法线诊断模式下，需要车体对象呈现绿色。

② 对出现蓝色错误的对象使用Face and Vertex（面与顶点）按钮，它将被反转为绿色。

③ 如果错误对象不显示蓝色，那么随机尝试Face/Surface（面或曲面）、Vertex（顶点）这两个按钮。

④ 如果尝试结果正确，对象会变成绿色。

⑤ 如果尝试结果不正确，对象会变成蓝色。

⑥ 对蓝色对象重新使用Face and Vertex（面与顶点）按钮即可。

5.6 Camera Editor（摄影机编辑器）：摄影机管理

Camera Editor（摄影机编辑器）是VRED中的重要模块，用于调试摄影机相关参数。它是一个十分常用的模块，所以可以使用快捷方式栏的Cameras（摄影机）按钮直接打开它，如图5-54所示。打开后的Camera Editor（摄影机编辑器）参数面板如图5-55所示。

摄影机编辑器面板内容说明

» **1.菜单栏：**用于执行编辑器附属命令。

» **2.摄影机列表：**用结构树的方式显示场景中的摄影机。

» **3.参数面板：**重要的调节面板，分为3个子页面，分别是Camera Settings（摄影机设定）、Image Processing（图像处理）及Advanced（进阶）。

» **4.图标栏：**提供常用命令的快捷方式按钮。

图5-54 快捷方式栏的摄影机编辑器按钮

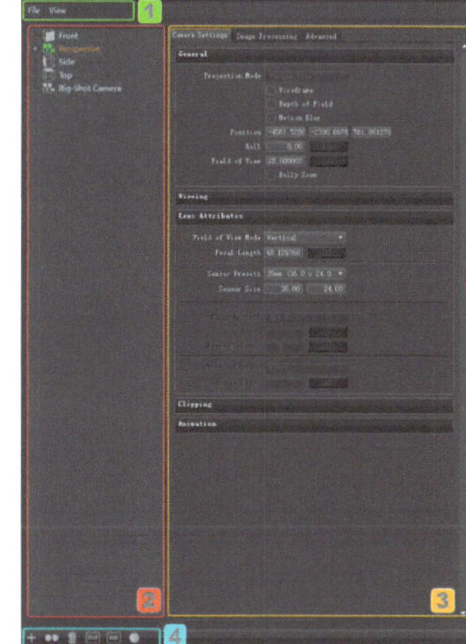

图5-55 摄影机编辑器面板

5.6.1 菜单栏

相对于其他几个模块中不常用的菜单栏，由于涉及摄影机数据交换，所以，Camera Editor（摄影机编辑器）的菜单栏较为有用，如图5-56所示。

图5-56 摄影机编辑器菜单栏

菜单栏重要参数说明

File（文件）

» **Load（加载）：**用于加载摄影机的信息。

Cameras（相机）：从.xml文件中加载已保存的相机信息。

Viewpoint（视点）：从.xml文件中加载已保存的视点信息。

» **Save（保存）：** 用于存储摄影机的信息。

Cameras（相机）： 将场景中所有相机的信息存储到一个.xml文件中。

Viewpoint（视点）： 将场景中所有视点的信息存储到一个.xml文件中。

Selected（已选中的）： 将摄影机编辑器中已选中对象的信息存储到一个.xml文件中。

View（查看）

» **Update Viewpoints Previews（更新视点缩略图）：** 更新Camera Tracks Editor（摄影机轨道编辑器）中的所有视点缩略图。

» **Show Camera Tracks Editor（显示摄影机轨道编辑器）：** 显示Camera Tracks Editor（摄影机轨道编辑器），以编辑Camera Track（摄影机轨道）。

5.6.2 摄影机列表

摄影机列表的管理方式与SceneGraph（结构树）完全相同，其中Front（前）、Side（侧）、Top（顶）是默认的正交视图摄影机，Perspective（透视）是默认的透视摄影机。当前Render Window（渲染窗口）对应的激活摄影机图标会被显示为绿色 Perspective ，否则为灰色。默认摄影机列表如图5-57所示。

图5-57 默认摄影机列表

每个摄影机都可以附带Camera Track（摄影机轨道）和Viewpoint（视点），以方便动画制作。

其他摄影机列表相关图标内容说明

» Home ：眼睛符号代表Viewpoint（视点），它是摄影机各项参数在某一刻的记录，即一张摄影机快照。

» Camera Track ... ：黄色三角符号表示Camera Track（摄影机轨道）。它的用途是按照顺序播放一系列视点，以形成一个动画。

下面讲解相关对象的创建及修改方法。

1.创建摄影机

不建议使用默认透视摄影机进行工作。通常，应该为项目创建一个新的、属于你自己的透视摄影机。

透视摄影机（Perspective Camera）的创建方法：在摄影机列表的空白部分单击鼠标右键，在弹出的快捷菜单中选择Create（创建）>Perspective Camera（透视摄影机）命令，如图5-58所示。

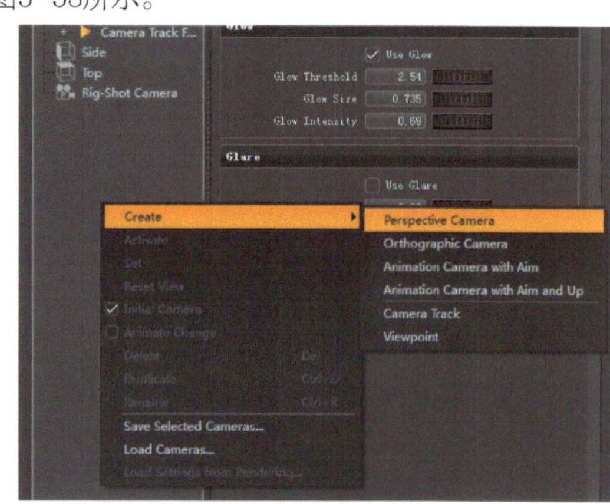

图5-58 创建透视摄影机

建议为新创建的摄影机修改一个可辨识的名称，如Cam_00。

2.创建视点

当确认摄影机各项参数后，务必创建一个Viewpoint（视点），以免误操作而影响镜头参数——这非常重要。

Viewpoint（视点）的创建方法：在摄影机列表中用鼠标右键单击需要创建视点的摄影机，在弹出的快捷菜单中选择Create（创建）>Viewpoint（视点）命令，如图5-59所示。

图5-59 创建视点

TIPS 如果当前摄影机没有Camera Track（摄影机轨道），则创建Viewpoint（视点）时系统会自动为它创建一个。

3.修改视点

在一个选中的Viewpoint（视点）上单击鼠标右键，在弹出的快捷菜单中选择Set（设置）>View（视角）命令，可以用当前摄影机参数刷新该视点，如图5-60所示。

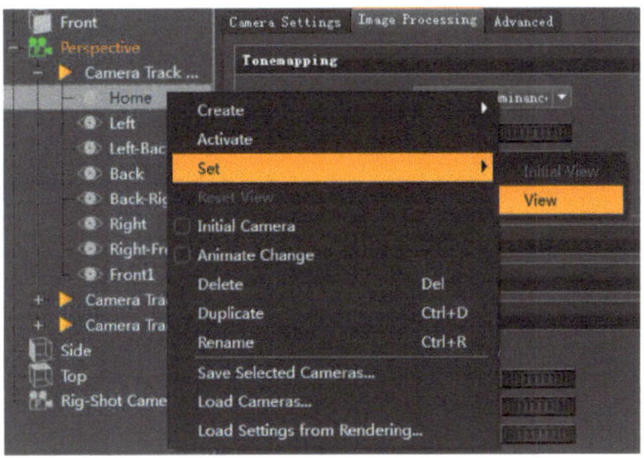

图5-60 刷新视点

4.创建摄影机轨道

在摄影机列表中，在一个选中的摄影机上单击鼠标右键，在弹出的快捷菜单中选择Create（创建）>Camera Track（摄影机轨道）命令，可以为当前摄影机创建新的Camera Track（摄影机轨道），如图5-61所示。此后，可以为这条轨道添加不同的Viewpoint（视点）。

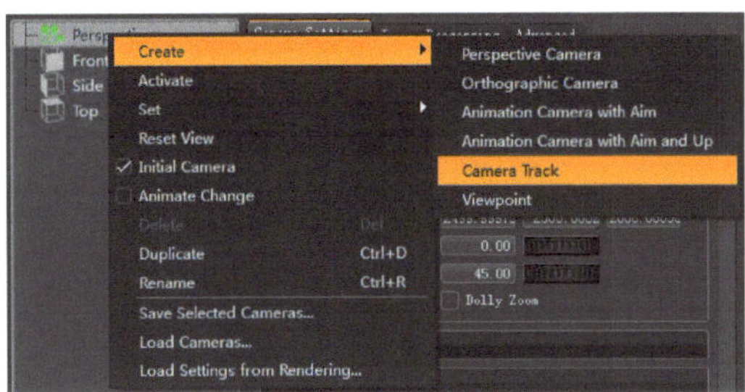

图5-61 创建摄影机轨道

摄影机列表中的对象管理方法和SceneGraph（结构树）完全相同，拖曳Viewpoint（视点）即可重新为它指定Camera Track（摄影机轨道）。

5.6.3 参数面板

参数面板包含Camera Setting（摄影机设定）、Image Processing（图像处理）和Advanced（进阶）3个选项卡，下面将对前两者进行介绍。

1. Camera Setting（摄影机设定）

Camera Setting（摄影机设定）选项卡包含多个卷展栏，下面将对其中重要的参数进行讲解。

（1）General（基础参数）卷展栏参数如图5-62所示。

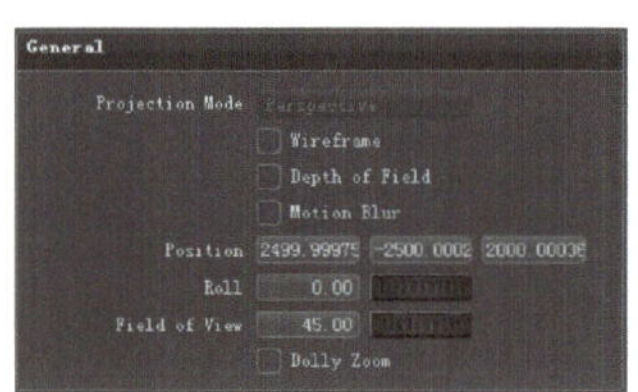

图5-62 基础参数

General（基础参数）参数说明

» **Wireframe（线框）：** 激活线框显示模式。

» **Depth of Field（景深）：** 即DOF，显示景深效果。

» **Motion Blur（运动模糊）：** 即MB，显示运动模糊效果。

» **Position（位置）：** 显示/设定摄影机坐标，通常无需手动操作。

» **Roll（倾斜）：** 设置摄影机倾斜角，也叫“侧滚摄影机”。

» **Field of View（视场）：** 即FOV，用于设置摄影机视野范围，其作用与Focal Length（镜头焦距）相同。

» **Dolly Zoom（滑动变焦）：** 也叫推拉变焦。当使用这种变焦模式时，修改FOV不会影响对象在渲染窗口中的大小，软件会自动移动摄影机以保证透视变化时，视野中的对象大小不变。

TIPS 注意，激活本选项可能造成极其夸张的场景透视结果。

（2）Viewing（视角）卷展栏参数如图5-63所示，这部分参数使用频率不高，仅加以了解即可。

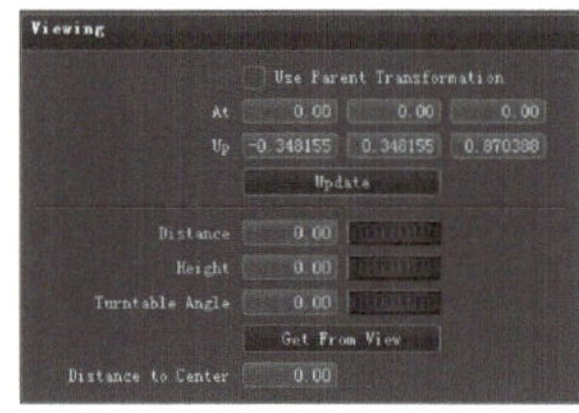

图5-63 视角参数

Viewing（视角）参数说明

» **Use Parent Transformation（使用父对象变换信息）：** 当激活此选项以后，无法直接操作这个摄影机，而只能通过操作它的父对象来实现摄影机变换。

这是一个不常用的选项，在其他软件中往往被称为“摄影机绑定”。

» **At（目标点位置）：** 显示/设定目标点位置。

目标点即用鼠标右键或中键双击点的位置。

» **Up（向上轴坐标）：** 这是一个与用户无关的参数。它定义向上的轴的方向，以便摄影机能够在场景中正确移动。

» **Update（更新）：** 同步摄影机和面板参数。

» **Distance（距离）：** 设置摄影机到目标点的距离。

» **Height（高度）：** 设置摄影机相对于目标点的高度。

» **Turntable Angle（水平旋转角）：** 设置摄影机相对于目标点的水平旋转角度。

» **Get From View（从视口获取）：** 从当前视角获取上述3个参数。

» **Distance to Center（到中心的距离）：** 显示当前摄影机到已选择对象的边界框中心点的距离。

（3）Lens Attributes（镜头参数）卷展栏参数如图5-64所示。

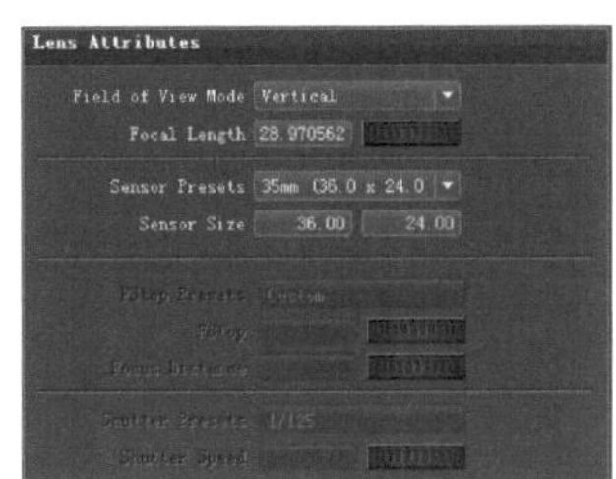

图5-64 镜头参数

Lens Attributes（镜头参数）参数说明

» **Field of View Mode（FOV模式）：** 设置FOV的测量模式，有Vertical（垂直）和Horizontal（水平）两个选项。通常使用默认的Vertical（垂直）模式。

» **Focal Length（镜头焦距）：** 设置镜头焦距，效果同FOV。

» **Sensor Presets（感光元件预设）：** 设置虚拟感光元件，即"相机底片"的尺寸。通常使用默认的35mm预设，这是标准全副135单反的底片尺寸。

» **FStop Presets（光圈预设）：** 提供一系列的光圈预设参数，当DOF（景深效果）激活后可用。

» **FStop（光圈）：** 手动设置光圈值。需要激活DOF。

越小的数字代表越大的光圈，如f/1.4是大光圈，而f/64是小光圈。同真实镜头一样，越大的光圈代表越小的景深，而越小的景深代表越模糊的焦外成像。

» **Focus Distance（对焦距离）：** 设置摄影机对焦距离。一般无需手动设置这个参数，因为当使用鼠标右键双击目标点以后，系统即会自动刷新对焦距离。

» **Shutter Presets（快门预设）：** 提供一系列的快门预设参数，当MB（运动模糊）激活后可用。

快门速度用分数表示，分母越小则速度越慢，即快门的开合时间越长。同真实的相机一样，当拍摄同样运动速度的对象时，快门速度越慢，产生的运动效果越模糊。

» **Shutter Speed（快门速度）：**手动设置快门速度。需要激活MB（运动模糊）计算。

（4）Clipping（镜头裁切）是三维软件用于计算显示区域的特殊选项，通常由系统自动设置，无需管理，参数面板如图5-65所示。

图5-65 镜头裁切参数

Clipping（镜头裁切）参数说明

» **Near Plane（近端平面）：**设置近端裁切平面的距离。

» **Far Plane（远端平面）：**设置远端裁切平面的距离。

» **Calculate（计算）：**计算裁切区域。如果Render Window（渲染窗口）中出现了小碎面等显示错误，可单击该按钮以重新计算视口裁切。

TIPS 通常，在VRED中直接创建的摄影机不会出现裁切问题，这种问题主要出现在由外部导入的摄影机上。

（5）Animation（动画）卷展栏参数如图5-66所示。

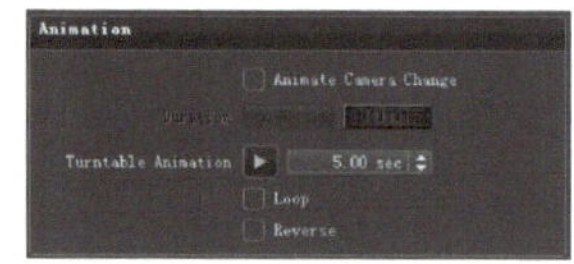

图5-66 动画参数

Animation（动画）参数说明

» **Animate Camera Change（摄影机调整动画）：**打开/关闭摄影机调整动画。

TIPS

Animate Camera Change（摄影机调整动画）是一种过渡动画。举例来说，当从一个Viewpoint（视点）切换到另一个Viewpoint（视点）时，在默认情况下，Render Window（渲染窗口）会在瞬间完成转换。

但是，当激活这个选项以后，渲染窗口不会直接切换到新的Viewpoint（视点）显示结果，而是使用一个动画效果进行过渡——这在虚拟现实演示时较为有用。

» **Duration（持续时间）：**设置摄影机调整动画的持续时间。

» **Turntable Animation（转台动画）：**这是VRED提供的一种自动的360°旋转动画，使用户可以直接使用当前摄影机全方位观察车辆。下列参数均用于设置Turntable Animation（转台动画）。

» **三角图标：**使用当前摄影机执行Turntable Animation（转台动画）。

» **时间：**设置Turntable Animation（转台动画）的持续时间。

» **Loop（循环）：**循环播放该Turntable Animation（转台动画）。

» **Reverse（反向）：**反向播放该Turntable Animation（转台动画）。

2. Image Processing（图像处理）

Image Processing（图像处理）选项卡包含多个卷展栏，下面将对其中的重要参数进行讲解。

（1）Tonemapping（色调映射）卷展栏参数如图5-67所示。

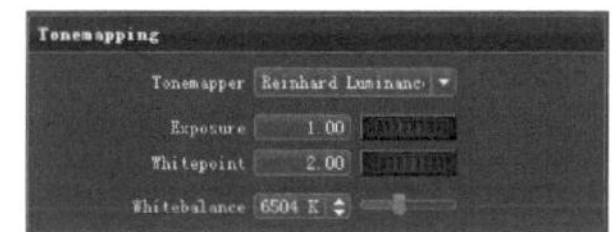

图5-67 色调映射参数

Tonemapping（色调映射）参数说明

色调映射也叫影调映射，理解它需要一定的HDRI知识背景。简单来说，色调映射是指计算机如何“看”到图像：我们所看到的图像本质上都是内存中的数据，由无数的0和1组成，并且颜色范围在数学上甚至超过了自然界所有颜色的总和；将这些数据以人类可以理解，同时显示器也能显示的方式表现出来，就是色调映射的工作。

关于色调映射更深入的知识，请查看“3.2 CG技术知识”章节。

» **Tonemapper（映射方式）：** 设置色调映射的计算方法。我们通常使用默认的Reinhard Luminance（雷恩哈德亮度）选项。如果对默认效果不满意，也可尝试使用Logarithmic Luminance（对数亮度）。

理论上而言，Logarithmic（对数）算法更接近于人眼对光线的敏感度，但Reinhard（雷恩哈德）输出的图像会更方便后期处理。

» **Exposure（曝光度）：** 设置色调映射的曝光标准参考，即全局性的图像亮度。

通常不会修改这个参数，因为如果需要调整图像亮度，我们一般通过修改Material Editor（材质编辑器）中的环境球材质的Exposure（曝光）参数实现。

» **Whitepoint（白点）：** 设置白点值。这是一个很有用的参数，用于调整摄影机对超亮部分的敏感度。在进行户外渲染时，通常只要适当增大该参数就能有效避免强烈阳光造成的过曝问题。

Whitepoint（白点）的本质含义为：当计算机进行色调映射的时候，将多少亮度值以上的颜色映射为白色。

» **Whitebalance（白平衡）：** 设置图像白平衡。

通常不会修改这个参数，因为如果需要调整图像白平衡，我们一般通过修改Material Editor（材质编辑器）中的环境球材质的Whitebalance（白平衡）参数实现。

（2）Blending（混合）卷展栏参数如图5-68所示。这是一些不常用的参数，如果需要为实时预览加入暗角与标识等后期效果，可以尝试使用这部分参数。

图5-68 混合参数

Blending（混合）参数说明

系统共有3个混合选项，分别是Off（关闭）、Vignette（暗角）和Image（图像）。

» **Off（关闭）：** 关闭混合功能。

» **Vignette（暗角）：** 模拟暗角/晕影效果，如图5-69所示。

图5-69 暗角效果演示

Amount（数量）： 设置暗角的不透明度，1代表完全不透明。

Radius（半径）： 设置暗角半径。

Roundness（圆度）： 设置暗角图形的圆度。-1代表矩形，1代表圆形。通常会调试出一个类似于椭圆的圆角矩形效果。

Feather（羽化）： 设置暗角边缘羽化效果。0代表清晰的无羽化边缘。

» **Image（图像）：** 把图像文件混合进渲染窗口，可以使用这个功能为Render Window（渲染窗口）添加个性化的LOGO。

Amount（数量）： 设置混合图片的透明度，1代表不透明。

Left/Right Eye Blending Map（左右眼混合图像）： 设置混合图像。

TIPS

之所以会有左右眼两个设置，是因为VRED具有特殊的Stereo（立体）显示模式，它可以为左右眼分别显示不同的3D图像。在常规模式下，只需要加载左眼图像即可。

图5-70所示是常规模式下的图像叠加效果，图5-71所示是叠加图像源文件。

图5-70 常规模式下的图像叠加效果

STORMFISHER

图5-71 叠加图像源文件

TIPS

图5-72所示是Stereo-Left/Right Split（立体模式-左右分割）下的图像叠加效果，左右眼分别叠加了白底和黑底图片；图5-73所示是叠加图像左右眼源文件。

图5-72 Stereo-Left/Right Split（立体模式-左右分割）图像叠加效果

图5-73 叠加图像左右眼源文件

Stereo（立体）或者3D显示模式不在我们的教学计划当中，但是它的确非常有趣。如果你有3D显示设备，可以用下述方法启用它：执行Visualization（可视化）>Stereo（立体）>（你需要的立体模式）菜单栏命令，如图5-74所示。执行Visualization（可视化）>Stereo（立体）>Disable（关闭）菜单栏命令，可以关闭立体显示。

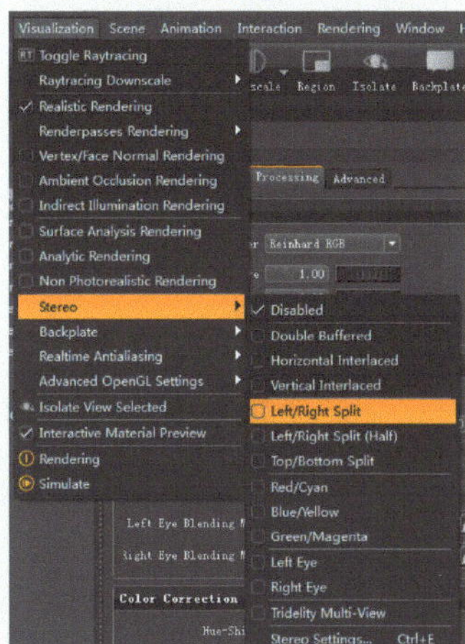

图5-74 打开立体模式

在这里使用了Left/Right Split（左右分割）模式，因为它比较方便演示。你需要根据显示设备的特性选择不同的模式。

（3）Color Correction（色彩校正）卷展栏参数如图5-75所示。这些参数用于在摄影机层面调整显示结果。同样不建议修改它们，因为一般在环境球材质中执行此类操作。

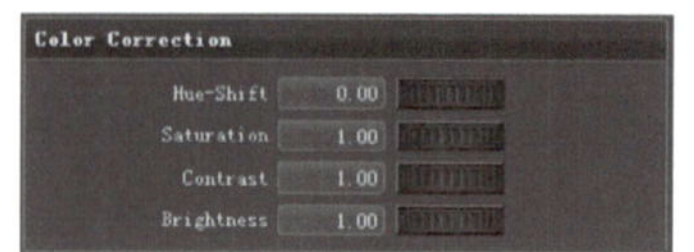

图5-75 色彩校正参数

Color Correction（色彩校正）参数说明

» **Hue-Shift（色相偏移）：** 修改最终显示偏色。

» **Saturation（饱和度）：** 修改最终显示饱和度。

» **Contrast（对比度）：** 修改最终显示对比度。

» **Brightness（亮度）：** 修改最终显示亮度。

（4）Glow（光晕）卷展栏参数如图5-76所示。

一大片柔和而模糊的辉光被称为Glow（光晕），该卷展栏参数通常用于强化实时预览模式的图像效果。对于最终输出而言，不建议打开它，因为我们会在Photoshop中使用素材对光晕效果进行单独处理。

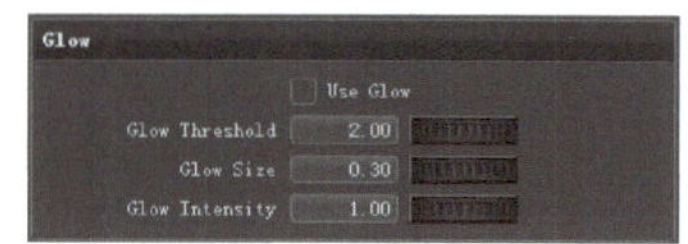

图5-76 光晕参数

Glow（光晕）参数说明

» **Use Glow（使用光晕）：** 激活光晕功能。

» **Glow Threshold（光晕临界值）：** 这个参数用于控制光晕的出现范围，它决定系统将从多亮的像素开始为场景添加光晕。越大的临界值代表越小的光晕区域；过小的临界值会导致布满屏幕的夸张光晕。

» **Glow Size（光晕尺寸）：** 设置光晕的扩散尺寸，越大的数值代表面积越大的光晕。

» **Glow Intensity（光晕强度）：** 设置光晕的强度，越大的数值代表越浓烈的光晕。

清晰而凌厉的辉光被称为Glare（光斑），同Glow（光晕）一样，这部分参数常用于实时预览。对于最终输出而言，不建议激活。

（5）Glare（光斑）卷展栏参数如图5-77所示。

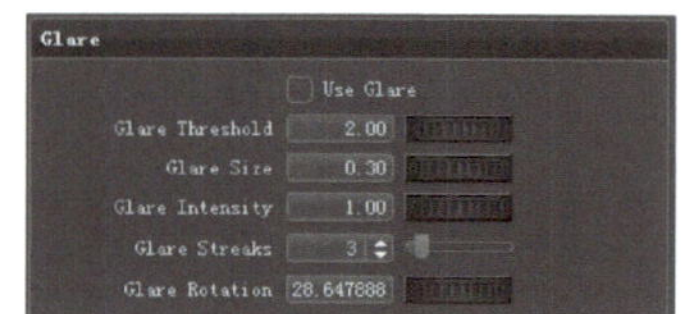

图5-77 光斑参数

Glare（光斑）参数说明

» **Use Glare（使用光斑）：** 激活光斑功能。

» **Glare Threshold（光斑临界值）：** 含义同Glow Threshold（光晕临界值）。

» **Glare Size（光斑尺寸）：** 含义同Glow Size（光晕尺寸）。

» **Glare Intensity（光斑强度）：** 含义同Glow Intensity（光晕强度）。

» **Glare Streaks（光斑条纹）：** 设置光斑星芒的数量。

» **Glare Rotation（光斑旋转）：** 控制光斑星芒的旋转角度。

5.6.4 图标栏

摄影机编辑器底部的图标栏按钮的对应翻译如图5-78所示。由于各项功能与其字面意思相同，故不再一一讲解。

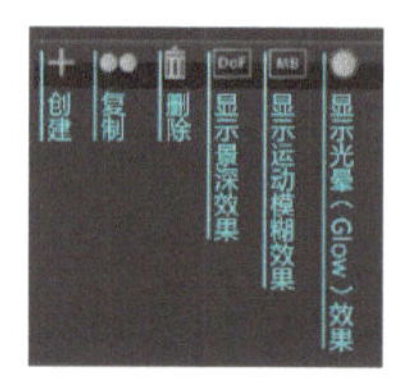

图5-78 图标栏按钮翻译

5.7 Timeline（时间线）：动画控制

在本书的教学中，时间线的主要作用在于为车轮创建旋转动画，以便进行运动模糊渲染。执行菜单栏的Animation（动画）>Timeline（时间线）命令，可以打开Timeline（时间线），如图5-79所示。它的工作界面如图5-80所示。

图5-79 打开时间线

图5-80 时间线工作界面

5.7.1 功能解析

将Timeline（时间线）模块的相关功能进行翻译，如图5-81所示。

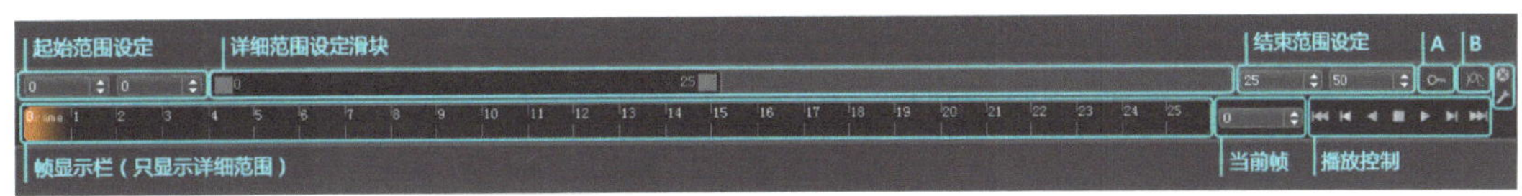

图5-81 时间线翻译对照

时间线功能说明

» **详细范围：** VRED在整个动画时间范围内添加了一个叫作Detailed Timeline（详细范围）的显示区域。这一显示区域没有实际上的操作意义，但是可以方便用户进行细节微调。有多种方法可以设定Detailed Timeline（详细范围）的显示区间。

» **起始范围设定：** 设定整个动画时间范围的起始帧和Detailed Timeline（详细范围）的开始帧。

» **结束范围设定：** 设定整个动画时间范围的结束帧和Detailed Timeline（详细范围）的结束帧。

» **详细范围设定滑块：** 通过滑块方式设定Detailed Timeline（详细范围）的开始帧和结束帧。

» **A（钥匙）：** Key（关键帧）按钮。为当前对象在当前帧创建关键帧，可用来设定车轮旋转动画。

» **B（曲线）：** Curve Editor（曲线编辑器）高亮显示。

» **帧显示栏：** 显示Detailed Timeline（详细范围）内的动画时间线，橙色标签代表当前帧。

» **当前帧：** 显示/手动输入当前帧。

» **播放控制：** 播放动画。

» **右侧叉号：** 关闭Timeline（时间线）模块。

» **右侧扳手符号：** 打开Animation Settings（动画设定）面板。

5.7.2 关键帧动画

使用Timeline（时间线）的关键帧功能创建动画非常简单，其步骤如下。

第1步：选中一个对象，确认它处于动画的起始状态；然后将当前帧移动到所需要的动画起始帧，接着单击A（钥匙）按钮，关键帧1创建完成。

第2步：将对象调整为动画结束状态，然后将当前帧移动到所需要的动画结束帧。再次单击A（钥匙）按钮，关键帧2创建完成。

第3步：由关键帧1和关键帧2构成的简单动画已创建完成，重复执行上述操作即可创建更复杂的关键帧动画。

在项目教学04中讲解具体的关键帧动画创建操作。在一般的项目制作中，通常使用Timeline（时间线）为车轮制作一个小幅度的旋转动画（如60° 旋转），而后使用Camera Editor（摄影机编辑器）的Shutter Presets（快门预设）或Shutter Speed（快门速度）参数控制具体的运动模糊量。

06 材质与材质编辑器

VEHICLE VISUALIZATION

- 了解材质编辑器面板
- 掌握材质编辑器常见图标含义
- 了解VRED材质分类
- 掌握基本材质参数
- 掌握两种折射的效果差异
- 掌握玻璃材质主要参数含义
- 了解车漆种类及其特征
- 了解车漆结构
- 掌握金属漆结构及其视觉特征
- 掌握非金属漆结构及其视觉特征
- 掌握车漆细节特征
- 学习车漆材质重要参数
- 与真实车漆的相关特性进行对比
- 了解阴影材质相关知识
- 掌握阴影/反射相关设定参数

6.1 Material Editor（材质编辑器）

Material Editor（材质编辑器）是最常用的模块之一，所有材质效果和环境调试都通过它来进行。本节将学习Material Editor（材质编辑器）的基础知识。

6.1.1 面板结构

由于Material Editor（材质编辑器）极其重要，所以，可以通过主界面的快捷方式栏轻松打开它，如图6-1所示。Material Editor（材质编辑器）面板如图6-2所示，一般包括左、右两大部分，左边标注A的区域是Groups, Tags（组与标签）面板，右边标注B的区域是Attributes（参数）面板。此外，材质编辑器还包括一个Preview（预览）面板，不过通常不使用它。

图6-1 材质编辑器的打开方式

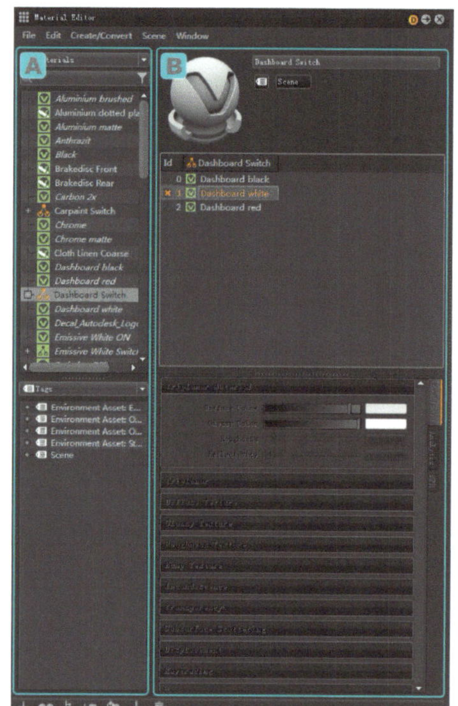

图6-2 材质编辑器面板

TIPS

有时，材质编辑器的Attributes（参数）面板可能被关闭了。要打开它，可执行编辑器上部菜单栏的Window（窗口）>Attributes（参数）命令，如图6-3所示。

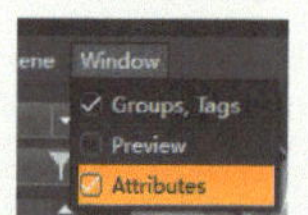

图6-3 打开参数面板

如图6-4所示，这里将Material Editor（材质编辑器）分为了5个部分，以分别说明其功能。

Material Editor（材质编辑器）界面说明

» **1.菜单栏：** 用于执行各种材质编辑器命令，可被鼠标右键命令取代。

» **2.材质列表：** 用于显示当前场景中包含的材质，是重要的材质管理工具。

» **3.参数面板：** 主要面板之一，用于查看材质预览、调整材质参数。

» **4.标签列表：** 可通过标签管理场景材质，较少使用它。

» **5.图标栏：** 提供快速操作命令。

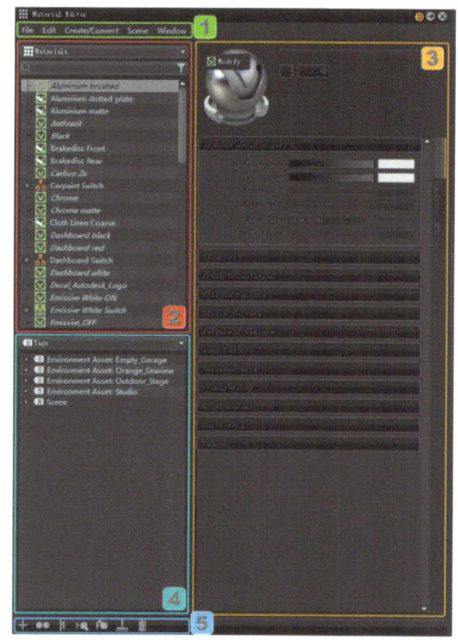

图6-4 材质编辑器面板的5个部分

6.1.2 材质列表

在材质列表面板中，VRED使用不同的图标表示不同的材质对象。熟练掌握它们的含义非常重要，一定要认真学习下面的内容。

1.原始预设材质

Decal_Autodesk_Logo（绿色的方框和V字图标）：代表“原始预设材质”，它们是直接引用自Asset Manager（预设管理器）的Material（材质）。原始预设材质默认为不可编辑状态，这表示它们的各项参数与Asset Manager（预设管理器）中的原始方案相同，没有经过修改。

注意原始预设材质的名称为斜体字。

2.进入Modify（修改）模式的预设材质

Aluminium dotted plate（带有一支笔的原始预设材质图标）：表示该预设材质进入了Modify（修改）模式。预设材质都带有一个Modify（修改）按钮，如图6-5所示，以允许用户对它们进行参数调整。

当对“原始预设材质”*Decal_Autodesk_Logo*使用Modify（修改）命令以后，它就会变成上述图标，以表示它与Asset Manager（预设管理器）暂时断开连接，不再沿用原始预设参数，并可以被修改。注意，进入Modify（修改）模式以后，材质的名称不再使用斜体字。

图6-5 Modify（修改）按钮

TIPS
进入Modify（修改）模式的材质，在材质球预览处都有一个Save（保存）按钮，如图6-6所示。强烈建议不要单击它，以免影响原始预设的参数。

图6-6 Save（保存）按钮

3.独立材质

Phong（灰色的圆球与V字、没有边框图标）：代表独立材质（也叫一般材质），是场景中新创建的，或者脱离自Asset Manager（预设管理器）的材质。总之，它与预设材质没有任何关系。

4.Sphere Environment（球形环境材质）

Sphere Environment（球形环境材质）一般简称“环境球材质”，也叫“环境几何体材质”。这是一种特殊的、专用于加载环境HDRI且被用于场景中Environment Geometry（环境几何体）的材质。简单来说，可以把“球形环境材质”看作专用的环境效果控制器，类似于VRay中的VRayHDRI节点。

Studio（带有绿色方框的半球形图标）：代表引用自Asset Manager（预设管理器），未经过修改的原始预设环境。

Studio（带有一支笔的原始预设环境图标）：代表该预设环境暂时与Asset Manager（预设管理器）断开连接，进入了Modify（修改）模式。同样，环境球材质在进入Modify（修改）模式以后也会出现一个Save（保存）按钮，强烈建议不要单击它。

Studio（蓝色半球形图标）：代表独立环境球材质，它与预设没有任何关系。

在后续的教学中，主要使用“环境球材质”一词。关于Sphere Environment（球形环境材质）的详细知识，将在“7.1 关于Environment（环境）”中单独讲解。

5. Environment Switch（环境切换器）

Environment Switch（环境切换器）是环境球材质的管理工具，用于在不同的环境球材质间进行显示切换。它的图标通常是一个带有橙色星号的蓝色半球连接体，其右上角的橙色五角星代表它是当前场景中的主要Environment Switch（环境切换器），正被Environment Geometry（环境几何体）使用着，如图6-7所示。

场景中默认存在一个Environment Switch（环境切换器），叫作Environments，与Environment（环境）这个单词相比，它在结尾处多了一个s，这在英语中表示Environment（环境）的复数，即“环境们”。

图6-7 环境切换器

所有新创建的环境球材质，无论是手动创建还是引用自Asset Manager（预设管理器），都将被自动加载进这个默认环境切换器Environments，作为它的子对象，以方便用户调用。当一个Environment Switch（环境切换器）包含多个子对象时，可以通过激活子对象前的×号在不同的环境间进行切换显示。

TIPS 通过复制现有环境球材质而生成的新环境通常不会被自动添加入默认环境切换器Environments，需要将它手动拖入。

一个场景可以包含多个Environment Switch（环境切换器），给不同的材质匹配不同的环境效果。但这往往会造成文件管理上的困难。所以，建议一个场景只使用一个Environment Switch（环境切换器），即默认的Environments。

6. Material Switch（材质切换器）

橙色的材质球连接体表示Material Switch（材质切换器），如图6-8所示。Material Switch（材质切换器）常直接被简称为Switch（切换器），与刚才所讲的Environment Switch（环境切换器）功能类似，它用来为同一个对象切换显示不同的材质。与各种树状模块相同，×号用于切换显示状态。

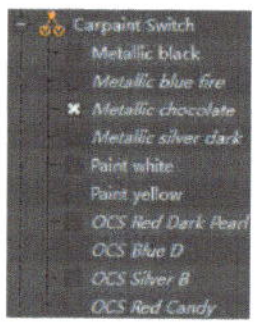

Material Switch（材质切换器）最典型的用途是为车漆提供换色管理，换色的步骤如下。

第1步： 在Material Editor（材质编辑器）中创建一个空的Material Switch（材质切换器）。

第2步： 调试10种不同颜色的车漆材质。

图6-8 材质切换器

第3步： 在材质列表中，将车漆材质拖入Material Switch（材质切换器），让它们成为Material Switch（材质切换器）的子对象。

第4步： 将Material Switch（材质切换器）指定给目标对象。

第5步： 通过激活Material Switch（材质切换器）下属的各个子对象前面的×号，以实现车漆换色效果。

TIPS 不必执行上述操作，只需了解其工作方式即可。在演示场景中，要多尝试其自带的车漆换色方案。

6.1.3 图标栏按钮

图标栏提供了常用功能的快捷方式，关于图标栏的翻译如图6-9所示。其中较为重要的按钮是“根据当前材质选择对象”与“清除没有被使用的材质”，其他按钮由于图标功能与字面意思相同，故不再赘述。

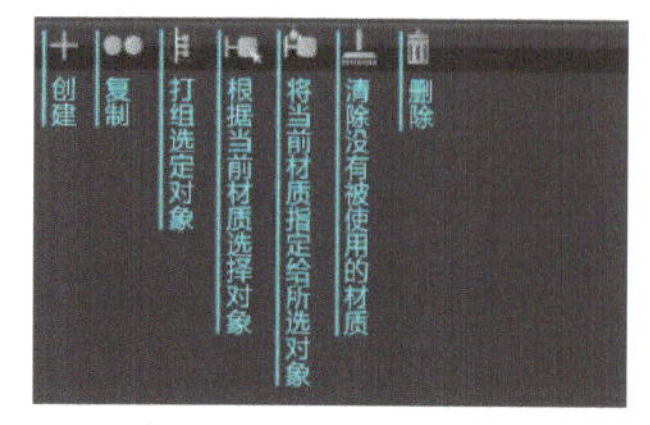

图6-9 图标栏按钮翻译

6.2 Reflective Plastic Material（反射塑料材质）

VRED的材质与VRay、Mental Ray等渲染器不同，它并不鼓励用户通过调整某种标准的材质（如VRayMtl、Arch&Design）来获取所需要的效果；而是事先将各种工业表现用的常见材质进行分类整理，为不同的材质类型设定不同的默认效果、提供不同的特殊选项，以方便用户简单、快速地达成目标。

这样做的好处显而易见：用户上手极其容易，即使是在默认参数下，新手用户都能获得不错的效果。但是，其缺点也比较明显：相对VRay等专业渲染器来说，VRED提供的深度调整空间有限。

VRED提供了大量的材质分类，不同分类间的参数略有不同，但其基本参数的逻辑是完全相同的。可以说，当掌握了两三个关键类别的材质以后，学习其他类别的材质都将易如反掌。

在Material Editor（材质编辑器）的材质列表中单击鼠标右键，在弹出的快捷菜单中选择Create Material（创建材质）命令时，就能见到VRED的材质分类。关于它们的中英文对照，如图6-10所示。

下面以Reflective Plastic Material（反射塑料材质）为例，介绍通用的材质参数含义。

在大多数情况下，建议使用Asset Manager（预设管理器）提供的材质预设，而不是手动创建一个材质后调整它的参数，否则既费时又费力。

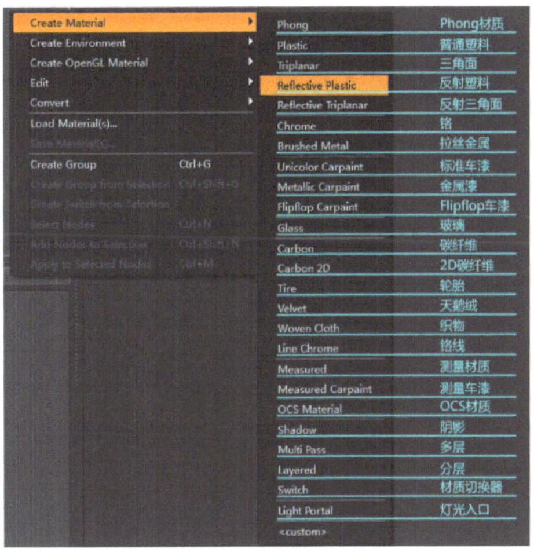

图6-10 材质分类及对应翻译

Reflective Plastic Material（反射塑料材质）是一种十分典型的材质，覆盖了我们需要学习的绝大部分参数。在开始学习之前，打开Material Editor（材质管理器），使用图6-10中介绍的方法创建一个Reflective Plastic Material（反射塑料材质）。

该材质的参数面板如图6-11所示。当材质创建成功后，可以在Material Editor（材质管理器）的Attributes（参数）面板中看到同样的内容。

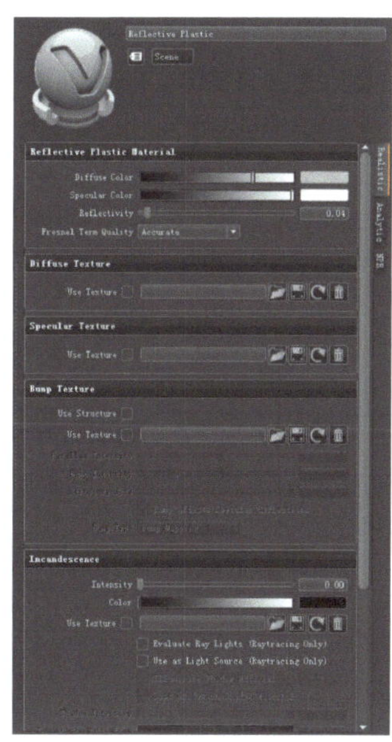

图6-11 反射塑料材质

6.2.1 Reflective Plastic Material（反射塑料材质）基本参数

本卷展栏用于设置材质基本参数，其面板如图6-12所示。

图6-12 反射塑料材质基本参数

Reflective Plastic Material（反射塑料材质）基本参数说明

» **Diffuse Color（漫反射颜色）：** 设置材质漫反射颜色，也称固有色。

» **Specular Color（高光颜色）：** 设置材质高光反射颜色，也称镜面反射颜色。

» **Reflectivity（反射）：** 设置垂直观察视角时，材质表面的反射强度。默认参数为0.04，适用于多数非金属反射物体。

» **Fresnel Term Quality（菲涅耳精度）：** 设置菲涅耳反射精度，即材质的反射强度随观察角度变化这一特性的计算准确度。

Accurate（准确）：更真实准确，但也更耗时的计算方法。

Fast（快速）：更快速，但是质量更低的计算方法。

TIPS 在绝大多数情况下，建议使用Accurate（准确）选项。

6.2.2 Diffuse Texture（漫反射纹理）

本卷展栏用于设置漫反射纹理。当纹理加载以后，系统会提供更多选项以供用户使用。本卷展栏有两种模式，分别为UV模式和Planar（平面）模式。

1.UV模式

当加载纹理以后，Diffuse Texture（漫反射纹理）卷展栏的参数会被自动显示。如果设置Mapping Type（贴图模式）为UV，参数面板将如图6-13所示。

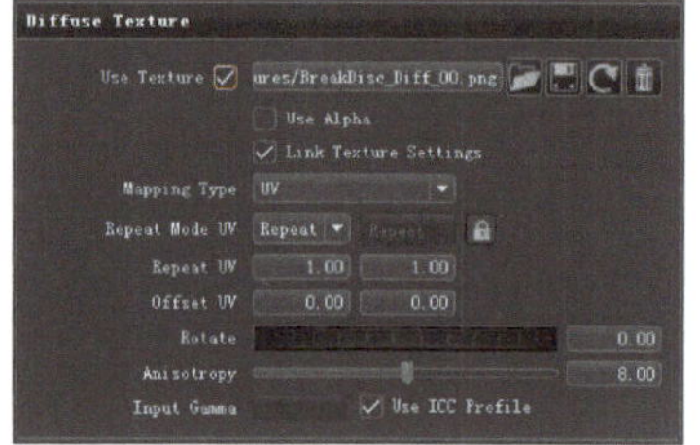

图6-13 漫反射纹理（UV模式）

Diffuse Texture（漫反射纹理）UV模式重要参数说明

» **加载纹理：** 加载外部图像文件作为纹理。

» **保存纹理：** 将当前纹理保存为图像。

» **重载纹理：** 重新加载纹理。

» **删除纹理：** 删除当前纹理。

» **Use Alpha（使用Alpha）：** 应用当前被加载图像的Alpha通道，为材质设定透明度。

» **Link Texture Settings（链接纹理设定）：** 打开此选项后，Diffuse Texture（漫反射纹理）、Specular Texture（高光纹理）和Bump Texture（凹凸纹理）等部分的贴图坐标设定将会自动统一，建议打开。

» **Mapping Type（贴图模式）：** 设定贴图坐标模式。

UV：使用物体原有的UV坐标。

Planar（平面）：在VRED中使用平面投射模式重新指定纹理坐标。

» **Repeat Mode UV（贴图重复模式）：** 设置贴图重复模式。

Repeat（重复）：贴图将会平铺重复，是软件的默认模式。

Mirror（镜像）：贴图将会镜像重复。

Decal（贴花）：贴图不会重复，超出贴图覆盖的部分将不再呈现贴图效果。此模式常用于制作车身小标识。

Clamp（钳制）：只重复贴图的最后一个像素。

» **Repeat UV（重复UV）：** 设定UV重复值。

» **Offset UV（偏移UV）：** 设定UV偏移值。

» **Rotate（旋转）：** 旋转贴图。

» **Anisotropy（各向异性）：** 设置纹理过滤器的品质。

» **Input Gamma（输入Gamma）：** 设置图像输入Gamma。对于.jpg、.png、.tga等文件，建议使用数值2.2。但更建议使用默认的ICC文件。

» **Use ICC Profile（使用ICC文档）：** ICC文档即颜色特性文件，用标准参数替代手动设置，建议使用。

2.Planar（平面）模式

如果将Mapping Type（贴图模式）设置为Planar（平面），则系统将不使用几何体的原有UV，而是在VRED中使用平面投射模式重新指定纹理坐标；该模式的参数面板如图6-14所示。

下面将介绍Planar（平面）模式的相关参数，但与UV模式重复的部分将不再赘述。

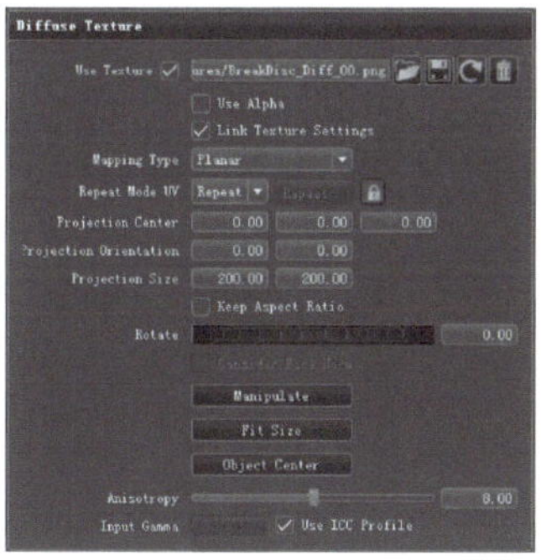

图6-14 漫反射纹理（平面模式）

Diffuse Texture（漫反射纹理）Planar（平面）模式重要参数说明

» **Projection Center（投射中心）：** 设定贴图投射平面的中心。

» **Projection Orientation（投射方向）：** 设定贴图投射平面的倾斜度。

» **Projection Size（投射尺寸）：** 设定贴图投射平面的大小。

» **Keep Aspect Ratio（保持比例）：** 当该参数被激活后，投射平面将自动保持贴图比例。

» **Manipulate（操作）：** 提供投射面的手动操作模块，这相比参数控制而言更加直观。激活该按钮后，同时使用Shift键+鼠标右键单击可以快速指定投射平面的中心与倾斜角度，然后使用控制手柄对投射平面进行详细调整。投射平面操作方法与普通对象变换操作相同，均为按住Shift键以后使用鼠标左键拖曳各种控制手柄，如图6-15所示。

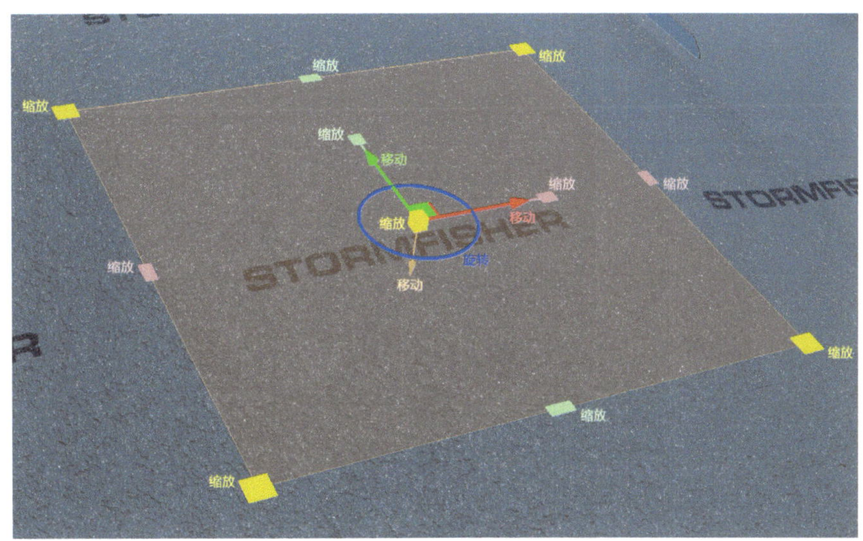

图6-15 手动操作投射平面

» **Fit Size（匹配尺寸）：** 根据当前对象自动适配投射平面的尺寸。

» **Object Center（对象中心）：** 将投射平面的中心直接移动到当前对象的中心。

6.2.3 Specular Texture（高光纹理）

本卷展栏用于设置高光纹理，由于相关参数含义与漫反射纹理相同，故不再赘述。UV模式和平面模式的参数面板分别如图6-16和图6-17所示。

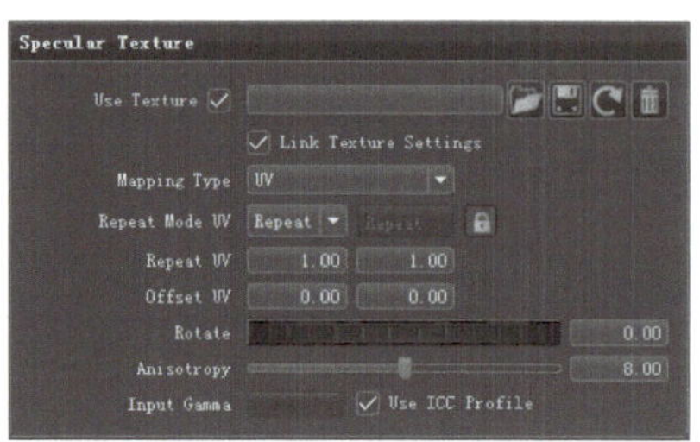

图6-16 高光纹理（UV模式）

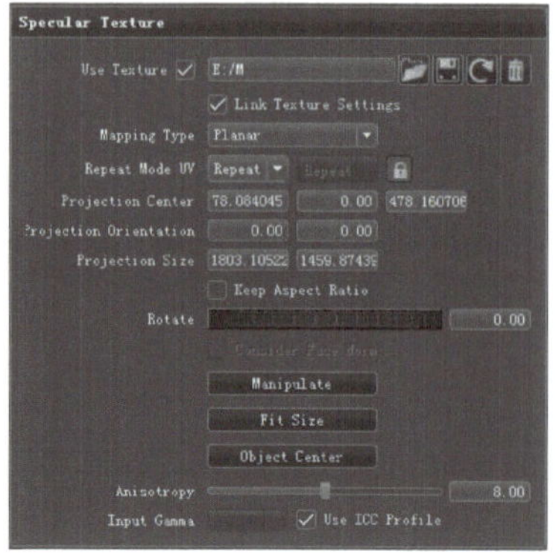

图6-17 高光纹理（平面模式）

6.2.4 Bump Texture（凹凸纹理）

本卷展栏用于设置凹凸纹理。要实现凹凸效果，VRED为我们提供了程序性纹理和外部图像文件两种方式。

1.结构模式

勾选Use Structure（使用结构）复选框，可以激活程序性纹理，即Noise Map（噪波贴图）。其参数面板如图6-18所示。

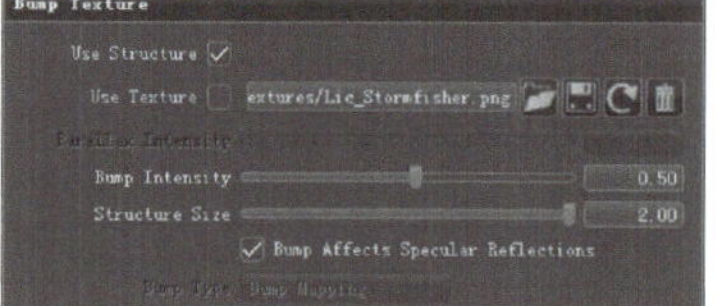

图6-18 凹凸纹理（使用结构模式）

Bump Texture（凹凸纹理）Structure（结构）模式重要参数说明

» **Use Structure（使用结构）：** 使用程序性纹理，即Noise Map（噪波贴图）。

» **Bump Intensity（凹凸强度）：** 设置凹凸强度。

» **Structure Size（结构尺寸）：** 设置程序性纹理的平铺尺寸。为这个参数设置较小的数值，可以产生磨砂质感。

» **Bump Affects Specular Reflections（凹凸影响高光反射）：** 如果开启此选项，则凹凸贴图不仅在光照层面产生凹凸效果，同时将影响清晰反射的平整度。

2.纹理模式

勾选Use Texture（使用纹理）复选框，可以使用外部图像文件，其参数面板如图6-19所示。对于与前文重复的参数，这里不再赘述。

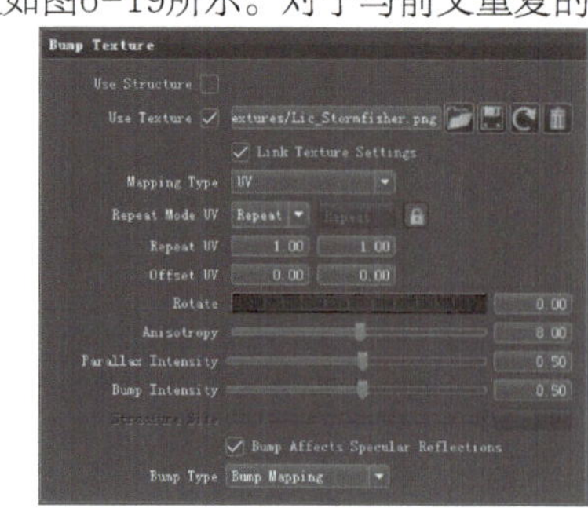

图6-19 凹凸纹理（使用纹理模式）

Bump Texture（凹凸纹理）Texture（纹理）模式重要参数说明

» **Use Texture（使用纹理）：** 使用外部图像文件。具体图像设置命令与Diffuse Texture（漫反射纹理）和Specular Texture（高光纹理）相同，故不再赘述。

» **Anisotropy（各向异性）：** 设置纹理过滤器的品质。越大的数值代表越精细的过滤效果。

» **Parallax Intensity（视差强度）：** 设置凹凸视差强度。

» **Bump Type（凹凸模式）：** 设定凹凸贴图的使用模式。

Bump Mapping（凹凸模式）：凹凸贴图模式。

Displacement Mapping（置换模式）：置换贴图模式。

注意，凹凸贴图的置换模式（Displacement Mapping）并非真正的置换贴图（Displacement Map），它并不修改几何体结构，也不会对几何体自身投下阴影；但它的效果要稍强于普通的凹凸模式（Bump Mapping）。

6.2.5 Incandescence（自发光）

本卷展栏用于设置材质的自发光属性，常用于制作车灯内部的发光零件，参数面板如图6-20所示。

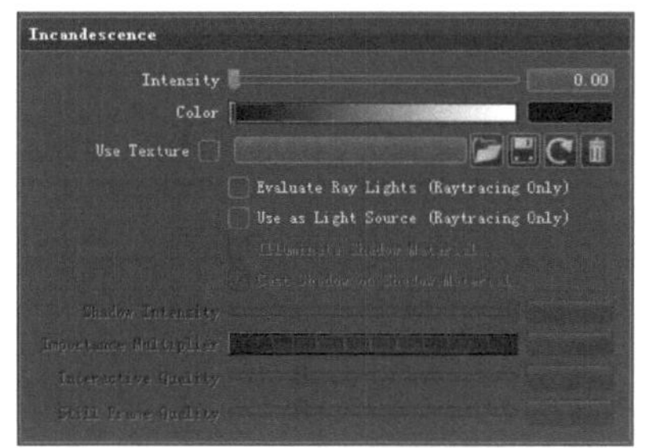

图6-20 自发光参数

Incandescence（自发光）重要参数说明

» **Intensity（强度）：**设置自发光强度。

» **Color（颜色）：**设置自发光颜色，默认为黑色。

» **Use Texture（使用纹理）：**使用自发光贴图。

6.2.6 Transparency（透明）

本卷展栏用于设置材质透明属性，参数面板如图6-21所示。

这里的“透明”并不产生折射效果，而只影响材质的可见度。在其他软件中，这个参数通常被叫作Opacity（不透明度）。

图6-21 透明参数

Transparency（透明）重要参数说明

» **See Through（可见性）：**设置材质可见性，默认的黑色代表对象完全可见；如果将本参数设为白色，对象将完全“透明”，这种透明不会产生玻璃那样的折射质感，而是让对象凭空消失。

» **Use Texture（使用纹理）：**使用纹理控制透明度，相当于其他软件中的Cutoff（裁切）或Opacity（不透明度）贴图。

6.2.7 Subsurface Scattering（次表面散射）

本卷展栏用于设定次表面散射属性。常见的次表面散射材质有皮肤、蜡和玉。汽车上通常没有此类材质，在此略过。

6.2.8 Displacement（置换）

本卷展栏用于设定置换贴图，其参数如图6-22所示。

真正的Displacement Map（置换贴图）提供了比凹凸贴图的Displacement Mapping（置换模式）更加细腻的效果。当然，和其他所有软件的置换模式一样，它的计算量也是十分可观的。

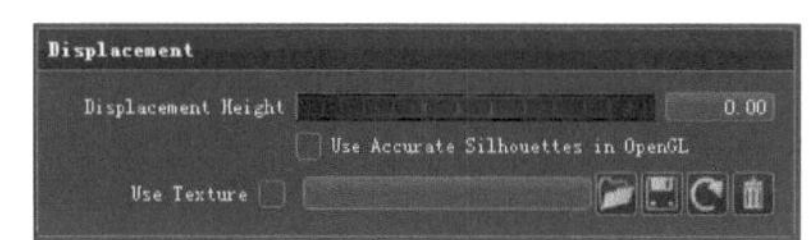

图6-22 置换参数

Displacement（置换）重要参数说明

- **Displacement Height（置换高度）：** 设定置换高度，即置换贴图的效果强度。
- **Use Accurate Silhouettes in OpenGL（OpenGL精确模式）：** 使实时预览模式也能显示精确的置换效果。
- **Use Texture（使用纹理）：** 使用贴图控制置换效果。

6.2.9 Raytracing（光线追踪）

本卷展栏用于设定光线追踪的相关属性，如图6-23所示。

在这个卷展栏中，除了Material ID（材质ID）外，不建议修改其他任何参数。

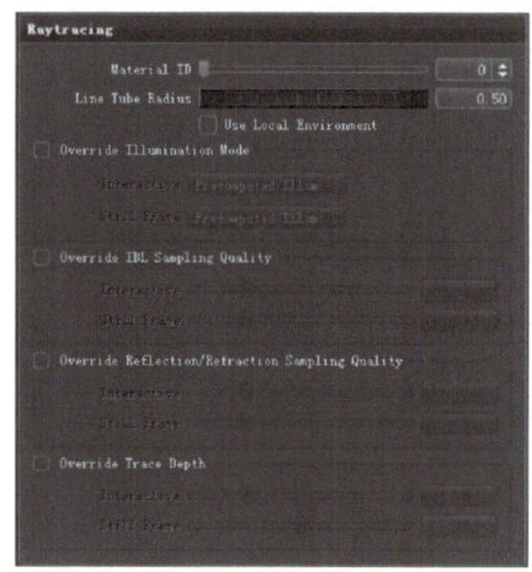

图6-23 光线追踪参数

Raytracing（光线追踪）重要参数说明

- **Material ID（材质ID）：** 可用于Material ID（材质ID）渲染通道输出，以供后期修图使用。
- **Line Tube Radius（线半径）：** 当该材质被赋予Line Geometry（线几何体）时，显示出对应的实体半径。

TIPS Line Geometry（线几何体）较为少见，通常出现在工业数据当中，普通用户无需关注。

- **Use Local Environment（使用局部环境）：** 当该参数被激活以后，材质会使用Common（通用参数）> Environment（环境）面板所指定的特定环境来计算相关照明，但是仍使用当前场景环境计算反射。这很容易造成反射和照明效果脱节，因而不建议使用。
- **Override Illumination Mode（覆盖照明模式）：** 覆盖Render Settings（渲染设置）面板的光线追踪Illumination Mode（照明模式）设定。
- **Override IBL Sampling Quality（覆盖IBL采样质量）：** 覆盖Render Settings（渲染设置）面板的IBL Sampling Quality（IBL采样质量）设定。
- **Override Reflection/Refraction Sampling Quality（覆盖反射/折射采样质量）：** 覆盖Render Settings（渲染设置）面板的Reflection/Refraction Sampling Quality（反射/折射采样质量）设定。
- **Override Trace Depth（覆盖追踪深度）：** 覆盖Render Settings（渲染设置）面板的Trace Depth（追踪深度）设定。

以上Illumination Mode（照明模式）、IBL Sampling Quality（IBL采样质量）、Reflection/Refraction Sampling Quality（反射/折射采样质量）和Trace Depth（追踪深度）的详细讲解请参见“8.4 Raytracing Quality（光线追踪质量）”章节。

6.2.10 Common（通用参数）

本卷展栏提供其他参数设置，如图6-24所示。与上一个卷展栏相同，建议不要修改本卷展栏参数。

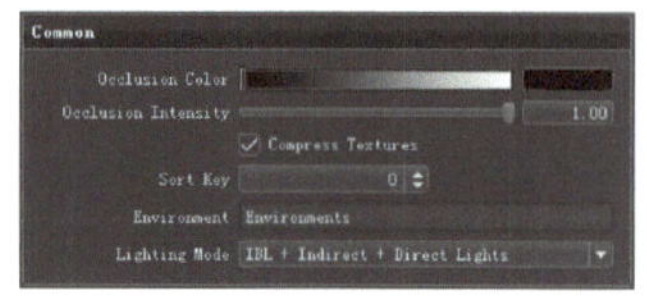

图6-24 通用参数

Common（通用参数）重要参数说明

» **Occlusion Color（阻光颜色）：** 设置烘焙AO的颜色。

» **Occlusion Intensity（阻光强度）：** 设置烘焙AO的强度。

烘焙AO相关知识请查看“5.4 Ambient Occlusion（环境光阻光）”章节。

» **Compress Textures（压缩纹理）：** 压缩纹理以节约磁盘空间、减少内存需求。

» **Sort Key（排序关键字）：** 一种特殊的参数，用于在实时预览模式下确认透明着色优先级。

由于实时预览模式并不计算真正的折射，所以，多个透明曲面的叠加无法得到正确显示（如复杂的车灯），如果想要优先显示某个透明曲面，可以修改排序关键字，越大的数值代表计算越优先。这个参数通常无需修改。

» **Environment（环境）：** 为材质指定专属环境，可使用鼠标右键加以选择。系统默认使用场景中的默认环境切换器Environments，通常不建议修改这个参数。

» **Lighting Mode（照明模式）：** 设置本材质的照明模式，默认的“IBL+Indirect+Direct Lights”（IBL+间接照明+直接光照）模式代表多种光源都能对本材质造成影响。

6.2.11 凹凸和置换对比

VRED提供了Bump Texture（凹凸纹理）和Displacement（置换）两个贴图卷展栏。其中Bump Texture（凹凸纹理）又分为Bump Mapping（凹凸模式）和Displacement Mapping（置换模式）两种显示模式。你或许会感到困惑，应该怎么选择才能得到所需要的效果呢？下面来进行一些对比。

下文中的“置换”是指真正的置换贴图（Displacement Map）。Bump Texture（凹凸纹理）的Bump Mapping（凹凸模式）被称为“凹凸-凹凸”，Displacement Mapping（置换模式）被称为“凹凸-置换”。

1.正面视角实时预览对比

首先请查看正面视角的效果（均使用相同凹凸量，实时预览模式）。图6-25所示是“凹凸-凹凸”的效果，图6-26所示是“凹凸-置换”的效果，图6-27所示是“置换”的效果。

图6-25 凹凸-凹凸

图6-26 凹凸-置换

图6-27 置换

2.侧面视角实时预览对比

下面来看一下侧面视角的对比效果（均使用相同凹凸量，实时预览模式）。图6-28所示是“凹凸-凹凸”的效果；图6-29所示是“凹凸-置换”的效果，注意更真实的凹凸质感与物体反射特性；图6-30所示是“置换”的效果，注意真实的几何体变化。

图6-28 凹凸-凹凸

图6-29 凹凸-置换

图6-30 置换

3.正面视角光线追踪对比

下面查看光线追踪模式下正面视角的对比效果（均使用相同凹凸量，光线追踪模式）。图6-31所示是“凹凸-凹凸”的效果；图6-32所示是“凹凸-置换”的效果；图6-33所示是“置换”的效果，注意对象自身的真实阴影。

图6-31 凹凸-凹凸

图6-32 凹凸-置换

图6-33 置换

4.侧面视角光线追踪对比

下面查看光线追踪模式下侧面视角的对比效果（均使用相同凹凸量，光线追踪模式）。图6-34所示是“凹凸-凹凸”的效果；图6-35所示是“凹凸-置换”的效果，注意对象自身的真实反射；图6-36所示是“置换”的效果，注意真实的几何体变化、细节部分的阻光及对象自身反射。

图6-34 凹凸-凹凸

图6-35 凹凸-置换

图6-36 置换

5.总结

通过前面的对比，相信大家已经明白这三者的优劣，对它们进行如下归纳。

第1点：以质量而论，“置换”>“凹凸-置换”>“凹凸-凹凸”。

第2点：“置换”影响几何体外形，并在光线追踪模式下投射真实阴影。

第3点：在实时预览模式下，对于正面视角效果来说，三者区别较小；而对于侧面视角效果，三者有明显区别——“凹凸-凹凸”模式几乎无法表现细节，而“凹凸-置换”模式仍有一定细节可以查看。

第4点：在光线追踪模式下，三者存在明显的区别，无论是正面视角还是侧面视角。

第5点：“凹凸-置换”模式是性能与质量的平衡选择，建议作为首选。

第6点：“置换”的计算时间是Bump（凹凸）模式的三倍以上，应谨慎使用。

6.3 Glass Material（玻璃材质）

本节将介绍Glass（玻璃）材质，它是汽车表现中的常用材质。这种材质专门用来制作玻璃、冰和钻石等透明对象。对于汽车来说，最常见的透明对象是车窗和车灯，以及内饰中的仪表板。

要调试Glass（玻璃）材质极其容易。但是请注意，Glass（玻璃）材质在实时预览和光线追踪模式下的表现效果可能存在极大的差异，最终结果务必以光线追踪计算为准。图6-37和图6-38所示的分别是实时预览模式和光线追踪模式的效果。

图6-37 实时预览模式下的玻璃球

图6-38 光线追踪模式下的玻璃球

6.3.1 Glass Material（玻璃材质）基本参数

Glass Material（玻璃材质）基本参数面板如图6-39所示。

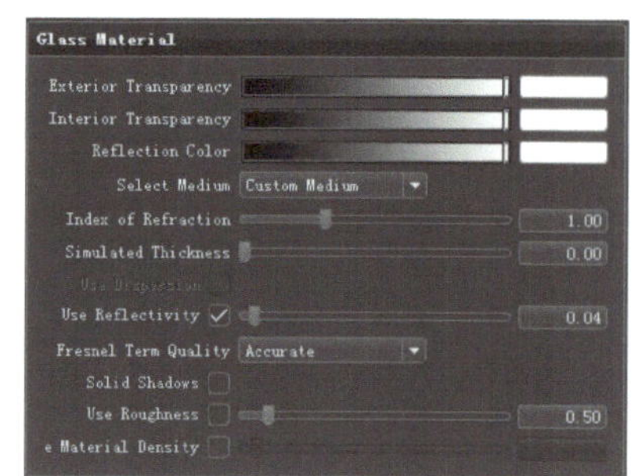

图6-39 玻璃材质基本参数

Glass Material（玻璃材质）基本参数中重要参数说明

» **Exterior Transparency（外部透明度）**：设定透明度与透明颜色。白色代表透明，黑色代表不透明，其他颜色表示各种彩色玻璃效果。

» **Interior Transparency（内部透明度）**：不重要的透明度与透明颜色设定参数。这个参数的含义与Exterior Transparency（外部透明度）相同，但是它只在实时预览模式下起作用，当曲面法线不朝向摄影机（即法线“朝内”）时，系统使用这个参数计算对象透明特性。光线追踪模式下不考虑这个参数，所以，如果完全使用光线追踪计算结果，则可以不用理会它。

» **Reflection Color（反射颜色）**：设定材质的反射颜色。在绝大多数情况下，物体的反射颜色都应该是白色的。

» **Select Medium（选择模板）**：系统提供了许多真实材质的折射率参数模板，常用模板如下。

Acrylic Glass（丙烯酸玻璃）：常用于车灯灯罩的材质。

Plastic（Polystyrene）（聚苯乙烯塑料）：一种常见塑料材质，简称PS。

Plastic（Polycarbonate）（聚碳酸酯塑料）：一种常见塑料材质，简称PC。

» **Index of Refraction（折射率）：** 设置材质的折射率。

» **Simulated Thickness（模拟厚度）：** 因为光线追踪的计算特性，所以只有一个表面而没有厚度的对象（即单面对象）无法得出正确的折射计算结果。本参数使用软件方法模拟折射对象的厚度，可为单面对象创建正确的折射效果。

TIPS 单面对象常见于工业数据，Simulated Thickness（模拟厚度）参数效果请参考下面的演示。图6-40所示是Simulated Thickness（模拟厚度）为0的单面玻璃对象，由于对象只有一个面，所以光线追踪折射效果出现了严重的错误；图6-41所示是Simulated Thickness（模拟厚度）为1的单面玻璃对象，由于为对象添加了模拟厚度，所以折射结果变得正确了。

图6-40 Simulated Thickness为0

图6-41 Simulated Thickness为1

对于普通多边形模型，强烈建议将透明对象制作成双面实体，以避免使用Simulated Thickness（模拟厚度）参数。

» **Use Reflectivity（使用反射）：** 打开反射效果，设定垂直观察视角时的材质反射强度。默认参数为0.04，适用于多数玻璃类材质。

» **Fresnel Term Quality（菲涅耳精度）：** 设置菲涅耳反射精度，即材质的反射强度随观察角度变化这一特性的准确度。

Accurate（准确）：更真实准确，但也更耗时的计算方法。

Fast（快速）：更快速，但是质量更低的计算方法。

TIPS 绝大多数情况下，建议使用Accurate（准确）选项。

» **Solid Shadows（实阴影）：** 默认情况下，透明对象投射的阴影也是透明的，并带有材质的折射颜色。但在某些情况下，我们希望透明对象投射出和普通对象一样的实体黑色阴影，这时，就可以激活此选项。

TIPS

图6-42所示是默认的透明阴影效果，图6-43所示是Solid Shadows（实阴影）效果。

图6-42 默认的透明阴影效果

图6-43 实阴影效果

» **Use Roughness（使用粗糙度）：** 设置粗糙度，产生磨砂玻璃质感，越高的数值表示越模糊的效果。注意，这个参数同时影响反射和折射的模糊度。

» **Use Material Density（使用材质密度）：** 因为显示问题，在面板中看到的可能是“e Material Density”。这个参数设置光线“穿过”材质以后的“损耗”效果，即模拟一种过于厚实的透明材料无法被光线穿透的质感。

换句话说，这个参数用来模拟透明的“浓度”。越高的数值代表材质越无法被光线穿透，如果数值过高，材质将不再呈现折射特性，请谨慎使用。

6.3.2 Texture（纹理）

本卷展栏用于设置纹理坐标，参数面板如图6-44所示。系统提供了UV Coordinates（UV坐标）和Triplanar（三角面）两种模式。其中，UV Coordinates（UV坐标）使用物体本身的UV坐标；而Triplanar（三角面）类似于一种程序纹理，它将对象贴图通过程序方式投射到物体表面。一般来说，建议使用UV坐标，它能得到更精确、可控的效果。

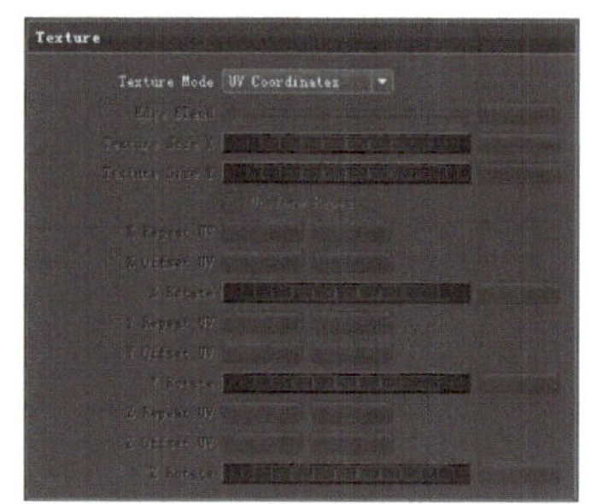

图6-44 纹理参数

6.3.3 Exterior Transparency Texture（外部透明纹理）

本卷展栏用于设置透明度贴图，参数面板如图6-45所示。在前文中，已经知道光线追踪计算会忽略Interior Transparency（内部透明度）参数，所以，材质中没有单独的Interior Transparency Texture（内部透明纹理）内容。

由于这部分参数与其他材质的纹理参数相同，故不再赘述。

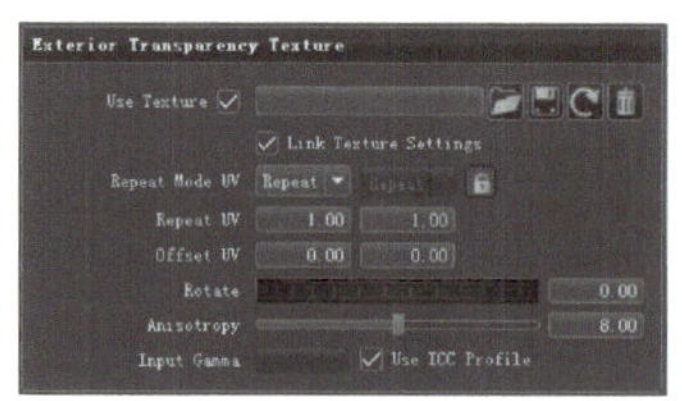

图6-45 外部透明纹理参数

6.3.4 Rougheness Texture（粗糙度纹理）

本卷展栏用于设置粗糙度贴图，参数面板如图6-46所示。如果要制作某种带花纹的磨砂玻璃，则可能需要用到这个卷展栏。由于其参数与其他材质的纹理参数相同，故不再赘述。

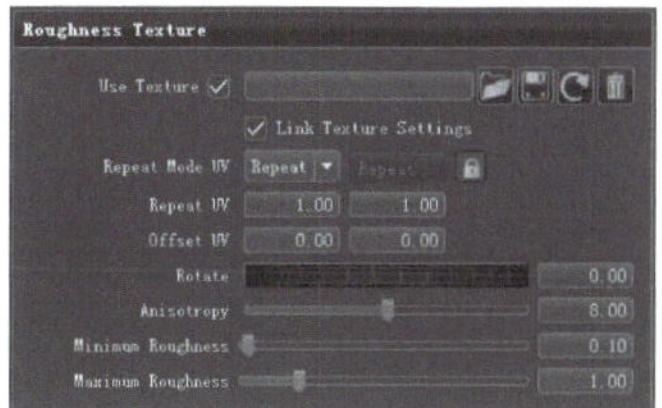

图6-46 粗糙度纹理参数

其他卷展栏，如Bump Texture（凹凸纹理）、Incandescence（自发光）、Trasparency（透明）、Displacement（置换）、Raytracing（光线追踪）和Common（通用参数），与前文中介绍过的内容相同，故不再赘述。

观察真实车漆

让我们打断一下对软件的学习，因为马上就要进入VRED的车漆材质章节，在学习车漆材质之前，有必要学习如何观察真实车漆。本节不涉及任何三维技术，但却是本书最重要的章节之一。我们用完整的一节篇幅来介绍现实中的车漆特性，引导你观察并理解两种最重要的车漆特征，从而为之后的材质调试打下坚实的基础。本节所介绍的车漆均基于广告表现领域所面对的量产车，不涉及改装车。

6.4.1 车漆分类

车漆有着极多的种类，如金属漆、非金属漆、亚光漆和电镀漆，等等。通常所说的“车漆”往往是指“金属漆”。在表现领域，通常也以某种车漆是否具有“金属漆特征”来进行分类，有则归入“金属漆”，无则归入“非金属漆”。

“金属漆特征”作为一个概念，在业内并无严格定义。它是对于Metallic Paint/Metallic Carpaint（金属漆）这种常见高档车漆所具有的特征的一种归纳——其核心在于高光变化。

1.高光溢出

当强光照射到金属漆表面以后，由于其特殊的结构，漆面的高光区域会呈现出丰富的变化。强烈的高光点周围会显现出一层稍弱的高光，仿佛是一层附着在车体上的光晕。而普通车漆，以及日常生活中可见的多数材料，如钢铁、木材和玻璃等，都不具有这样的特征。

注意图6-47和图6-48所示的高光区域。在图6-47中的蓝色金属漆上可以看到白色高光带周围有一片浅蓝色的渐变随着光线减弱而消失，类似于一圈光晕；而图6-48中的红色非金属车漆上则没有出现类似的变化。

图6-47所示是“高光溢出”效果，也叫“多层高光”，它是金属漆效果的核心特征。关于它的知识，将在下文中详细说明。

图6-47 蓝色金属漆特写（CGI）

图6-48 红色非金属漆特写（CGI）

2.变色效果

部分金属漆的高光区域会产生变色效果。比如，红色车漆的高光区域可能略带橙色，蓝色车漆的高光区域可能略带青色。这种变色特征主要出现在彩色金属漆上，尤以老爷车为甚。

注意图6-49和图6-50所示的高光区域，特别注意大灯下方的白色高光带：图6-49中的高光在这一区域表现出了青色的特征，与车体本身的蓝色有所不同；而图6-50中的这部分高光则是普通的白色。

图6-49 蓝色金属漆（CGI）

图6-50 白色非金属漆（CGI）

由蓝而偏青、由红而偏橙是两种最常见的高光变色金属漆。但由于各种原因，现在量产车上已经很少使用这类变色车漆，它们现在主要运用在改装车与某些小众车型身上。

3.细小颗粒

铝质的细小颗粒也是金属漆的识别特征之一，不过这些小颗粒通常只有在距离非常近时才能被观察到。它们是Metallic Paint/Metallic Carpaint（金属漆）被称为“金属漆”的关键。关于这些颗粒的知识，在下文中会详细讲述。

请再次对比图6-47和图6-48，注意图6-47所示的蓝色金属漆的高光部分出现了很多细小的颗粒，而图6-48所示的普通红色车漆的高光部分则没有。

4.其他

高光溢出是金属漆表现的核心。一般而言，在项目执行中，某种车漆只要具备了高光溢出特征，就将其归类为“金属漆”。即使事实上它是别的漆种，我们也仍将其作为金属漆处理。

最典型的例子是Pearl Paint（珠光漆，也叫珍珠漆）。以分类而言，它是与金属漆并列的大类，但由于它与金属漆的物理结构相近、视觉效果也相似，所以一般都被当作金属漆进行表现，只在最终进行一些细节上的微调。

严格而言，上述分类方法并不严谨，但其存在，便有道理。这是因为在商业项目中遇到的常见车漆都可以按照这一标准进行简单而有效的划分，从而提高沟通效率，简化制作流程。这种观察与分析的方法是CGI摄影师多年经验的总结，虽不严谨，但却有效。请查看表6-1，巩固本节所学知识。

表6-1 车漆类型

车漆种类	高光溢出（核心特征）	变色效果	细小颗粒	备注
金属漆	是	可能	是	典型性车漆
非金属漆	否	否	否	常见车漆种类，覆盖各类车型

6.4.2 车漆结构

由于车漆覆盖车身绝大多数表面，漆面就是汽车的脸面，关系到整部车的视觉质量，所以工厂在制造汽车时，会使用复杂而烦琐的工序来完成漆面涂装，以期获得最优秀的品质。

CGI摄影师没有必要完整地掌握这些生产工序，但必须知道量产车的车漆有着怎样的结构，因为它决定了如何考量并控制三维软件中的车漆效果。

一般来说，量产车的Carpaint（车漆）包含三大层次，由内而外分别是Primer Coat（底漆）、Base Coat（色漆）和Clear Coat（清漆），如图6-51所示。

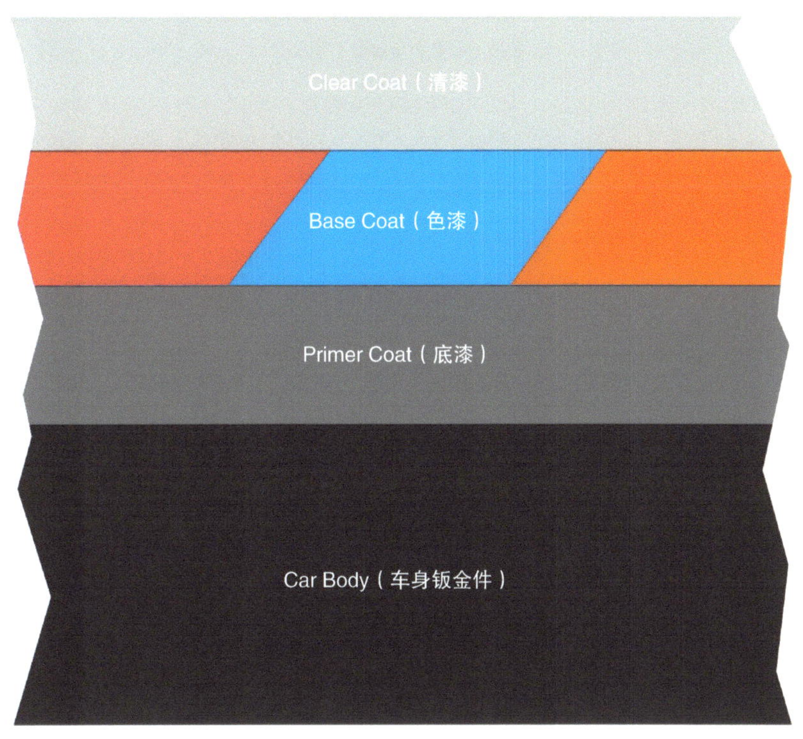

图6-51 量产车的车漆结构

量产车车漆结构说明

» **Primer Coat（底漆）：**用于保护金属部件，并且为上层涂层提供一个稳定平滑的附着面。

» **Base Coat（色漆）：**顾名思义，就是包含颜料的涂层，它决定了整个车漆的颜色。色漆层也是整个车漆结构中最富有变化的部分——上文中所提到的金属漆，它与“普通漆”的区别在于色漆层。

» **Clear Coat（清漆）：**它是一层无色透明的光洁涂层，附着在色漆之上，起保护和装饰作用。在现实中，由于清漆无色透明的特性，可能常常被忽略。然而，事实上清漆对于整车的视觉效果起着非常重要的作用。

回想一下你所见过的那些高档轿车，那亮闪闪的、光滑如镜子般的漆面，其反射都来自清漆。注意图6-52所示的车身上清晰的环境反射，这是典型的清漆特征。你能猜想到它的色漆是什么颜色吗？

图6-52 蓝色金属漆（CGI）

在广告表现中，底漆层被色漆层所覆盖，无法用肉眼直接看到，所以，我们真正需要关心的只有色漆层和清漆层。这就是一些CG资料将车漆称为双层材质的原因。事实上，对这两层车漆的效果调试将会衍生出无穷无尽的变化和乐趣。

6.4.3 金属漆详解

Metallic Paint（金属漆）是在普通的色漆层涂料中加入许多金属质地的Flake（小颗粒）而制成的，这些小颗粒是形成金属漆效果的关键。

Flake，意为小碎片或者火花。在CG领域，一些资料将其翻译为“金属雪花”；在工作中，一般将它称作“小颗粒”或“金属颗粒”。

Flake是一些细小的金属片——通常为铝质，它通过一定的工艺被添加在色漆层的涂料当中。虽然名字中带有"金属"二字，小颗粒也可以是其他材料的，如云母这种岩石的小碎片就作为金属替代品被添加到Pearl Paint（珠光漆）之中。图6-53所示是金属漆的结构示意图，注意色漆层中的金属颗粒与涂料。

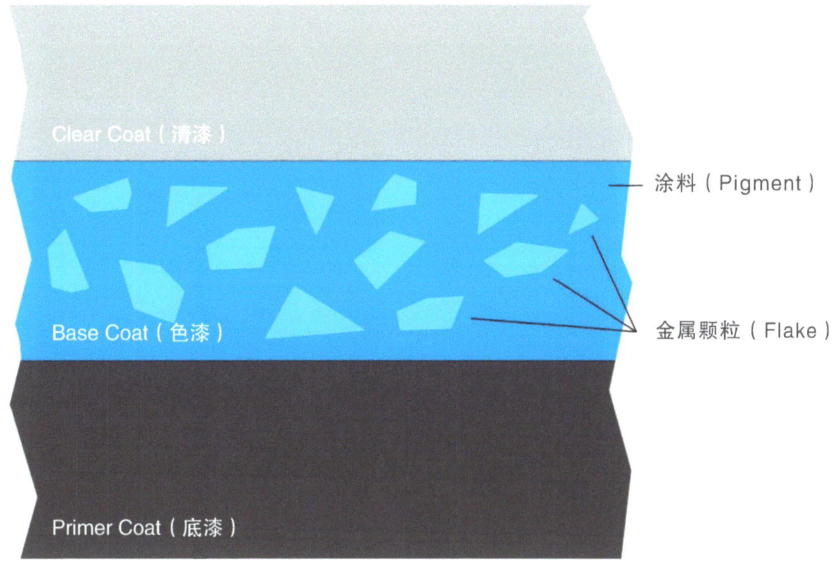

图6-53 金属漆结构

图6-54是使用VRED模拟的红色金属漆的完成效果（CGI）；图6-55所示是红色金属漆的色漆（Base Coat）层模拟效果（CGI），注意其表现出的颜色与颗粒感；图6-56所示是红色金属漆的Clear Coat（清漆）层模拟效果（CGI），注意其呈现的清晰反射效果；图6-57所示是金属漆效果的构成方式。

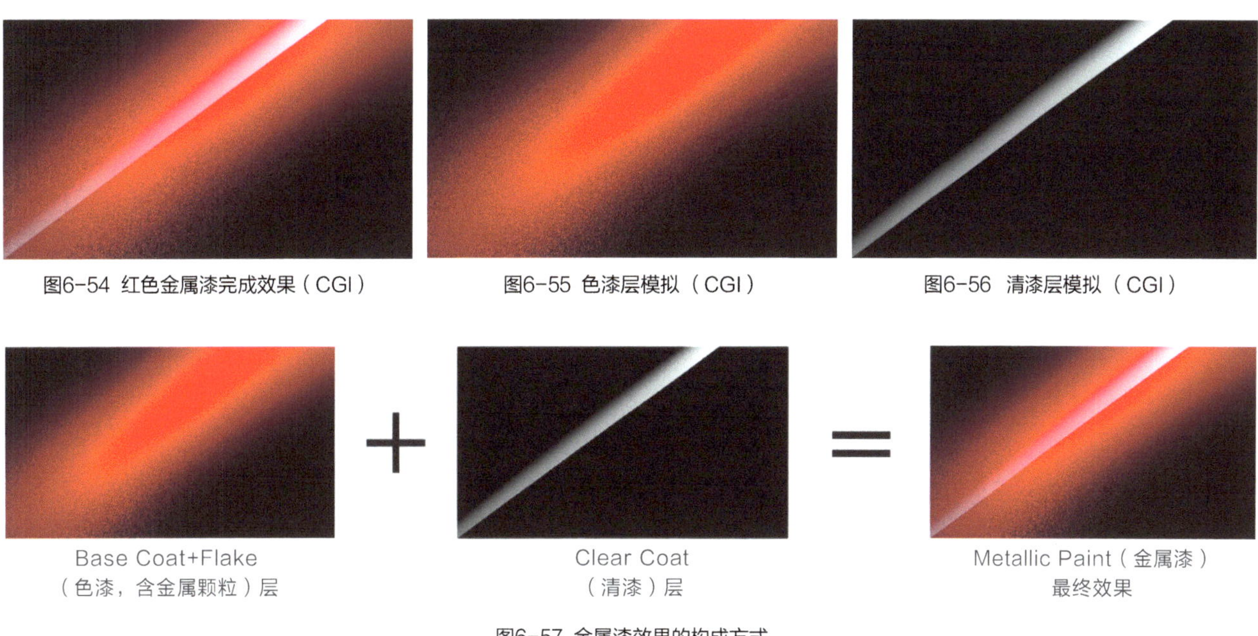

图6-54 红色金属漆完成效果（CGI）

图6-55 色漆层模拟（CGI）

图6-56 清漆层模拟（CGI）

图6-57 金属漆效果的构成方式

由于金属颗粒体积太小，所以只有在极近的距离才能被观察到。在这种距离，它们所呈现的就是金属漆的"细小颗粒特征"。

当观察距离较远时，我们无法用肉眼直接观察到单个的小颗粒，但汇聚在一起的小颗粒会表现出更为重要的材质特征：一旦有强光照射到金属漆表面，除了清漆层的小面积清晰高光外，色漆层连绵的小颗粒会反射出一大片柔和的、带有色漆层特有颜色的高光，这层色漆层的高光与清漆层的高光重合，一暗一亮，一柔一刚，"高光溢出"的效果便产生了。

当金属颗粒的颜色与色漆层涂料本身的颜色不同时，由于金属材料的反射特性，颗粒所产生的高光就会呈现出金属自身的色彩，而与涂料的原有色彩形成对比，这就是“变色效果”的成因。

下面用一张照片来进行更深入的理解，仔细观察图6-58所示的照片，这是一张极为出色的参考图。

图6-58 蓝色金属漆参考（实拍）

TIPS

这张图片虽然不够漂亮，但用来说明金属漆的三大特性却是无比合适的。

首先你应该会注意到车身上的白色高光点，它十分明亮而且清晰。这是清漆层反射的太阳，即清漆层的高光点。然后，在清漆层高光点的周围，可以看到一小片青色的区域，十分明亮，且颜色不同于车漆本体的深蓝色，它呈现出了明显的颗粒感，并且随着高光的减弱而消失。这片青色区域便是色漆层的高光区，主要由色漆层中添加的金属颗粒反光而形成，你所看到的颗粒感与色彩变化都是源自金属颗粒。

将视线继续外移，颗粒感与青色都逐渐减淡，色漆层涂料本身的深蓝色开始显现。在这些深蓝色的区域，金属颗粒并没有凭空消失，它们只是没有处在高光区域，被淹没在涂料中，难以被发现罢了。

让我们归纳一下，色漆层的青色高光与清漆层的白点高光在位置上是重叠的，但青色高光范围更大、亮度更低，并且带有金属颗粒特有的颜色。在高光区域之外，金属颗粒的特征消失，车漆呈现出本来的深蓝色。

再次仔细观察这片高光，金属漆的三大特征（高光溢出、变色效果、细小颗粒）都在这里被展现得淋漓尽致。

观察完高光，再来观察反射。

相对于复杂的高光效果，理解反射要容易得多。因为一般来说，车漆只有一种反射效果——清晰反射。注意车漆的下部和右部，可以清晰地看到拍摄者与周围的车辆景物，它们都来自清漆层。

需要强调的是，清漆层的反射虽然清晰，但多数情况下反射强度并不高。无法像镜子一样从清漆层反射中看到精确的细节。所以，请注意，车漆表面的“清晰反射”并不是“镜面反射”。许多初学者缺乏观察，往往把车漆反射理解成镜面效果，这是错误的。

关于金属漆的介绍到此为止，请务必掌握相关知识，因为金属漆的效果是汽车表现的核心知识点，它关系到后续大量实践操作。读到这里，如果你还是觉得有些困惑，不妨休息一会儿，然后翻到前面，重新学习一遍这个小节。

图6-59~图6-63所示的是我专门拍摄的一系列不同颜色的金属漆参考图，希望它们能对你的学习有所帮助。

图6-59 蓝色金属漆参考（实拍）

图6-60 蓝色金属漆细节参考（实拍）

图6-61 银色金属漆参考（实拍）

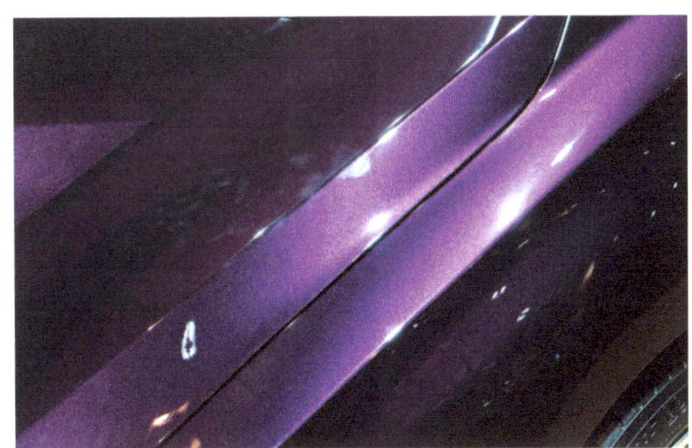

图6-62 紫色金属漆参考（实拍）

图6-63 其他金属漆参考（实拍）

最后，请查看表6-2，巩固本节所学的知识。

表6-2 金属漆知识点

知识点	知识点内容	补充说明
金属漆效果	高光溢出	金属漆的关键特征
	变色效果	部分金属漆具有此特征
	细小颗粒	金属漆效果的关键结构，只能在极近距离时才能被看到
金属漆结构	清漆层	无色透明，产生清晰反射
	色漆层	重要结构，决定车漆颜色，包含金属颗粒
	金属颗粒	添加在色漆层涂料中的细小铝片，是金属漆的关键结构
	底漆层	被色漆层遮挡，可忽略

6.4.4 非金属漆

Non-Metallic Paint（非金属漆）也被称为普通漆、标准漆或者油漆；在英文中，它基本等价于Unicolor Paint/Unicolor Carpaint（单色漆）。以字面意思来说，非金属漆应指所有金属漆以外的车漆品种。但实际上并非如此，"非金属漆"这个词一般用来专指一种与金属漆结构相同，唯独没有添加金属颗粒的车漆品种。

非金属漆是一种古老而经典的车漆，拥有旺盛的生命力，无论是街边的出租车还是尊贵的劳斯莱斯，都有使用非金属漆的车型。查看图6-64所示的非金属漆结构示意图，注意与金属漆结构对比，二者的区别仅在于金属颗粒部分。

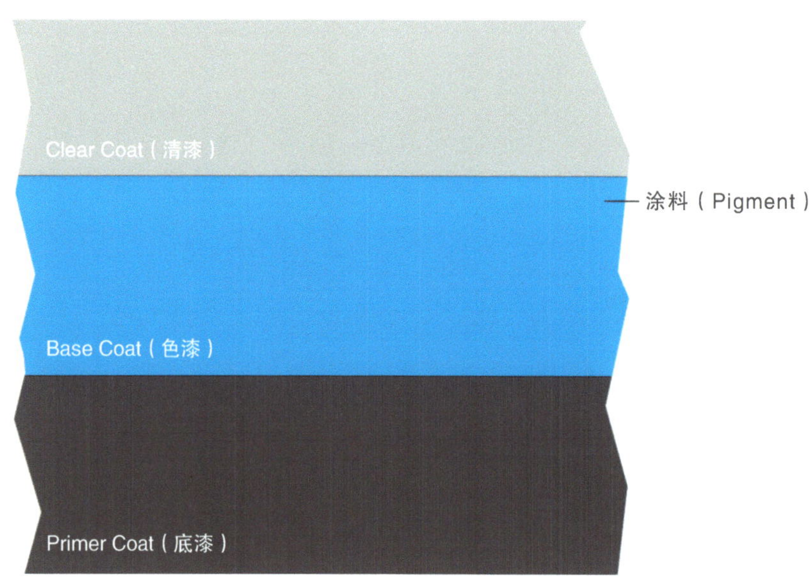

图6-64 非金属漆结构

学习过金属漆以后，掌握非金属漆的知识将十分容易。因为金属漆和非金属漆的区别在于是否添加金属颗粒，所以只要剔除这些颗粒造成的影响，就能快速归纳出非金属漆的特征：无高光溢出、无变色效果、无细小颗粒，简而言之——颜色一致，这也是Unicolor Paint/Unicolor Carpaint（单色漆）这一名称的由来。

纯黑色车漆是非常典型的非金属漆，仔细观察图6-65~图6-68所示的实拍图，特别是进行了标注的细节图像。注意车漆上的高光位置：黑色非金属漆的高光位置只存在一个明亮的高光点；而黑色金属漆的高光周围有着显著的高光溢出与小颗粒效果。

图6-65 黑色非金属漆（实拍）

图6-66 黑色金属漆（实拍）

图6-67 黑色非金属漆细节（实拍）

图6-68 黑色金属漆细节（实拍）

TIPS 相信通过这几张图的对比，你会很容易理解非金属漆的特征。

对于非金属漆的判定，最重要的特征依然是高光溢出；那么，除了有别于经典的金属漆三大特征，还有没有更简单、直接的方法来辨识非金属漆？

答案是当然有。请记下“黑红黄白”四字真言，即典型的黑、红、黄、白这4种颜色的车漆难以被制造成金属漆。这是因为一旦向这四种纯色车漆中添加金属颗粒，它们的颜色就会发生变化，不能再保持原有的纯色。例如，为典型的黄色车漆添加金属颗粒，它会变成一种金色，而非原有的黄色。

TIPS 事实上，金色就是一种明暗对比极强的“黄色”。

记住这4种典型色，可以帮助你更快地判断车漆类型。但请依然注意锻炼自己的眼力，因为更多种类的车漆需要凭着经验去判断。

观察图6-69~图6-76所示的对比照片，以便更深刻地理解两种车漆的特性。这次没有进行标注，请自己尝试对比。

图6-69 红色非金属漆（实拍）

图6-70 红色金属漆（实拍）

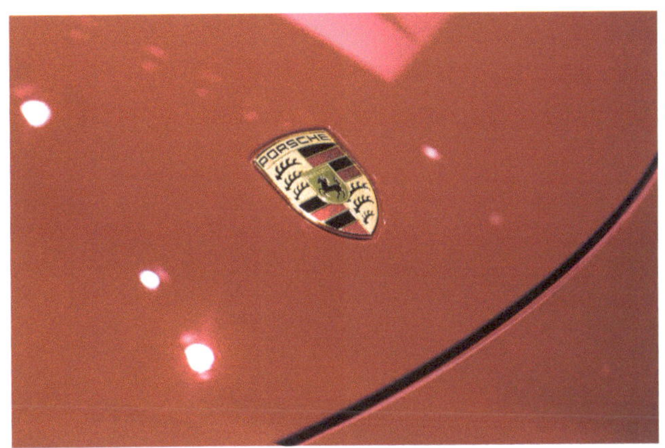

图6-71 红色非金属漆细节（实拍）

图6-72 红色金属漆细节（实拍）

图6-73 黄色非金属漆（实拍）

图6-74 黄色（金色）金属漆（实拍）

图6-75 白色非金属漆（实拍）

图6-76 白色金属漆（珠光漆）（实拍）

最后，同样对本节内容进行了归纳。请查看表6-3，巩固本节所学知识。

表6-3 非金属漆知识点

知识点	知识点内容	补充说明
非金属漆结构	除了没有金属颗粒外，其他结构与金属漆基本相同	
颜色一致	无高光溢出	
	无金属颗粒	
	无变色效果	
四大典型色	黑	
	红	
	黄	
	白	

6.4.5 车漆的其他细节

上文提及的两大类车漆源于最基本的效果划分。除此之外，车漆还有非常多的细节特性有待说明。

1.清晰反射

我们已经知道，由于车漆表面那一层光滑的清漆层，车漆具有了清晰反射的特性。那么，这层清晰反射效果有什么特殊的变化规律呢?

答案1：毫无疑问就是菲涅耳反射。无论金属漆还是非金属漆，常规车漆的清漆层反射特性都与玻璃类似，呈现出明显的菲涅耳特征——正面观察时反射较弱，侧面观察时反射极强。如果对知识点有所遗忘，请复习 “3.2 CG技术知识”中的菲涅耳反射。

为了便于说明，我拍摄了一辆保时捷911。在这里，车型、光照、相机等均无变化，唯一不同的只有拍摄角度。请以油箱盖为观察点进行对比，留意观察角度与反射强度的变化关系。

图6-77所示是白色非金属漆的垂直观察视角，几乎看不到清晰反射，只能看到一个模糊的人影。图6-78所示是白色非金属漆的平行观察视角，可以看到一定的清晰反射。

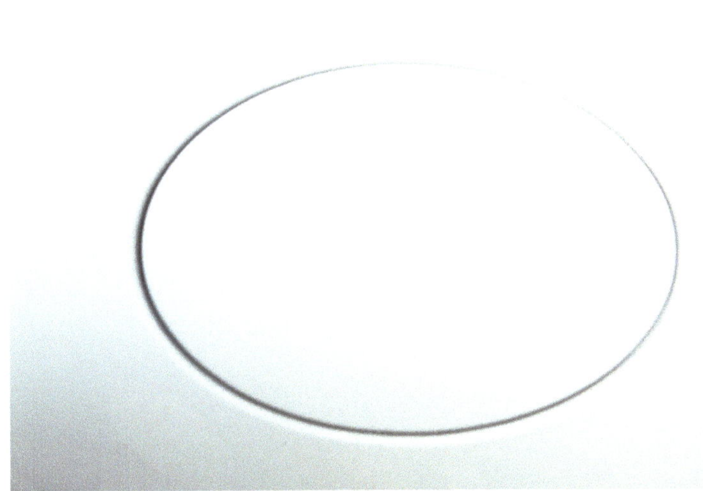

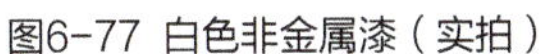

图6-77 白色非金属漆（实拍）

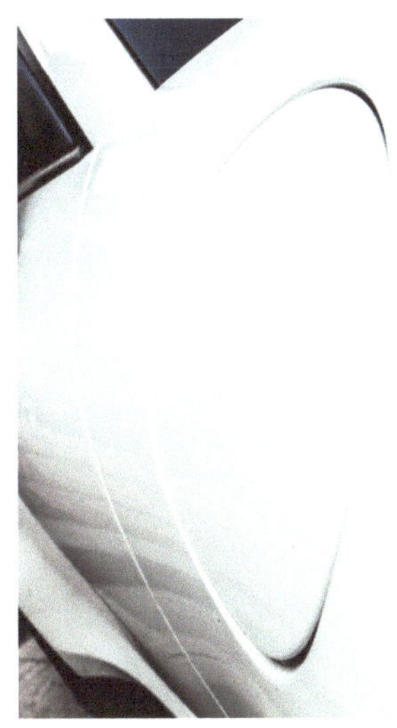

图6-78 白色非金属漆（实拍）

TIPS 如果相机与车身贴得更近，即观察视角与车身曲面更加平行，还可以从漆面上看到更清晰的反射效果。但是因为担心划伤漆面，所以没有这么做。

答案2：车辆档次。这并非车漆本身的属性，而是市场的属性。

简单来说，越新、越高档的车辆，其车漆反射就越强；反之，越旧、越廉价的车辆，其车漆反射就越弱。某些低端车型的车漆几乎没有清晰反射——这是因为它们没有清漆层。

所以，想要把车辆表现得崭新而高档，稍稍提高反射的强度和清晰度是最为简单有效的方法。图6-79所示是旧而廉价的面包车，其白色车漆上几乎没有任何反射。图6-80所示是车展上展出的高档白色雷克萨斯车。

图6-79 旧而廉价的面包车（实拍）

图6-80 高档白色车漆（实拍）

2.Orange Peel（橘皮）

如果在极近距离仔细观察过车漆的话，可以注意到，多数车漆的表面都不是绝对平滑的。

在车漆的表面存在着众多细小的凹凸结构，使反射看起来并不是那么横平竖直，如图6-81和图6-82所示。请注意建筑的线条反射并不完美流畅，而是稍有扭曲。

图6-81 黑色非金属漆（实拍）

图6-82 黑色非金属漆特写（实拍）

这种车漆表面的细微凹凸特征被称为橘皮，口语中也叫小凹凸。

“橘皮”是英文Orange Peel的直译，这个名称非常形象。图6-83所示是橙子表皮的特写，看完此图相信你就能立即明白“橘皮”名字的由来。

图6-83 橙子表皮的特写（实拍）

TIPS “橙子”和“橘子”在英语中统称为Orange。

橘皮本质上是一种车漆的波纹。严格来说，它是一种制造上的缺陷。但由于这种缺陷无法完全消除，且不影响最终使用，所以厂商只是将其控制在可接受的范围内——这也是在正常距离看不到橘皮的原因。

消除橘皮可以使车辆显得更加光彩照人，抛光、打蜡都是常见的方法。车展上的车辆看起来要比生活中漂亮，除了灯光因素，漆面护理也功不可没。

由于广告就是“艺术照”这一特性，除去极少数需求特殊的项目外，绝大多数客户都希望自己的车看起来就像刚打过蜡一样光滑闪亮，而表现橘皮效果只能适得其反。所以，在一般的广告项目中，不考虑橘皮效果。

但是，在一些特写类项目中，如果客户没有明确反对，我们往往会为车漆添加一点微弱的橘皮效果，以增加图片的细节与可信度，这是一个“你虽然看不见，但你能感受到”的典型案例。

6.4.6 其他车漆参考

图6-84~图6-93所示的是我拍摄的各种车漆照片，请使用刚才所学的知识仔细观察并分析它们的特征，以巩固刚才习得的知识。

图6-84 银灰色金属漆（实拍）

图6-85 蓝灰色金属漆（实拍）

图6-86 橙色金属漆（实拍），请注意轻微的高光变色效果

图6-87 蓝色金属漆（实拍）

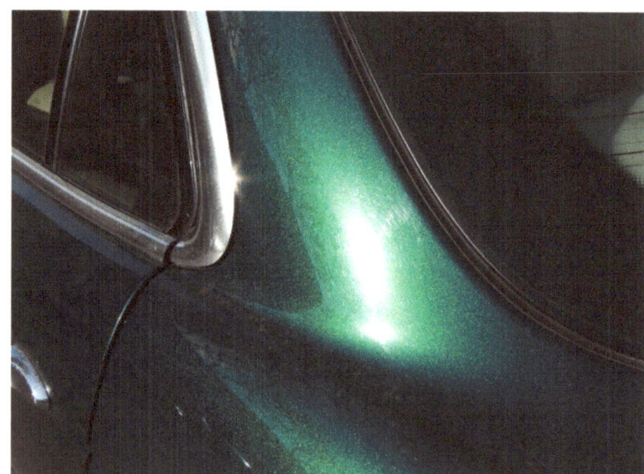
图6-88 绿色金属漆（实拍）

图6-89 非典型红色金属漆（实拍）

图6-90 红色非金属漆（实拍）

图6-91 红色非金属漆（实拍）

图6-92 黑色非金属漆（实拍）

图6-93 低档墨绿色非金属漆（实拍）

6.5 Carpaint Material（车漆材质）

本节将学习VRED的Carpaint Material（车漆材质）。车漆是一种非常重要的材质，请认真学习，并与上一节的相关知识融会贯通。

VRED提供了3种车漆材质，分别是Unicolor Carpaint（普通漆/标准漆/非金属漆）、Metallic Carpaint（金属漆）和Flipflop Carpaint（Flipflop车漆）。对于日常工作来说，最常使用的是Metallic Carpaint（金属漆）材质。在Material Editor（材质编辑器）中创建金属漆，如图6-94所示。

图6-94 创建金属漆

TIPS

此外，Asset Manager（预设管理器）还提供了一种OCS车漆，它是由一种叫作OCS的特殊材质加载车漆文档以后生成的。

OCS是Office Color Science的缩写，这是一家提供色彩测量、匹配、管理等解决方案的供应商。OCS材质并不是一种传统意义上的材质，而是一种参数调用节点。它与普通材质不同，不提供大量参数以使用户调节出需要的效果，而是通过加载专业仪器测量出的真实材质参数，生成计算机内的视觉效果。

OCS网站：http://officecolorscience.com/index.html

这里将使用Metallic Carpaint（金属漆）作为例子讲解车漆参数。阅读本章之前，请确定你已经了解了金属漆结构与表现效果的相关知识，这些知识比材质参数更加重要。

TIPS

使用Metallic Carpaint（金属漆）的原因是为表现效果考虑，即使车辆涂装普通油漆，也使用Metallic Carpaint（金属漆）材质进行渲染。不过，我们会调整相应参数，使金属漆特性变弱，以贴近非金属漆质感，而Flipflop车漆在量产车上几乎不可见，所以不做讲解。

你或许已经注意到了，官方演示案例中有金属漆、标准漆和OCS车漆，唯独没有Flipflop车漆。

6.5.1 Metallic Carpaint Material（金属漆材质）基本参数

Metallic Carpaint Material（金属漆材质）基本参数面板如图6-95所示。

图6-95 金属漆材质基本参数

Metallic Carpaint Material（金属漆材质）基本参数说明

» **Base Color（基础色）：** 设定基础色，即金属漆的色漆层颜色。

6.5.2 Flakes（金属颗粒）

Flakes（金属颗粒）参数用于设置色漆中添加的金属颗粒的表现效果，参数面板如图6-96所示。

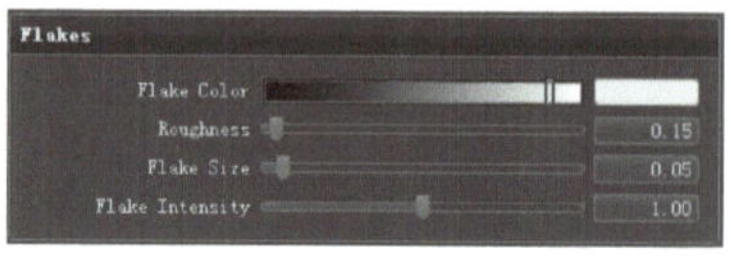

图6-96 金属颗粒参数

Flakes（金属颗粒）重要参数说明

» **Flake Color（颗粒颜色）：** 设置金属颗粒颜色。

» **Roughness（粗糙度）：** 设置金属颗粒层的粗糙度，即高光溢出的范围。越低的数值代表面积越小、效果越明艳的高光溢出；越高的数值代表面积越大、特征越不明晰的高光溢出。

» **Flake Size（颗粒尺寸）：** 设置金属颗粒的尺寸，即单个金属片的大小。

» **Flake Intensity（颗粒强度）：** 设置金属颗粒之间的对比度，越高的数值会产生越强烈的颗粒感。

TIPS 通常来说，使用稍小的数值可以获得更“高档”的金属漆效果。

6.5.3 Clearcoat（清漆）

Clearcoat（清漆）卷展栏参数用于控制清漆层的效果，其参数面板如图6-97所示。

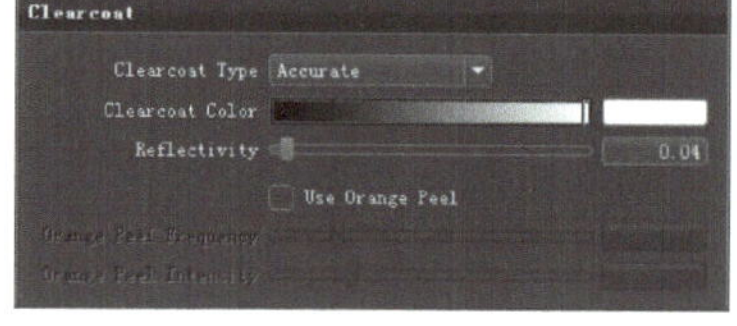

图6-97 清漆参数

Clearcoat（清漆）重要参数说明

» **Clearcoat Type（清漆模式）：** 设置清漆层的计算模式。

Off（关闭）： 不使用清漆层。

Fast（快速）： 使用不精确的快速方法计算反射。

Accurate（精确）： 使用精确的菲涅耳参数计算反射效果。

TIPS 绝大多数情况下，建议使用Accurate（精确）参数。

» Clearcoat Color（清漆颜色）：设置清漆层的颜色。

TIPS 有颜色的清晰反射通常是电镀漆的特征。所以，对于一般车漆而言，请保持Clearcoat Color（清漆颜色）为白色。

» **Reflectivity（反射）：** 设置垂直观察视角时的清漆反射强度。默认参数为0.04，适用于多数常规车。如果需要加强反射效果，可适当调高此参数。

» **Use Orange Peel（使用橘皮效果）：** 激活清漆表面的橘皮效果。通常追求光滑平整的车漆，所以不建议激活此选项。

» **Orange Peel Frequency（橘皮大小）：** 设置橘皮纹理的重复度，以控制橘皮效果的尺寸。

注意，默认的橘皮大小参数只在毫米单位下正确工作。如果模型尺寸错误，则可能会得到极其夸张的橘皮效果。这时，可以手动修改该参数，重新调整出合适的橘皮尺寸。

» **Orange Peel Intensity（橘皮强度）：** 设置橘皮凹凸效果的强度。

Shadow Material（阴影材质）

本节将学习Shadow Material（阴影材质）的相关知识，它是一种重要的辅助材质。

Shadow Material（阴影材质）是一种特殊的材质，主要被应用于ShadowPlane（地面阴影片）ShadowPlane3，用来计算车辆阴影或地面反射效果，如图6-98所示。Shadow Material（阴影材质）的参数面板如图6-99所示。

图6-98 烘焙AO后的ShadowPlane（地面阴影片）

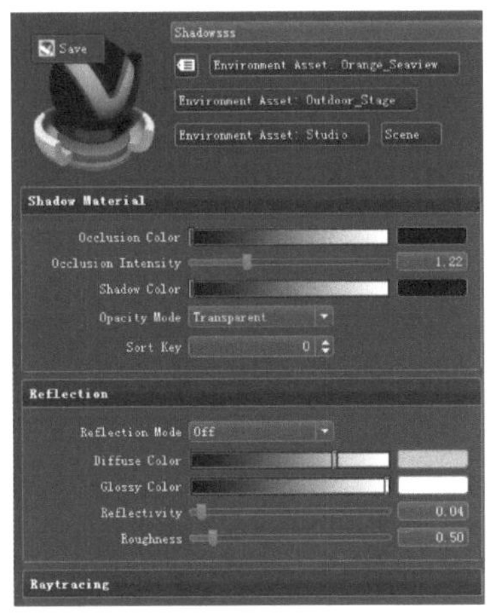

图6-99 Shadow Material（阴影材质）

TIPS

ShadowPlane（地面阴影片）通常随Environment（环境）一起被系统自动创建，一般无需手动管理。

新创建的ShadowPlane（地面阴影片）都自带Shadow Material（阴影材质），直接为其烘焙AO就能获得地面软阴影。这种软阴影足以满足实时预览需求。如果需要更复杂的效果（如清晰的地面反射），那么就需要调整Shadow Material（阴影材质）的参数了。

6.6.1 Shadow Material（阴影材质）基本参数

Shadow Material（阴影材质）基本参数面板如图6-100所示。

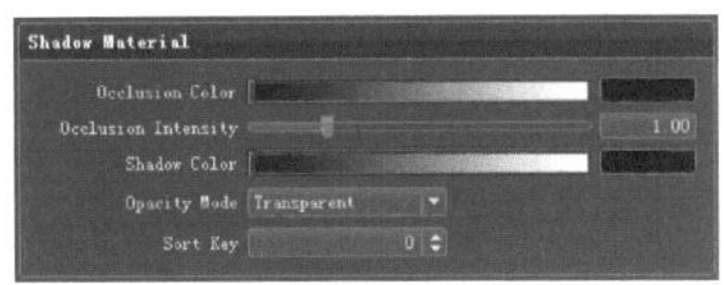

图6-100 阴影材质基本参数

Shadow Material（阴影材质）基本参数说明

» **Occlusion Color（阻光颜色）：** 设置烘焙阻光的颜色，可在烘焙完成后即时调整。通常不建议使用黑色以外的其他颜色。

» **Occlusion Intensity（阻光强度）：** 设置烘焙阻光的浓度，可在烘焙完成后即时调整。数值越大代表阻光越黑。

» **Shadow Color（阴影颜色）：** 设置Light（灯光）在阴影材质上投下阴影的颜色。通常不建议使用黑色以外的其他颜色。

» **Opacity Mode（透明模式）：** 设置阴影的透明模式。

Transparent（透明）：默认模式。系统将阴影之外的部分作为透明对象处理。建议一直使用这个模式。

Solid（实体）：特殊实体模式。整个地面阴影片都将被当作不透明的实体对象进行渲染。

» **Sort Key（排序关键字）：** 一种特殊的参数，用于在实时预览模式下确认着色优先级。

6.6.2 Reflection（反射）

Reflection（反射）参数可以用来计算地面反射效果，当需要渲染某种影棚倒影或湿地面效果时，反射功能将会非常有用，如图6-101所示。其参数面板如图6-102所示。

图6-101 地面反射效果

图6-102 Reflection（反射）参数

Reflection（反射）重要参数介绍

» **Reflection Mode（反射模式）：** 设置地面反射的计算模式。系统提供了如下3个选项。

Off（关闭）：默认设置，不计算地面反射。

Diffuse Only（仅漫反射）：只计算漫反射。

Diffuse + Glossy（漫反射+光泽反射）：同时计算漫反射和光泽反射效果。如果需要地面清晰地反射车身，则可以选择这个模式。

注意，地面反射是对象之间的真实反射，所以，如果要查看地面反射效果，必须打开光线追踪。“Full Global Illumination”（完整全局照明）模式是强烈推荐的光线追踪计算模式。

» **Diffuse Color（漫反射颜色）：** 设置地面的漫反射颜色。

» **Glossy Color（光泽颜色）：** 设置地面的光泽反射颜色。

» **Reflectivity（反射）：** 同其他材质的反射参数，用于设置地面的反射强度。

» **Roughness（粗糙度）：** 设置地面的粗糙度，即反射模糊度。如果需要镜面反射的效果，不要拖曳参数滑块，而是手动修改数值为0。这样，系统会自动启用最小模糊数0.0001。

如果拖曳Roughness（粗糙度）滑块，则无法获得最小模糊数值，必须执行手动输入。VRED的很多参数滑块都具有这样的特性，可多进行尝试。

07 环境与照明

V E H I C L E   V I S U A L I Z A T I O N

- 了解不同的环境分类
- 掌握重要的环境参数
- 熟练掌握HDR Light Studio使用方法

7.1 关于Environment（环境）

万众瞩目的Environment（环境）将在本章隆重登场。相信你早已按捺不住了，那么请认真学习这个章节吧。VRED的场景环境与其他三维软件稍有不同，它的Environment（环境）由一系列组件构成，而不仅仅是一张Environment Map（环境贴图）。

7.1.1 Sphere Environment（球形环境）的介绍

Sphere Environment（球形环境）是最常用的环境组件，也是默认的系统环境，它包括一个Environment Geometry（环境几何体）、一块Shadow Plane（地面阴影片），以及环境组件的效果管理工具——Sphere Environment（球形环境材质）。

图7-1所示是SceneGraph（结构树）中的球形环境。其中Orange_Seaview表示球形环境组件，Dome9表示组件中的环境几何体，ShadowPlane9表示组件中的地面阴影片。注意它们之间的从属关系。

图7-2所示是渲染窗口中的Environment Geometry（环境几何体），当前为Dome（半球）模式。环境几何体也常被称为“环境球”或“包裹式环境”。

图7-3所示是ShadowPlane（地面阴影片），也称“阴影平面”。

图7-1 球形环境结构

图7-2 Dome（半球）模式的Environment Geometry（环境几何体）

图7-3 ShadowPlane（地面阴影片）

一般来说，使用球形环境需要调用外部全景HDRI，或者使用HDR Light Studio插件自行定制。Sphere Environment（球形环境材质）在Material Editor（材质编辑器）中的图标为 Sphere Environment ，其参数面板如图7-4所示。

TIPS

Sphere Environment（球形环境材质）是应用于Environment Geometry（环境几何体）的特殊材质类型，它用于控制整个环境的效果表现。在“6.1 Material Editor（材质编辑器）”章节已经有所涉猎。

注意，“球形环境”和“球形环境材质”使用了相同的英文Sphere Environment，这是因为这两个名词常常可以混用。在表达环境分类的语境下，Sphere Environment用于表示“球形环境”，以便与其他种类的环境组件进行区分。而在表达效果调试、材质编辑器应用等语境下，“球形环境”和“球形环境材质”是完全相同的意思。

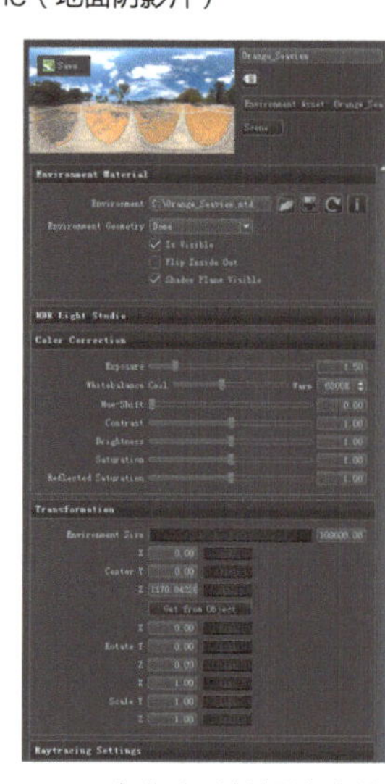

图7-4 Sphere Environment（球形环境材质）参数

7.1.2 Skylight（天光）的介绍

除了Sphere Environment（球形环境），VRED还提供了一种程序性的环境组件，名为Skylight（天光）。

通过Skylight（天光），可以使用程序性的方法来高效、干净地创建理想化环境，而不需要借助外部全景HDRI或HDR Light Studio插件。

在Material Editor（材质编辑器）中，与普通球形环境相比，Skylight（天光）的图标 Skylight 多了一个代表太阳的黄点，如图7-5所示。除此之外，它的特性与普通球形环境相同，参数面板如图7-6所示。

图7-5 Skylight（天光）环境渲染效果（光线追踪模式）

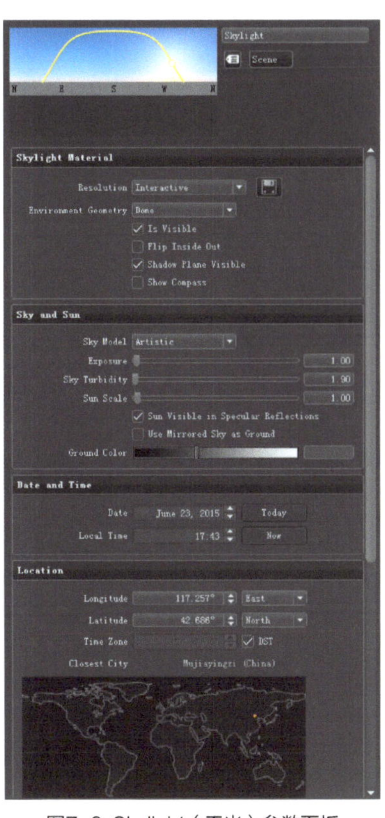

图7-6 Skylight（天光）参数面板

请不要与其他三维软件中的天光相混淆！VRED中的Skylight（天光）类似于其他软件中的Physical Sky（物理天空），而不是Sky Light（天光灯）。

7.1.3 环境切换器的介绍

除了上述两种环境，VRED还提供了一种环境管理工具——Environment Switch（环境切换器）。系统会为每个场景创建一个默认的环境切换器，名为Environments。Material Editor（材质编辑器）中的默认环境切换器Environments如图7-7所示，参数面板如图7-8所示。

因为已在“6.1 Material Editor（材质编辑器）”章节做过默认环境切换器Environments的相关介绍，所以这里仅做简要复习。

第1点：环境切换器是环境的默认管理工具，可在不同环境间切换显示状态。

第2点：一个场景可以加载多个环境切换器，但建议只使用默认环境切换器Environments。

默认环境切换器叫作Environments，比环境Environment多一个s，它表示复数。

图7-7 默认环境切换器Environments

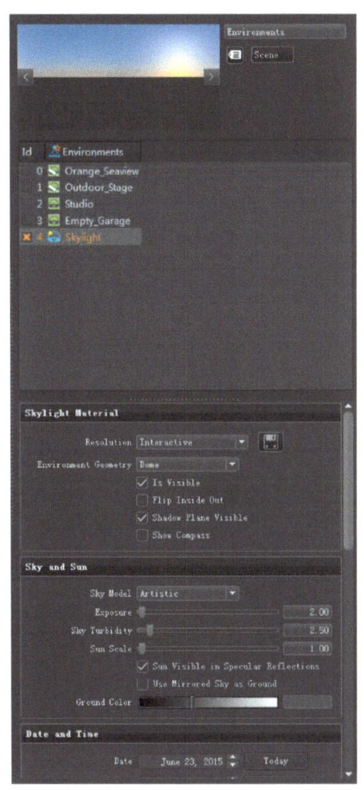

图7-8 的默认环境切换器Environments面板

第3点：建议将所有环境都添加到环境切换器，以方便管理。

第4点：使用叉号切换当前环境。

第5点：从Material Editor（材质编辑器）中选中环境切换器以后，在环境列表窗口单击鼠标右键，可查看更多命令。最常用的命令是Select（选择），它可以选中环境切换器中加载的环境球材质本体。

7.2 创建环境

如果想要创建新的环境或环境切换器，可以在材质列表中单击鼠标右键，在弹出的快捷菜单中选择Create Environment（创建环境）命令，然后根据需要在3种不同的环境中进行选择，如图7-9所示。

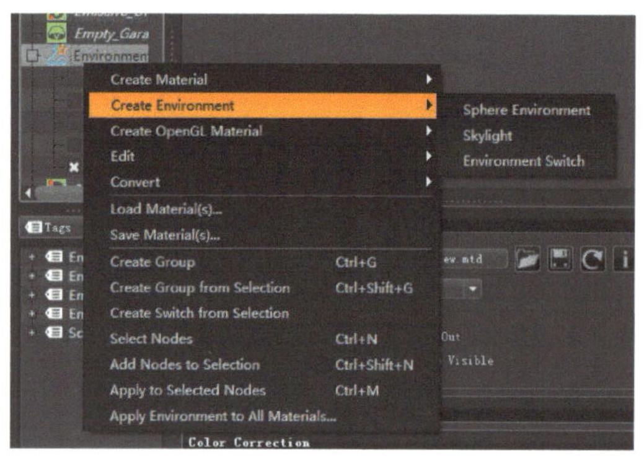

图7-9 在材质编辑器中创建环境

TIPS

全新创建的环境会被自动添加到现有的环境切换器，而复制现有环境生成的新环境则不会被自动添加，需要手动将它们拖曳到切换器中。

多数情况下，不使用上述方法手动创建全新环境，而是从Asset Manager（预设管理器）引用一个现有的环境，然后对它进行修改。

7.3 Sphere Environment（球形环境）

在工作中，Sphere Environment（球形环境）是主要使用的环境类型。本节将重点介绍球形环境的相关材质参数。

7.3.1 Environment Material（环境材质）基本参数

Environment Material（环境材质）基本参数卷展栏如图7-10所示。

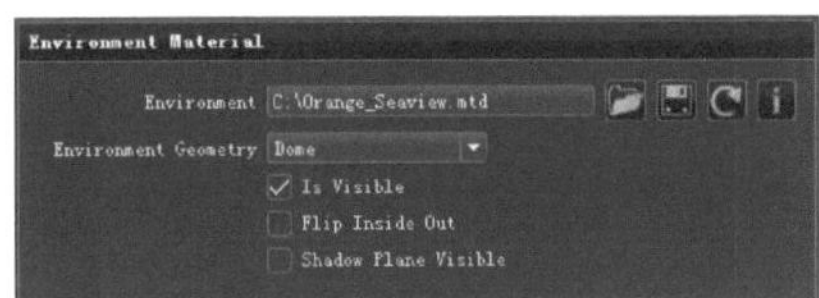

图7-10 基本参数

Environment Material（环境材质）基本参数说明

» **Environment（环境）：** 用于设定全景HDRI，下 面从左至右对相关按钮进行说明。

加载HDRI： 加载外部HDRI文件。

TIPS 建议使用2：1尺寸的“纬度-经度”模式HDRI。

保存HDRI： 将当前环境HDRI保存为一个独立的高动态文件。

重载HDRI： 重新加载指定的外部HDRI文件。

信息： 提供当前HDRI的详细信息。

» **Environment Geometry（环境几何体）：** 设定环境几何体的形态。默认为Dome（半球）模式，这种模式可满足大多数表现场合。不过，当进行摄影棚布光时，建议使用Sphere（球形）模式，以获取更均匀的反射和照明效果。

» **Is Visible（可见性）：** 确认环境几何体是否可见。

» **Flip Inside Out（反转法线）：** 反转环境几何体的内外法线。有时，如果发现环境几何体不见了，但是Is Visible（可见性）复选框保持激活状态，你可以尝试勾选这个复选框，翻转几何体法线，以获得正确的显示结果。

» **Shadow Plane Visible（地面阴影片可见性）：** 设定该环境附属的ShadowPlane（地面阴影片）可见性。

7.3.2 HDR Light Studio参数

这个卷展栏用于管理HDR Light Studio的插件接口，参数面板如图7-11所示。系统提供了HDR Light Studio布光方案的加载、保存，以及LightPaint（光绘）等多种功能。关于HDR Light Studio的具体信息，将在“7.4 HDR Light Studio”章节进行详细讲解。

图7-11 HDR Light Studio参数

HDR Light Studio重要参数说明

» **Edit & Load Settings（编辑和加载设置）：** 加载并编辑HDR Light Studio布光方案。

» **Save Settings（保存设置）：** 将HDR Light Studio布光方案保存到VRED工程文件当中。

» **LightPaint（光绘）：** 开启光绘功能，实现指哪打哪式的布光。

7.3.3 Color Correction（色彩校正）参数

该卷展栏提供环境表现效果的控制参数，这是一个重要的卷展栏，其参数面板如图7-12所示。

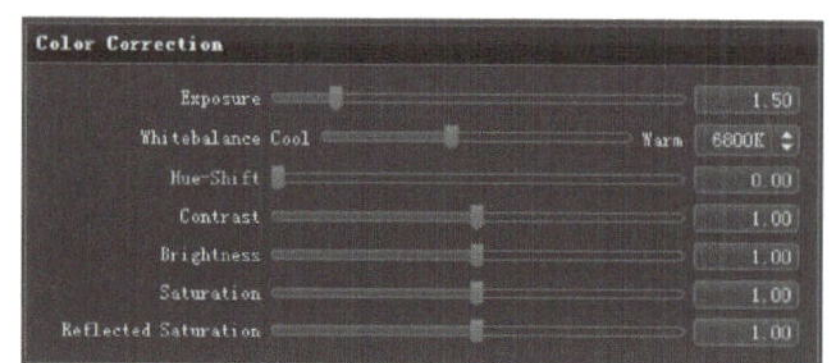

图7-12 色彩校正参数

Color Correction（色彩校正）重要参数介绍

» **Exposure（曝光）：**设置环境亮度。通常，当需要调整画面亮度时，直接调整这个参数，以修改环境照明强度，而非像真实摄影那样修改摄影机的曝光控制参数。

» **Whitebalance（白平衡）：**效果同真实相机的白平衡调整，可用于控制画面整体的冷暖色调偏移。

» **Hue-Shift（色相偏移）：**令环境产生全局性偏色，是一个极少被使用的参数。

» **Contrast（对比度）：**调整环境对比度，请小幅微调。

» **Brightness（亮度）：**调整环境亮度，效果与曝光类似。

» **Saturation（饱和度）：**设定环境饱和度。

» **Reflected Saturation（反射饱和度）：**调整反射对象表面的环境反射饱和度，而不影响环境HDRI本身的饱和度。这是一个较少使用的参数。

7.3.4 Transformation（变换）参数

该卷展栏参数同样十分重要，需要使用这些参数调整环境贴图的投射特性，以修改环境HDRI的表现效果。Transformation（变换）参数面板如图7-13所示。

VRED并非直接将HDRI贴到环境几何体上，它使用了一种更复杂的贴图投射方法，以获取更佳的控制性。所以，在学习Transformation（变换）部分时，请一定要记住：并不是直接修改环境几何体，而是调整了几何体的贴图投射。

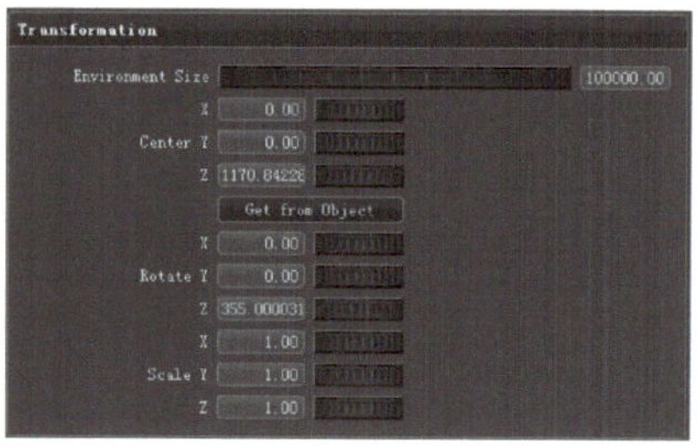

图7-13 变换参数

Transformation（变换）重要参数说明

» **Environment Size（环境尺寸）：**调整环境投射尺寸，通常使用默认值。注意这个参数不影响环境几何体的尺寸，而是影响投射的尺寸；如需调整环境几何体尺寸，可直接使用缩放工具（快捷键为Shift+R）。

没有必要理清环境几何体尺寸和投射尺寸二者之间的关系，只需要了解这个参数通常使用默认值（100000），并且大于整个场景对象即可。

过小的Environment Size（环境尺寸）数值会导致奇怪的反射错误，可以把这个数值设定到100以下来进行尝试。

» **CenterX/Y/Z（中心X/Y/Z）：** 设定环境几何体的投射中心。对于车辆，常用参数为（0,0,1000）到（0,0,1500）。

» **Get from Object（从对象获取）：** 以当前对象设定投射中心。

» **RotateX/Y/Z（旋转X/Y/Z）：** 设置投射旋转值，即修改环境贴图的方向。通常只旋转z轴，使环境出现水平方位上的改变。

» **ScaleX/Y/Z（缩放X/Y/Z）：** 设置投射缩放值，通常使用默认的1.00。

7.3.5 Raytracing Settings（光线追踪设定）参数

这是设定环境的光线追踪属性，参数面板如图7-14所示。一般不建议修改这些参数。

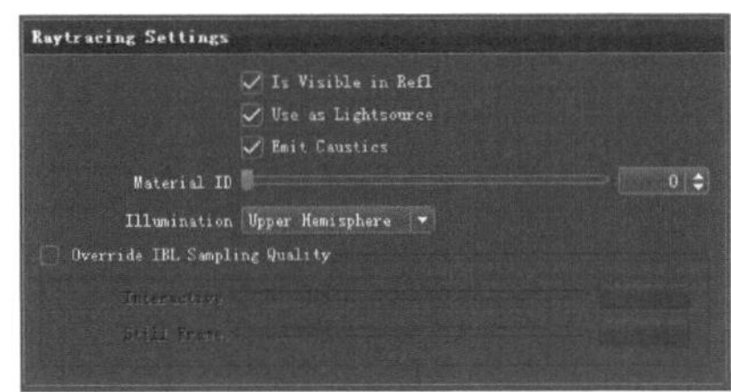

图7-14 光线追踪设定参数

Raytracing Settings（光线追踪设定）参数说明

» **Is Visible in Refl（光线追踪可见性）：** 设定环境在光线追踪计算中的可见性。

» **Use as Lightsource（作为光源）：** 将环境当作照明光源。

» **Emit Caustics（产生焦散）：** 使环境照明可以产生Caustics（焦散）效果。注意，焦散效果只有在Full Global Illumination（完整全局照明）模式与焦散计算同时启用后才能获得。

» **Material ID（材质ID）：** 设定光线追踪材质ID。

» **Illumination（照明范围）：** 选择只使用环境的上半部或使用完整环境来照明。

Upper Hemisphere（上半球）： 默认设置，也是推荐设置。只使用环境几何体的上半部分产生照明效果。在多数场合，建议使用这个设置，因为依生活常理可知，地面通常不发光。

Full Sphere（完整球形）： 使整个环境几何体（包括地面）都产生照明效果。

TIPS 注意这个参数影响的是Illumination（照明），而不是Reflection（反射）。无论使用哪个选项，环境反射都将是完整的。

» **Override IBL Sampling Quality（覆盖IBL采样质量）：** 覆盖IBL采样质量。不建议修改此处参数。

TIPS IBL Sampling Quality（IBL采样质量）的相关知识在“8.4 Raytracing Quality（光线追踪质量）”中讲解。

7.4 HDR Light Studio

HDR Light Studio可谓布光“神器”，它上手容易、简单易学，是每一位CGI摄影师都应当掌握的基本款工具。HDR Light Studio是一款独立软件，同时以插件形式存在于VRED当中，被称为HDR Light Studio Live，其所见即所得的交互式布光体验令人十分舒爽！

使用VRED中的HDR Light Studio插件无需额外打开HDR Light Studio主程序，相关数据如布光工程和最终HDRI输出均被保存在VRED场景当中，无需单独操作。

与很多插件不同，你无需专门安装某种“HDR Light Studio for VRED”模块，只要VRED与HDR Light Studio都正确安装，就能直接使用HDR Light Studio相关功能。

在前面已经提到，要在VRED中使用HDR Light Studio，只需要在Material Editor（材质编辑器）的环境材质里找到相应接口即可，无需任何复杂操作，如图7-15所示。

图7-15 VRED环境材质中的HDR Light Studio卷展栏

HDR Light Studio卷展栏（即VRED中的HDR Light Studio插件接口）使用说明

» **Edit & Load Settings（编辑和加载设置）：** 调用HDR Light Studio插件，开始或继续编辑布光工程。

注意，如果环境球材质原本并没有使用HDR Light Studio进行编辑，如只是简单加载了一张全景HDRI，那么系统会使用HDR Light Studio布光工程替代当前的HDRI。

» **Save Settings（保存设置）：** 将当前的HDR Light Studio布光工程保存到VRED场景中。要在关闭HDR Light Studio窗口前使用此按钮，以免布光工程丢失。

» **LightPaint（光绘）：** 重要的布光功能，让用户可以在Render Window（渲染窗口）中交互式地放置HDR光源。打开光绘选项后，确认在HDR Light Studio中选中了目标灯光，然后返回VRED渲染窗口，按住Shift键，光标将变为十字形。此时，在渲染窗口中单击曲面上的某一点，系统就会自动将HDR Light Studio中的光源移动到这个位置——指哪打哪！VRED提供了3种LightPaint（光绘）模式。

Reflection Painting（反射绘制）： 对光源进行反射定位（反向定位）。这是默认模式，也是最常用的模式。

Illumination Painting（照明绘制）： 对光源进行照明定位（正向定位）。

Rim Painting（环境绘制）： 直接将光源投射定位到环境几何体的指定位置上，而非像前两个选项一样从曲面法线反推光源位置。

7.4.1 创建灯光

使用Edit & Load Settings（编辑和加载设置）按钮打开HDR Light Studio插件以后，可以看到HDR Light Studio主面板，并进行相关操作。如图7-16所示，已经将功能模块进行了翻译，并将在后面进行详细讲解。

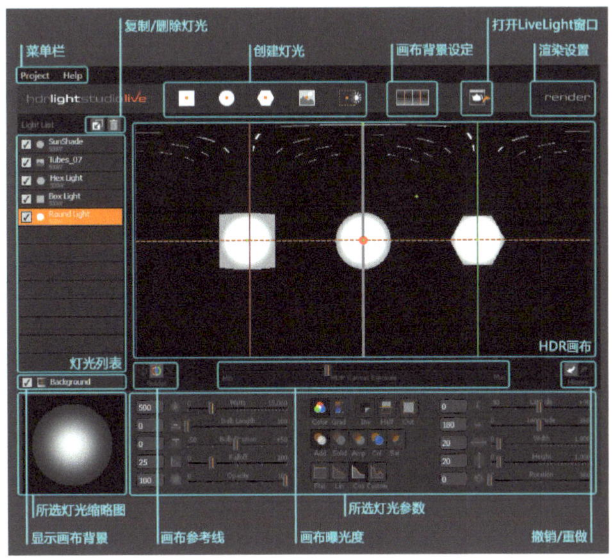

图7-16 HDR Light Studio主面板的翻译

创建灯光部分如图7-17所示。

图7-17 创建灯光

创建灯光重要功能说明

» **Box（方形）**▣**/Round（圆形）**◉**/Hex（六边形）**⬡**：**创建程序性的基础灯光。这些灯光的参数基本相同，只是默认形状不同。其中Round（圆形）灯光具有最高的使用频率。

» **Picture Light（图片灯光）**🖼**：**创建模板式灯光，获得更多样化的选择。图片灯光包括云朵、影棚灯、展厅照明等内容，使用该模块需要安装额外的素材包。

» **Sunshade（遮阳器）**☀**：**创建遮阳器。这是一种特殊用途的灯光，其目的是消除HDRI中常见的过曝太阳或天空而不影响曝光正常的区域，可在背景HDRI的阳光过于强烈时酌情使用。

7.4.2 Light List（灯光列表）

Light List（灯光列表）是灯光的管理工具，通过它可以使用列表方式管理布光工程中的所有灯光，如图7-18所示。

在灯光列表中，使用鼠标左键可以选择灯光；双击某个灯光，可以修改其名称；勾选灯光名称前的复选框，可以激活该灯光。

图7-18 灯光列表

7.4.3 Render（渲染设置）

单击Render（渲染设置）按钮，HDR Light Studio将打开Production Render（产品渲染）面板，提供最终HDRI输出的详细设定。

Render（渲染设置）重要参数说明

» **输出模式选项**：提供EXR、HDR、Live3种输出模式。前两种用于将HDRI输出到磁盘中，如图7-19所示；Live（实时对接）模式用于VRED实时布光，如图7-20所示。

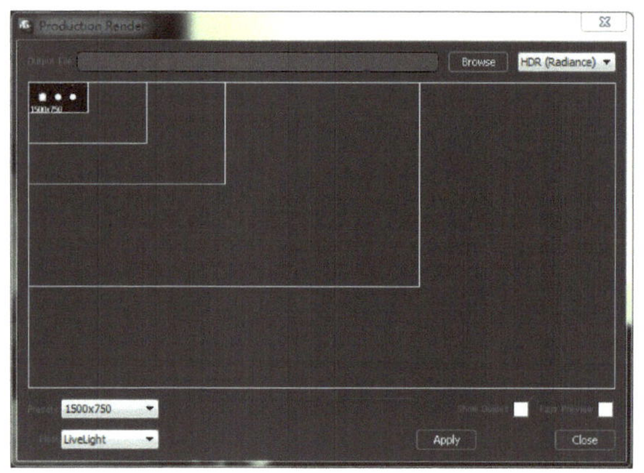

图7-19 渲染设置面板HDR模式

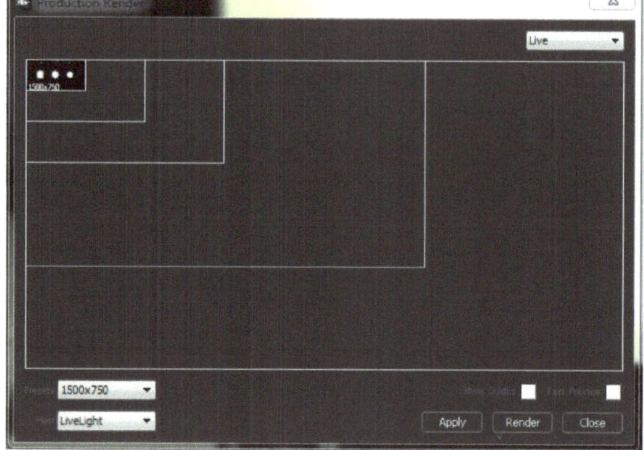

图7-20 渲染设置面板Live模式

» **Output File（输出文件）及Browse（浏览）**：在EXR和HDR模式下设定图像的输出路径。

将HDR Light Studio作为VRED内部的插件使用时，应使用Live（实时对接）模式。而Live（实时对接）模式下的输出文件路径将变为不可用。

» **Presets（预设）**：设定输出HDRI图像的尺寸。

通常，使用1500像素×750像素的HDRI进行测试渲染；使用5000像素×2500像素以上的HDRI进行最终渲染。如果使用了外部HDRI作为背景，那么输出尺寸将不可修改，而是以外部HDRI为准。

» **Host（坐标系）**：不同的三维软件使用不同的环境坐标系，HDR Light Studio为这些软件提供了一系列预设。在VRED插件中，应当使用LiveLight（实时照明）模式。

» **Apply（应用）**：确认当前设置。

» **Render（渲染）**：使用当前设置渲染环境HDRI。

在HDR Light Studio主面板，按住Ctrl键不放，然后单击Render（渲染设置）按钮，将使用已设定好的参数刷新输出结果，且不会再次弹出Production Render（产品渲染）面板。这个技巧在测试渲染时十分有用。

» **Close（关闭）**：关闭窗口。

7.4.4 画布背景设定

画布背景设置按钮用于打开Background Settings（背景设置）面板，它提供HDR画布背景相关设置功能。HDR画布有HDRI、GRADIENT（渐变）、TRANSPARENT（透明）3种背景模式可供选择。下面将分别对它们进行讲解。

1. HDRI模式

打开Background Settings（背景设置）面板后，切换到HDRI选项卡，即激活了HDRI模式，如图7-21所示。

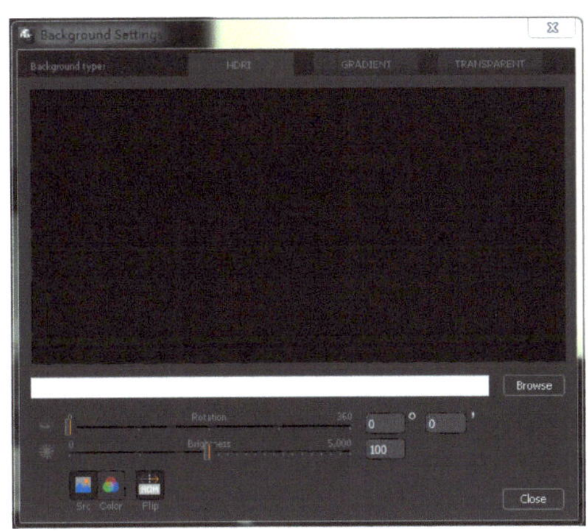

图7-21 HDRI背景模式

HDRI模式重要参数说明

» **Browse（浏览）：** 浏览和加载背景HDRI，可使用.hdr或.exr格式。注意，HDR Light Studio加载的是“纬度-经度”模式的HDRI，即宽高比为2：1的类型。请勿使用LightProbe（光探头）等其他规格的HDRI。本书中的HDRI环境均为“纬度-经度”模式。

TIPS 加载过大的HDRI会造成操作缓慢甚至死机，所以应当事先准备一大一小两张HDRI。小的用于测试渲染（1500像素×750像素），大的用于最终输出（5000像素×2500像素及以上）。要调整HDRI尺寸，可用Photoshop打开文件，然后按快捷键Ctrl+Alt+I，调出“图像大小”对话框。在项目教学04中将讲解相关操作。

» **Rotation（旋转）：** 设置背景HDRI的水平旋转值。

» **Brightness（亮度）：** 设置背景HDRI的亮度。

» **Src（背景模式）：** 默认模式，直接将选中的HDRI作为画布背景。

» **Color（颜色调整模式）：** 让用户可以统一化背景HDRI的颜色，一般不使用。

TIPS 如果在这里选中了白色，那么HDRI将被设定为黑白色。

» **Flip（反转）：** 水平反转背景HDRI的方向。

TIPS VRED球形环境直接加载的HDRI不具有反转特性，所以为了统一HDRI方向需要关闭这个按钮。

» **Close（关闭）：** 关闭面板。

TIPS

问题1：怎样统一HDR Light Studio的背景旋转值与VRED的Sphere Environment（球形环境）的z轴旋转值（Rotate Z）？

比如，使用VRED球形环境加载了一张普通全景HDRI作为场景环境，将环境材质的Rotate Z（旋转Z）参数改为50以后，得到了一个不错的效果。

现在想用HDR Light Studio加载同一张HDRI作为背景进行详细调整。但是，为了让VRED环境参数保持原始性（以方便其他操作），将Rotate Z（旋转Z）参数归零。现在，只能调整HDR Light Studio中的HDRI背景Rotation（旋转）值来得到之前的环境效果。

在这种情况下，HDR Light Studio新加载的背景HDRI要如何设置，才能得到和之前VRED旋转过的环境一模一样的结果呢？

答案：首先关闭HDR Light Studio背景面板的Flip（反转）选项，然后将HDRI旋转值设定为310°。

问题2：由关闭反转选项的原因可知，VRED加载HDRI的时候不会进行反转操作。但是310°这个结果是怎么得出来的呢？

答案：VRED和HDR Light Studio使用了不同的旋转坐标，为此，需要进行一次人工角度匹配。这个310°就是人工匹配的结果。

简单来说，VRED的旋转方向与HDR Light Studio相反，所以，用360°减去VRED球形环境的Rotate Z（旋转Z）参数值，就可以得到HDR Light Studio背景所需要的旋转值，即360-50=310。

关闭反转选项后，请记住这个公式：HDR Light Studio=360-VRED

但是，可能会遇到一个新问题。假如在操作的时候把VRED环境的Rotate Z（旋转Z）值设定为大于360的数值，应该怎么办？

比如，将Rotate Z（旋转Z）设定为1660°时才能得到所需要的效果。然而HDR Light Studio背景的旋转角度仅限0° 0′~359° 59′。如果使用以上的公式：360-1660=-1300。

-1300°这个结果显然无法输入HDR Light Studio中，此时应该怎么办？

解决方法很简单：不要让VRED环境Rotate Z（旋转 Z）值超过0~360的区间。因为超过这一区间无非是新的一圈，没有任何意义。

如果一定要设定一个大于360的数值，那么可能要用到下面的复杂公式了。

首先要做一个简化计算，将刚才的计算结果由负数变为正数，即取绝对值；然后看看结果中有几个完整的360°，将它们全都剔除，剩下的数值就是你的结果——即取余数。

最后的复杂计算等式为：（|360-1660|）/360=3……220。

结果是220°。

很头疼是不是？所以还是不要超过360°吧。

2.GRADIENT（渐变）模式

切换到GRADIENT（渐变）选项卡后，HDR Light Studio将使用渐变色作为画布背景。

这是默认的背景模式，常用于影棚基础布光，参数面板如图7-22所示。

Gradient（渐变）模式重要参数说明

- **Color Ramp（颜色渐变）：** 设定颜色渐变。与其他多种软件相同，在渐变条上双击可添加控制点；单击控制点可修改颜色。选中控制点后，使用Delete（删除）按钮可以删除当前控制点。
- **Luminosity Ramp（亮度渐变）：** 设定亮度渐变。操作方法与颜色渐变相同。

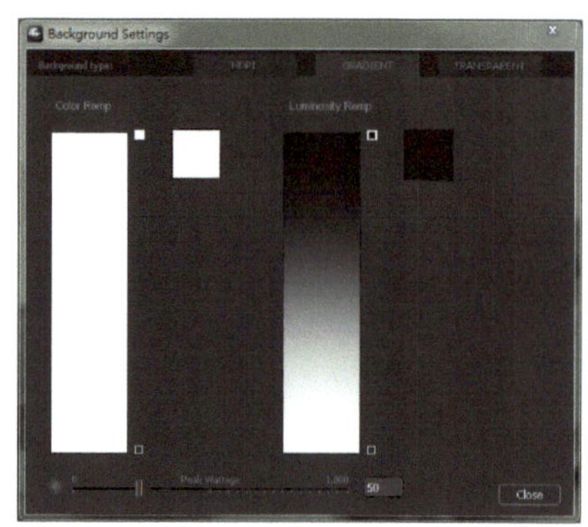

图7-22 渐变背景模式

» **Peak Wattage（最大亮度）：** 设定背景最大亮度值，即整体背景亮度设定。

» **Close（关闭）：** 关闭面板。

3.TRANSPARENT（透明）模式

TRANSPARENT（透明）是使背景保持透明的模式，它的使用频率较低。这个模式的主要用途是为.exr格式保存透明通道，以便做其他处理，参数面板如图7-23所示。

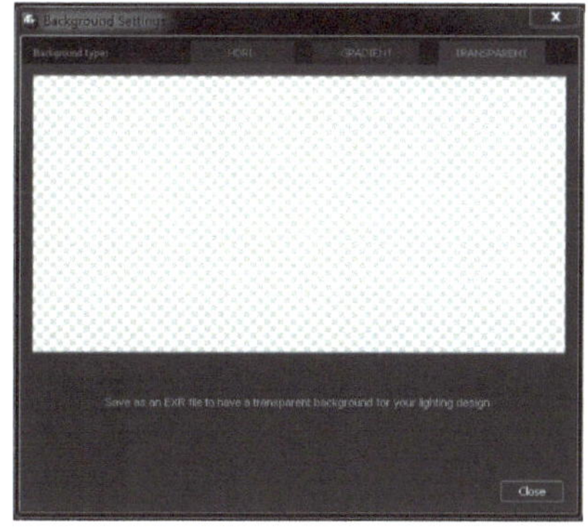

图7-23 透明背景模式

7.4.5 HDR画布

HDR画布让我们可以使用球形映射来实时查看当前的HDR布光方案，如图7-24所示。选定灯光后，在画布中单击可以指定灯光位置，单击鼠标右键可以选择灯光。如果在单击位置有灯光出现重叠，系统会弹出一个列表窗口供用户手动选择目标灯光。

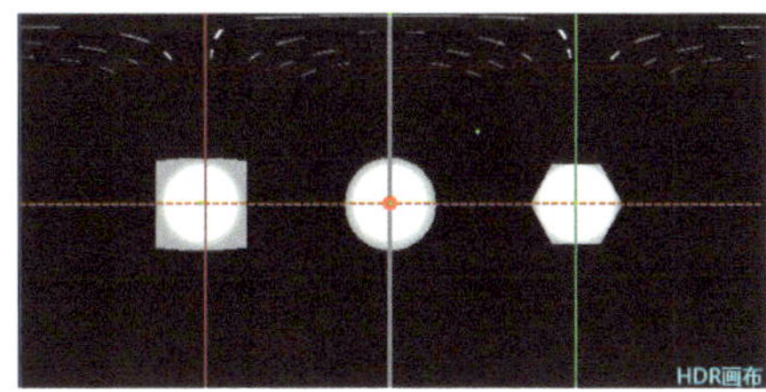

图7-24 HDR画布

7.4.6 所选灯光参数

在HDR Light Studio中，不同的灯光对象拥有不同的控制参数。下面以最常用、参数最丰富的Round Light（圆形灯光）作为范例进行讲解，其参数面板如图7-25所示。

图7-25 Round Light（圆形灯光）参数

Round Light（圆形灯光）参数说明

» **灯光参数1：** 此部分的参数面板如图7-26所示。

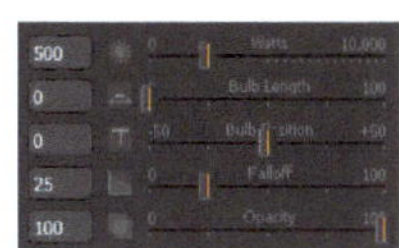

图7-26 灯光参数1

Watts（瓦数）：设置灯光强度。

Bulb Length（灯泡长度）：设置强光区域的长度（较少使用）。

Bulb Position（灯泡位置）：设置强光区域的位置（较少使用）。

Falloff（衰减）：设置灯光边缘衰减特性，数值越小代表边缘越柔和。

Opacity（透明度）：设置灯光透明度。

» **灯光参数2：** 此部分的参数面板如图7-27所示。

图7-27 灯光参数2

Color（颜色）： 设置灯光颜色。

Grad（渐变）： 为灯光设置渐变色。

Inv（反转）： 反转灯光效果，即灯光影响区域由变亮改为变暗，常用于挡光板（黑布）制作。

Half（一半）： 只显示一半灯光。这个按钮为灯光提供了一条清晰的照明切线，常用来勾勒车身腰线或引擎盖。

Out（外边缘）： 使灯光衰减影响到边界线之外。可提供更为写实（但不一定好看）的柔光箱效果。

Add（加亮）： 加亮模式，是系统的默认模式。灯光将提供最简单、直接的照亮效果，不同灯光重叠在一起会使结果变得更亮。

Solid（实体）： 较少使用的模式，上层灯光将会挡住下层灯光和背景。

Amp（增强）： 增强模式，常用于背景HDRI的亮度微调。当添加了背景HDRI时，直接使用Amp模式可以加亮背景；同时激活Amp（增强）和Inv（反转）模式，可以减暗背景。

TIPS 同时激活Add（加亮）和Inv（反转）模式也能获得同样的效果。

Col（颜色）： 色彩混合模式，常用于背景HDRI的颜色微调。

Sat（饱和度）： 饱和度控制模式，默认可增加背景HDRI饱和度，激活Inv按钮后，可降低背景饱和度。

Flate（无衰减）： 灯光边缘不会衰减，在边界保持清晰硬边缘。

Lin（线性衰减）： 灯光从强光区域线性衰减至边缘。

Cos（余弦衰减）： 使用余弦函数控制衰减变化。这是默认选项，也是制作柔光效果最推荐的选项。

Custom（自定义）： 自定义衰减曲线。

» **灯光参数3：** 此部分的参数面板如图7-28所示。

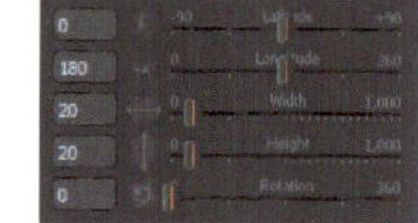

图7-28 灯光参数3

Latitude（纬度）： 调整灯光水平位置（可以使用Ctrl键+左、右方向键进行微调）。

Longitude（经度）： 调整灯光垂直位置（可以使用Ctrl键+上、下方向键进行微调）。

Width（宽度）： 调整灯光宽度。

Height（高度）： 调整灯光高度。

Rotation（旋转）： 旋转灯光。

7.4.7 LiveLight（实时照明）

按钮可以打开HDR Light Studio原生的效果预览窗口。在工作流程中，这个模块对我们来说的确没有什么价值，因为可以通过VRED内建的Render Window（渲染窗口）直接查看最终结果。

08 渲染输出

VEHICLE VISUALIZATION

- 了解渲染设置面板的四大主要页面
- 掌握两种光线追踪操作模式的区别和联系
- 掌握抗锯齿相关参数
- 掌握光线追踪质量设置参数
- 记住常用参数模板

8.1 概述

本章将学习Render Settings（渲染设置）模块。这是一个十分重要的输出模块，相关内容较多，请耐心学习。

Render Settings（渲染设置）面板是最为重要的输出控制面板，与渲染输出相关的各项参数都可在本面板设置。合理调试渲染参数可以有效提高渲染测试和最终输出的效率。

可以通过快捷方式栏的Render（渲染）按钮直接打开渲染设置面板，如图8-1所示。打开后的Render Settings（渲染设置）对话框如图8-2所示。

渲染设置面板包括4个选项卡，分别是File Output（文件输出）、General Settings（通用设定）、Raytracing Quality（光线追踪质量）和Display Output（显示输出）。

图8-1 Render按钮

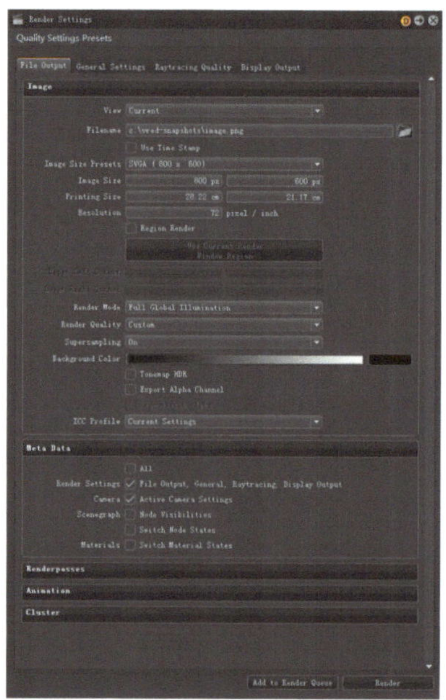

图8-2 Render Settings（渲染设置）面板

8.2 File Output（文件输出）

File Output（文件输出）选项卡是Render Output（渲染输出）模块的默认选项卡，该选项卡下包含5个卷展栏。下面将对它们的参数进行详细介绍。

8.2.1 Image（图像）

Image（图像）卷展栏参数面板如图8-3所示。

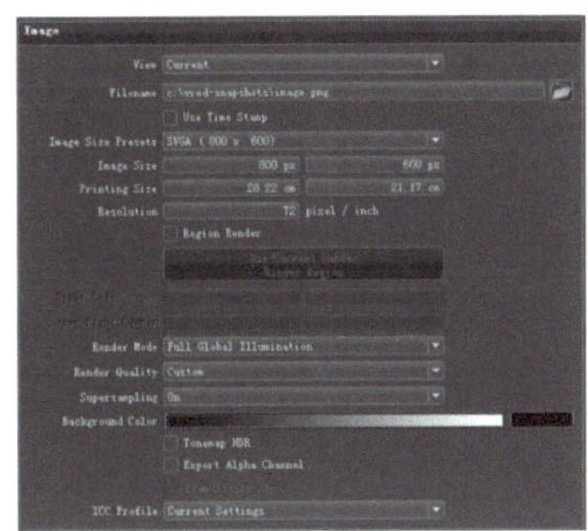

图8-3 图像参数

Image（图像）参数说明

» **View（视角）：** 选择需要输出的视角。通常选择Current（当前视角）选项。

» **Filename（文件名）：** 设定输出文件的名称和路径。

» **Use Time Stamp（时间戳）：** 勾选此复选框以后，系统会为每个输出文件添加时间备注。

» **Image Size Presets（图像尺寸预设）：** 提供多种常用渲染输出尺寸预设。

» **Image Size（图像尺寸）：** 以像素大小方式设置图像输出尺寸。

» **Printing Size（打印尺寸）：** 以打印大小方式设置图像输出尺寸。

» **Resolution（分辨率）：** 设置图像分辨率，即PPI（每英寸像素）设置。供显示器查看的图像可使用默认值72；如需打印最终图像，可将此参数设置为300。注意，修改此参数会同步影响打印尺寸下的像素数量。

» **Region Render（局部渲染）：** 只计算Region（区域渲染）按钮指定的区域。注意本选项只对光线追踪（RT）输出有效。

» **Use Current Render Window Region（使用当前渲染窗口区域）：** 激活此按钮后，每次使用Region（区域渲染）按钮在渲染窗口执行了渲染区域选择后，系统都会自动更新渲染区域参数。如果需要经常使用区域渲染功能，请打开这个选项。

» **Upper Left Corner（左上角坐标）和Lower Right Corner（右下角坐标）：** 设定区域框的左上角和右下角位置，以定义一个矩形渲染区域。该参数可以通过上一个按钮自动刷新，无需手动设置。

» **Render Mode（渲染模式）：** 选择最终渲染的光线追踪计算模式。Render Mode（渲染模式）共有5个选项，其质量与计算时间依次递增，在前文中已对它们有过粗略的了解。下面以图8-4所示的范例来进行对比说明，注意所标定的参考区域。

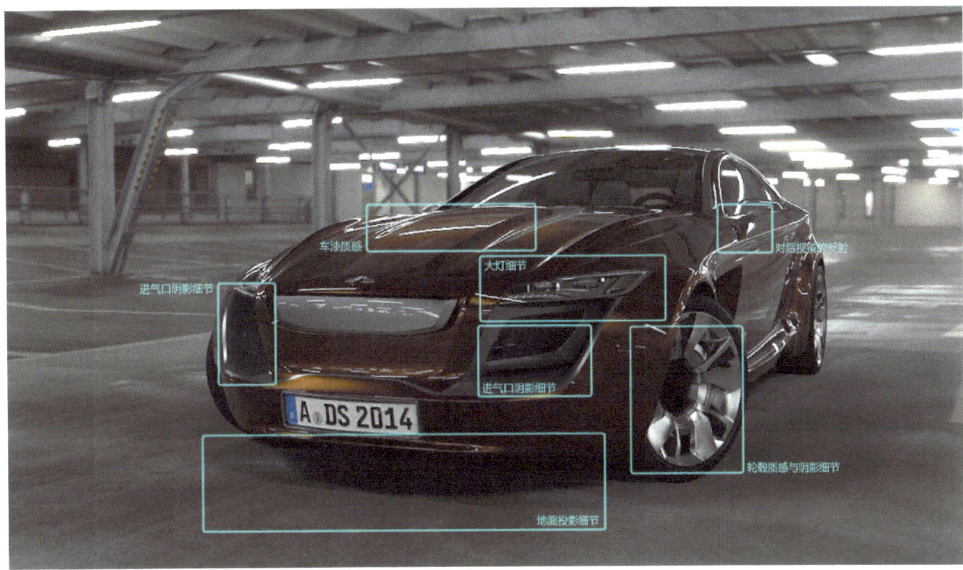

图8-4 参考区域标定

CPU Rasterization（CPU光栅化）：使用CPU替代显卡进行光栅计算的模式。这个选项没有太大的实际用途，除非需要以实时预览模式进行最终输出，效果如图8-5所示。

图8-5 CPU Rasterization（CPU光栅化）

Precomputed Illumination（预烘焙照明）：基本光线追踪模式，使用预烘焙的AO和间接光照配以光线追踪进行计算。相比实时预览模式，这种算法可以计算正确的反射和折射。图8-6所示是典型Precomputed Illumination（预烘焙照明）模式的渲染结果；图8-7所示是清除预烘焙信息以后，使用Precomputed Illumination（预烘焙照明）模式进行计算的结果。

图8-6 Precomputed Illumination（预烘焙照明）典型效果

图8-7 去除烘焙信息以后的Precomputed Illumination（预烘焙照明）效果

Precomputed+Shadows（预烘焙+阴影）：更细腻的光线追踪模式，使用预计算的IBL（基于图像的照明）与间接光照生成结果。注意这种模式不使用预烘焙的AO作为阴影，而是实时计算环境光照阴影，效果如图8-8所示。注意地面复杂的硬阴影，并与图8-6的地面阴影进行对比。

图8-8 Precomputed+Shadows（预烘焙+阴影）

Precomputed+IBL（预烘焙+IBL）： 更佳的光线追踪模式。最终结果与Full Global Illumination（完整全局照明）最为接近，使用预计算的间接光照与实时环境照明进行最终渲染，效果如图8-9所示。

图8-9 Precomputed+IBL（预烘焙+IBL）

Full Global Illumination（完整全局照明）： 最佳质量方案，也是耗时最长的方案，是产品级输出的首选方案，简称FGI，效果如图8-10所示。

图8-10 Full Global Illumination（完整全局照明）

TIPS

FGI在计算时不使用任何预计算数据，而是根据真实的场景以物理正确的方式计算最终结果。另外，某些特殊效果也需要使用FGI模式进行计算，如Photon Mapping（光子图）和Caustics（焦散）。

如果没有特殊需求，建议将FGI作为长期的默认输出模式。

» **Render Quality（渲染质量）：** 提供一系列渲染品质预设，调用相关预设会自动修改多个渲染参数。建议在测试渲染时使用Draft（草稿）预设。在最终输出时首先调用Production（产品）或Production Interior（内饰产品）预设，然后根据项目需要手动修改某几个具体的参数。

» **Supersampling（过采样）：** 高质量采样，请保持打开状态。

» **Background Color（背景颜色）：** 设置背景颜色，通常使用默认的黑色。

» **Tonemap HDR（映射HDR）：** 将最终结果由高动态压缩为低动态，简单来说，相当于将.hdr格式转换为.jpg格式。理论上来说，越大的动态范围具有越大的后期修改空间和图像品质，但由于Photoshop对于高动态图像的支持不完善，所以，如果需要输出.png图像以Photoshop进行编辑，可勾选此复选框。而如果需要输出.exr格式，通过Nuke等合成工具进行编辑，则不应勾选此复选框。

» **Export Alpha Channel（导出Alpha通道）：** 选择是否输出Alpha通道。一般来说，需要勾选此复选框，以便使渲染结果只包含车辆；但是当我们需要将环境HDRI作为可见背景进行输出时，请勿激活此选项。

» **Premultiply Alpha（预乘Alpha）：** 选择是否预乘Alpha，可勾选。

» **ICC Profile（色彩特性档案）：** 选择用于色彩校正的档案文件。

8.2.2 Meta Data（备注数据）

Data是“数据”的意思，Meta Data是“关于数据的数据”。该面板提供场景相关备注信息，包括渲染参数、摄影机信息、材质信息等，一般无需调整，保持默认即可，参数面板如图8-11所示。

图8-11 备注数据参数

8.2.3 Renderpasses（渲染层）

Renderpasses（渲染层）即分层输出功能，当激活了光线追踪以后，可以输出不同的渲染层。在3ds Max中，这一功能被称为Render Elements（渲染元素），在其他软件中也常被称为Render Channels（渲染通道）。本书中，“渲染层”“渲染元素”和“渲染通道”之类的名词均表示同一个意思。

VRED提供了大量的渲染层选项，如图8-12所示。由于实时软件的所见即所得特性，后期修图时无需使用大量分层元素，所以，只需要记住常用功能即可。为了方便说明，此处使用图8-13所示的渲染结果来进行演示。

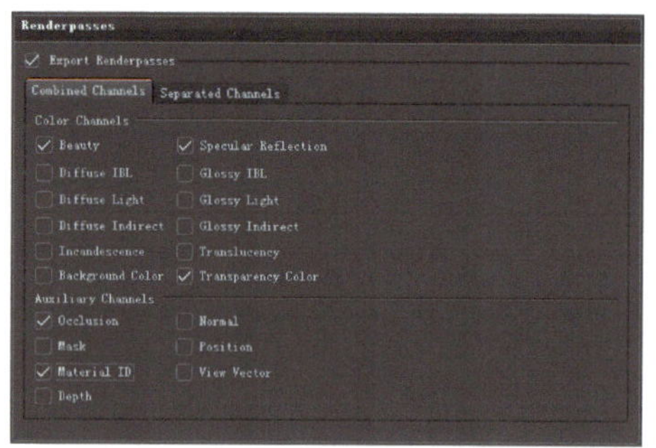

图8-12 渲染层参数

图8-13 示例效果（项目教学04的最终图像）

Renderpasses（渲染层）重要参数说明

» **Export Renderpasses（导出渲染层）：** 启用分层渲染输出功能。

» **Beauty（美景）：** 输出标准的、由所有渲染层组合而成的最终图像。不勾选Export Renderpasses（导出渲染层）复选框时直接输出的图像即是美景层，效果如图8-14所示。

图8-14 Beauty（美景）

» **Incandescence（自发光）：** 如果场景中有自发光材质，则可以勾选此复选框，以输出单独的自发光层（本案例无自发光层）。

» **Specular Reflection（镜面反射）：** 标准的反射层，可根据需要勾选，以获得纯粹的清晰反射通道，如图8-15所示。

图8-15 Specular Reflection（镜面反射）

» **Transparency Color（透明颜色）：** 标准的折射层，可用于提升车灯质感，效果如图8-16所示。

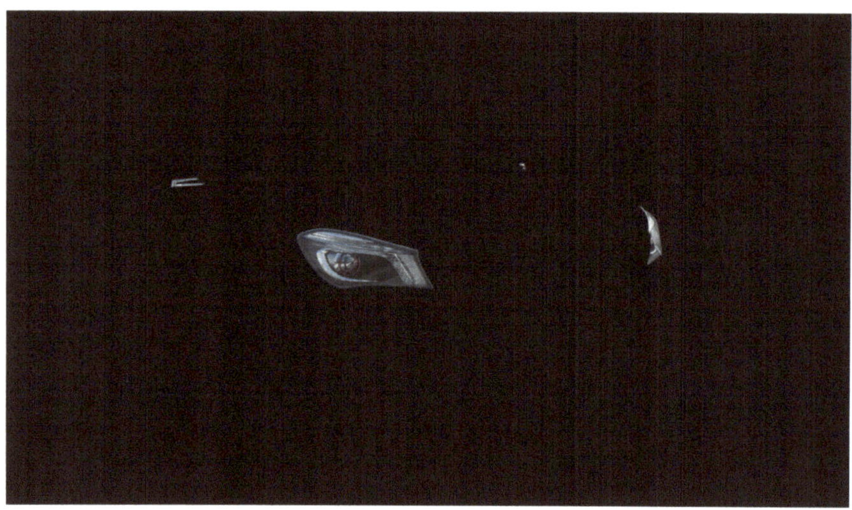

图8-16 Transparency Color（透明颜色）

» **Occlusion（阻光）：** 也被称为Occ或AO，即环境光阻光层，是很重要的辅助元素，如图8-17所示。

图8-17 Occlusion（阻光）

TIPS 注意，此模块输出的Occlusion（阻光）是真正的光线追踪AO。不同于预烘焙的AO，光线追踪AO使用场景光源以真实光照特性进行计算，可以得到真正的阴影与阻光，其缺点是缺少半径控制功能。

» **Material ID（材质ID）：**非常有用的色彩通道，在后期修图时，可根据色彩分别选择材质对象，效果如图8-18所示。

图8-18 Material ID（材质ID）

8.2.4 Animation（动画）

Animation（动画）可以用于执行动画渲染，参数面板如图8-19所示。由于本书只关注单帧表现，故不做详细介绍。

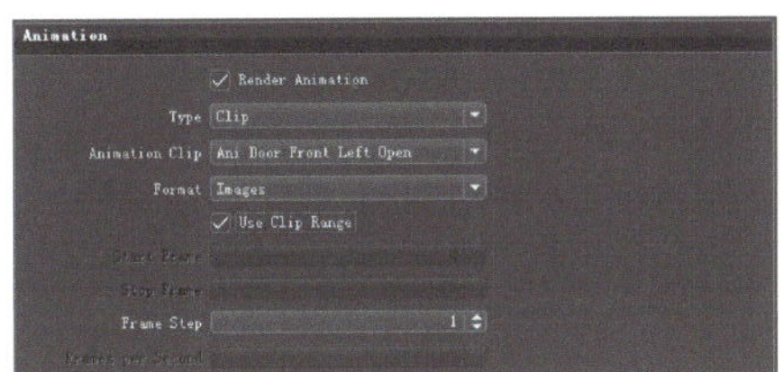

图8-19 动画参数

8.2.5 Cluster（网络渲染）

Cluster（网络渲染）可以用于设定网络渲染，参数面板如图8-20所示。由于多数用户为单机使用者，故不做详细讲解。

图8-20 网络渲染参数

8.3 General Settings（通用设定）

General Settings（通用设定）选项卡包含3个卷展栏，主要用于设定图像采样质量。下面将分别对它们进行详细介绍。

8.3.1 Antialiasing（抗锯齿）

Antialiasing（抗锯齿）卷展栏的参数如图8-21所示。

图8-21 抗锯齿参数

Antialiasing（抗锯齿）参数说明

» **Image Samples（图像采样数）：** 用于设定抗锯齿采样值。越高的采样值代表越高的渲染质量，同时需要更多的渲染时间。一般来说，测试渲染可以使用50以下的数值，最终输出使用256~512的数值；只有极端情况下才需要使用官方演示案例中的1024。

» **Adaptive Sampling（自适应采样）：** 用于设定采样质量。一般来说，测试渲染时推荐使用Preview Quality（预览质量）；最终渲染时使用High（高）或Ultra（极高）。只有极少数情况需要使用到最高的Highest Quality（最高质量）。

» **Use Clamping（使用钳制）：** 勾选此复选框以后，系统会对图像亮度进行钳制，使之不至于出现超级亮的像素——这种超亮的像素可能造成难以处理的锯齿或黑边问题。一般来说，默认的16是一个合理的数值。如果强光区域的锯齿问题比较严重，可以尝试使用更小的数值。但是不建议将这个数值设置到2以下。

8.3.2 Pixel Filter（像素过滤器）

Pixel Filter（像素过滤器）卷展栏的参数如图8-22所示。注意，不同的像素过滤器对图像的最终品质会有一定的影响。

图8-22 像素过滤器参数

Pixel Filter（像素过滤器）参数说明

» **Filter（过滤器）：** 设置过滤器的类型，推荐使用Lanczos。

» **Size（尺寸）：** 设置过滤器的尺寸。如果使用Lanczos过滤器，那么建议将此数值设为2.0~2.2。

8.3.3 Options（选项）

Options（选项）卷展栏的参数如图8-23所示。理论上，合理配置该部分参数可以提高最终渲染的质量。但是，强烈建议将这部分参数保持默认，因为当修改部分参数以后，整个VRED的材质参数体系都会发生巨大的变化，导致常规经验无效。

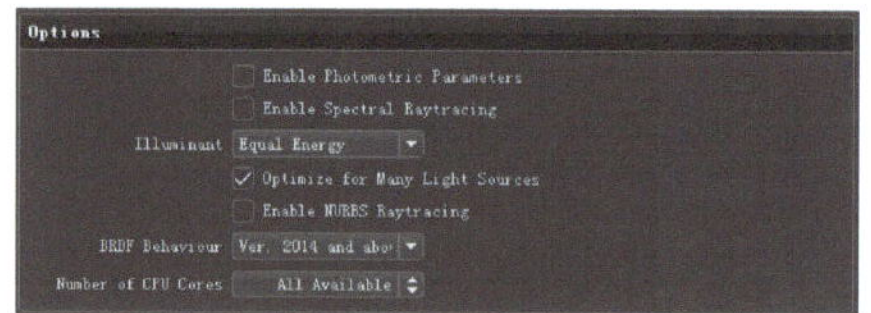

图8-23 选项参数

TIPS 在所有参数中，唯一可以修改的参数是Number of CPU Cores（CPU核心可用数），可以通过它设置VRED对CPU的占用量，从而避免假死现象。

8.4 Raytracing Quality（光线追踪质量）

Raytracing Quality（光线追踪质量）选项卡包含6个卷展栏，这个选项卡主要用来控制光线追踪计算的质量。下面将分别对它们进行详细介绍。

8.4.1 Illumination Mode（照明模式）

Illumination Mode（照明模式）也叫“光线追踪操作模式”，它包括Interactive（光线追踪交互）模式与Still Frame（光线追踪静帧）模式两种。

设计两种照明/操作模式，是因为光线追踪计算极为耗能，而软件又必须兼顾到不同使用状态下速度与质量的平衡，并满足用户的操作需求。两种模式在本质上并无区别，只在激活方式上存在不同，这是软件为用户提供的一种选择权。

一般来说，应该为Interactive（光线追踪交互）模式设置低质量参数，以获得快速的系统响应；为Still Frame（光线追踪静帧）模式设置中高质量参数，以获取更优秀的渲染质量，方便审查图像结果。

下面是两种不同照明/操作模式的激活方式。

Interactive（光线追踪交互）模式：打开RT按钮，关闭Antialias（抗锯齿）按钮。此时系统进入光线追踪交互模式，使用交互模式参数计算图像结果。

Still Frame（光线追踪静帧）模式：打开RT按钮，打开Antialias（抗锯齿）按钮，用户停止操作片刻后，系统即进入光线追踪静帧模式。此时，系统将使用静帧模式参数计算图像结果。

TIPS 抗锯齿按钮代表“高品质”，所以，光线追踪+抗锯齿=高品质光线追踪。

Illumination Mode（照明模式）卷展栏的参数面板如图8-24所示。它包括两个选项，分别是Interactive（交互）与Still Frame（静帧），分别对应上述的两种操作模式。

图8-24 照明模式参数

Illumination Mode（照明模式）参数说明

» **Interactive（交互）：**设定光线追踪交互模式的图像计算方法。推荐使用“Precomputed Illumination”（预烘焙照明）作为最基础的光线追踪模式，它可以计算正确的反射和折射效果，同时还不需要特别长的渲染时间。其缺点是无法查看阴影效果，且最终质量与FGI模式有出入。

当然，如果对自己的计算机很有信心，你也可以使用更强大的渲染模式。

» **Still Frame（静帧）：** 设定光线追踪静帧模式的图像计算方法 。推荐使用Full Global Illumination（完整全局照明），以得到和最终输出相接近的效果。

TIPS 注意，Still Frame（静帧）选项与File Output（文件输出）页面>Image（图像）>Render Mode（渲染模式）选项是联动的，如图8-25所示。修改其中一个选项，另一个也会随之修改。

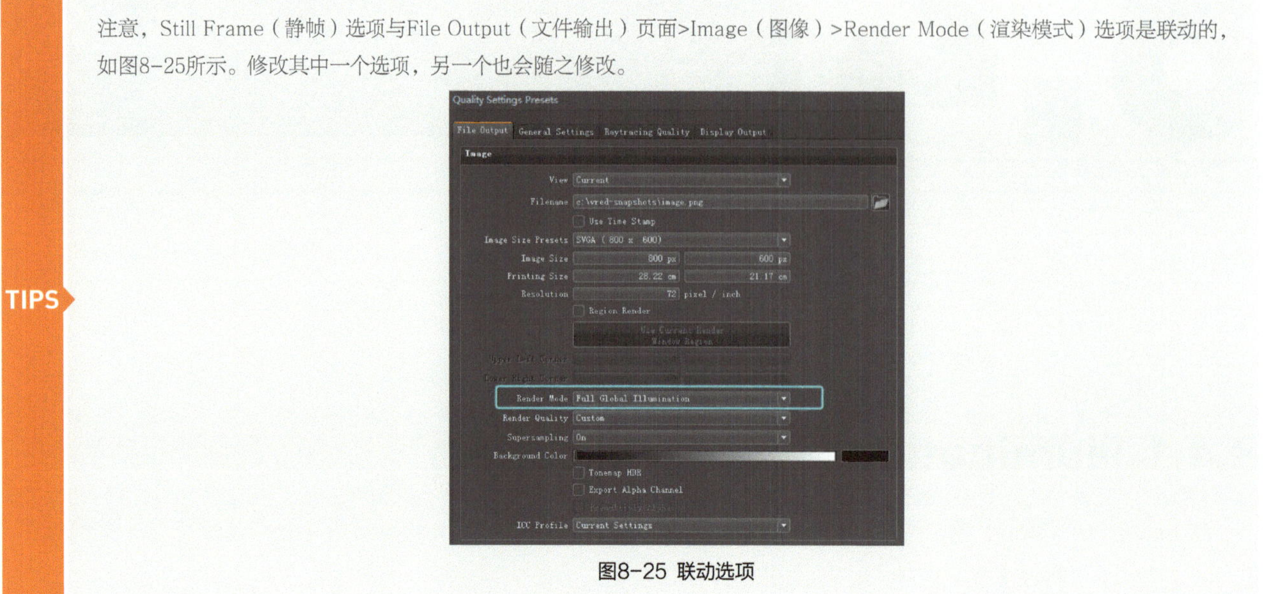

图8-25 联动选项

8.4.2 Photon Tracing（光子追踪）

Photon Tracing（光子追踪）即Photon Mapping（光子图），其参数面板如图8-26所示。

许多渲染器（包括VRay和Mental Ray）都具有同样的GI模块。VRED中的光子追踪模块极少被使用，渲染Caustics（焦散）几乎是它的唯一用途。所以，关于本模块的相关参数将在第17章单独讲解。

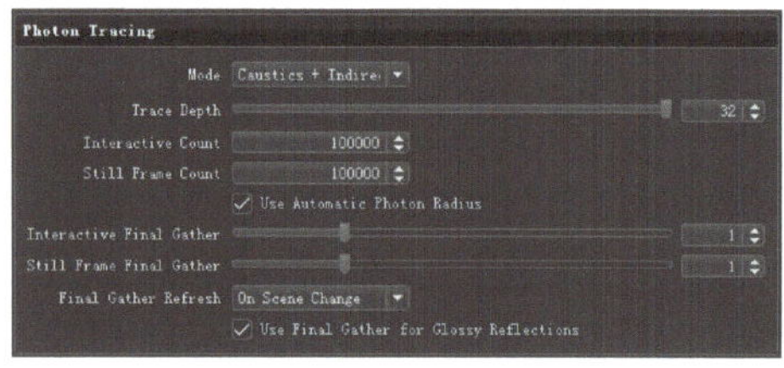

图8-26 光子追踪参数

TIPS 事实上，是否会使用这个模块几乎完全不影响工作；在常规渲染任务中，建议将这个模块保持关闭状态。

8.4.3 IBL Sampling Quality（IBL采样质量）

IBL Sampling Quality（IBL采样质量）卷展栏的相关参数用于调整光线追踪IBL的采样质量，其面板如图8-27所示。该参数对图像品质最显著的影响是物体阴影的噪点水平，更高的采样质量代表更少的噪点和更细腻的图像。当然，你也需要为此付出更多的计算时间。

图8-27 IBL采样质量参数

IBL Sampling Quality（IBL采样质量）参数说明

» **Interactive（交互）：** 设置光线追踪交互模式下的IBL采样质量，推荐使用数值1。

» **Still Frame（静帧）**：设置光线追踪静帧模式下的IBL采样质量；测试渲染推荐使用数值1，最终输出推荐使用数值2。

TIPS 关于IBL的相关知识，你可以复习“CG技术知识”的内容。

8.4.4 Reflection/Refraction Sampling Quality（反射/折射采样质量）

Reflection/Refraction Sampling Quality（反射/折射采样质量）卷展栏的相关参数用于调整光线追踪反射与折射的采样质量，其参数面板如图8-28所示，与上一组参数相同：数值越大、质量越高、速度越慢。

图8-28 反射/折射采样质量参数

8.4.5 Trace Depth（追踪深度）

Trace Depth（追踪深度）是CG的特有名词，是指射线（Ray）在不同曲面面间反射和折射的次数。显而易见，反射和折射的次数越多，则最终结果越细腻，当然计算时间也越长。Trace Depth（追踪深度）对于车灯表现有着重要的意义，过低的追踪深度会导致车灯细节丢失，而过高的深度又会造成夸张的计算量，参数面板如图8-29所示。

图8-29 追踪深度参数

Trace Depth（追踪深度）参数说明

» **Interactive（交互）**：设置光线追踪交互模式下的追踪深度，推荐使用数值2。

» **Still Frame（静帧）**：设置光线追踪静帧模式下的追踪深度。测试渲染时推荐使用2~4的数值，最终输出时推荐使用8~16的数值。

TIPS

对于测试渲染来说，由于通常不专注于某个具体的车灯细节，所以可以使用2~4等较低参数。这样的参数可能造成车灯结构不可见，但却丝毫不影响对车身整体效果的把控。对于最终渲染来说，应当使用较高的追踪深度，以获取更丰富的图像细节。

图8-30和图8-31所示是不同参数下的对比效果。

图8-30 追踪深度为1

图8-31 追踪深度为16

如果有必要，可以使用中等的追踪深度（如8）来渲染整个车体，再使用较高的追踪深度（如16）来单独渲染车灯部分，这样可以节约不少渲染时间。

8.4.6 Material Overrides（材质覆盖）

系统在进行最终计算时，Material Overrides（材质覆盖）卷展栏的参数决定了对于Illumination Mode（光线追踪照明模式）、IBL Sampling Quality（IBL采样质量）等选项的设置，是使用Render Settings（渲染设置）模块的参数，还是使用每个材质自己的参数。显然，我们希望渲染设置面板的设定可以影响整个场景，而不是一个个地去调整场景材质的具体参数，否则这会带来可怕的场景管理问题。所以，不要修改本卷展栏参数的默认设定。本卷展栏参数面板如图8-32所示。

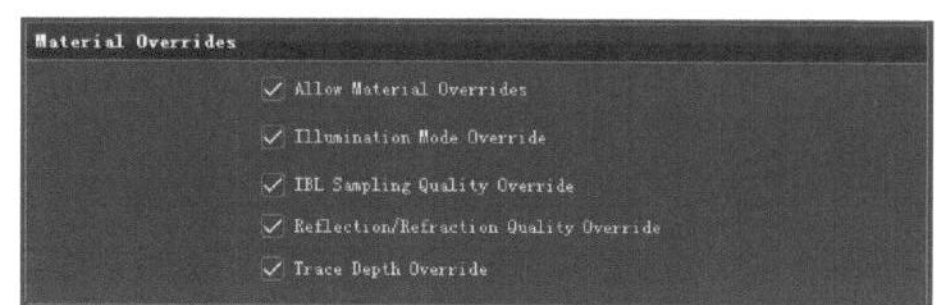

图8-32 材质覆盖参数

8.5 Display Output（显示输出）

Display Output（显示输出）选项卡用来设定显示相关的其他选项。一般来说，这些参数都没有被修改的必要，所以，下面仅进行简单讲解。

8.5.1 Color（色彩）

Color（色彩）卷展栏提供显示色彩校正选项。可以使用默认方案，也可根据需要自行选择。其参数面板如图8-33所示。通常建议使用默认参数。

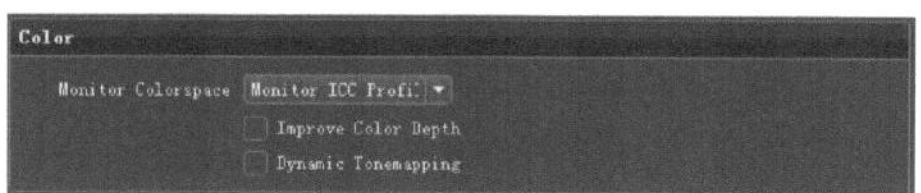

图8-33 色彩参数

8.5.2 Histogram（直方图）

Histogram（直方图）允许在Render Window（渲染窗口）中激活一个直方图，以方便控制场景亮度。其参数面板如图8-34所示。

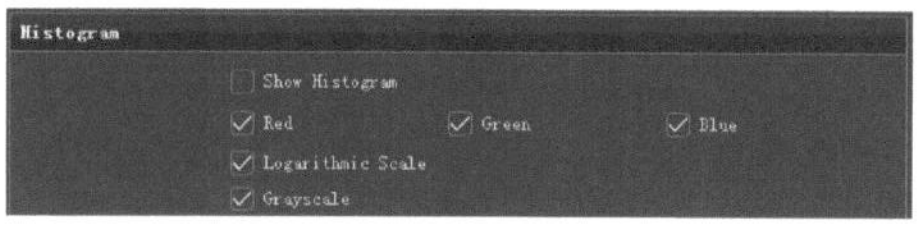

图8-34 直方图参数

Histogram（直方图）参数说明

- **Show Histogram（显示直方图）：** 在渲染窗口中显示直方图。
- **Red/Green/Blue（红/绿/蓝）：** 在直方图中显示R/G/B通道。
- **Logarithmic Scale（对数尺度）：** 使用对数方式显示直方图。

TIPS 本选项较为特殊，如果需要VRED中的直方图与Photoshop保持一致，可关闭这个选项。

- **Grayscale（灰度）：显示亮度通道。**

8.5.3 Visual Support（视觉辅助功能）

Visual Support（视觉辅助功能）提供一些Render Window（渲染窗口）的辅助功能，参数面板如图8-35所示。Visual Support（视觉辅助功能）的使用频率不高，此处仅介绍常用的两个选项。

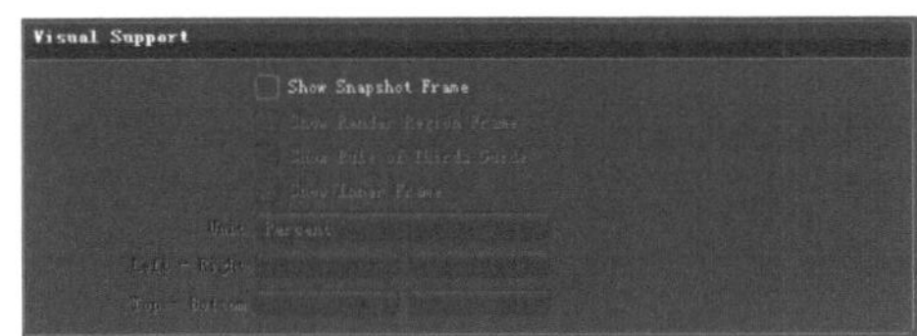

图8-35 视觉辅助功能参数

Visual Support（视觉辅助功能）重要参数说明

- **Show Snapshot Frame（显示快照框）：** 提供构图框辅助。
- **Show Rule of Thirds Guide（显示三等分线）：** 提供三等分线辅助。

8.6 渲染按钮

Render Settings（渲染设置）面板下部有两个渲染按钮，如图8-36所示。这两个按钮都可以完成渲染操作，其中主要使用Render（渲染）按钮。

图8-36 渲染按钮

渲染按钮说明

- **Add to Render Queue（添加到渲染队列）：** 单击此按钮以后，系统不会立即开始渲染，而是将当前任务发送到渲染队列，待渲染队列启动后统一渲染。
- **Render（渲染）：** 单击此按钮后，系统会要求确认输出路径和文件，此后便立即开始渲染。

8.7 渲染参数模板

有许多读者可能没有耐心看完对相关渲染参数的讲解，因为我在学习软件的时候也会这样。所以，我非常贴心地准备了常用的渲染参数设置方法。你可以完全不理会渲染器参数原理，只要记住了这几个参数，同样可以完成渲染任务。

事实上，我在平时的工作中也几乎是这样做的。

8.7.1 测试用参数模板

以下是测试渲染时推荐使用的Render Settings（渲染设置）模块参数设置，关键内容已进行了标注，你只需记下并直接使用即可，如图8-37~图8-42所示。

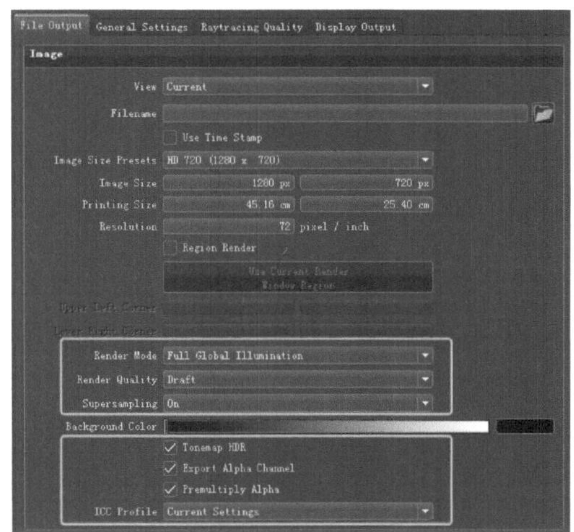

图8-37 File Output（文件输出）相关设置1

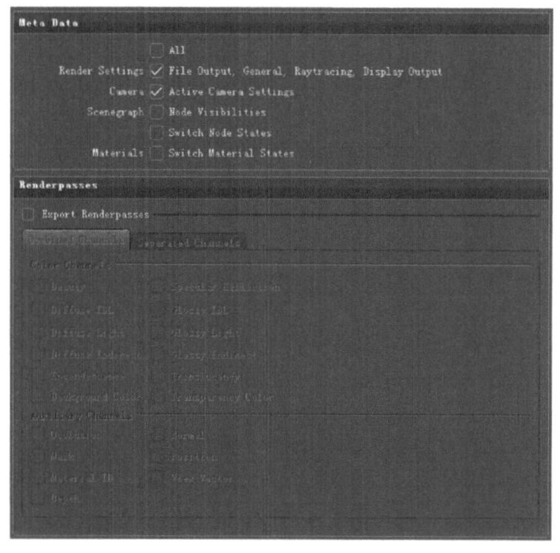

图8-38 File Output（文件输出）相关设置2

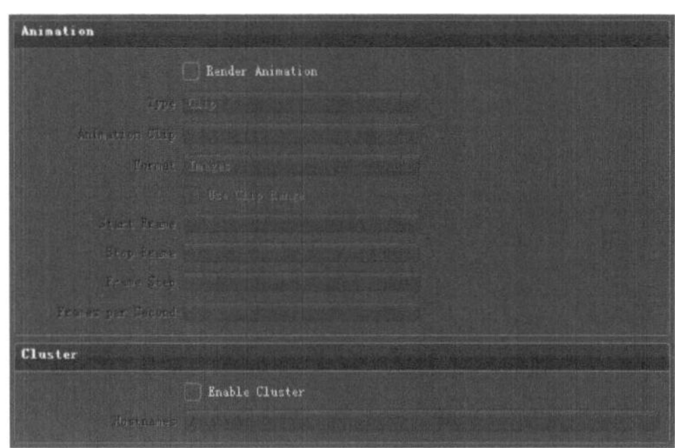

图8-39 File Output（文件输出）相关设置3

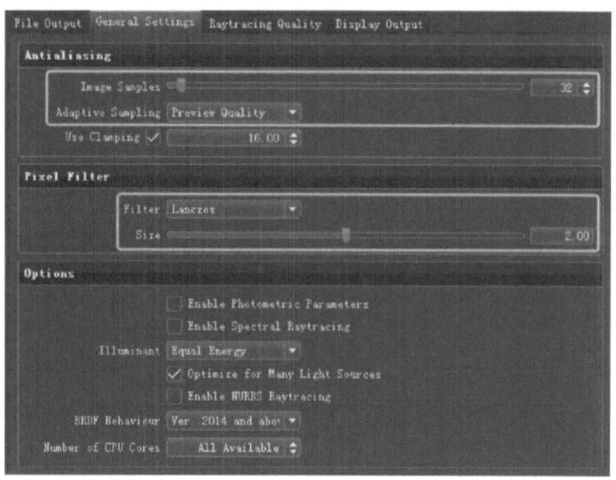

图8-40 General Settings（通用设置）相关参数

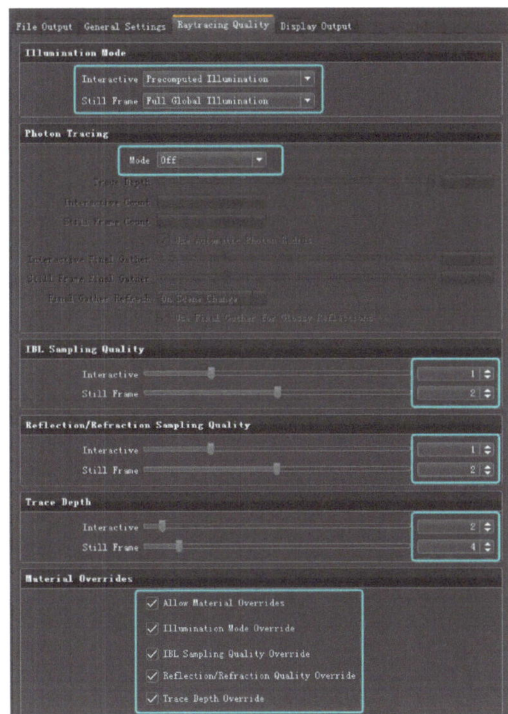

图8-41 Raytracing Quality（光线追踪质量）相关参数

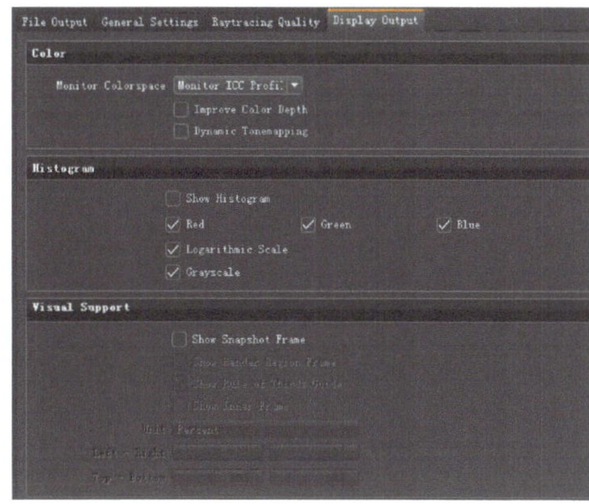

图8-42 Display Output（显示输出）相关参数

8.7.2 最终输出用参数模板

下面的模板是最终输出时推荐使用的渲染参数，与测试用模板相比，其主要区别在于Renderpasses（输出通道）、Antialiasing（抗锯齿）和Trace Depth（追踪深度）3处；此外的各项设置均可以沿用测试参数，如图8-43~图8-45所示。

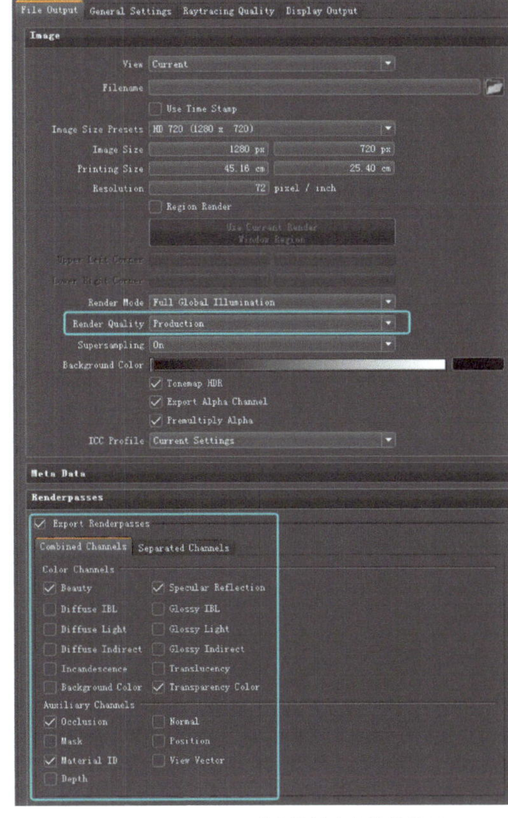

图8-43 File Output（文件输出）相关设置1

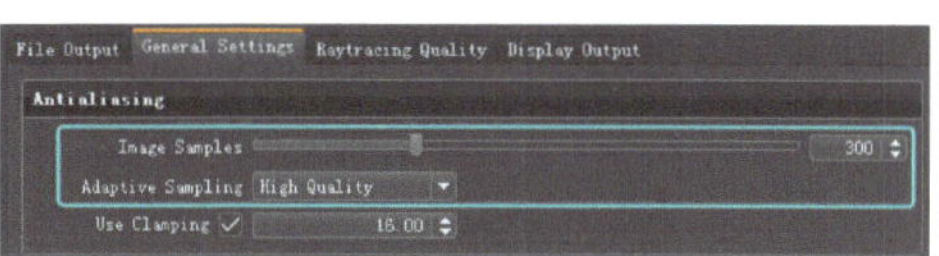

图8-44 General Settings（通用设置）相关参数

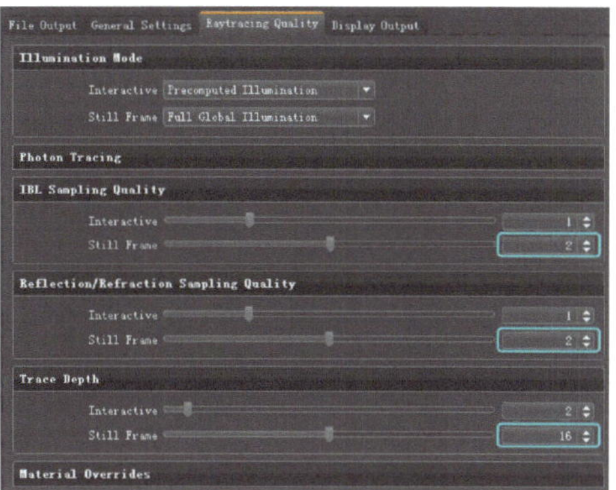

图8-45 Raytracing Quality（光线追踪质量）相关参数

File Output（文件输出）>Renderpasses（渲染层）>Specular Reflection（镜面反射）选项不是必需的，你可以根据最终输出的需求酌情关闭。

在修改General Settings（通用设置）>Antialiasing（抗锯齿）的参数前，先修改File Output（文件输出）>Image（图像）>Render Quality（渲染质量）选项为Production（产品）。

8.7.3 备注

以上提供的渲染参数模板适用于绝大多数的普通渲染场合，但是有一些条件需要说明一下。

第1点：参数设置均基于没有开启MB（动态模糊）和DOF（景深效果）的常规单帧渲染。如果要使用这两个效果，应提高各采样参数一倍以上，并将Adaptive Sampling（自适应采样）参数改为Ultra High Quality（极高质量）或以上，以避免出现锯齿。

第2点：参数设置均基于使用Photoshop和.png文件进行后期处理的普通低动态合成流程，而非基于Nuke和.exr文件的高动态合成流程。

第3点：假定场景中不使用Light（实体灯光）。

第4点：假定渲染时不开启Caustics（焦散）。

第5点：根据场景情况适当微调参数，特别是Antialiasing（抗锯齿）采样相关参数。

09 模型准备

VEHICLE VISUALIZATION

- 掌握模型准备流程
- 掌握导出设置
- 掌握脚本工具

9.1 模型准备工作介绍

完成基础课程的学习，我相信你早已按捺不住，想要导入自己的模型来创作了。不要着急，学习这一节后，我们就可以开始尝试了。

我们将在3ds Max中进行基本的模型准备工作。你可能需要使用到随书文件夹中的演示工程文件，它们位于下载资源的WorkingFiles\01_SeperatedWorkingFiles\Case00位置，相关内容说明如下。

» **Export（导出）文件夹：** 存储最终导出完成的.fbx数据交换文件——CLA_Stormfisher_00.fbx。

» **Scenes（场景）文件夹：** 存储原始3ds Max工程文件——CLA_Stormfisher_00.max。

» **Scripts（脚本）文件夹：** 存储专用的Turbosmooth（涡轮平滑）管理脚本——Turbosmooth_Manager.mse（涡轮平滑管理器）。

» **Textures（纹理）文件夹：** 存储相关纹理。

» **Misc（其他）文件夹：** 存储后期修图标准合成文件——Standard Car Comp PSD.psd。

TIPS 由于磁盘路径不同，当第一次打开原始工程文件CLA_Stormfisher_00.max时，可能存在贴图丢失的问题。可手动将贴图路径指定到WorkingFiles\01_SeperatedWorkingFiles\Case00\Textures位置。

模型准备是一个极为重要的环节，良好的模型处理可以大大提高后续流程的工作效率。在这一步，千万不可急躁，一定要细致地检查准备工作是否完成。

这一环节使用的模型是后续项目中频繁亮相的CLA45 Stormfisher Edition（以下简称CLA）模型，如图9-1和图9-2所示。这是一个典型的3ds Max的Polygon（多边形）模型，有着标准的汽车曲面布线和Turbosmooth（涡轮平滑）修改器。相信你已经在各种场合多次使用过这样的模型了，本节的主要任务就是告诉你如何对这样的模型进行整理，以供VRED渲染使用。

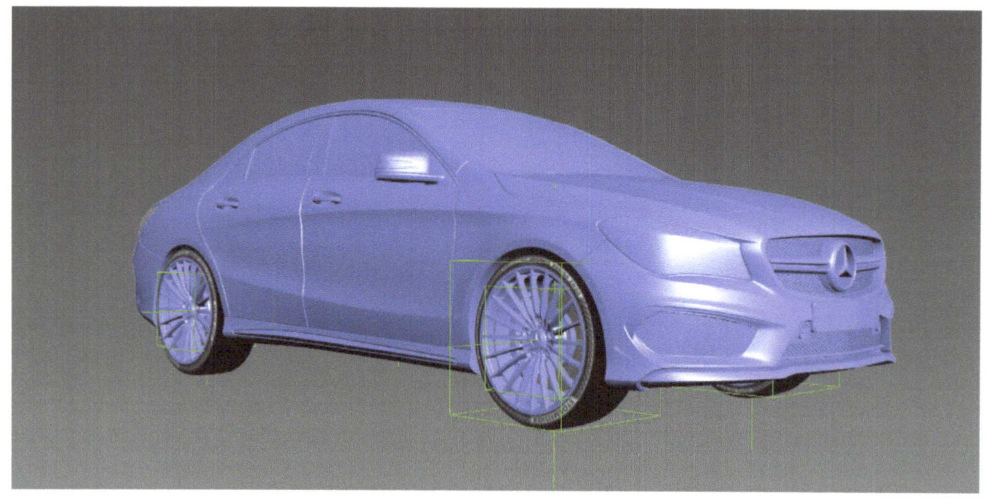

图9-1 3ds Max中的CLA45 Stormfisher Edition透视图

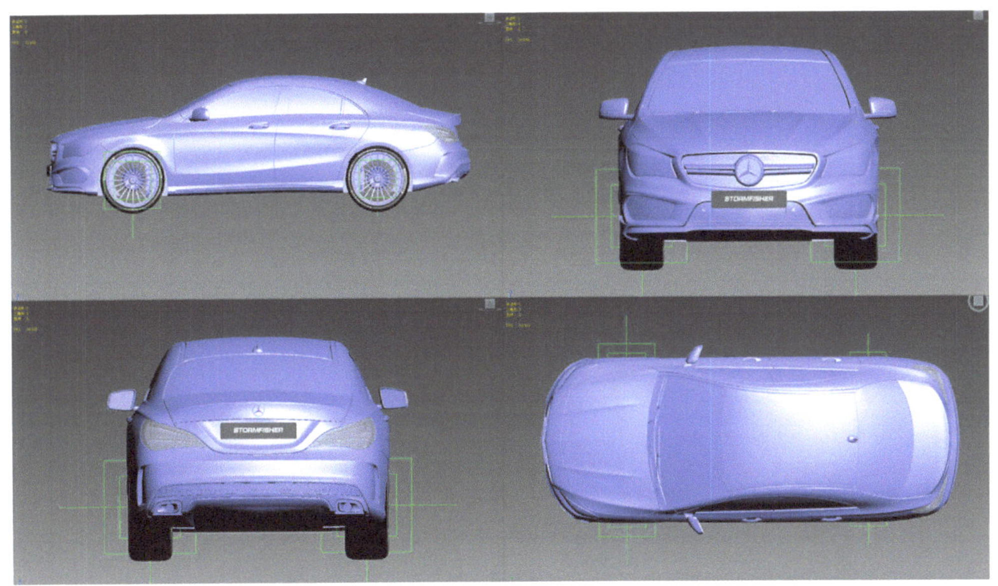

图9-2 3ds Max中的CLA45 Stormfisher Edition四视图

TIPS 工业数据有着特殊的数据准备方法，在此不进行讲解。

9.2 3ds Max中的模型准备流程

将3ds Max中的模型导出到VRED，实际上是一件非常简单的事情，一般只需要4步。

第1步：选中需要导出的对象。

第2步：关闭Turbosmooth（涡轮平滑）修改器的Isoline Display（等值线显示）功能。

第3步：将选定对象导出为.fbx文件。

第4步：使用VRED加载导出的.fbx文件。

然而，事情总不会如我们期望的那么简单，这种4步法能让VRED运转起来，但在工作中会有各种各样的不便。所以，需要花费一些时间和精力对原始模型文件进行整理，以供VRED流程更好地展开。将相关流程罗列如下。

9.2.1 清理无用物体

将参考用的平面、样条线等无用对象删除。

9.2.2 清除无用绑定关系（可选操作）

3ds Max中的绑定关系将会被.fbx文件导入VRED中。在VRED中，这种绑定关系被称为父子层级关系。将3ds Max中无用的绑定关系清除，可以简化VRED工程的场景结构。

9.2.3 确定场景单位

建议将3ds Max的显示单位和场景单位都设置为毫米，如图9-3所示。毫米是工业数据和VRED的默认单位。

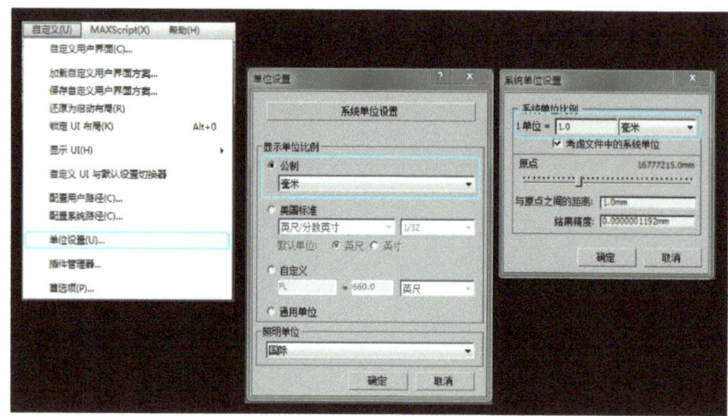

图9-3 3ds Max单位设置

TIPS VRED中的各种效果在默认状态下都将使用毫米作为单位进行计算，包括橘皮效果。

9.2.4 放置车辆

放置车辆的主要目的是确定车体大小、位置和方向。

第1步： 确认车体大小为真实尺寸。如一辆车的长度应该为4500mm左右，如果车辆过大或过小，则将其尺寸缩放至合适的大小。

第2步： 将车体移动到世界中心，将车轮下沿贴平地面（世界坐标水平面）。

第3步： 将车头对准顶视图和侧视图的左边，如图9-4所示。

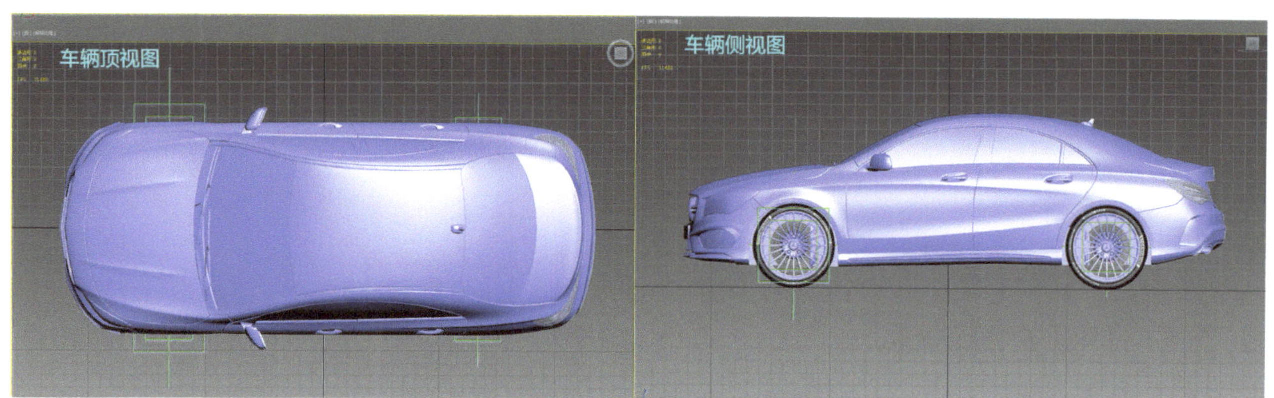

图9-4 放置车辆

TIPS 将车头对准左边是沿袭自工业数据的习惯。Automotive_Genesis演示场景的车辆也是这样放置的。

9.2.5 法线检查

检查对象法线。如果存在法线反向的物体，则使用“法线”修改器将其反转，如图9-5所示。

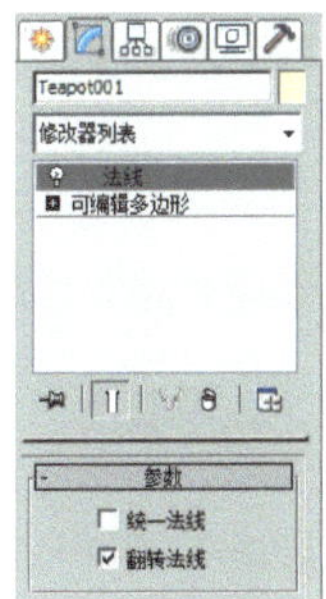

图9-5 法线修改器

虽然VRED提供了法线修改的相关工具，但是仍然建议在3ds Max中将对象法线调整好。

9.2.6 整理涡轮平滑对象

根据计算机性能整理“涡轮平滑”对象，为它们设定不同的涡轮平滑“迭代次数”。如果需要更平顺的曲面，建议将“迭代次数”设置为2或以上； 如果计算机性能不足，那么使用1也是可以的。

为了避免导出文件时可能带来的曲面问题，务必关闭修改器的“等值线显示”功能， 如图9-6所示。

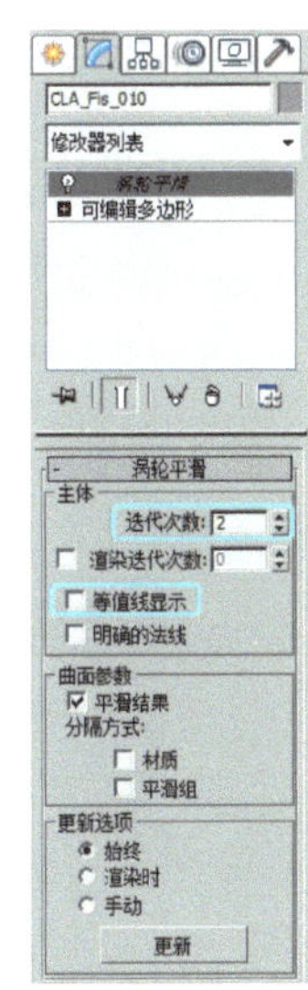

图9-6 涡轮平滑修改器设置

无需一个个手动修改涡轮平滑修改器，3ds Max提供了专门的Max脚本来执行相关管理工作，在之后的小节专门介绍它。

部分用户可能会遇到使用了网格平滑修改器的对象。由于这种修改器过于古老，所以，没有提供对它的支持。在工作中，仅使用涡轮平滑修改器。

9.2.7 替换普通材质（可选操作）

如果场景使用了VRay材质，在导出时会产生材质错误警告。这个警告虽然不影响导出结果，但可能令人不快。所以，可将所有材质替换为标准材质，以避免此问题。

9.2.8 调整UV

虽然VRED也具有UV设定功能，但仍然建议在3ds Max中完成UV工作，因为它更直观方便，功能也更强大。大多数汽车外观部件无需手动设置UV，仅需要关注轮胎、制动盘和车牌等部件即可。

以轮胎为例，为车胎材质添加一张普通胎壁贴图，然后使用UVW贴图修改器的平面模式为其设定合适的贴图尺寸即可。图9-7所示是车轮的UV设置结果。

图9-7 车轮部分的UV设置结果

9.2.9 链接旋转对象（可选操作）

将车轮的旋转对象进行简单的链接，可以大大方便在VRED中的文件管理。虽然可以在VRED中做同样的事情，但还是建议花些时间在3ds Max中将它做好。

第1步： 创建一大一小两个虚拟体，Dum_Wheel_Front_Left_Dir与Dum_Wheel_Front_Left_Rot。大的虚拟体Dum_Wheel_Front_Left_Dir将被用来控制车轮方向，小的虚拟体Dum_Wheel_Front_Left_Rot将被用来控制车轮旋转。

第2步： 将两个虚拟体与需要被控制的车轮对齐，使三者的旋转轴一致。

第3步： 将车轮中所有的旋转运动对象（如车胎、制动盘、轮毂等）链接到小的虚拟体上。

第4步： 将其他不参与旋转运动的对象（如制动卡钳及其附件）链接到大的虚拟体上。

第5步： 把小虚拟体也链接到大虚拟体上。

第6步： 此时，可以用小虚拟体控制车轮旋转运动，用大虚拟体控制车轮转向。

第7步： 为后轮执行同样的操作，但可以跳过大虚拟体，因为后轮通常无需转向。

上述链接的父子关系会通过.fbx文件传输到VRED中；在SceneGraph（结构树）中，可以通过这样的父子关系轻松地选择车轮部件，以方便动画制作。

图9-8所示是3ds Max中的链接图示。以左前轮为例，红色对象被链接到小虚拟体Dum_Wheel_Front_Left_Rot上；蓝色对象链接到大虚拟体Dum_Wheel_Front_Left_Dir上。此外，小虚拟体也被链接到了大虚拟体上。图9-9所示是VRED中的对应父子关系。

对于虚拟体的选择，虚拟对象和点都是可以的。但我建议使用点，它不会因为被执行了缩放操作而影响到子对象。

图9-8 3ds Max中的链接示意图

图9-9 VRED结构树中的车轮父子关系

9.2.10 轴点归零（可选操作）

将车轮和车轮虚拟体以外的所有车体对象的轴点归零到世界坐标中心，并与世界方向对齐，这是数据处理的良好习惯，如图9-10所示。

因为需要车轮绕轴心旋转，所以不能将车轮及其虚拟体的轴点也归零。

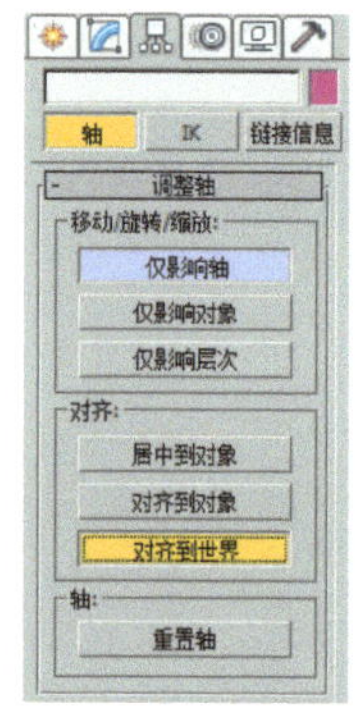

图9-10 3ds Max中的轴点处理面板

9.2.11 车轮轴点定位（可选操作）

虽然这一步仍是可选操作，但强烈建议在每次工作中都执行这个步骤。由于VRED的材质特性，拉丝效果和车胎胎纹等程序性纹理会依照坐标轴进行计算，这会在实际工作中带来一个小问题：程序纹理可能匹配上了前轮的大小和位置，却匹配不上后轮。

为了让前后轮的程序纹理都正确显示，可能需要为它们创建两个材质。它们的其他参数完全相同，只有程序纹理的坐标不同。可以看看演示案例中的前后车胎，它们是两个几乎一样的材质。

这样的工作方式显然令人不快，为了避免一个材质调试两遍，需要在模型准备时将车轮对象（车胎、轮毂、制动盘等）的轴点定位到物体中心，如图9-11所示。这样程序纹理就能得到前后轮胎都正确的计算结果，如图9-12所示。建议你对所有的旋转运动对象都执行这个操作。

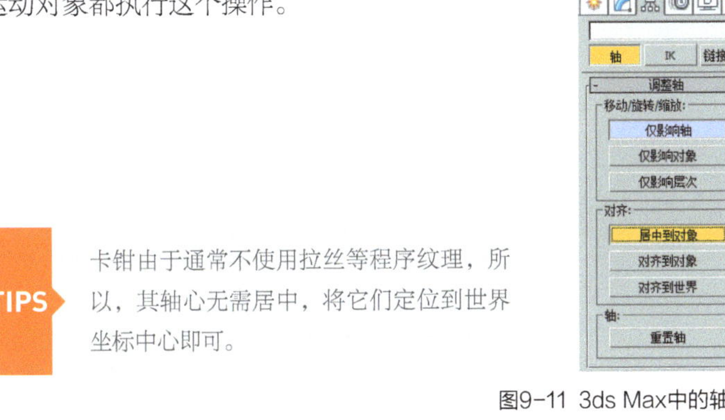

TIPS 卡钳由于通常不使用拉丝等程序纹理，所以，其轴心无需居中，将它们定位到世界坐标中心即可。

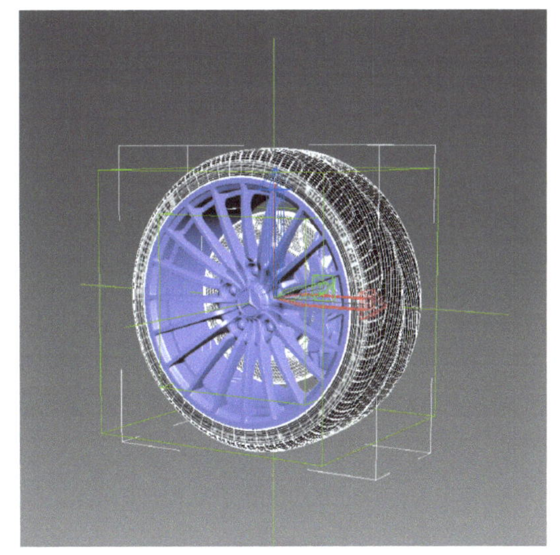

图9-11 3ds Max中的轴点处理面板　　图9-12 车胎和制动盘的轴心被定位到物体中心

9.2.12 重置变换（可选操作）

这是最后一步，也是可选的一步操作。但是建议在常规流程中执行这一步，以规避某些问题。

重置变换的意义在于清除所有几何体的变换信息，使对象变为初始状态。它的用处有两点：一是可以简化VRED中的场景结构，二是可以避免部分比例失真的问题。

关于场景结构：没有重置变换的模型在导入VRED中以后会自带一个Transform（变换）父节点，它包含这个对象的各种变换信息，如图9-13所示。在实际工作中，很少使用这个节点，更多的变换节点会带来更复杂的结构树与对象选择问题，使用重置变换可以清理这种节点，如图9-14所示。

图9-13 包含Transform（变换）父节点的对象　　图9-14 经过重置变换的对象

关于比例失真：有时被导入的对象并不在它原有的位置上，甚至体积、大小也和场景中的其他对象不符，对这类对象执行重置变换操作，可以有效解决问题，如图9-15所示。重置后的对象会新增一个X变换修改器，如图9-16所示，可以将它塌陷掉。

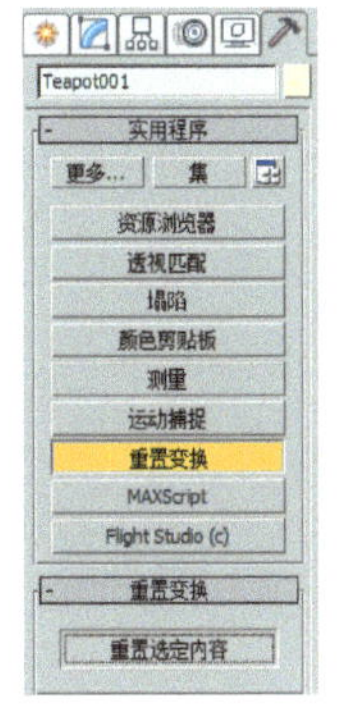

图9-15 重置变换操作面板　　图9-16 新增一个X变换修改器

由于重置变换会完全清除对象的变换信息，并且其过程不可逆，所以建议在执行这一步最终操作前将文件备份。虽然常规的多边形对象可多次重置，但某些来自工业数据的几何对象在被重置以后可能会出现破面，并且难以修复。如果没有必要，建议不对来自工业数据的几何体执行重置命令。

TIPS

重置变换前应检查涡轮平滑修改器。由于重置后用户往往会执行塌陷操作，所以，请确认涡轮平滑修改器的等值线显示处于关闭状态；或者事先清除涡轮平滑修改器。

重置变换不一定能百分之百解决对象的比例失真问题。要完全解决此类问题，通常需要经验极其丰富的数据模型师进行耐心、细致的操作。但是请放心，常规的、创建于3ds Max中的对象极少出现这种问题。

9.3 导出设置

通常使用Autodesk提供的.fbx格式在3ds Max与VRED之间交换文件。将3ds Max场景导出的操作极为简单。

第1步： 当模型整理完成后，使用3ds Max的导出命令对场景执行导出操作，并为导出文件选择.fbx格式。

第2步： 系统将弹出“FBX导出”对话框，选择Autodesk Media & Entertainment（Autodesk媒体与娱乐）预设，如图9-17所示。

第3步： 打开“FBX导出”对话框中的“几何体”卷展栏，取消勾选“涡轮平滑”复选框，如图9-18所示。最后，单击“确定”按钮，开始导出。

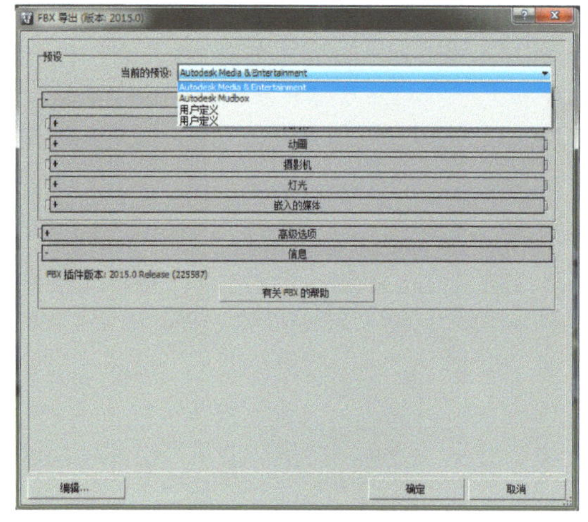

图9-17 设置导出预设

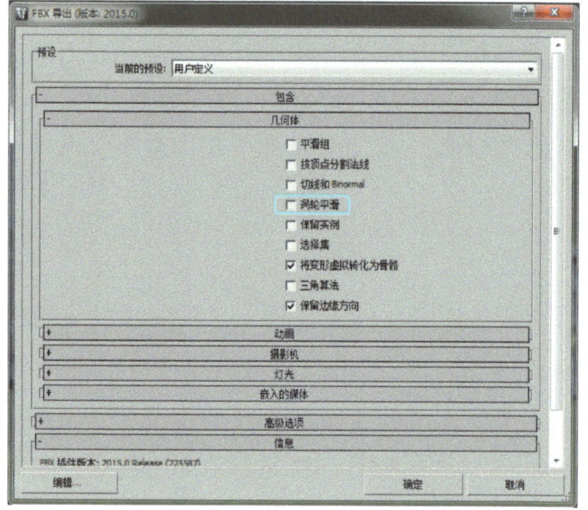

图9-18 取消勾选涡轮平滑复选框

TIPS

取消勾选“涡轮平滑”复选框以后，系统会自动在导出时将涡轮平滑修改器塌陷到几何体。这样就能在VRED中获得更光滑的曲面；同时3ds Max场景中的原有修改器结构也不会受影响，以方便后续修改。

第4步： 导出计算完成后，可以看到图9-19所示的对话框。这是提醒你系统对涡轮平滑修改器做了塌陷处理，单击“确定”按钮，即可完成导出。另外，如果没有清理材质，可能还会弹出更多的对话框，此处就不一一介绍了。

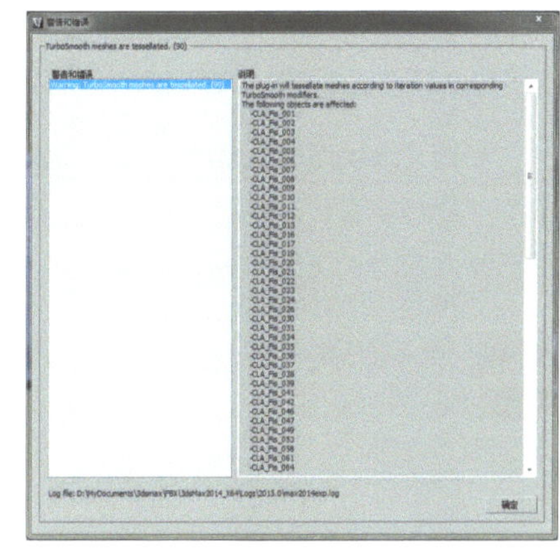

图9-19 “警告和错误”对话框

9.4 脚本工具

本书的下载资源中提供了一个轻量级的MaxScript脚本：Turbosmooth_Manager.mse（涡轮平滑管理器），你可以使用它更有效率地管理涡轮平滑修改器。它是我曾经写过的许多脚本中的一个小模块，在模型整理工作中，这样的脚本十分有用。

无需安装，把脚本文件拖入3ds Max界面中即可使用。考虑到兼容性，这里使用了英文界面，脚本工具界面如图9-20所示。

Turbosmooth_Manager.mse（涡轮平滑管理器）参数说明

» **Author（作者）：** Stormfisher。

» **Select TurboSmooth Objects（选择涡轮平滑对象）：** 一次性选择场景中所有带有涡轮平滑修改器的对象。

» **Modifier Parameters（修改器参数）：** 调整修改器的参数。

Iterations（迭代次数）：设定修改器迭代次数。

Render Iters（渲染迭代次数）：开关并设定渲染时的迭代次数。

Isoline Display（等值线显示）：开关等值线显示。

Explicit Normals（明确的法线）：允许涡轮平滑修改器为输出计算法线。

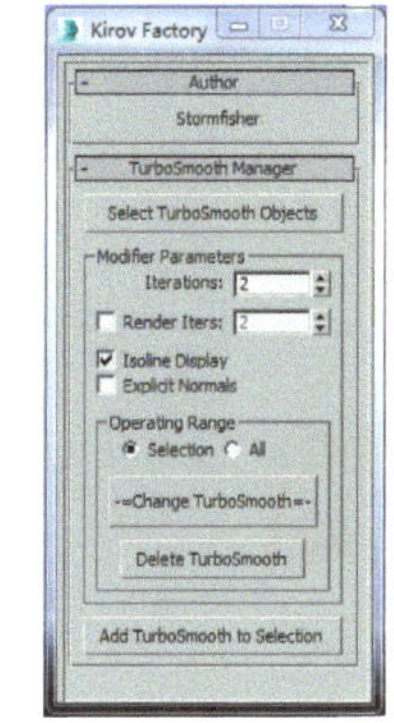

图9-20 涡轮平滑管理器

如果涡轮平滑的结果直接用于显示或渲染，勾选此复选框可以加快速度。但是如果还需要继续使用具有拓扑效果的修改器进行编辑［如Edit Mesh（编辑网格）］，则不要打开它。

» **Operating Range（操作范围）：** 当脚本执行参数修改时，为它设定一个操作范围。

Selection（选择）：对已选择的对象应用上述参数。

All（所有）：一次性修改所有场景中的涡轮平滑对象。

-=Change TurboSmooth=-（修改涡轮平滑）：使用上述参数，在上述操作范围内修改涡轮平滑修改器的参数。

Delete TurboSmooth（删除涡轮平滑）：在上述操作范围内清除对象上的涡轮平滑修改器。

» **Add TurboSmooth to Selection（为选中对象添加涡轮平滑修改器）**：使用前面设定的参数，为选中的对象添加相互独立但参数一致的涡轮平滑修改器。当你希望为目标对象批量添加相同参数而又互不为Instance（实例）的涡轮平滑修改器时，可以使用这个命令。

TIPS 注意，这个脚本只处理Turbosmooth（涡轮平滑）修改器；Meshsmooth（网格平滑）修改器因为过于老旧已不被支持。

9.5 其他备注

下面是模型准备过程中的一些其他补充说明。

第1点：VRED是为工业数据可视化而设计的，所以，某些操作习惯可能与多边形模型不同。

第2点：车轮应当相互独立，即每个车轮都是独立对象。如左后轮的轮毂与右后轮的轮毂应是两个相互独立的对象，每个对象的轴点都位于各自的物体中心。

第3点：虽然不做严格要求，但应养成如下的良好习惯：所有的透明对象（如灯罩和窗户）都应该有厚度。可以使用壳修改器为单面对象添加厚度。

第4点：已将CLA场景中的涡轮平滑/非涡轮平滑对象进行了分类，使用“命名选择集”可以快速找到这些对象，如图9-21所示。“命名选择集”对话框如图9-22所示。

TIPS TurboSmooth代表包含涡轮平滑修改器的对象，UnTurbo则反之。

图9-21 命名选择集按钮

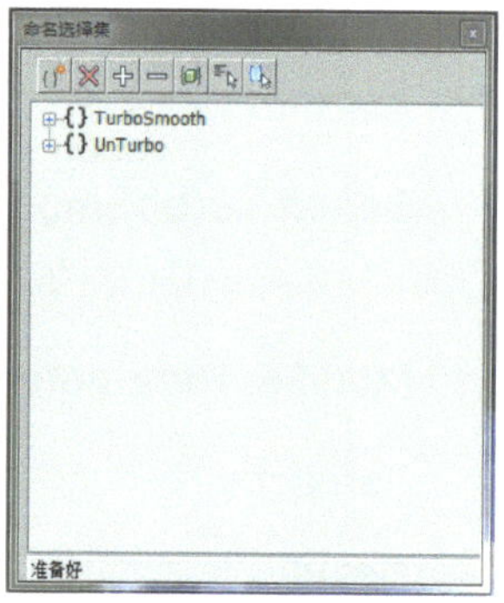

图9-22 命名选择集面板

10 VirtualRig Studio Pro

VEHICLE VISUALIZATION

- 掌握VirtualRig Studio Pro的使用方法
- 了解基本的运动模糊知识

10.1 关于VirtualRig Studio Pro

VirtualRig Studio Pro是一款优秀的运动模糊处理软件，它有且只有一项功能——为图像添加运动模糊特效，其工作界面如图10-1所示。

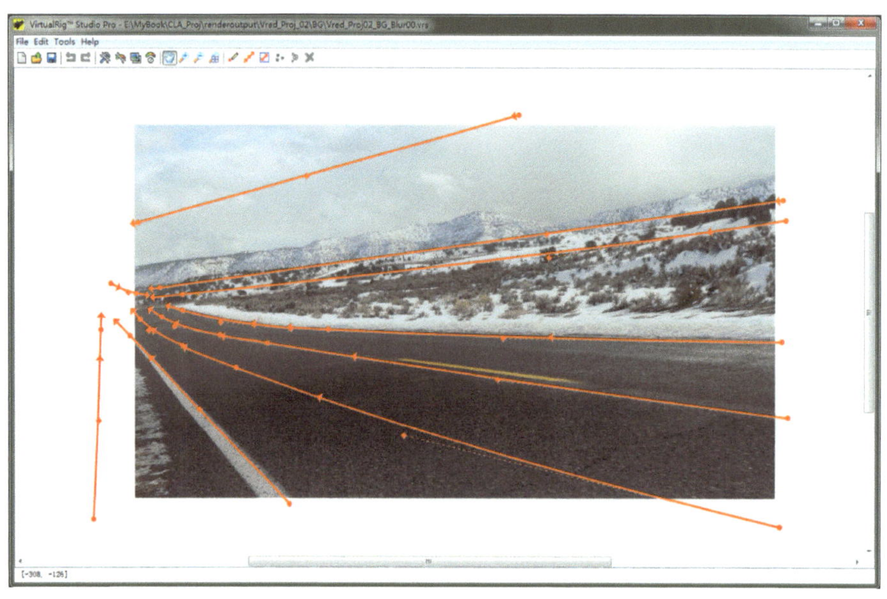

图10-1 VirtualRig Studio Pro工作界面

关于VirtualRig Studio Pro的名字，部分CG用户可能会理解成“虚拟绑定工作室”，这有些不准确。拆开来看，Virtual是“虚拟”的意思，Studio是“工作室”的意思，这都没错，但是“Rig”在这里指的不是三维软件中的“绑定”，而是“Rig Shot”——一种实拍方法。它使用吊臂和夹具将相机固定在车身上，当车辆行驶时使用低速快门拍摄，以得到带有强烈速度感的图片，如图10-2所示。

图10-2 相机与吊臂

TIPS VirtualRig Studio Pro的操作极其简单，在20分钟内便能学会使用这款软件。

10.2 VirtualRig Studio Pro格式

VirtualRig Studio Pro的自有文件格式为.vrs。一个.vrs文件表示一个VirtualRig Studio Pro工程。VirtualRig Studio Pro可以为常见的.jpg、.png、.hdr等图像文件计算运动模糊。通常建议使用.png文件制作背景图，用.hdr文件制作全景HDRI。

需要注意的是，VirtualRig Studio Pro并不会将需要处理的图像文件存储在自身工程文件中，而是将它们当作外部引用文件。这类似于3ds Max对纹理贴图的管理方式。

10.3 VirtualRig Studio Pro图标栏

该图标栏主要执行一些常规操作，常用按钮的翻译如图10-3所示。在这些按钮中，有4个比较重要，下面来介绍它们的功能。

图10-3 图标栏按钮的翻译

图标栏重要按钮说明

- **项目设置：** 设置本项目的相关参数。
- **渲染设置：** 设置渲染输出的相关参数。
- **创建模糊线：** 创建模糊线，指示计算机如何模糊图像。
- **选择对象：** 主要用来选择和微调模糊线，以获得更准确的结果。

10.4 Project Settings（项目设置）

Project Settings（项目设置）面板主要用来设置与项目有关的全局性参数，可以使用图标栏的“项目设置”按钮将其打开，如图10-4所示。

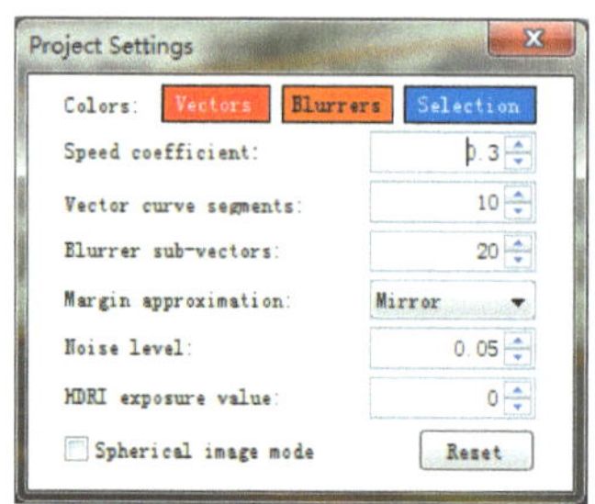

图10-4 项目设置面板

Project Settings（项目设置）重要参数说明

» **Speed coefficient（速度系数）：**设定虚拟运动速度，即图像的模糊强度，数值越高则代表模糊量越大。

» **Vector curve segments（矢量曲线分段）：**设置矢量曲线的细分数。数值越高则代表模糊效果越平滑，同时也需要更多的计算时间。

» **Blurrer sub-vectors（模糊线子矢量）：**这个参数的含义同Vector curve segments（矢量曲线分段），数值越高则代表模糊效果越好，同时计算时间越长。

» **Noise level（噪波等级）：**计算机计算出的运动模糊图像可能会产生一些不真实的奇特效果，添加随机Noise（噪波）可以在一定程度上消除这些效果，但可能造成图像清晰度降低。这个参数用来控制随机噪波的添加量，数值越高则代表噪波越多，可多次测试，以获取合适的噪波参数。

» **Spherical image mode（球形图像模式）：**十分重要的参数，专为全景HDRI添加运动模糊而设计。如果需要模糊全景HDRI，务必勾选此复选框。

» **Reset（重置）：**重置参数。

TIPS

图10-5所示是普通背景图与标准模糊模式，图10-6所示是全景HDRI与Spherical image mode（球形图像模式），注意观察它们的特点和区别。

图10-5 普通背景图与标准模糊模式

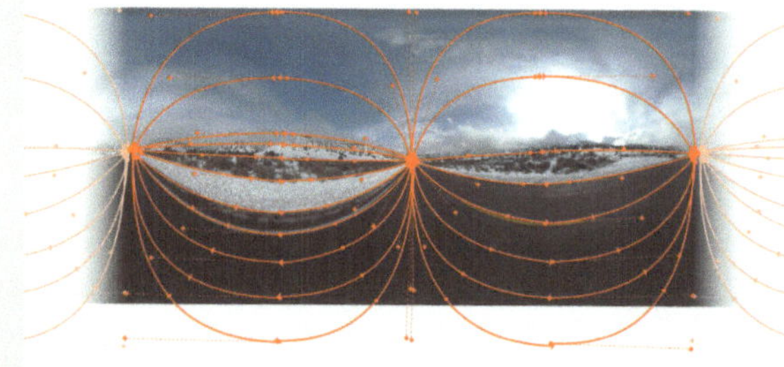

图10-6 全景HDRI与Spherical image mode（球形图像模式）

10.5 Render Settings（渲染设置）

Render Settings（渲染设置）面板主要用来设置与渲染输出有关的参数，可以使用图标栏的“渲染设置”按钮打开它，如图10-7所示。

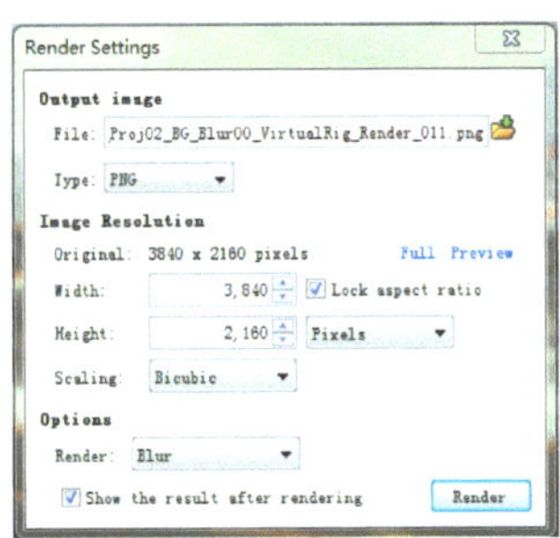

图10-7 渲染设置面板

Render Settings（渲染设置）重要参数说明

» **Output image（输出图像）**：设定输出图像的相关参数。

File（文件）：设定文件输出路径。通常这个路径会由VirtualRig Studio Pro自动在源文件位置设立，无需手动操作。

Type（格式）：设置输出格式。低动态背景图应使用.png格式，高动态全景图应使用.hdr格式。一般来说，不需要使用这两者以外的其他格式。

» **Image Resolution（图像分辨率）**：设定输出图像尺寸。

Full（完整）：依照背景图像的原始尺寸进行输出，常用于最终渲染。

Preview（预览）：使用预览尺寸进行输出，常用于测试渲染。

Width（宽度）/Height（高度）：手动设置输出尺寸。

Lock aspect ratio（锁定比例）：锁定宽高比，建议保持开启。

» **Options（选项）**：其他选项设定。

Render（渲染）：设定渲染模式，建议直接使用Blur（模糊）选项查看最终结果。

TIPS Render（渲染）的另一个选项Curvature（曲率）模式使用较少，它主要用于图像诊断中。

Show the result after rendering（渲染之后显示结果）：建议勾选此复选框，当渲染完成后，系统会自动显示刚才的结果。

» **Render（渲染）**：执行渲染。

10.6 Change Image（更改图像）

工作中需要处理的图像无论是全景HDRI还是背景图，都拥有5000像素x3000像素以上的巨大尺寸。如果每次都让软件计算这么大的图像，那么在测试渲染时会造成严重的资源浪费。

软件提供了一个功能，可以进行图像替换操作：先加载小尺寸图像以进行测试渲染；当测试渲染满意以后，再将图像替换成最终尺寸，以节约测试时间——这个功能就是Change Image（更改图像），快捷键为T，其对话框如图10-8所示。在使用Change Image（更改图像）功能时，请保持Re-scale objects（重缩放对象）复选框为勾选状态，以免图像更改后Blurrer（模糊线）出现比例错误。

图10-8 Change Image（更改图像）对话框

TIPS

也可以执行菜单栏的Tools（工具）>Change Image（更改图像）命令来调用这个功能，如图10-9所示。

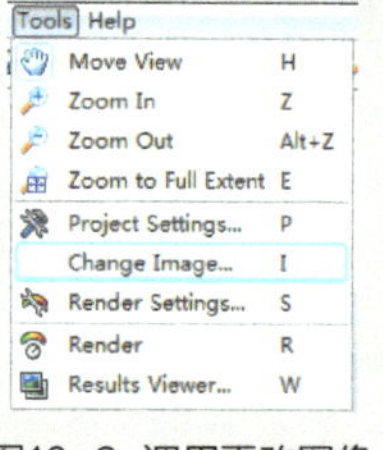

图10-9 调用更改图像

10.7 Blurrer（模糊线）

VirtualRig Studio Pro使用两种方式进行模糊设置：Vector（矢量）和Blurrer（模糊线）。二者在本质上是相同的，开发者提供这两种方式是为了满足不同用户的使用习惯。在此只讲解使用频率较高的Blurrer（模糊线）。

一条Blurrer（模糊线）表示一个模糊控制组件，如图10-10所示，它由下列对象构成。

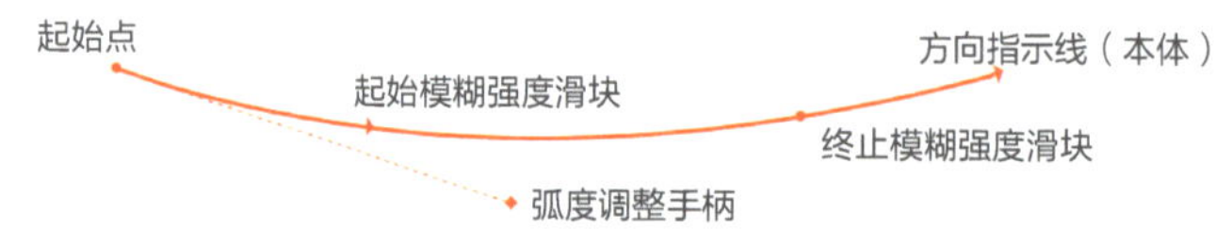

图10-10 一条典型的模糊线

» **方向指示线（本体）：** 这是一根橙色的、带有结束箭头的指示线，同时也是模糊线的本体。它用于指示模糊计算的方向和范围。

» **起始点：** 方向指示线一端的圆点，用于说明模糊开始的位置。

» **弧度调整手柄：** 带虚线的方形把手，用于调整方向指示线的弧度；其控制方法与其他软件中的贝塞尔曲线相同。

» **起始模糊强度滑块：** 靠近起始点的三角形滑块，用于设置起始方向的模糊强度。该滑块距离起始点越远，代表该方向模糊强度越高。

» **终止模糊强度滑块：** 靠近结束箭头的圆形滑块，用于设置结束方向的模糊强度。该滑块距离结束箭头越远，代表该方向模糊强度越高。

TIPS

使用“创建模糊线”按钮创建一个模糊线对象以后，可以使用图标栏上的选择对象工具对其进行微调。

观察图10-11中的演示范例，注意Blurrer（模糊线）的不同设定对最终计算结果的影响。其中左边的图像表明模糊线设置，右边的图像显示模糊计算结果。在左边的图像中，橙色线条是模糊线本体；青色线条是所做的标注，用于提醒你注意相关设置。

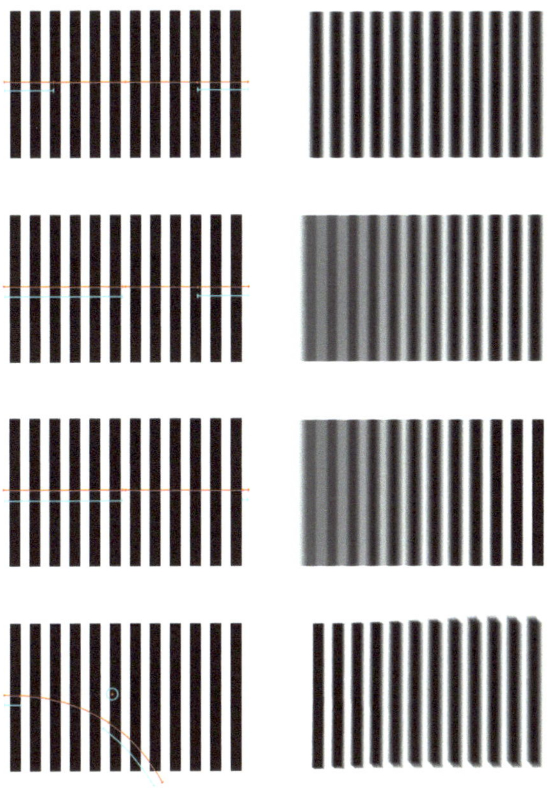

图10-11 不同的模糊强度和方向

此外，在这个演示中，为了看清模糊效果，将Project Settings（项目设置）中的Speed Coefficient（速度系数）改为了0.15，以避免模糊效果过于强烈而导致最终图像缺乏比较意义。

在实际工作时，通常需要多条模糊线来为软件指明每个区域的模糊方向和强度，这些不同模糊线的效果会相互影响、相互增强，甚至相互抵消。

明智的做法是按照运动走势来安排模糊线，并为重点区域安排更多的模糊线——这条经验无论是在常规模糊还是全景HDRI模糊中都适用。

如图10-12所示，注意模糊线的走势，看看它们是否是按照运动方向和透视关系来展开的。另外，请注意路面区域（A）的模糊线数量大大超过天空区域（B）。首先，因为路面区域面积较大，所以更为主要；其次，由于路面的宽度和长度造成的空间距离变化，运动模糊的幅度变化较大。对路面区域安排更多的模糊线，有助于获得更精确的结果。最终图像的模糊计算结果如图10-13所示。

图10-12 参考模糊设置

图10-13 参考模糊计算结果

10.8 Spherical image mode（球形图像模式）

Spherical image mode（球形图像模式）是一种特殊的模糊方式，专用于对全景HDRI进行模糊计算。它和普通模式没有区别，只是在排布模糊线的时候需要注意按照球形方式进行展开。如图10-14所示，画面中的Blurrer（模糊线）首尾相接，并依照球形方式排布。

图10-14 全局HDRI模糊

TIPS

下面是3个重要的快捷键。熟练使用快捷键可以有效提高工作效率。

R键：Render（执行渲染任务）。

I键：Change Image（更换图像）。

W键：查看结果（查看上一次渲染的结果）。

下面是3条其他使用经验。

1. 务必注意观察现实中的运动模糊场景，或其他优秀的摄影作品。

2. 在一个空间中，近处的运动模糊强度要大于远处，无论模糊全景HDRI还是普通图片都请注意这一点。

3. 多尝试使用不同的Speed coefficient（速度系数）来进行测试输出，太快和太慢的运动模糊通常都不会产生好看的效果。

车辆外观表现思路

VEHICLE VISUALIZATION

- 掌握车辆外观基本术语
- 掌握结构线理论
- 掌握腰线理论
- 掌握主光与补光理论

11.1 车辆术语

本章将从纯理论的角度学习一些汽车外观的知识，这些知识有助于更快地开展汽车外观表现工作。首先，请观察图11-1~图11-3所示的结构划分，了解主要的车辆外观术语，以方便沟通。

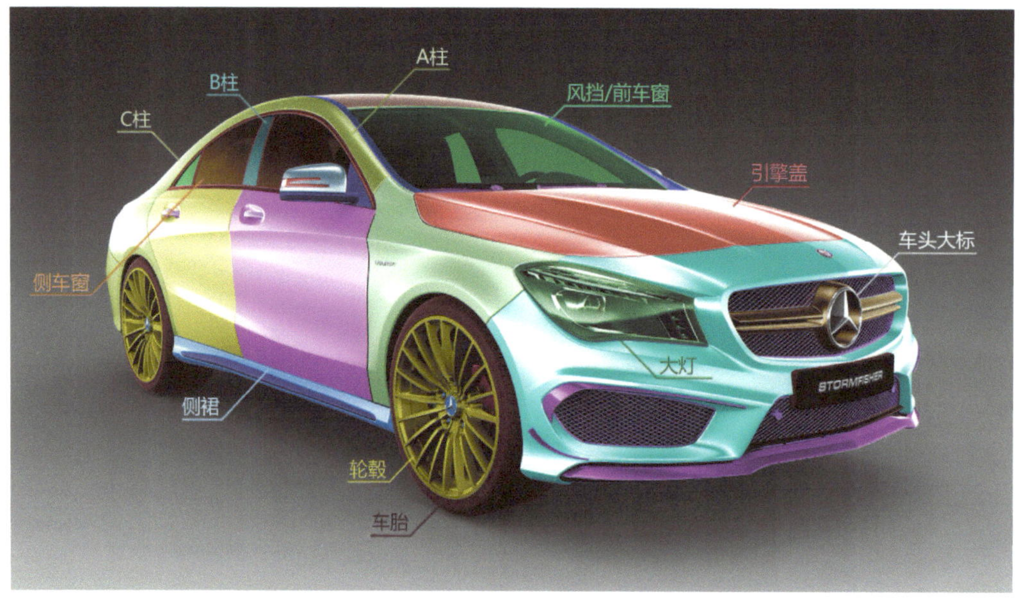

图11-1 外观术语1

图11-2 外观术语2

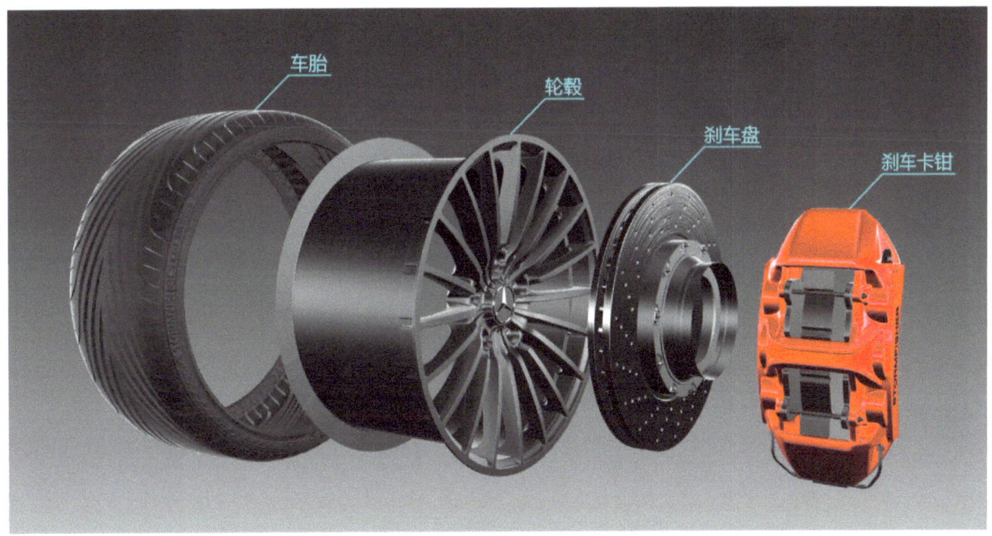

图11-3 外观术语3

TIPS 这台CLA前轮所装配的六活塞卡钳由我的朋友王凯所制作，在此感谢他的帮助。

此外，我们习惯上将前后保险杠及其附属结构统称为前包围和后包围，如图11-4和图11-5所示。

图11-4 前包围

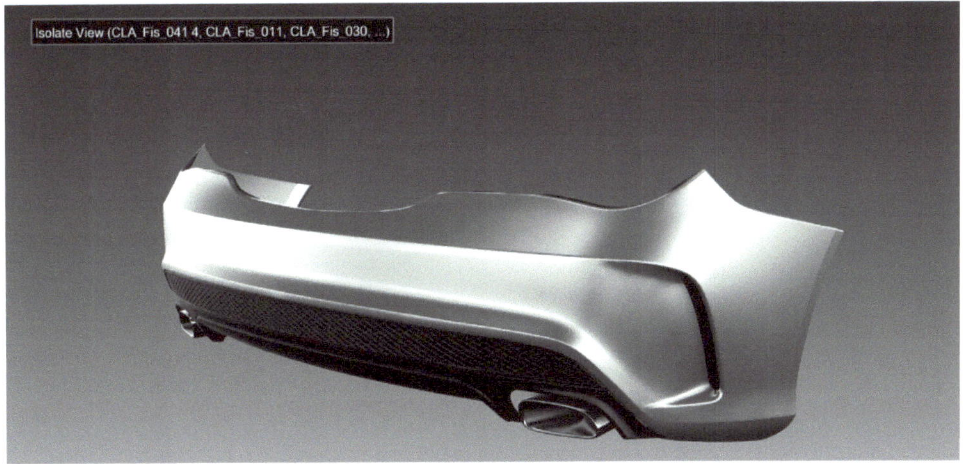

图11-5 后包围

11.2 外观表现思路

下面将从几个方面来讲解如何展开一辆汽车的外观表现思路，以及如何寻找表现的切入点。

11.2.1 结构线

汽车CGI摄影师、汽车可视化艺术家、汽车渲染师——无论是哪一种称呼，都不是汽车设计师。所以请一定要记住，我们不是汽车的设计者，而是把汽车设计者的造型方案呈现出来，并且使其变得好看的人。

所以，第一步就是理解汽车设计者的思路。而理解思路的核心，就在于车身Body Lines（结构线）。图11-6所示的是CLA典型的斜45° 视角，使用了一个最基本的摄影棚场景来进行照明。请尝试寻找并归纳这款CLA的主要车身结构线条。

图11-6 CLA典型斜45° 视角

TIPS 注意，你需要寻找的是车体本身的结构造型线条，而非反射环境的线条。

图11-7所示用红色标注了最重要的几条结构线，请与初始图像进行对比，观察这几条重要的结构线是如何切割车身反射的。

图11-7 重要结构线标注

试着观察其他几个重要角度，尝试自己寻找关键结构线，如图11-8~图11-10所示。

图11-8 寻找结构线1

图11-9 寻找结构线2

图11-10 寻找结构线3

相信你可以很容易找到其他的关键结构线，因为奔驰的设计是如此出色，以至于所有人都会被车辆本身的形态美所吸引。我为奔驰、奥迪、宝马执行了多年的广告项目，奔驰的设计从未让人失望过。

以上练习是为了引导你进行思考。事实上，要理解设计师的意图，往往会有更简单的方法，那就是Sketch（设计草图）：设计师通常在草图中完美地传达了他们对外观造型的预期，把握好这种预期，可视化工作将事半功倍。

看看图11-11和图11-12所示的草图，检查所寻找的结构线是否已经被非常明确地表现出来了，以及图中的基本明暗关系和反射信息是否对你有所帮助。

图11-11 CLA草图1

图11-12 CLA草图2

TIPS 使用谷歌网英文搜索“车辆型号+Sketch”，能获得大量高品质的原厂草图。

11.2.2 结构腰线

已经理解了车身结构线的意义，那么，在这么多线条中，存在最重要的一条吗？答案是肯定的，因为主次有别。在车身结构线中，最重要的一条叫作结构腰线。

结构腰线是指车身侧面的主要结构线，通常贯穿整个侧面。如图11-13所示，CLA有两条主要的结构腰线（红色）和一条次要的结构腰线（蓝色），它们共同决定了车体的侧面结构。将这几条线的明暗转折拉开，就能良好地表现出车身曲面造型的精髓。

图11-13 CLA的腰线

结构腰线之所以重要，是因为它决定了整个车身侧面的结构和反射走势。而车身侧面又是占比最大的一个面，表现好结构腰线，整个车身的表现就完成了一半。

当然，CLA或者说奔驰的新家族设计比较复杂。比较有代表性的结构腰线通常更简单——一条贯穿车体侧面的转折线。图11-14~图11-16所示的是不同车型的腰线参考，请尝试归纳它们的特征。

图11-14 福特翼虎（BITONE）

图11-15 奥迪A6L（BITONE）

图11-16 英菲尼迪Q50S（BITONE）

11.2.3 天际线（反射腰线）

天际线是环境地平线在车身侧面的反射，所以也叫反射腰线。它和车身的结构腰线一起，常被含混地统称为“腰线”。

天际线是外观表现的重中之重，对于它的作用，常用两个字概括：提神。

请观察图11-17，在VRED中模拟了CLA在开阔自然环境中的表现效果——一个晴天的下午。注意标注范围内的天际线反射，它在车身侧面产生了一个转折。

请观察图11-18所示的日落场景，注意在同样的位置是否存在一个同样的转折。

图11-17 晴朗开阔的机场环境

图11-18 黄昏的郊外环境

图11-17和图11-18说明了天际线反射的实际效果，在摄影棚环境中将其理想化，就得到了经典的影棚布光，如图11-19和图11-20所示。

图11-19 影棚中的“天际线”

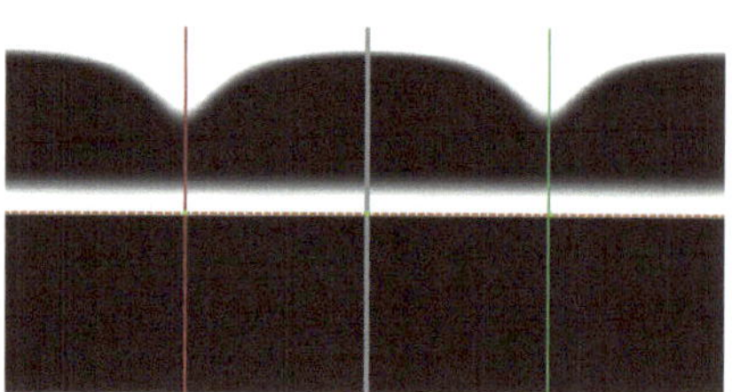

图11-20 使用HDR Light Studio生成的全景影棚HDRI

这条天际线是汽车外观设计中的重点，也是需要表现的重点，在项目中好好寻找合适的天际线表现形式，工作起来会得心应手。

图11-21所示是使用VRED默认Studio场景的CLA，与有天际线的示意图进行对比，你是否理解了“提神”的含义？

图11-21 VRED默认Studio场景中的CLA

11.3 布光原理

本节将介绍车辆外观表现的布光原理，引导读者创建自己的布光方案。事实上，虽然很多时候车辆布光方案看上去很复杂，但真正的核心无外乎“主光补光”四个字。

11.3.1 主光

天上只有一个太阳，场景只有一个主光。主光是场景中最亮的光，它决定了整个光照的基调和氛围。

理论上来说，主光可以被放置在任何位置，前提是不在乎结果是否好看。对于多数车辆而言，把主光放置在车体斜上方的位置能得到不错的效果：想象一下，如果要实际拍摄一辆车，你会选择在几点钟拍摄？而这个时间的太阳在什么位置？

下面用Skylight（天光）模拟了一系列光照环境，请认真查看它们，感受不同主光位置对车体表现的影响。（为了更好地表现光照特性，对图片结果做了一定的去色处理。）

图11-22所示为Material Editor（材质编辑器）中的Skylight（天光）缩略图；图中的黄色轨道代表了太阳在一天中的移动路径，明亮的黄点代表当前的太阳位置。将太阳的位置和强度保持不变，然后将环境沿z轴旋转一周（Rotate Z），以模拟不同方向的低位光照效果，模拟结果如图11-23所示。

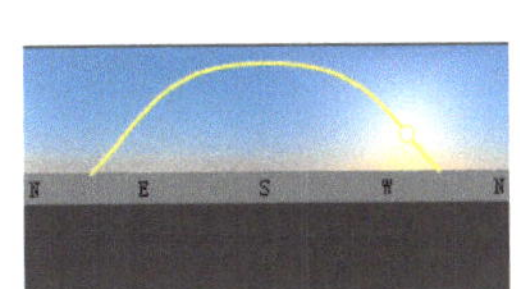

图11-22 太阳位置图示

图11-23 低位光照模拟

同样，以图11-24所示的位置较高的太阳为主光源，在保持太阳的位置和强度不变的情况下，将环境旋转一周所得到的效果如图11-25所示。

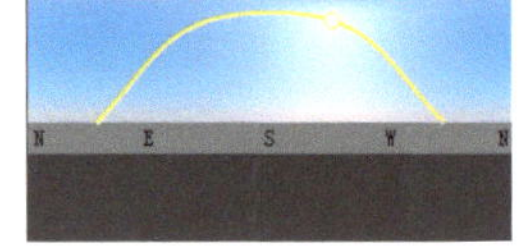

图11-24 太阳位置图示

图11-25 高位光照模拟

通过上述图像可知，位置较低的主光源可以为车身结构的表现带来更富戏剧性的效果，这也是影师偏好在下午和黄昏时拍摄的原因之一。

11.3.2 补光

补光是对主光的补充，需要在没有被主光照到的地方添加补光，以加强结构，避免产生过暗的区域。

补光常被放置在主光的反方向，以弥补主光造成的强烈阴影。比如，如果主光来自右方，那么将补光放置在左方。

以图11-26所示的汽车渲染场景为例，图11-27展示了主光和补光的相互关系。注意主光和补光的方向是否是相反的，HDR Light Studio的布光界面如图11-28所示。

图11-26 影棚中主光与补光的效果演示

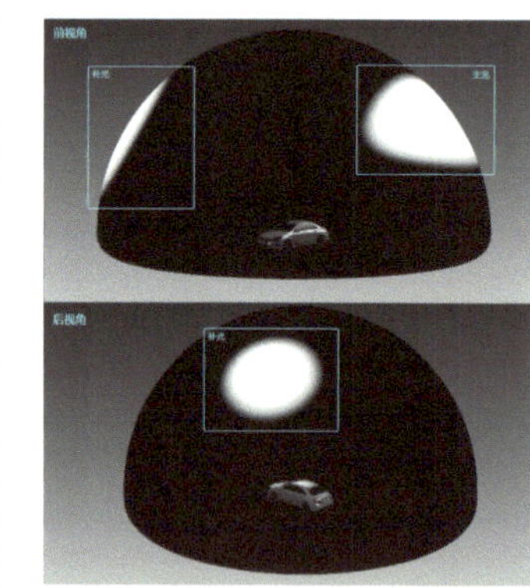

图11-27 空间中的主光和补光位置参考

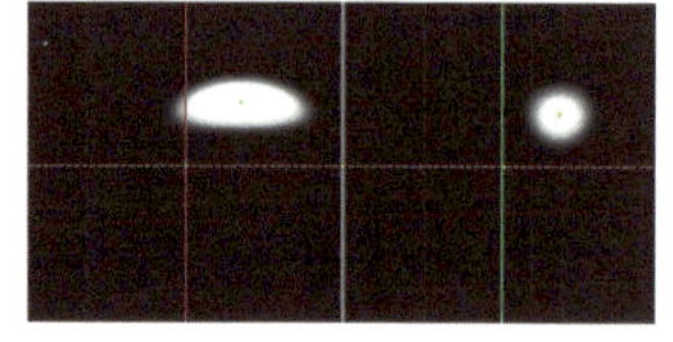
图11-28 HDR Light Studio布光界面中的灯光位置参考

11.3.3 背景光

背景光是一种特殊的补光，它被放置在对象背后，主要作用是“勾边”——将对象与背景分离。背景光的效果如图11-29所示，其空间位置如图11-30所示。

图11-29 背景光效果

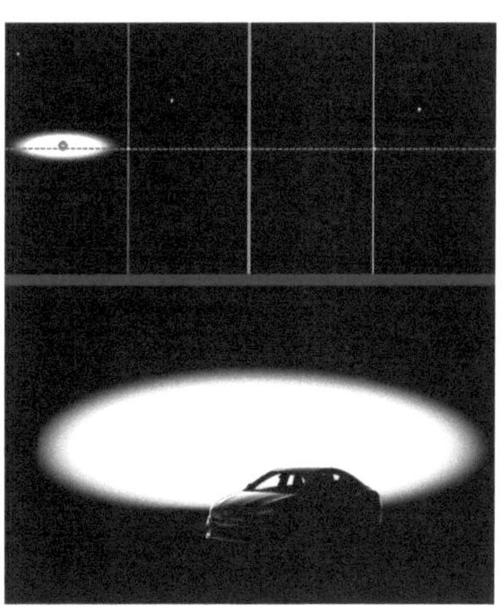
图11-30 HDR Light Studio中的背景光与VRED中的空间位置关系

11.3.4 综合布光

将上述经验进行总结，演示一个简单的布光案例。演示结果如图11-31所示，布光过程如图11-32所示。

图11-31 简单的影棚布光案例

图11-32 影棚布光的创建过程

创建过程说明

第1步：在环境的中低位置放置一个主光源，以拉开整个车身侧面的明暗结构。

第2步：添加天际线（反射腰线），以强化侧面结构并“提神”。

第3步：在主光的反向位置放置一个补光，以突出前脸结构。

第4步：添加一个高位光源，将引擎盖的结构进行明暗区分。

第5步：添加环境渐变，以获取对整个场景的均匀照明，避免产生死黑区域。另外，环境渐变还兼职了背景光的角色。

TIPS 无需手动操作这个案例，只需要理解创建思路即可。在后面的项目教学中将专门学习布光的方法。

关于HDRI光源与车身反射（照明）的对应关系，请参考图11-33和图11-34。

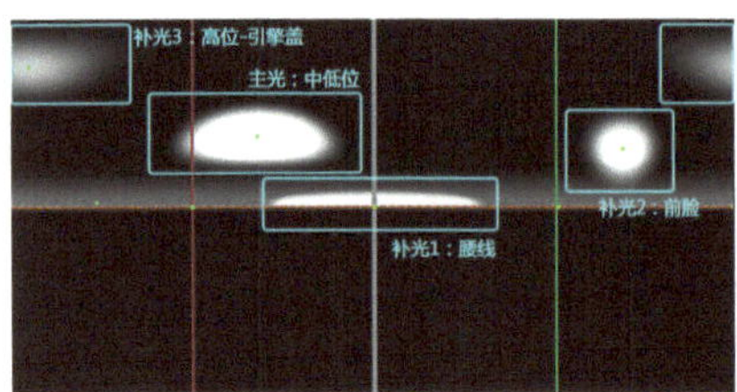

图11-33 布光HDRI

图11-34 车身光照对应关系

关于HDRI光源的空间位置，请参考图11-35。

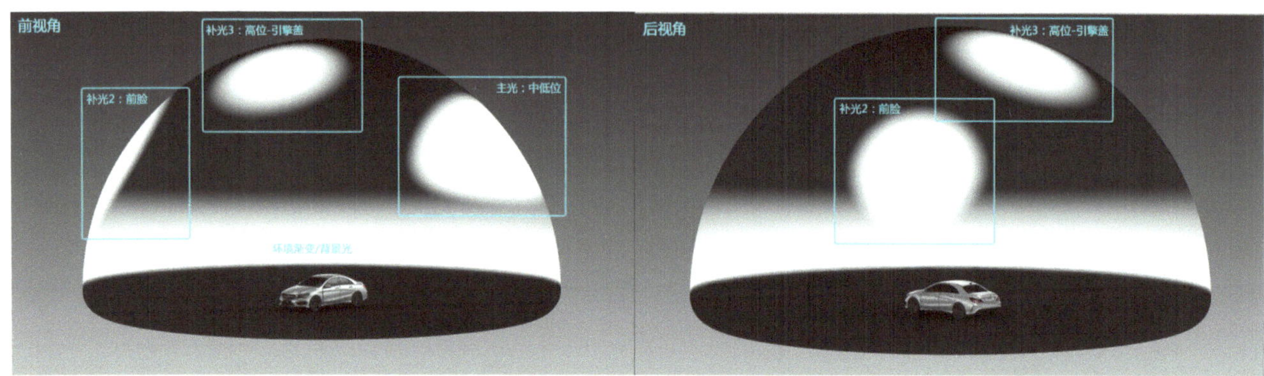

图11-35 环境空间关系

TIPS

在这个案例中，主光位置和引擎盖补光位置参考了Skylight（天光）环境的演示结果。

多数场景都需要有明确的主光，请牢记主光优先原则。但有一类特殊的影棚表现例外，它们不需要十分明显的主光，而是均匀地将整辆车照亮，以便用户能够清楚地看到这辆车的各个部分。这种图像一般应用于官方的车书，如图11-36所示，可以看到主光和补光的强度十分接近。

图11-36 梅赛德斯-奔驰C260L（BITONE）

12 项目教学01

VEHICLE VISUALIZATION

- 体验完整的VRED工作流程
- 模型导入与整理
- 材质指定与调整
- 摄影机使用方法
- 场景加载与调节
- 产品级渲染输出方法
- 标准后期文件使用
- 基础后期技巧学习

12.1 项目说明

这是一个入门练习，执行一个简单的外观表现项目，从头到尾，完整地体验整个工作流程。

这个项目的主要目的在于让你体验整套操作流程，为之后的项目学习打下基础，所以，不要把目光聚焦在美术质量上，只要能完整地走通整条流程，那么这个案例的学习目标就达成了。

在此之前，先确认已经完整地学习了相关软件的基础教学部分，没有这些知识背景，学习项目教学将会相当困难。项目最终结果如图12-1所示。

图12-1 最终效果

12.2 使用工作文件夹

要规范地使用工作文件夹以进行项目管理。不同的团队通常有不同的工作文件夹管理规范，为了方便学习，本书提供了一套精简的工作文件夹，专门用于项目教学。

读者可以在下载资源中的“WorkingFiles\01_SeperatedWorkingFiles”文件夹中找到相应的素材资源。工作文件夹以Case（案例）的方式展开，从Case00到Case05_Caustics。其中，Case00是基础资源文件夹，提供模型准备时需要的3ds Max工程文件和其他基本素材。这在“09 模型准备”章节对其进行过介绍，下面的内容可供复习。

» **Export（导出）文件夹：**存储最终导出完成的.fbx数据交换文件——CLA_Stormfisher_00.fbx。

» **Scenes（场景）文件夹：**存储原始3ds Max工程文件——CLA_Stormfisher_00.max。

» **Scripts（脚本）文件夹：**存储专用的涡轮平滑（Turbosmooth）管理脚本——Turbosmooth_Manager.mse（涡轮平滑管理器）。

» **Textures（纹理）文件夹：**存储相关纹理。

» **Misc（其他）文件夹：**存储后期修图标准合成文件——Standard Car Comp PSD.psd。

由于磁盘路径不同，当第一次打开原始工程文件CLA_Stormfisher_00.max时，可能存在贴图丢失的问题。可手动将贴图路径指定到下载资源中的“WorkingFiles\01_SeperatedWorkingFiles\Case00\Textures”文件夹。

Case01到Case05_Caustics是项目教学文件夹中的5个完整项目教学和一个补充教学——焦散。不同项目教学的工作文件夹内容稍有不同，具体的内容结构以Case01为例。

» **FinalWorks（最终结果）：**存储项目的最终制作结果，包含1920像素×1080像素、3840像素×2160像素两种尺寸的.jpg格式的文件。

» **Renderoutput（渲染输出）：**存储原始渲染输出结果及后期修图文件。其中原始输出为.png格式，修图文件为.psd格式。

» **Sceneassets（场景资源）：**存储场景制作时需要使用的资源文件，默认包含一个Images（图像）文件夹，用于存储场景中需要使用的图像文件。下面是Sceneassets\Images文件夹中各子文件夹的内容说明。

Backplate（背景）：存储背景图。默认包含一个DefaultColor（默认颜色）文件夹，用于提供基本的黑白灰纯色背景，尺寸分别为1920像素×1600像素和1920像素×1080像素。

Glare（光斑）：存储后期修图时需要使用的Glare（光斑）素材。默认包含两个文件夹，分别是G1和G2。其中G1的光斑较为写实，G2的较为华丽。

HDRI（高动态范围图像）：存储项目制作中需要使用的全景HDRI。注意，在项目中调整完成的最终HDRI并非常见的.hdr格式，而是.mtd格式，这是VRED的内部环境HDRI文件格式。在练习中可以使用VRED直接加载这种HDRI，以得到最终的环境光照结果。此外，部分项目可能包含WorkingFiles（工作文件）子文件夹，它们用来存储其他附属HDRI文件，如Case04中需要用到的运动模糊处理文件。

Textures（纹理）：存储项目制作中需要使用的纹理图像，包括车辆本身的贴图，以及修图时需要用到的焦散（Caustics）贴图和地面车灯照明贴图。

» **Scenes（场景）：**存储完整的VRED场景工程文件，为.vpb格式。

将这些工作文件夹复制到本地硬盘中，然后打开Case01目录，开始项目教学。

注意，工作文件夹务必使用全英文路径。许多专业软件对于中文的支持都存在问题，所以在工作中应避免出现任何中文路径或中文文件名，这条说明适用于整个教学环节。

12.3 模型准备与导入

关于模型准备的相关知识请参考基础教学的“09 模型准备”章节。现在假定已经完成了模型准备，并且已将模型按照操作的要求导出为.fbx格式。

没有完成导出也没有关系，可以直接使用所提供的.fbx文件。但由于路径变化，直接使用所提供的.fbx文件可能会缺少初始贴图（车胎、制动盘及车牌）。

12.3.1 模型导入

启动VRED文件，然后单击图标栏的Open（打开）按钮，打开.fbx文件，接着在“Import Options”（导入选项）对话框中单击OK（确认）按钮，如图12-2所示。导入完成后，就能在软件中看到CLA了，如图12-3所示。

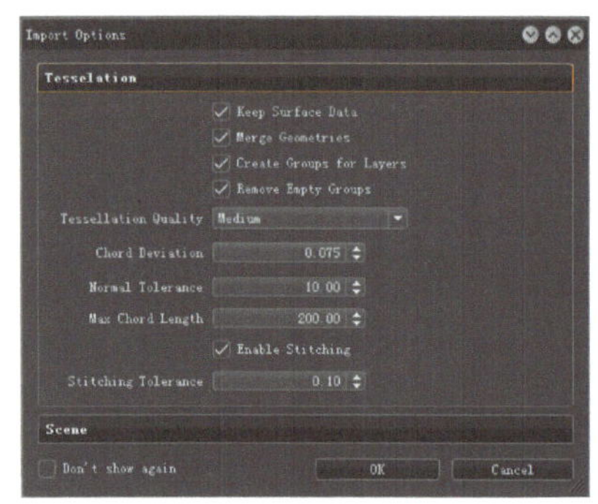

图12-2 导入选项对话框

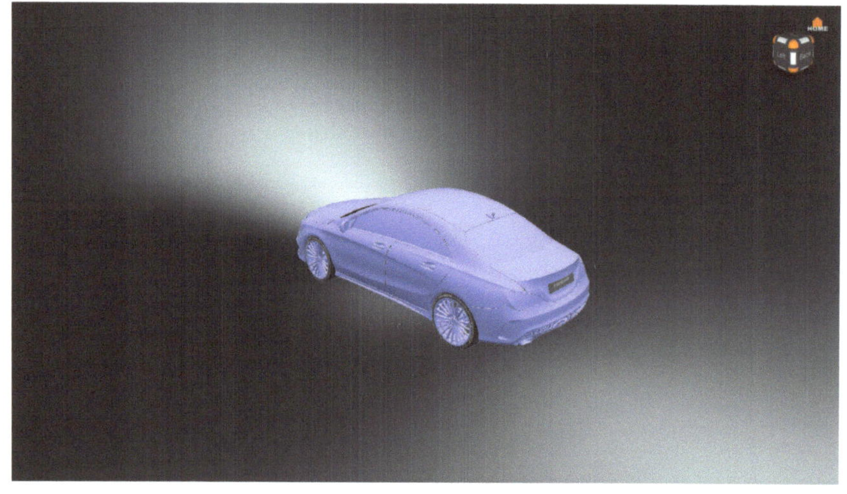

图12-3 导入VRED中的CLA

如果平常的操作对象都是CLA这样的多边形模型，而非工业数据，可以考虑勾选Don't show again（不要再提示）复选框。

12.3.2 场景优化

STEP 01 使用鼠标左键旋转视口，通常都会感到系统响应极其缓慢，这时我们需要优化场景。在菜单栏中执行File（文件）>Optimize Scene（优化场景）菜单命令，如图12-4所示。

STEP 02 在打开的Optimize Scene（优化场景）对话框中选择Optimize Geometries（优化几何体）选项，如图12-5所示。然后单击OK按钮，执行优化操作。当计算完成后，再次旋转视口，则发现系统不再卡顿了。

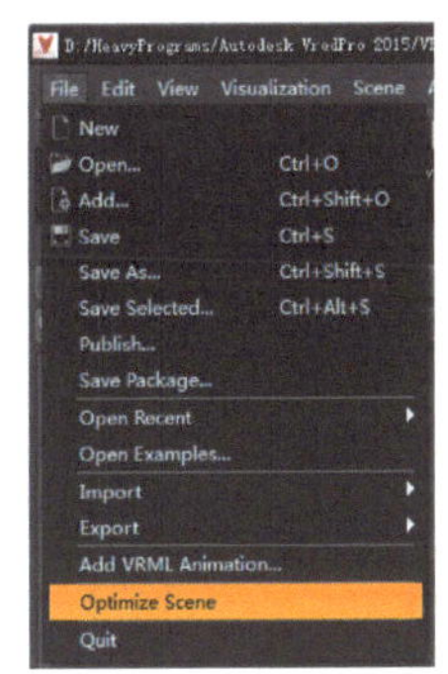

图12-4 打开优化场景模块

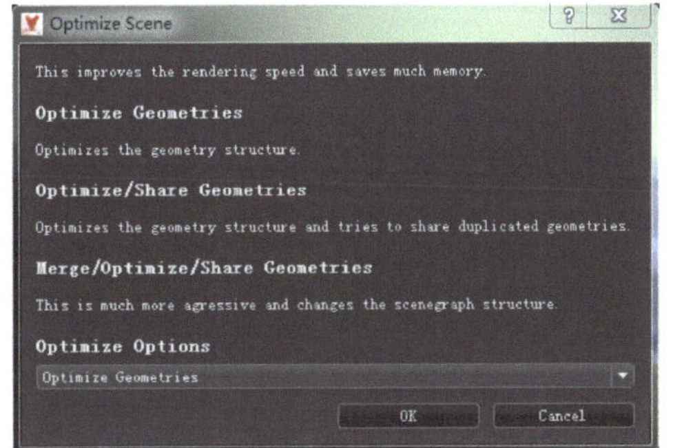

图12-5 优化场景模块

12.3.3 清理顶点信息

STEP 01 由于许多模型都可能带有顶点信息，而这些信息可能带来错误，所以还需要清理顶点信息。在快捷方式栏中打开Graph（结构树），如图12-6所示。

图12-6 打开Graph

STEP 02 在结构树中选中CLA对象的根节点，通常它会被自动命名为RootNode（根节点），如图12-7所示。在菜单栏中执行Scene（场景）>Ambient Occlusion（AO模块）命令，如图12-8所示。

STEP 03 在AO模块中，使用两个Clear All（清除所有）命令清除顶点信息，如图12-9所示。然后关闭AO模块，顶点信息清理完成。

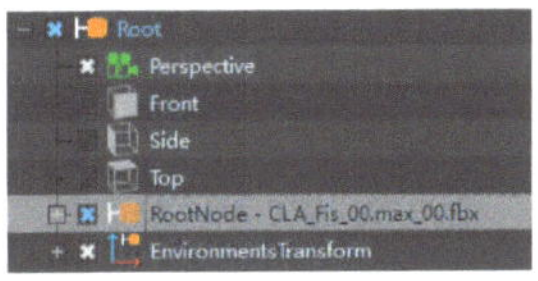

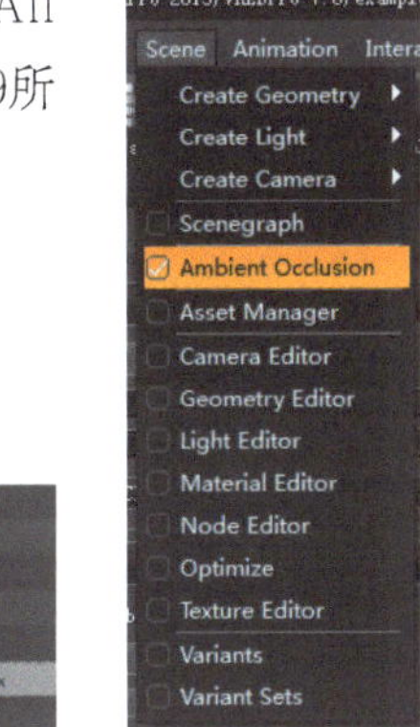

图12-7 选中CLA对象根节点

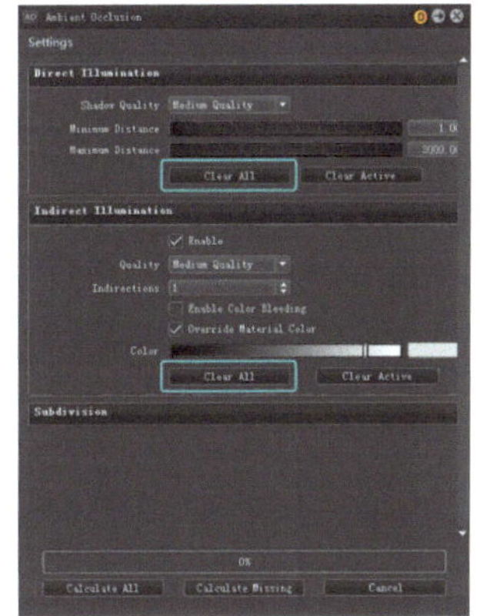

图12-8 打开AO管理器

图12-9 清除顶点信息

12.3.4 法线检查

STEP 01 在菜单栏中执行Visualization（可视化）>Vertex/Face Normal Rendering（法线诊断模式）命令激活法线诊断模式，如图12-10所示。然后检查车体，确认对象都显示为绿色，如图12-11和图12-12所示。

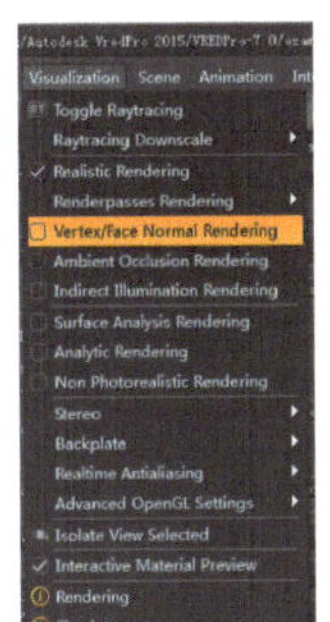

图12-10 激活法线诊断模式

图12-11 车体法线检查1

图12-12 车体法线检查2

在本项目中，因为已经在3ds Max中进行了细致的法线检查，所以看到的结果都是正确的。如果遇到了法线错误，可参考基础教学的Geometry Editor（几何编辑器）的内容，修复法线的错误。

STEP 02 执行Visualization（可视化）>Realistic Rendering（写实渲染）命令回到标准的写实渲染模式，如图12-13所示。至此，导入工作完成，开始材质指定工作。

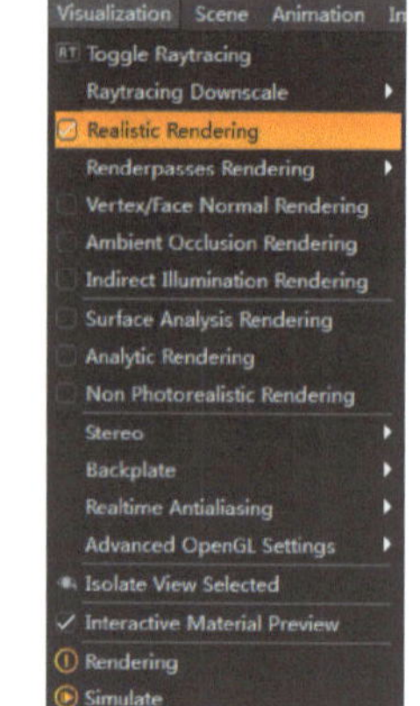

图12-13 Realistic Rendering

TIPS 如果导入的对象没有原始材质，可能会使渲染窗口显示为死黑一片。激活Headlight（默认头灯）按钮或许可以解决这个问题。不过请注意，当进行到布光和渲染等环节时，务必关闭Headlight（默认头灯）。

12.4 材质指定

完成了场景的基本准备工作以后，将开始材质指定工作。在正式开始之前，需要预先收集与车辆相关的参考图片，以准确地评估材质特性。高效地搜集参考图可以提高工作效率，对此推荐以下4种方法。

第1种： Netcarshow。这是一个专业的汽车图片网站，收集了各车厂、各年代和各车型的图片。Netcarshow网站链接：http://www.netcarshow.com/，或扫描图12-14所示的二维码。

TIPS Netcarshow的资料按照品牌和年代进行分类。要快速查找目标车型，可在进入目标品牌列表以后，按快捷键Ctrl+F查找目标关键词。

图12-14 Netcarshow网址二维码

第2种： 搜索引擎。如果要使用搜索引擎查找资料，Google+英文关键词是第一选择。下面将相关关键词罗列如下。

- **车辆型号：** 如“CLA”，用于搜索相关车型的各类图片。
- **车辆型号+Blueprint：** 如“CLA Blueprint”，用于搜索相关车型的三视图（蓝图）。
- **车辆型号+Wallpaper：** 如“CLA Wallpaper”，用于搜索相关车型的壁纸。
- **车辆型号+Sketch：** 如“CLA Sketch”，用于搜索相关车型的设计草图。

此外，也可以使用BING（必应）。但是请注意，如无必要，不建议使用国产搜索引擎。

第3种：汽车网站。汽车之家、易车网及太平洋汽车网等专业汽车网站都提供了大量的车型实拍图。当需要细节照片时，这些网站通常都不会辜负你的期望。

第4种：官方网站。从官方网站上也能获取目标车型的相关图片。某些官方网站还提供了车书下载和360°全景观车功能，要善加利用这些资源。

在查找参考图片时请注意，由于不同年份、不同配置和不同市场等因素，同一款车会有相当多的版本，请多加注意相关区别，如图12-15和图12-16所示。

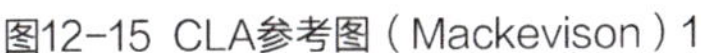

图12-15 CLA参考图（Mackevison）1

图12-16 CLA参考图（Mackevison）2

在搜集参考图时，如果遇到效果出色的图像，可将其保存下来。在进行创作时，这些保存下来的图像会成为得力的美术参考。

12.4.1 引用预设材质

在开始工作前，要确保抗锯齿功能、RT（光线追踪）功能、Region（区域渲染）功能都处于关闭状态，如果能够看到对象，建议将Headlight（默认头灯）功能关闭，如图12-17所示。

TIPS 在材质指定的工作过程中，建议将抗锯齿与RT（光线追踪）功能一直保持关闭状态，以免造成资源浪费和显示错误。

图12-17 抗锯齿、RT按钮和Headlight按钮

STEP 01 要快速完成材质指定工作需要使用Asset Manager（预设管理器）。执行菜单栏的Scene（场景）> Asset Manager（预设管理器）命令，打开Asset Manager（预设管理器），如图12-18所示。然后切换到Manterials（材质）页面，如图12-19所示。

图12-18 打开预设管理器　图12-19 预设管理器材质页面

STEP 02 先从车漆材质开始，以它来演示如何从Asset Manager（预设管理器）中引用材质，并将其复制到相应对象。在Asset Manager（预设管理器）中选中Carpaints（车漆）>Metallic（金属漆）文件夹下的Metallic blue（金属蓝）材质球，如图12-20所示。将这个材质球拖曳到渲染窗口中的车辆引擎盖上，完成第1个材质的指定，如图12-21所示。

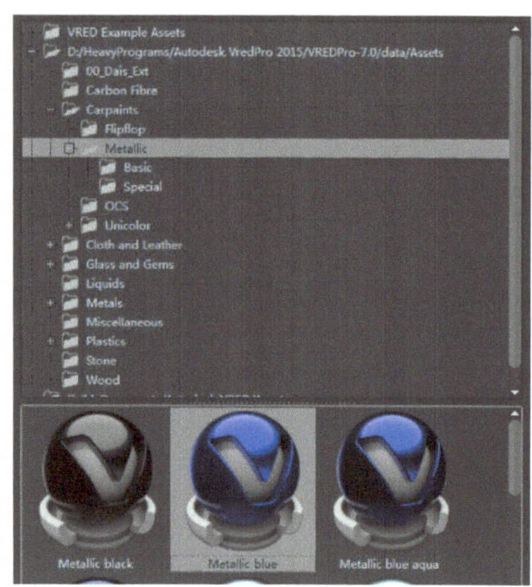

图12-20 金属蓝材质球

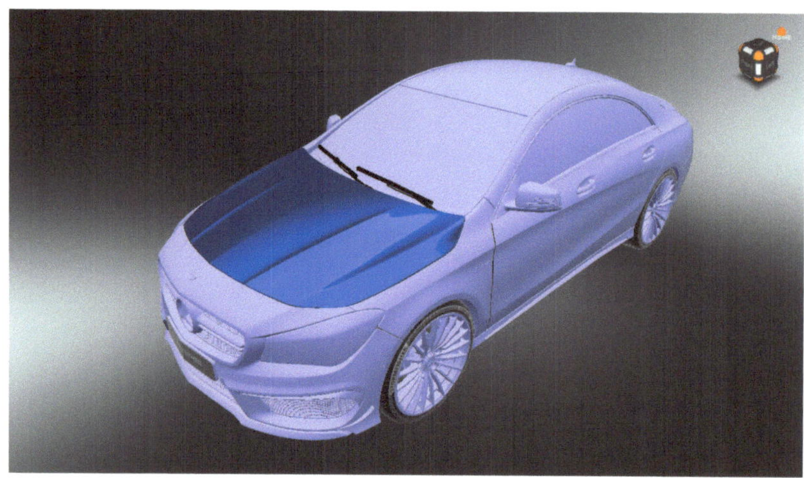

图12-21 为引擎盖指定车漆

STEP 03 切换到渲染窗口，按住M键的同时单击引擎盖，以复制这个材质，复制成功时可以看到鼠标指针旁边出现了一个当前材质球。然后按住M键的同时，在其他需要使用车漆的对象上单击鼠标右键，以粘贴刚才复制的材质。材质粘贴完成后的效果如图12-22所示。

使用这种方法复制出的材质都是同一个实例，即这些对象共享同一个材质球。

图12-22 将引擎盖的车漆材质复制给其他对象

STEP 04 检查并确认所有的车漆对象都已指定完成，然后为其他对象指定材质，其方法与车漆材质相同。注意暂时不要为车胎、车牌等已带有贴图的对象指定材质，在下面的章节中会专门介绍贴图对象的材质的处理方法。

TIPS

Materials（材质）页面的内容翻译请参考图12-23所示。另外，根据表12-1为模型引用适当的预设。

图12-23 预设中英对照表

表12-1 模型预设

车身材质	一级文件夹	二级文件夹	预设材质球
车漆	Carpaints	Metallic	需要的颜色（这里使用了蓝色的Metallic blue）
大灯罩	Glass and Gems	Acrylic Glass	Headlight White
尾灯罩	Glass and Gems	Acrylic Glass	Rearlight red
大灯金属（高反射）	Metals	Aluminium	Aluminium polished
大灯金属（亚光）	Metals	Aluminium	Aluminium matte
车窗	Glass and Gems	Clear	Glass white
轮毂（拉丝）	Metals	Aluminium	Aluminium brushed
轮毂（亚光）	Metals	Aluminium	Aluminium matte
轮毂（抛光）	Metals	Aluminium	Aluminium polished
制动盘（此时暂不使用）	Metals	Miscellaneous	Brakedisc
制动卡钳	Carpaints	Metallic	需要的颜色（这里使用了红色的Metallic red）
车胎（程序纹理式）（此时暂不使用）	Miscellaneous	/	Tire
黑色亚光金属	Metals	Miscellaneous	Metal black
铬合金	Metals	Chrome	Chrome
亚光黑塑料	Plastics	Plain	Plastic black
反光黑塑料（钢琴漆）	Plastics	Reflective	Reflective black
纯黑色材质（挡光板）	Miscellaneous	/	Black
碳纤维	Carbon Fibre	/	Carbon 2x
车牌（VRED式样）（此时暂不使用）	Miscellaneous	/	License Plate VRED
自发光对象（此时暂不使用）	Miscellaneous	/	Emissive White ON

STEP 05 为内饰对象指定材质。这里不使用预设材质作为内饰材质，因为对于外观表现来说，内饰材质是十分次要的部分。在Material Editor（材质编辑器）中随意创建一个Plastic（塑料）材质，并将它赋予内饰对象，然后取名为“Int_Black”，意思是“内饰_黑色”。此后，暂时将Plastic Material（塑料材质）卷展栏下的Diffuse Color（漫反射颜色）和Glossy Color（高光颜色）都设定为黑色，如图12-24所示，以免内饰对象干扰处理外观工作。

图12-24 Plastic Material（塑料材质基本参数）

12.4.2 为车灯指定材质

此处以“前大灯”为例介绍玻璃材质的使用方法。前大灯灯罩分为3层，其中第1层是最外层的大灯罩，第2层是内部的行车灯（Daytime Running Light）灯罩，第3层是行车灯灯罩的折射细节结构。在图12-25中，从左到右分别是大灯灯罩、行车灯灯罩和折射细节结构。图12-26所示是第三层折射细节结构特写。

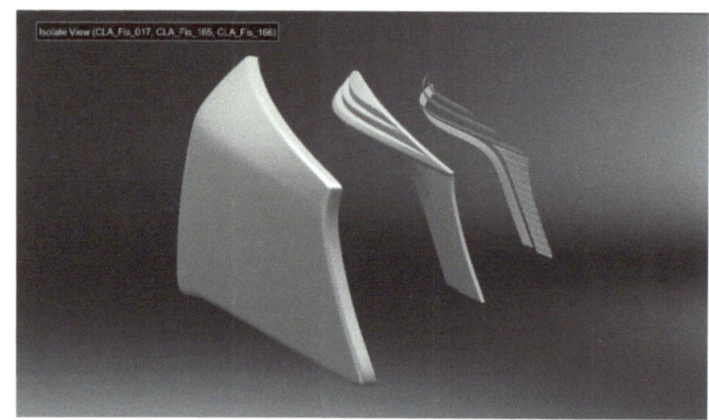

图12-25 灯罩结构

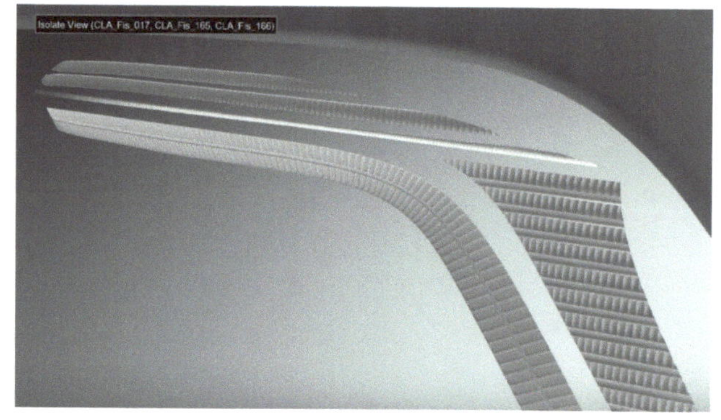

图12-26 折射细节结构特写

严格来说，折射细节结构应当是与行车灯灯罩一体成型的，真车即是如此。只是这样的结构建模难度太大，所以将它们拆分开，使用阵列方法单独制作了第3层。这种做法对于工业建模来说是不可理喻的，不过从视觉表现角度来说，倒是一个省时省力的好技巧。

大灯罩与行车灯灯罩都是有厚度的Solid（实体）模型，这是透明对象的正确建模方法。但折射细节结构不同，考虑到制作厚度可能带来难以想象的多边形数量，所以让它保持了单面状态。

处理车灯等对象的材质时，可以在选中灯罩后，按快捷键Ctrl+H将其隐藏，以方便操作灯罩后的对象。按快捷键Ctrl+Shift+J可以反隐藏所有对象。

下面使用前面学过的方法将Glass and Gems（玻璃与珠宝）>Acrylic Glass（丙烯酸玻璃）>Headlight White（头灯白）材质指定给这3个对象。注意，这个材质预设的Simulated Thickness（模拟厚度）参数为0，如图12-27所示。也就是说，不使用软件方法为玻璃材质模拟厚度——这是实体的、有厚度的折射对象所使用的标准参数。

图12-27 Simulated Thickness参数，位于Glass Material卷展栏中

现在的第3层折射细节结构是没有厚度的，而根据基础教学部分所学到的知识，是否应该为它提高Simulated Thickness（模拟厚度）参数，用软件方法模拟玻璃厚度呢？

答案：从理论上来说是正确的，但是在实际工作中应该先做测试。对于窗户、灯罩等大面积的折射对象来说，添加Simulated Thickness（模拟厚度）是必需的，否则会出现错误严重的计算结果（如在工作中遇到过内饰渲染结果像鱼缸的情况）。但是，对于折射细节结构这种小型的细碎对象来说，不添加Simulated Thickness（模拟厚度）有时会带来意想不到的奇妙结果。

无需在自己的场景中做这个测试，查看所提供的测试结果即可。图12-28所示是折射细节结构所用材质的Simulated Thickness（模拟厚度）参数为1的计算结果，图12-29所示是折射细节结构所用材质的Simulated Thickness（模拟厚度）参数为0的计算结果。

图12-28 Simulated Thickness参数为1

图12-29 Simulated Thickness参数为0

通过模拟可以看出，虽然正确的厚度模拟带来正确的计算结果，但是不正确的零厚度模式反而产生了更丰富多彩的大灯细节，因而在这里可以灵活处置，保持折射细节结构对象的“错误”计算方式。

TIPS

灯罩、车窗等大面积的折射对象千万不要使用零厚度模式！

如果你打算做这个测试，那么，为折射细节结构添加软件模拟厚度时，要先为它指定一个新的玻璃材质，否则会造成大灯罩和转向灯罩的同步材质修改。

从法线诊断模式上来说，折射细节结构的法线是反向的。不过由于它位于最里层，且不影响光线追踪计算结果，所以没有对其进行修正。

12.4.3 贴图材质调试

完成常规的预设引用的学习后，下面来学习贴图对象的材质操作。因为导入的车胎和车牌对象都已经设置了UV坐标，并且已经添加了贴图，所以无需为它们指定预设材质。只需沿用现有材质，调整相应参数即可得到所需的结果。下面以车胎为例进行讲解。

STEP 01 选中一个车胎对象。使用快捷方式图标打开Material Editor（材质编辑器），如图12-30所示。

图12-30 打开材质编辑器

STEP 02 在Diffuse Texture（漫反射纹理）卷展栏中删除图12-31中原有的凹凸贴图（Tyre_SideWall_SF_Bump.png），然后加载真正的车胎漫反射贴图Tyre_SideWall_SF_Diff.png，如图12-32所示。如果贴图的Use Alpha复选框已被勾选，那么应取消选择。

图12-31 凹凸贴图Tyre_SideWall_SF_Bump.png

图12-32 漫反射贴图Tyre_SideWall_SF_Diff.png

TIPS 之所以会出现贴图替换这一步，是因为在3ds Max中使用了凹凸贴图作为UV位置的检查贴图。如果使用漫反射贴图来检查UV，就不需要这个步骤了。但是漫反射贴图在3ds Max的视口中可能存在显示不清的问题，所以，建议在工作中使用凹凸贴图。

STEP 03 勾选Diffuse Texture（漫反射纹理）卷展栏下的Link Texture Settings（链接纹理设定）复选框，如图12-33所示。

STEP 04 进入Bump Texture（凹凸纹理）卷展栏，使用加载按钮将贴图文件Tyre_SideWall_SF_Bump.png作为凹凸纹理进行加载。然后勾选Bump Texture（凹凸纹理）卷展栏下的Link Texture Settings（链接纹理设定）复选框，使凹凸贴图和漫反射贴图的相关参数同步化。接着将Bump Type（凹凸模式）修改为Displacement Mapping（置换模式），再适当调整Bump Intensity（凹凸强度），以获得胎壁凹凸感，如图12-34所示。

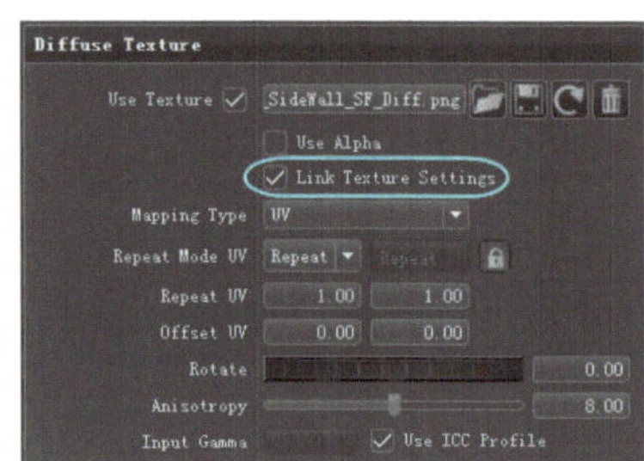

图12-33 Diffuse Texture设置

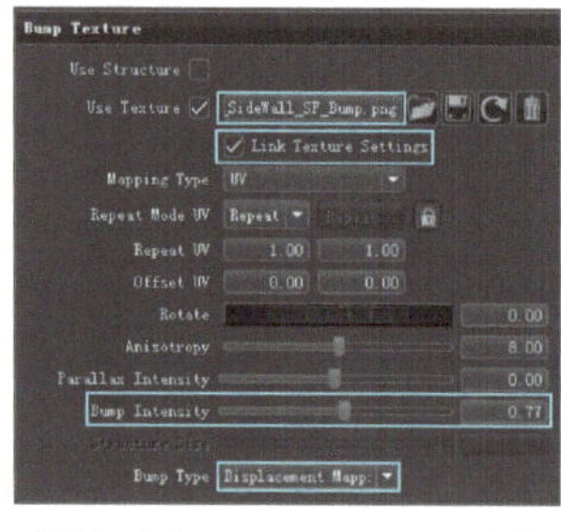

图12-34 Bump Texture 设置

在调试Bump Intensity（凹凸强度）时，0.5~0.9的数值通常值得优先尝试。

STEP 05 降低Diffuse Color（漫反射颜色）亮度，调整Glossy Color（高光颜色），降低Roughness（粗糙度）参数，如图12-35所示。至此，车胎设定基本完成，只需在具体的渲染场景中微调即可。

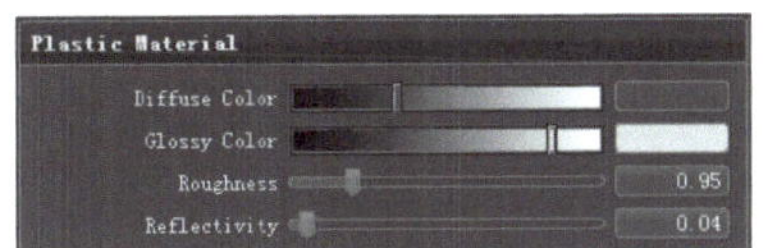

图12-35 基础参数设置

如果车胎对象已经有良好的UV设置，则使用上述调整方法。如果没有，则使用系统自带的Miscellaneous（其他）>Tire（轮胎）材质。该材质可以更方便地调试车胎，但缺点是对于没有设置轴心的对象，同样的材质需要前后轮各调试一次。

12.4.4 碳纤维材质调试

Carbon Fibre（碳纤维）人见人爱，虽然量产车上很少使用碳纤维，但是很多汽车爱好者都对这种材质偏爱有加，因此在这里做专门讲解。

STEP 01 将Asset Manager（预设管理器）中的Carbon Fibre（碳纤维）文件夹下的Carbon 2x（碳纤维 2x）材质指定给对象。图12-36所示的橙色标注即是碳纤维部分，初始效果很好。

STEP 02 适当调整Carbon Pattern（碳纤维图案）卷展栏下的Pattern Size（图案尺寸）参数，以获得合适的碳纤维大小，如图12-37所示。

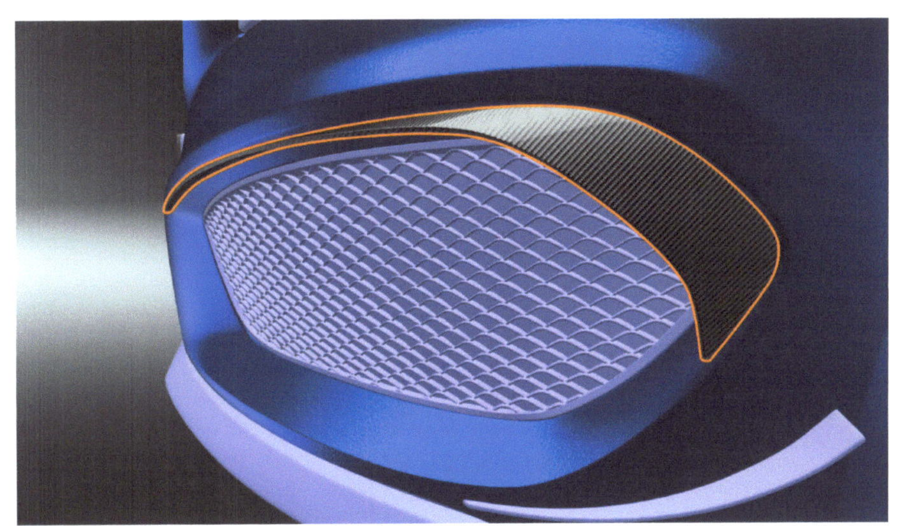

图12-36 指定Carbon 2x材质

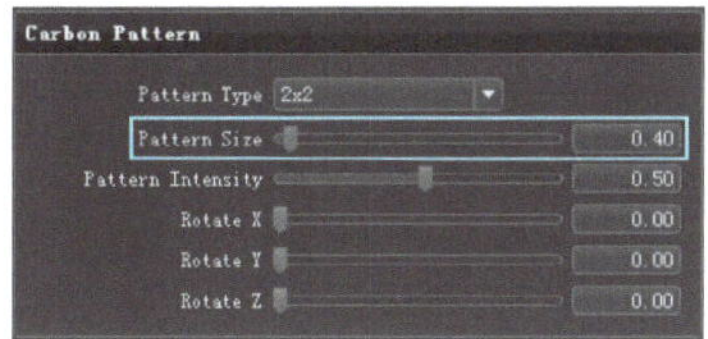

图12-37 碳纤维图案参数

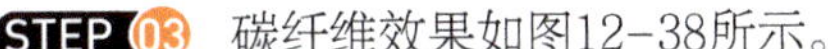

STEP 03 碳纤维效果如图12-38所示。

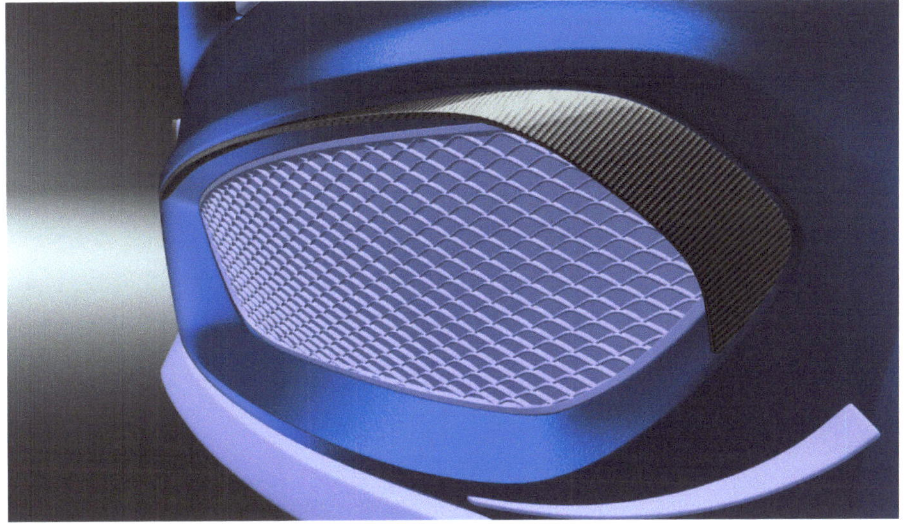

图12-38 碳纤维效果

12.4.5 清理橘皮

许多预设的车漆材质出于真实性考虑，都自带橘皮效果，效果如图12-39所示。但是，在广告表现时通常希望车漆表面像打蜡一样光亮，所以此时请检查车漆材质，如果预设打开了橘皮效果，则将其关闭，效果如图12-40所示。

图12-39 带有橘皮的预设车漆

图12-40 关闭橘皮的预设车漆

TIPS

关闭橘皮效果的方法如下。

使车漆进入Modify（修改）模式，然后取消Clearcoat（清漆）卷展栏下的Use Orange Peel（使用橘皮效果）选项。在后面的项目教学中，有时为了说明参数或追求演示效果，会重新启用轻微的橘皮效果。

12.4.6 烘焙地面

有必要烘焙地面，以便在实时预览时观察到更好的接地感。选中ShadowPlane（地面阴影片）对象，打开Ambient Occlusion（AO面板），使用图12-41所示的参数进行烘焙（中等质量阴影、低质量细分），烘焙效果如图12-42所示。

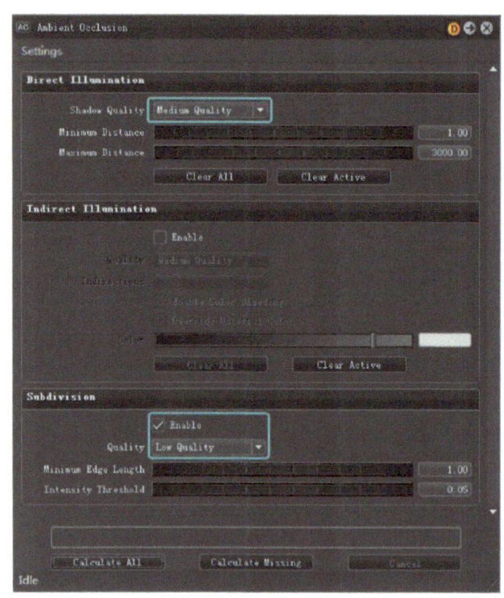

图12-41 地面烘焙参数

图12-42 地面烘焙结果

12.4.7 烘焙车辆

如果项目时间充裕，则可以将车体进行烘焙，以获得更好的实时预览效果。在这个项目中，使用和烘焙地面相同的参数来烘焙了车体对象。当然，也可以使用其他参数以节约时间，或者强化效果。烘焙后的预览效果如图12-43所示。烘焙后的AO通道效果如图12-44所示。

图12-43 烘焙后的预览效果

图12-44 烘焙后的AO通道效果

注意，栅格处的黑斑是参数过低而导致的，如果时间充裕，使用最高的Direct Illumination（直接照明）和Subdivision（细分）参数可以避免出现这样的黑斑。

12.4.8 更换环境

默认的影棚环境不够真实，当完成材质指定的基本工作后，应该观察材质在真实场景中的表现。为此，需要更换场景环境。通常使用预设中的Airfield或Winding_Road场景环境来检查材质效果。

STEP 01 打开Asset Manager（预设管理器），将页面切换到Environments（环境），然后找到Airfield或Winding_Road环境预设，如图12-45和图12-46所示。

STEP 02 用鼠标右键单击缩略图，在弹出的快捷菜单中选择Add to Scene（添加到场景）选项，如图12-47所示。

图12-45 Airfield

图12-46 Winding_Road

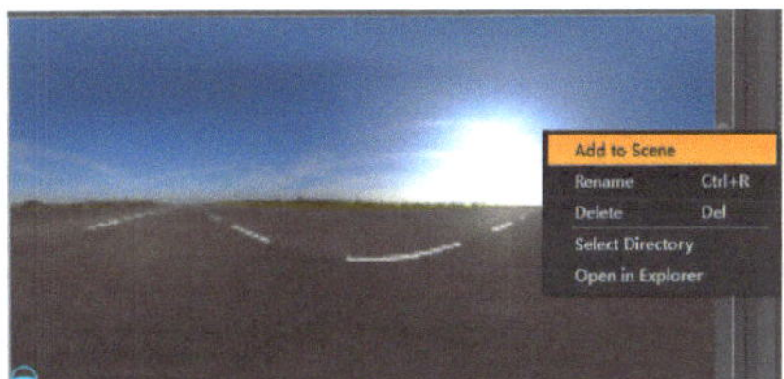

图12-47 添加环境至场景

STEP 03 为新添加环境的地面阴影片烘焙AO，完成效果如图12-48和图12-49所示。

图12-48 Airfield场景

图12-49 Winding_Road场景

当场景替换完成以后，可以多角度地观察车辆，对比参考图，以查看材质效果是否符合预期。如果不符合预期效果，应进行进一步的微调。

不过，在微调材质时请注意，这时的调整并不是为了得到最终的渲染结果，而是为了消除某些硬伤。例如，因为具体的材质参数往往与具体的环境光照息息相关，而且实时预览的显示效果与最终输出使用的Full Global Illumination（FGI，完整全局照明）效果也存在一定的差别。所以，在这一步主要关注大致的材质效果是否正确，将最终的细节微调留到环境调试完成以后再进行。

不要死记硬背材质参数！要根据对现实世界的观察和对所需效果的预期来灵活地修改参数。可以套用我的模板出100张图，但是这不能代替你对质感的理解。

12.4.9 制动盘与拉丝金属

这是补充课程，让我们来学习特殊的制动盘材质，也就是拉丝金属材质的使用方法。在案例场景中，制动盘已经带有贴图，可以使用讲解过的车胎材质的制作方法，继续使用这张贴图来制作制动盘效果，也可以使用系统提供的制动盘专用材质（Brakedisc）。在这里将学习拉丝金属的用法，顺便理解它的调试思路。

首先需要观察拉丝金属对象，了解它们的视觉特点。拉丝金属对象最典型的特点是条状的明亮各向异性（Anisotropy）高光，以及强度虽高但并不清晰的反射。这种效果的成因在于物体表面有着细小的平行状凹凸结构，这种凹凸结构从宏观意义上来说，使物体表面在各个方向上的粗糙度变得不一致，因而表现出了条状的高光，而非普通材质的圆形高光。这种不一致，就是“各向异性”这个说法的来源。

图12-50所示是梅赛德斯-奔驰 F015概念车轮毂，标注中的线条状高光即是典型的拉丝金属高光，也就是各向异性高光。

图12-51所示是大众E-UP轮毂的各向异性高光。

图12-50 梅赛德斯-奔驰 F015概念车轮毂的各向异性高光

图12-51 大众E-UP轮毂的各向异性高光

图12-52所示是BRABUS（巴博斯）改装的SMART，注意LOGO上的各向异性特征。

图12-53所示是Audi Q7的制动盘，注意环状的细小凹槽。

作为对比，使用VRED模拟了普通材质的圆形高光（画面正中），相信你已经见过许多次这样的高光，如图12-54所示。

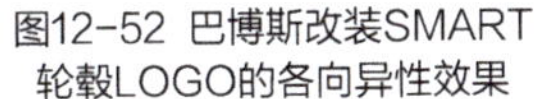

图12-52 巴博斯改装SMART轮毂LOGO的各向异性效果

图12-53 Audi Q7的制动盘

图12-54 普通材质的圆形高光（画面正中）

要在VRED中模拟各向异性效果，需要从纹理凹凸和高光模糊两个方面入手。

STEP 01 激活Headlight（默认头灯）按钮。这是一个特殊场合，需要激活默认头灯，以方便在视口中观察强烈的各向异性高光效果。然后在Asset Manager（预设管理器）中将Metals（金属）>Miscellaneous（其他）文件夹内的Brakedisc（制动盘）材质指定给制动盘对象，如图12-55所示。目前，可以看到这个效果不正确，拉丝圆心出现了位置错误。

STEP 02 制动盘材质使用程序纹理计算拉丝效果，所以，需要为它设定坐标和计算方式。在Material Editor（材质编辑器）中单击Modify（修改）按钮进入编辑模式，如图12-56所示。

STEP 03 打开Brush Orientation（拉丝方向）卷展栏，使用这些参数调整拉丝纹理，如图12-57所示。

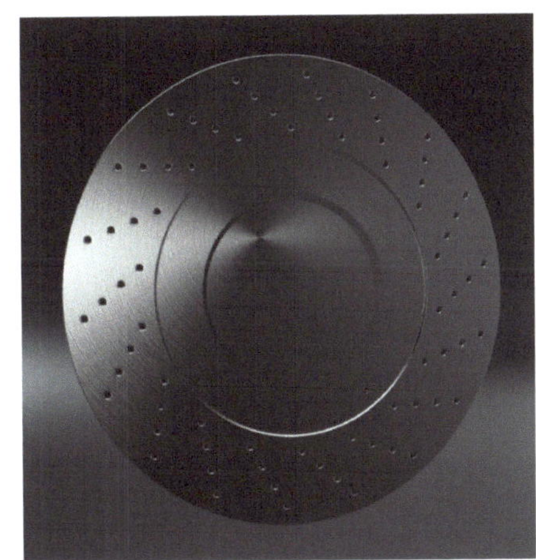

图12-55 制动盘材质默认效果

图12-56 Modify模式按钮

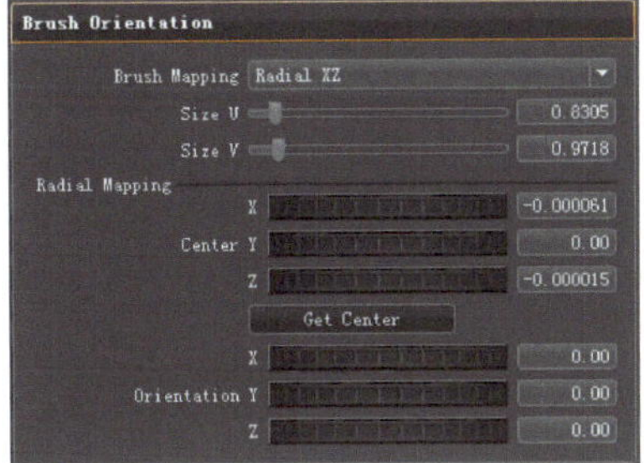

图12-57 Brush Orientation卷展栏

TIPS

在这个卷展栏中，Brush Mapping（拉丝贴图）选项用于设定拉丝模式，其中Planner（平面）模式用于平面拉丝，Radial（径向）模式用于径向拉丝。XZ/XY/YZ等后缀表示拉丝平面的方向。由于需要制作竖直放置的制动盘，所以使用了径向垂直模式——Radial XZ（径向 XZ）。

无需死背坐标轴，如果觉得拉丝方向不对，可以多尝试几次。通常制动盘使用Radial XZ（也就是默认设置）方向，如果在制作中需要其他的拉丝方向，可手动选择。

STEP 04 单击Get Center（获取中心）按钮，让程序自动拾取对象中心坐标，对齐拉丝坐标，基本拉丝效果即完成，如图12-58所示。图中的蓝色轴是*z*轴，红色轴是*x*轴，它们定义的平面即是XZ平面。

STEP 05 坐标正确以后，需要调整拉丝纹理的大小，默认的效果已经非常不错。但可以使用Size U（尺寸U）和Size V（尺寸V）两个参数做进一步调整。Size U和Size V表示纹理在U和V两个方向上的平铺尺寸。换句话说，它们控制拉丝的长度和宽度。Size U决定了拉丝的宽度，是主要参数，可以尝试修改它的数值，观察它对拉丝粗细的影响。而Size V决定了拉丝的长度，由于需要长长的径向拉丝，所以，要调高它的数值。这部分参数设置如图12-59所示，效果如图12-60所示。

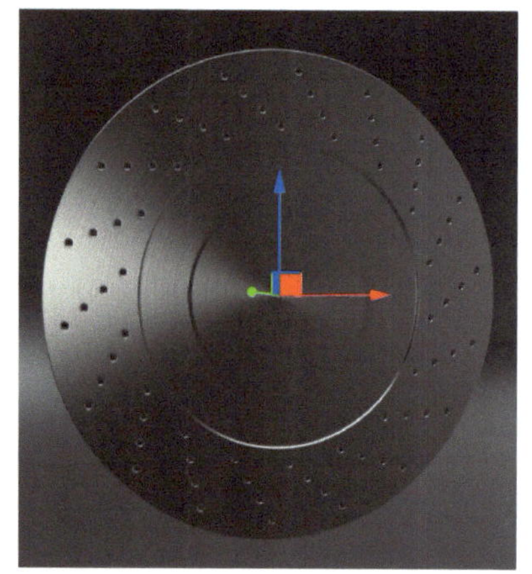

图12-58 位置正确的拉丝制动盘效果

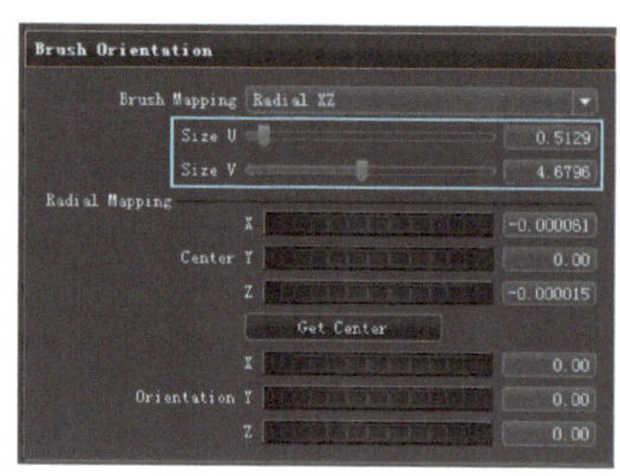

图12-59 拉丝参数

图12-60 拉丝效果

> **TIPS** 这里所说的长度和宽度都基于当前对象。对象改变以后，拉丝方向可能也会随之变化，请灵活处理。如果对U和V的方向概念比较陌生，可以理解成上下和左右。Size U和Size V中任何一个参数为0都会导致拉丝效果消失，因为这意味着拉丝的长度或者宽度为0。

STEP 06 当拉丝大小与坐标合适以后，应该调整材质的凹凸效果。由于使用了程序纹理，所以，没有必要再为材质指定凹凸贴图。系统已经考虑到了这个情况，所以它已默认打开了Use Structure（结构）选项。只需要调整Bump Intensity（凹凸强度）以获取合适的凹凸量即可，如图12-61所示。另外，请养成一个好习惯，记得勾选Bump Affects Clearcoat（凹凸影响清漆反射）复选框。这样，当激活Clearcoat（清漆）功能以后，清晰反射会自动带有凹凸特性。

STEP 07 完成了纹理设置，找到Brushed Metal Material（拉丝金属材质）基本参数卷展栏，将使用 Roughness U（粗糙度U）和Roughness V（粗糙度V）参数来控制各向异性高光效果。首先尝试使用5.01和0.01这样的极端参数来感受一下夸张的各向异性效果，如图12-62所示。

STEP 08 在设置拉丝金属材质的基本参数时，注意Roughness U（粗糙度U）和Roughness V（粗糙度V）参数设置上的巨大差异。上述极端参数的画面效果如图12-63所示，在视口中旋转镜头，这个效果极其华丽。

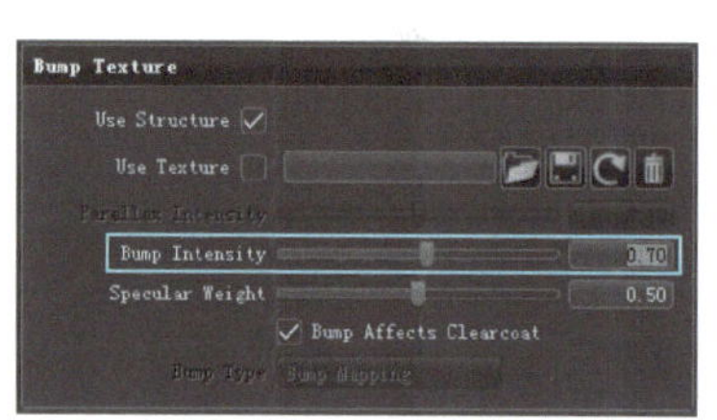

图12-61 凹凸设置

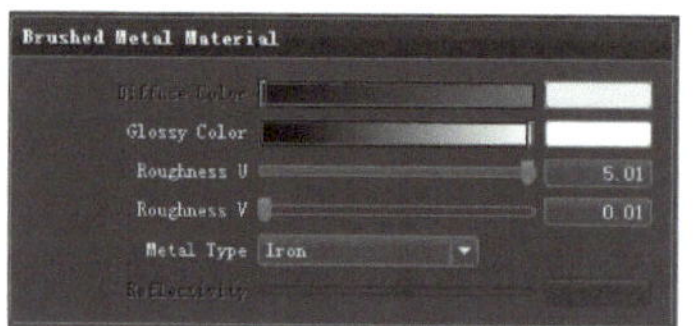

图12-62 各向异性高光效果

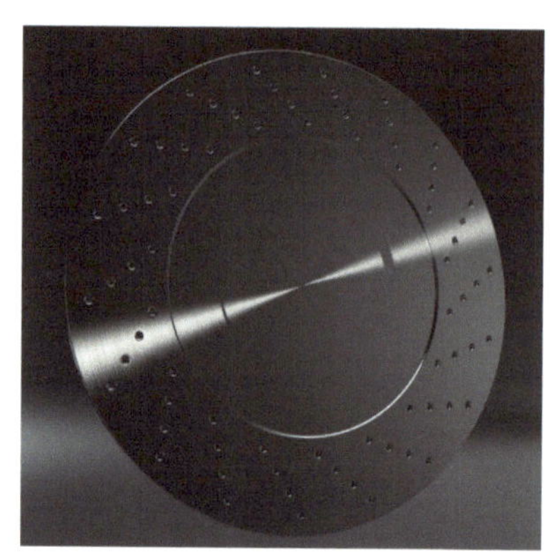

图12-63 强烈的拉丝金属效果

TIPS

与Size U/V（尺寸 U/V）参数相同，Roughness U/V（粗糙度U/V）也是单独用来控制两个方向上的模糊度的。回想一下各向异性高光出现的原因，只要让两个模糊度变得不同，就能产生条状高光。图12-64所示是两个模糊参数的值相同，这意味着该材质在各个方向上的模糊度相同，这可以看到普通材质上常见的圆形高光，如图12-65所示。

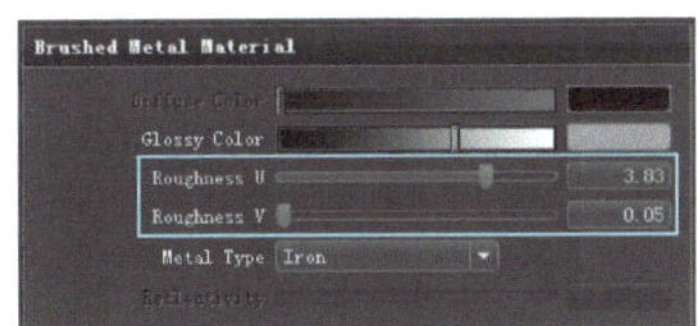

图12-64 相同的模糊参数

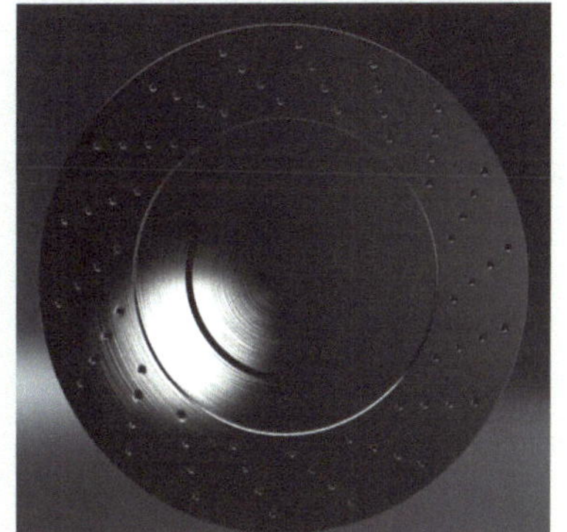

图12-65 普通材质的圆形高光

STEP 09 调整出合适的模糊量和反射量，获取理想的拉丝金属效果，然后关闭Headlight（默认头灯）。推荐的典型参数如图12-66所示。其效果如图12-67所示。

图12-66 典型参数

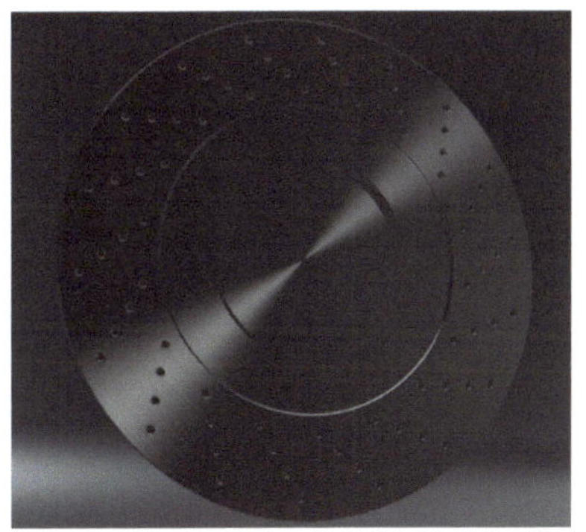

图12-67 典型参数效果

TIPS

关闭Headlight（默认头灯）后，各向异性高光可能消失。这没有关系，因为当场景中重新出现强光源，华丽的高光会自然而然地根据光源特征重新出现。

有时候，希望制动盘的反射更华丽一些，为此可以打开Clearcoat（清漆）。关于Clearcoat（清漆）的用法，请参考“6.5 Carpaint Material（车漆材质）”章节，此处不再重复。只需要注意，在多数情况下都应该打开Bump Texture（凹凸纹理）卷展栏下的Bump Affects Clearcoat（凹凸影响清漆反射）选项。

多加练习，除了环形拉丝，你可以尝试为其他金属对象添加平面拉丝效果。

12.5 摄影机

在开始制作之前，需要确定最终输出的画面比例。在本书中，我们都将使用16：9的图像尺寸进行输出，其像素大小为3840像素×2160像素，分辨率为72ppi。为了与最终输出的比例保持一致，需要将Render Window（渲染窗口）的尺寸也调整为16：9。推荐的渲染窗口尺寸是1280像素×720像素，设置方法是打开主面板菜单栏的Window（窗口）菜单，执行Render Window Size（渲染窗口尺寸）下的1280×720（720p 16：9 Ratio）命令，如图12-68所示。

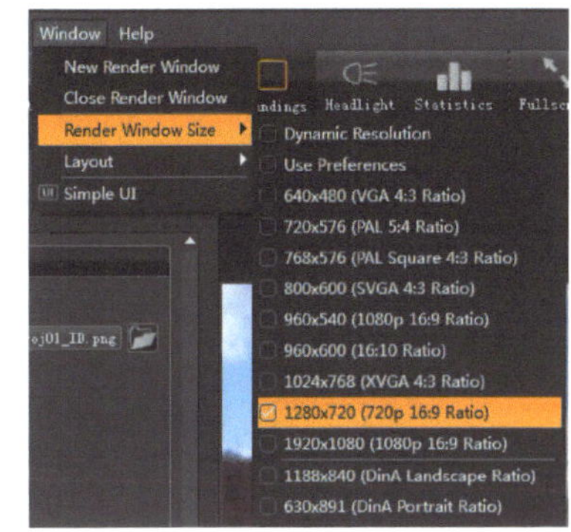

图12-68 设置渲染窗口的大小

12.5.1 焦段与机位

单帧制作的第一步是确认摄影机的焦距、位置和角度等参数。当摄影机确认后，所有效果都将围绕这个视角展开，并不再修改。所以请注意，它值得你花费更多的时间来对待。

确定机位、焦距和倾角等工作，我们有一个俗称，叫作“打镜头”。关于怎么打镜头，一般没有硬性的标准；不过普遍来说，通常都希望把车表现得长一点、宽一点。这是因为，一方面，长往往带来流畅的视觉美感，如常见的形容词——“修长”。另一方面，因为高档车往往比普通车的车身长，所以把车表现得长一些，也会让车显得更高档。

图12-69所示是梅赛德斯-迈巴赫 S级轿车，注意其修长的车身和腰线。

图12-69 梅赛德斯-迈巴赫 S级轿车（Mackevision）

追求“宽”的原因很简单，这会让车显得更扁、更贴地、更沉稳并且更有力量感。

图12-70所示是奥迪高性能赛车。注意这样的车型为了展现空气动力学优势而被设计得非常扁。

图12-70 长而扁的奥迪赛车

把车辆表现得长而扁通常需要仔细斟酌机位和Focal Length（焦距），其中焦距的意义非常重要。一般来说，广角容易让车显得比较圆，而长焦会让车显得比较长和宽。下面请感受广角和长焦对车辆形态的影响。

图12-71所示是车的广角镜头效果，对应的参数如图12-72所示。

图12-71 广角镜头下的CLA

图12-72 镜头焦距

图12-73所示是车的长焦镜头效果，对应的参数如图12-74所示。

图12-73 长焦镜头下的CLA

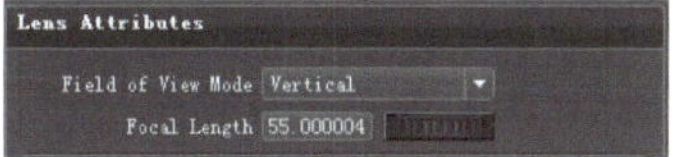

图12-74 镜头焦距

TIPS

为了演示效果，微调过当前环境的材质参数，将Rotate Z（旋转 Z）设为200左右，将Exposure（曝光）增加到3，然后将Whitebalance（白平衡）改为7280K。具体参数设置如图12-75所示。

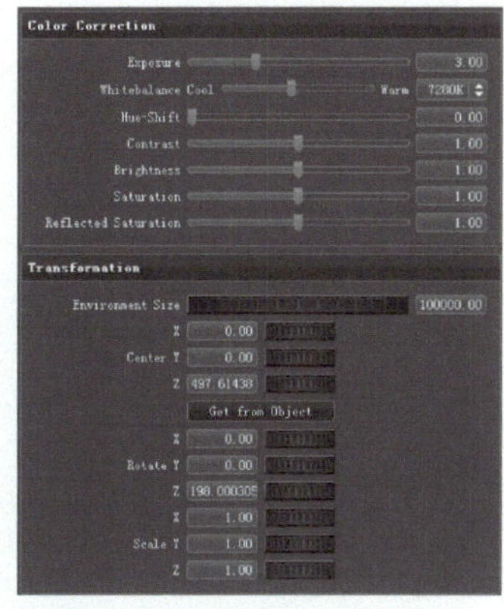

图12-75 演示用机场环境参数

通过以上对比可知，如果不需要追求夸张的镜头畸变，那么使用中等或较长的焦段会比较好。

焦段与机位是相辅相成的，汽车表现最典型的机位是前45°，如图12-76所示。这是表现车辆的黄金角度，它覆盖了车辆的前脸、引擎盖、ABC柱、腰线及车轮等各大重点区域，是学习渲染时的标准角度。

图12-76 前45° 视角

12.5.2 创建摄影机

在工作中通常不直接使用系统默认的Perspective（透视）摄影机，而是创建自己的摄影机进行工作。

STEP 01 单击快捷方式栏的Cameras（摄影机）按钮，如图12-77所示，打开Camera Editor（摄影机编辑器）。

图12-77 打开摄影机编辑器按钮

STEP 02 单击Camera Editor（摄影机编辑器）面板左下角的加号，选择Perspective Camera（透视摄影机）选项，创建一个透视摄影机，如图12-78所示。

STEP 03 在摄影机列表中双击刚才创建的摄影机，以确保它是当前的视口摄影机（图标变为绿色），然后选中它，将其重命名为Cam_Case01_00，表示“摄影机-案例01-00号”，如图12-79所示。

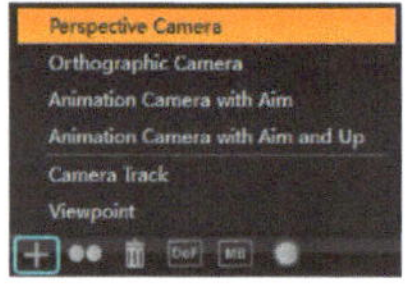

图12-78 创建摄影机

Perspective
Front
Top
Side
Cam_Case01_00

图12-79 创建的新摄影机

STEP 04 将Lens Attributes（镜头参数）卷展栏下的Focal Length（焦距）设为75，然后尝试移动摄影机，使用这个75mm长焦镜头为车辆寻找一个好看的角度，如图12-80所示，具体参数设置如图12-81所示。

图12-80 最终机位

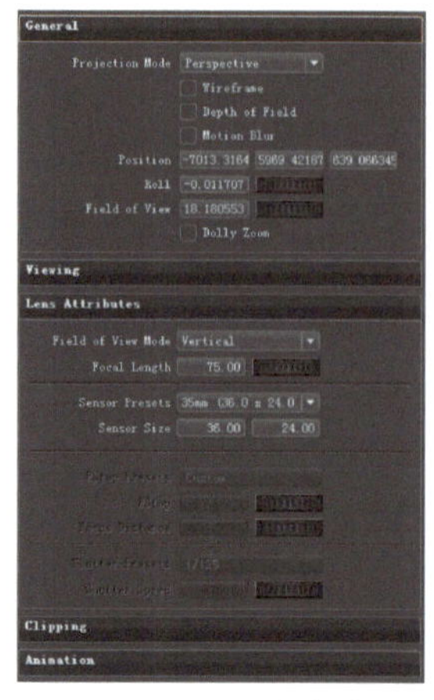

图12-81 摄影机参数

STEP 05 在摄影机列表中用鼠标右键单击摄影机，在弹出的快捷菜单中选择Create（创建）>Viewpoint（视点）选项，创建一个视点，如图12-82所示。视点可以将当前摄影机参数固化，这避免因误操作而影响到已经确认好的镜头。

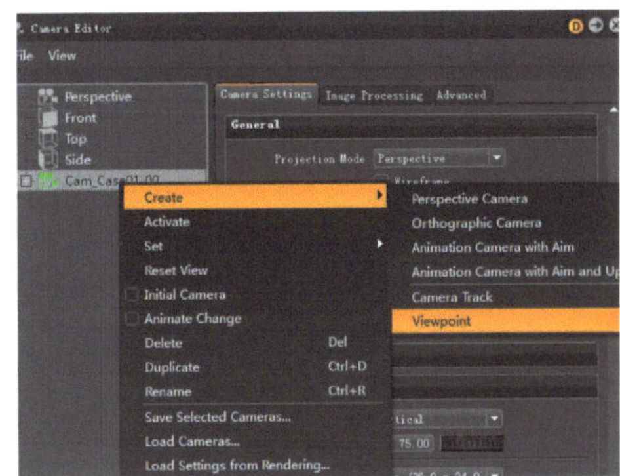

图12-82 创建视点

TIPS 务必记得为已经确认的镜头创建视点（Viewpoint），否则任何误操作都可能带来难以估量的损失。图12-83所示是被创建完成的视点。

如果相机没有包含Camera Track（摄影机轨道），那么创建Viewpoint（视点）时系统会自动为它创建一个，如本例中的CameraTrack1，此时可不必理会它的用途。

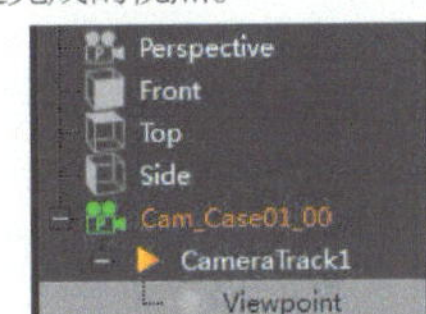

图12-83 被创建的视点

12.6 布光

当与摄影机相关的工作完成以后，将开始布光操作。在这个案例中，主要目标并非渲染华丽的车辆效果，而是体验完整的工作流程，所以使用预设环境来进行一次简单的创作。

12.6.1 环境加载

确认镜头之后，将进入环境调试步骤，也就是俗称的“布光”环节。布光是一个可大可小的工作。如果只是想“看到”这辆车，直接使用默认场景即可；如果想让车变得好看，那么这个工作可能是十分艰辛的，也是最能体现制作水平的。

在这个案例中，只想体验项目的工作流程，所以不用花精力研究复杂的美术技巧，布光将会极其简单。

打开Asset Manager（预设管理器），在Environments（环境）页面中找到Berlin_Plaza_Day环境，如图12-84所示。将它添加到场景中，效果如图12-85所示。

图12-84 Berlin_Plaza_Day

TIPS 这个场景有着明显的中低位主光源（太阳）、环境明暗对比（朝阳与背阳的建筑）、整齐干净的地面和较为明显的天际线，这符合一个演示案例的各种需求。

图12-85 场景加载后的效果

12.6.2 参数设置

由于计算方式的不同，VRED的实时预览模式和光线追踪模式的反射计算结果存在一定的差异，我们已经在基础教学章节中提到过这一点。因而，要获得正确的环境反射效果，应该激活RT（光线追踪）功能。但是，光线追踪计算过于消耗计算机性能，为了获得良好的操作反馈，建议在激活RT（光线追踪）功能之前将Render Settings（渲染设置）参数修改为测试用参数。

STEP 01 设置思路请参考前面的基础教学，这里只提供参数参考，如图12-86~图12-91所示。

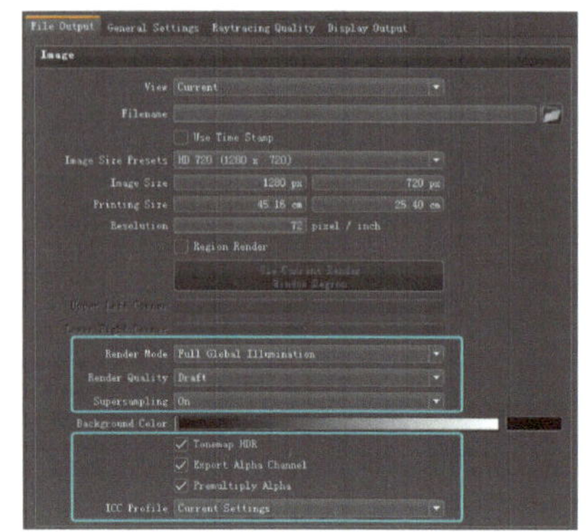

图12-86 File Output相关设置1

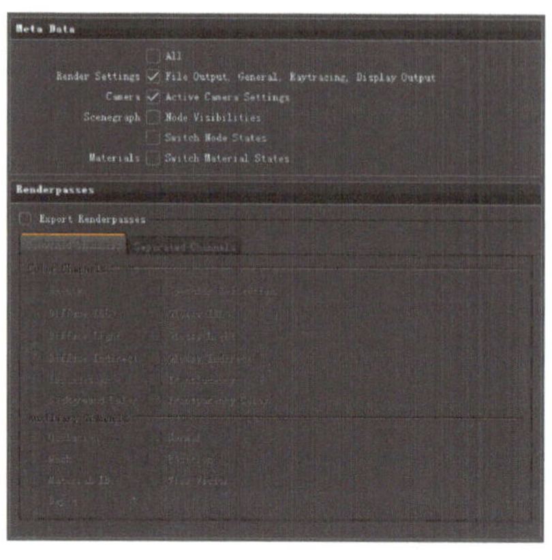

图12-87 File Output相关设置2

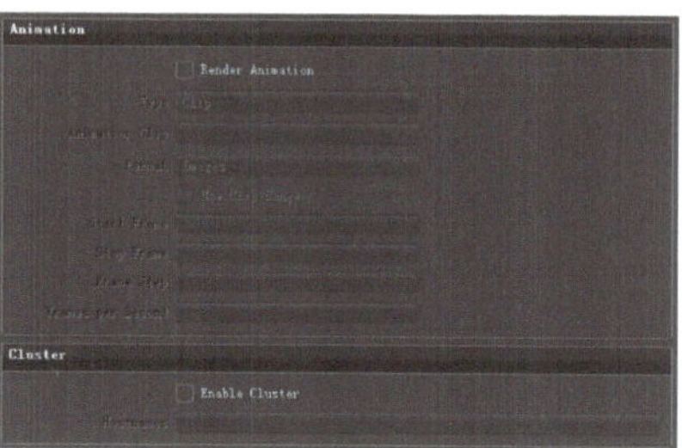

图12-88 File Output相关设置3

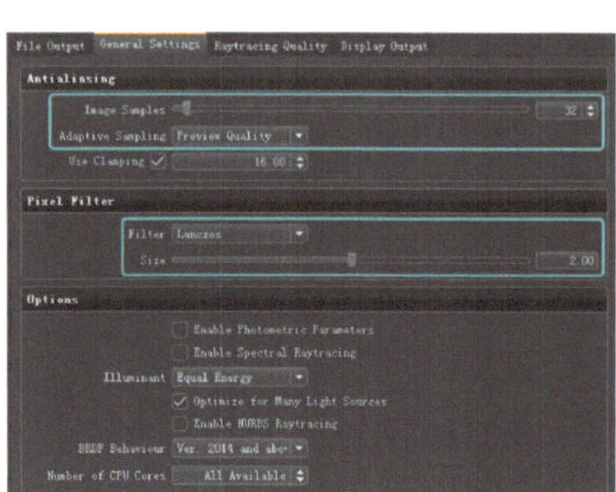

图12-89 General Settings相关参数

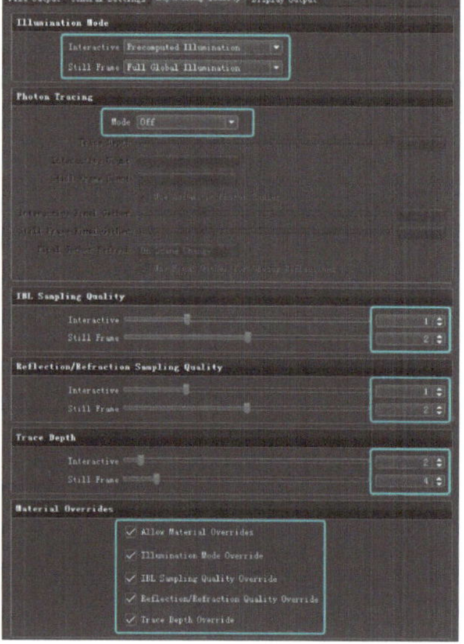

图12-90 Raytracing Quality相关参数

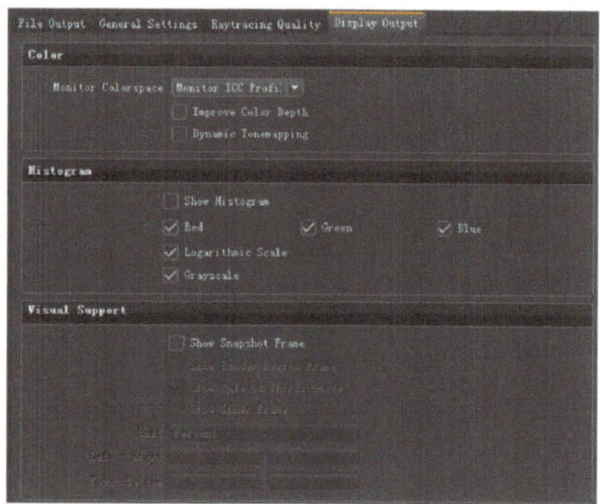

图12-91 Display Output相关参数

STEP 02 设置完测试参数以后，可以通过单击RT（光线追踪）按钮来激活Interactive（光线追踪交互）模式，如图12-92所示。在这种模式下，用最低限度的光线追踪计算来获得正确的环境反射效果，如图12-93所示。

图12-92 激活RT（光线追踪）按钮，进入Interactive（光线追踪交互）模式

图12-93 Interactive（光线追踪交互）模式效果

STEP 03 当我们需要进一步接近最终输出的效果时，还可以打开抗锯齿按钮，如图12-94所示，使系统进入Still Frame（光线追踪静帧）模式，效果如图12-95所示。与图12-93对比，注意观察二者的轮毂图像品质和地面阴影质量差异。

图12-94 同时激活RT与AA按钮，进入Still Frame（光线追踪静帧）模式

图12-95 Still Frame（光线追踪静帧）模式效果

测试参数的车灯没有透明效果，因为此处为节约计算时间而使用了极低的Trace Depth（追踪深度）参数。在下文中将专门讲解车灯处理方法。

12.6.3 环境调试

STEP 01 打开Material Editor（材质编辑器），在材质列表中选中环境切换器Environments，然后在子对象列表中找到Berlin_Plaza_Day选项，选择该选项并单击鼠标右键，在弹出的快捷菜单中选择Select选项，以选择环境球材质本体，如图12-96所示。

STEP 02 单击Modify（修改）按钮使环境球材质进入编辑模式，如图12-97所示，以便在场景中修改参数。

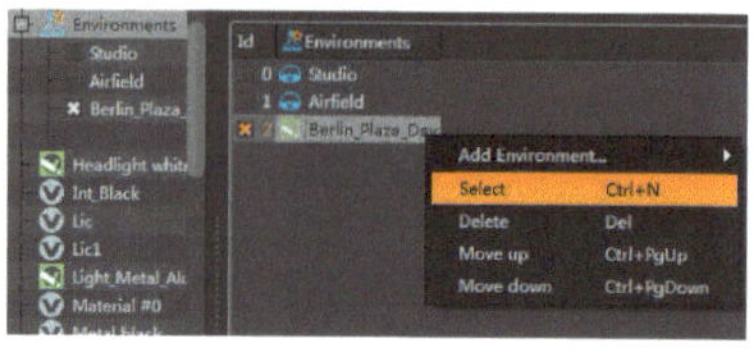

图12-96 选中Berlin_Plaza_Day环境

图12-97 Modify修改按钮

STEP 03 确认当前系统处于Interactive（光线追踪交互）模式，找到环境球材质的Transformation（变换）卷展栏，然后慢慢修改Rotate Z（旋转 Z）参数，以旋转当前环境的z轴。在这个过程中，注意观察不同位置的太阳反射效果，以获得一个不错的光照效果。在这里，注意回忆汽车布光理论章节的相关知识，特别是主光部分内容，以定位合理的太阳方位。最终选择了-222° 这个角度，效果如图12-98和图12-99所示。

图12-98 Interactive（光线追踪交互）模式效果

图12-99 Still Frame（光线追踪静帧）模式效果

TIPS

当觉得一个角度合适的时候，最好打开AA功能，使用光线追踪静帧模式预览一下最终的效果。

如果在基础教学部分学习得够仔细，应该会记得被提到过将Rotate Z（旋转 Z）参数的值控制在0~360，不然会带来复杂的角度换算。但是在这里使用了-222这个数值，这样做是否有误?

答案是无误，0~360区间的限制是基于与HDR Light Studio角度统一而设定的。在这个案例中，由于一开始就确认了不会使用HDR Light Studio，因而使用-222这样的数值不会有问题。

STEP 04 找到当前环境球材质的Color Correction（色彩校正）卷展栏。首先观察场景亮度是否合适，如果不合适，调整Exposure（曝光）参数，然后观察场景白平衡是否正确，如果对白平衡的结果不满意，需要调整冷暖色调，则修改Whitebalance（白平衡）参数。在这个案例中，默认亮度合适，所以没有修改Exposure（曝光）参数。但是场景的白平衡不够好，地面暖色调太重（发黄），所以稍微将Whitebalance（白平衡）参数降低为5841K，如图12-100所示。其效果如图12-101所示。

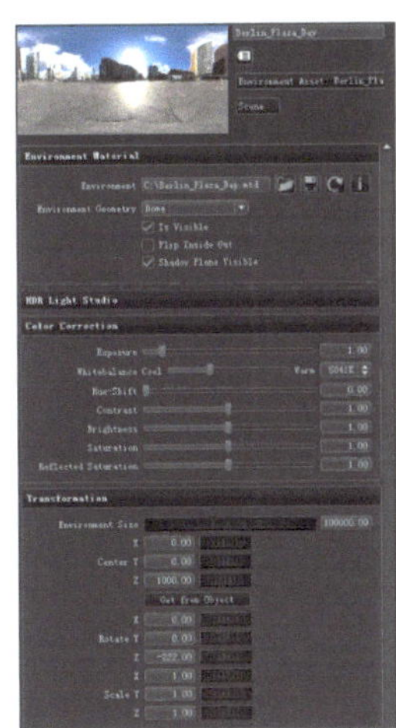

图12-100 环境球材质参数设置

图12-101 白平衡调整后的效果

至此，环境调试完成，接下来将进入具体的材质微调部分。

12.6.4 材质微调

在“12.4 材质指定”章节曾进行过一次材质微调，那一次的主要目的是消除明显的硬伤。当项目进行到现在这个阶段，在摄影机与环境都得到确认后，需要再进行一次材质微调，根据具体的环境光照特性与对最终效果的预期修改材质参数至最佳结果。

拿出准备的参考图，根据它们适当调整材质参数。如果计算机性能很强劲，可使用Still Frame（光线追踪静帧）模式直接调整。如果系统反应较慢，则先使用Interactive（光线追踪交互）模式调整参数，然后切换到Still Frame（光线追踪静帧）模式查看结果。

下面是部分材质的最终参数与效果参考。

STEP 01 设置格栅暗部网格金属材质的相关参数，如图12-102所示。其效果如图12-103所示。

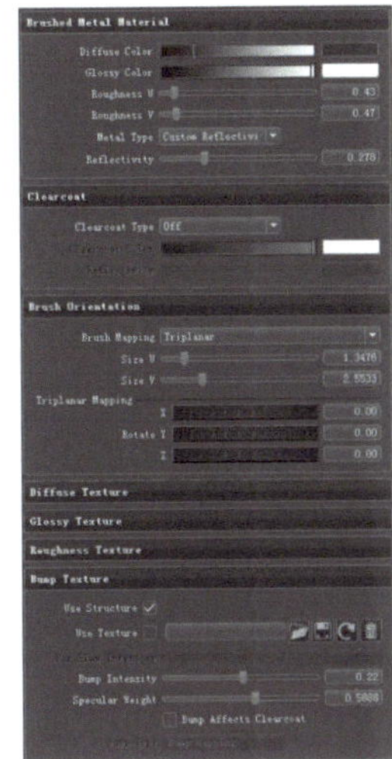

图12-102 格栅暗部网格金属材质参数

图12-103 格栅暗部网格金属效果

STEP 02 设置LOGO后部金属材质的相关参数，如图12-104所示。其效果如图12-105所示。

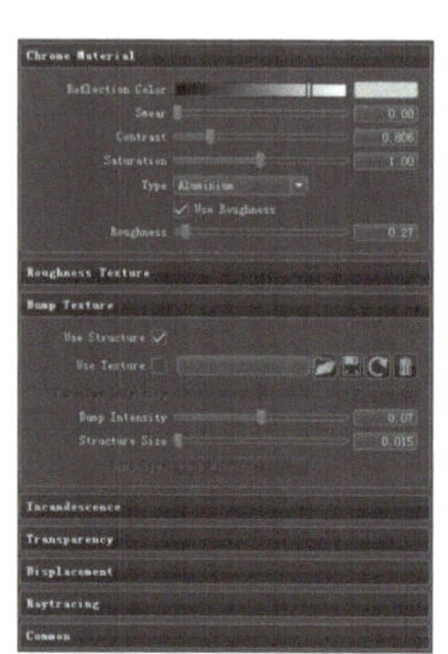

图12-104 LOGO后部金属材质参数

图12-105 LOGO后部金属效果

STEP 03 设置车漆材质的相关参数，如图12-106所示。其效果如图12-107所示。注意后图中摄影机与车体对象的距离，当使用车漆Flakes（颗粒）的时候，建议以特写距离进行细致的微调。

图12-106 车漆材质参数

图12-107 车漆近距离观察结果

TIPS 在本案例中，使用了微量的橘皮效果，如果不喜欢，可以关掉它。

STEP 04 设置暗调轮毂材质的相关参数，如图12-108所示。其效果如图12-109所示。

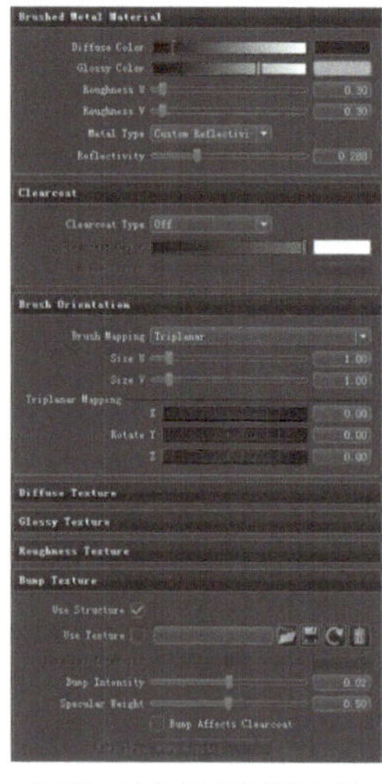

图12-108 轮毂材质参数

图12-109 轮毂效果

STEP 05 设置车窗玻璃材质的相关参数，如图12-110所示。其效果如图12-111所示。

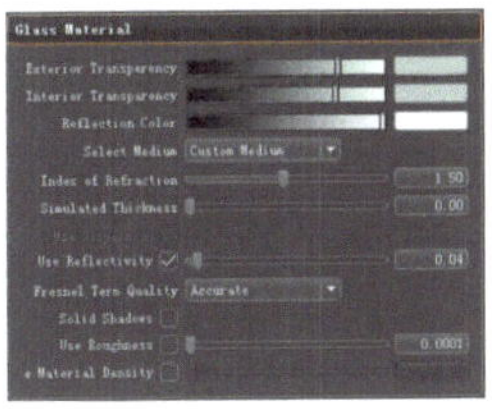

图12-110 车窗玻璃材质参数

图12-111 车窗效果

STEP 06 设置碳纤维材质的相关参数，如图12-112所示。其效果如图12-113所示。

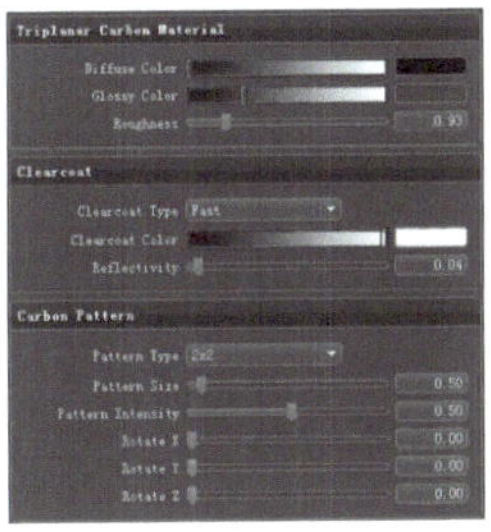

图12-112 碳纤维材质参数

图12-113 碳纤维效果

STEP 07 设置车胎材质的相关参数，如图12-114所示。其效果如图12-115所示。

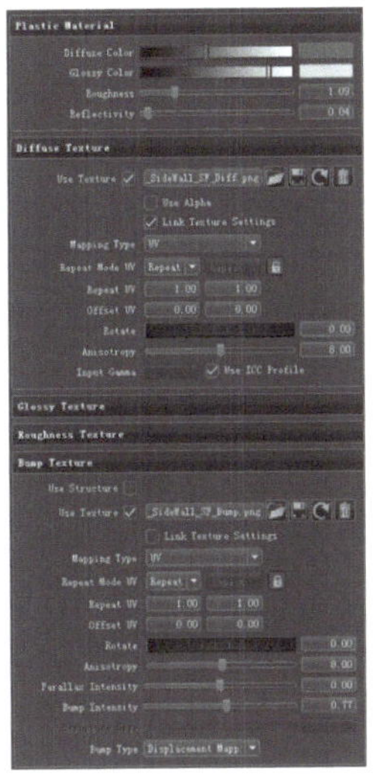

图12-114 车胎材质参数

图12-115 车胎效果

STEP 08 设置亚光黑塑料材质的相关参数，如图12-116所示。其效果如图12-117所示。

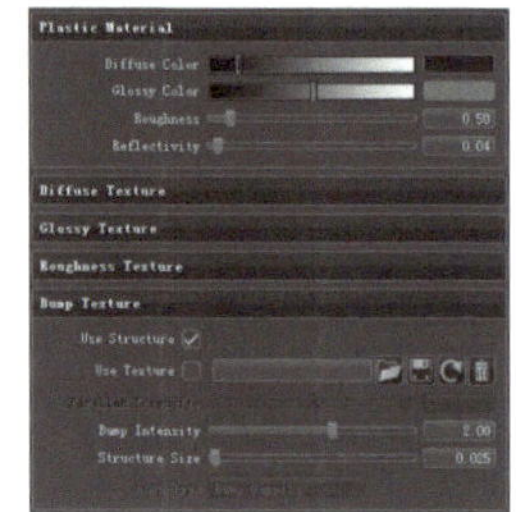

图12-116 亚光黑塑料材质参数

图12-117 亚光黑塑料效果

STEP 09 设置反射黑塑料（钢琴漆）材质的相关参数，如图12-118所示。其效果如图12-119所示。

图12-118 反射黑塑料材质参数

图12-119 反射黑塑料效果（B柱）

STEP 10 内饰材质无需仔细调试，只需要在画面中有一个黑色的影子即可。修改相应的参数，如图12-120所示。

STEP 11 车身材质调试完成之后，需要单独检查车灯效果是否正确。首先关闭光线追踪，然后单击主界面图标栏的Region（区域渲染）按钮，以激活区域渲染模式。接着按住R键，在车灯周围拉出一个方框，确认渲染区域，如图12-121所示。

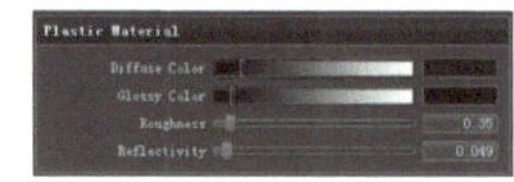

图12-120 内饰材质参数

图12-121 指定渲染区域

TIPS 激活区域渲染模式以后，直接按下R键并拉框，不要执行其他操作，否则可能导致拉框失败而移动镜头。如果不小心移动了镜头，那么双击Camera Editor（摄影机编辑器）中的Viewpoint（视点），使摄影机归位，然后单击Region（区域渲染）按钮，重新进入拉框模式。

STEP 12 打开Render Settings（渲染设置）对话框，然后在Raytracing Quality（光线追踪质量）选项卡下展开Trace Depth（追踪深度）卷展栏。接着设置Still Frame（静帧）为16，以计算更精确的反射/折射效果，如图12-122所示。

STEP 13 激活Still Frame（光线追踪静帧）模式，查看车灯渲染结果，如图12-123所示。目前的渲染结果尚可，但有些看不清细节处。下面将车灯部分单独输出，以查看最终效果的细节。

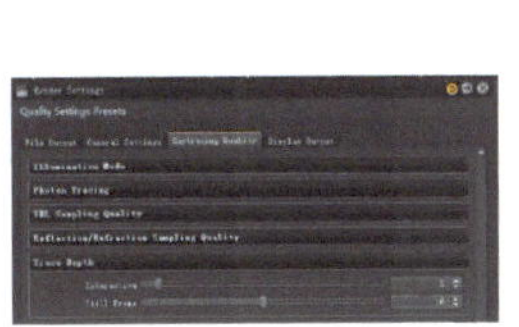

图12-122 追踪深度设置

图12-123 区域渲染结果

STEP 14 打开Image（图像）卷展栏，以完成最终输出的尺寸设定。设置Image Size（图像尺寸）为3840像素×2160像素，具体参数如图12-124所示。

STEP 15 打开Antialiasing（抗锯齿）卷展栏，提高抗锯齿为中等质量，具体参数设置如图12-125所示。

STEP 16 单击Render（渲染）按钮，系统会弹出保存对话框。为测试渲染指定一个路径，并将文件命名为Test_Mainlamp.png，如图12-126所示。然后单击“保存”按钮，系统就会开始渲染计算。

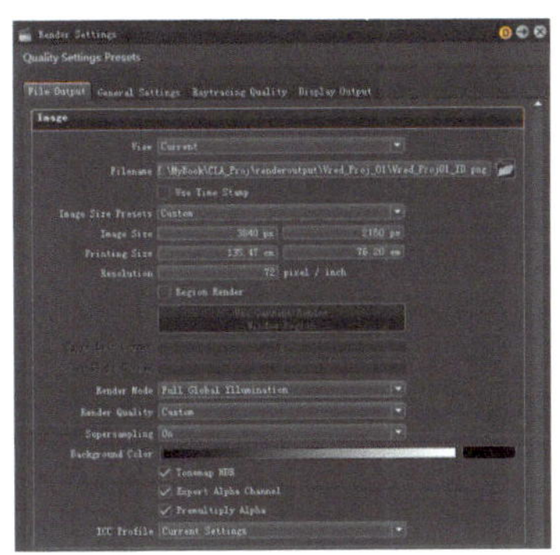

图12-124 设置输出尺寸

图12-125 提高抗锯齿参数

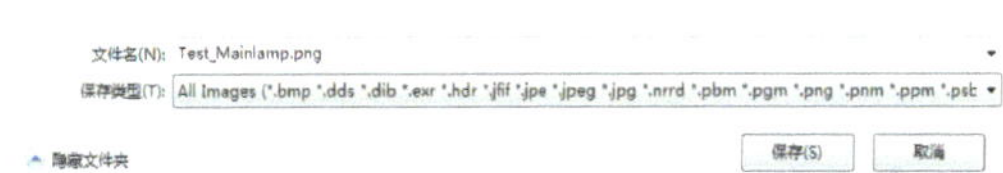

图12-126 保存对话框

在工作中，不要使用任何中文路径和中文文件名。

通常，将渲染结果保存到工作文件夹的Renderoutput目录下。

STEP 17 开始计算以后，VRED会弹出渲染进度条。从进度条可以得知渲染的状态，如果要取消渲染，可以单击Abort（取消）按钮，如图12-127所示。

STEP 18 渲染完成后，系统会播放提示音。打开指定目录就可以看到刚才渲染完成的图片，如图12-128所示。由于在区域渲染模式下使用了光线追踪输出，所以系统只渲染了车灯部分。使用这个功能可以全尺寸输出各种想要检查的区域，这样既节约时间，也节省精力。

图12-127 渲染进度条

图12-128 区域渲染结果

大灯的渲染结果令人较为满意。此时，可以认为基本上所有的部位都得到了较好的表现。下面将开始最终的产品级渲染输出。

12.7 最终产品输出

如果只需要获取一张图像，那么打开光线追踪以后，关闭区域渲染功能，单击Render（渲染）就可以了。但是，要考虑到后期合成的便利性，所以在输出开始前还需要做一些简单的准备工作。

12.7.1 准备Material ID（材质ID）

STEP 01 关闭光线追踪和抗锯齿，以加快操作。依次选中各场景材质，在Material Editor（材质编辑器）中找到Raytracing（光线追踪）卷展栏下的Material ID（材质 ID）参数，如图12-129所示，从1开始为它们设定不同的ID。这一工作可能需要几分钟的时间。

图12-129 设置Material ID

TIPS 从1开始设置，不要让材质的ID为0。因为0代表纯黑色，在抠图时可能与背景混淆。

STEP 02 ID设置完成后，激活RT（光线追踪）功能，进入Interactive（光线追踪交互）模式。执行主界面菜单栏的Visualization（可视化）>Renderpasses Rendering（渲染元素模式）>Auxiliary Channels（辅助通道）>Material ID（材质 ID）命令，进入材质ID渲染模式，如图12-130所示。

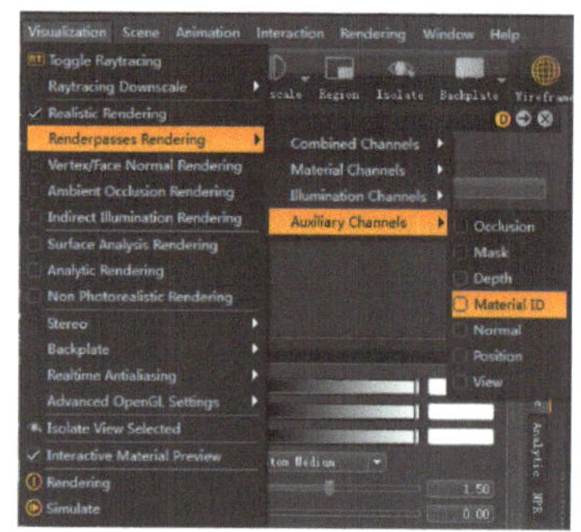

图12-130 打开材质ID渲染模式

STEP 03 多角度查看材质ID渲染结果，实时修改不正确的材质ID，确认每一种材质都被分配了正确而独立的ID，如图12-131和图12-132所示。然后回到默认的Realistic Rendering（写实渲染）模式。

图12-131 材质ID1

图12-132 材质ID2

TIPS 隐藏灯罩、窗户等对象，查看内部对象的材质ID是否正确。

12.7.2 隐藏灯罩和车窗

隐藏车窗和大灯罩进行渲染可以让我们在后期修图时有更多的调整空间。这一步不是必需的，也不是我的个人习惯，只是一种方便项目执行的工作经验。这样做会增加一部分3D工作量，但可以增加后期修图的调整空间。在实际工作中，可以根据公司的流程、项目需求及个人习惯选择是否执行这一步的操作。在这个教学中，我会对这样的工作方法做简单的演示，如图12-133和图12-134所示。

图12-133 车窗与灯罩隐藏结果

图12-134 隐藏车窗与灯罩后的ID通道

TIPS 选中对象以后，使用快捷键Ctrl+H隐藏对象，使用快捷键Ctrl+Shift+J显示所有对象。

12.7.3 最终输出参数

下面开始修改Render Settings（渲染设置）面板，这里给出了一套产品级输出参数，详细设置如图12-137~图12-139所示。

注意File Output（文件输出）页面中的Export Alpha Channel（导出Alpha通道）与Premultiply Alpha（预乘Alpha）选项，在常规工作中需要激活这两个选项，以输出Alpha通道。但是在这个项目中，因为教学特例，我们将使用环境HDRI作为背景，所以将这两个选项关闭。

然后请根据下面图12-135~图12-137的配图顺序，按照面板上部的页面次序从左往右进行设置。注意，将File Output（文件输出）>Image（图像）>Render Quality（渲染质量）修改为Production（产品）以后，其他面板的部分参数也会随之改变。

注意，没有必要完全使用Production（产品）预设。因为该预设中的某些参数过高，会浪费大量的渲染时间。所以，一般通过修改该预设来得到所需要的渲染参数。

当按照提示修改好所有的参数以后，如果重新回到File Output（文件输出）页面，则可以发现Render Quality（渲染质量）自动从Production（产品）变为了Custom（自定义）——不要为此感到意外，因为现在已经没有使用任何预设选项了，而是使用我们自己定义的新设定。

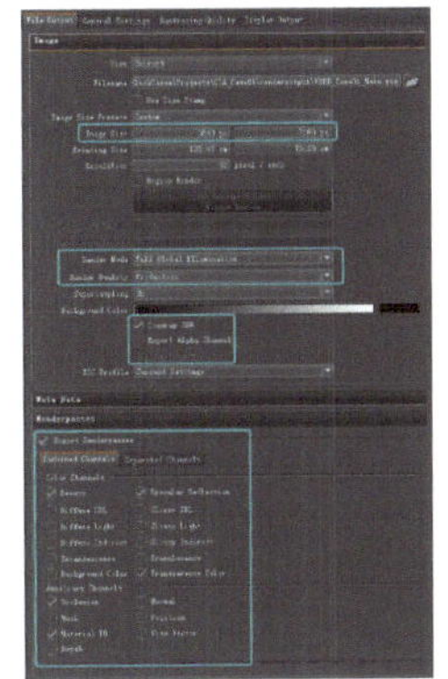

图12-135 File Output相关设置

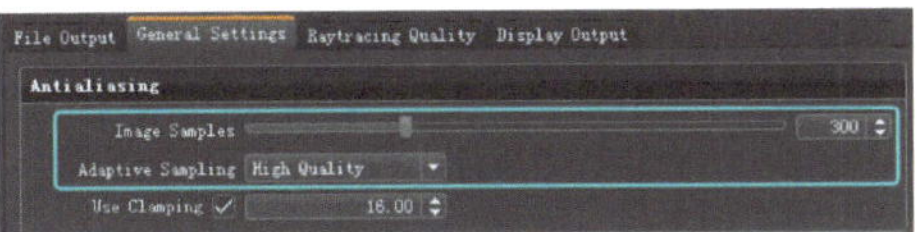

图12-136 General Settings相关参数

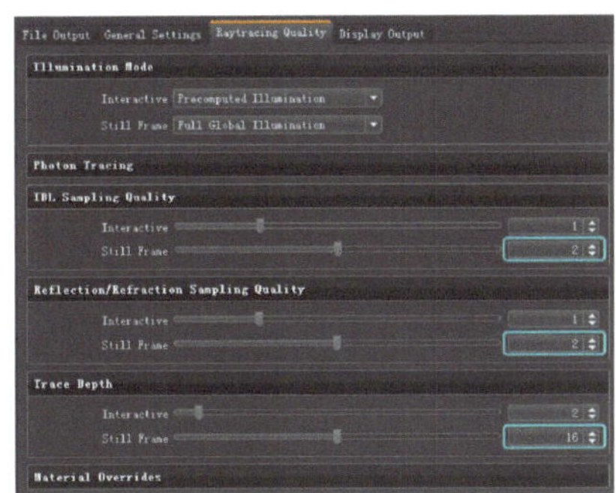

图12-137 Raytracing Quality相关参数

TIPS

关于参数的详细设置原理，请查看基础教学的“10.5 Render Settings（渲染设置）”章节。

使用渲染通道会占用额外的计算时间，所以，不要随意启用不需要的渲染通道。Beauty（美景）、Transparency Color（透明颜色）、Occlusion（阻光）、Material ID（材质 ID）都是重要的通道，通常必须输出。只有Specular Reflection（镜面反射）是例外，如果不需要，可以将它关闭。

最后，确认RT（光线追踪）按钮处于激活状态，Region（区域渲染）按钮处于关闭状态。

12.7.4 输出主图层

打开Render Settings（渲染设置）面板，然后单击Render渲染按钮，为渲染图像指定输出路径和输出文件名。使用的文件名前缀是“VRED_Case01_Main”（VRED_案例01_主图层），输出格式为.png。注意，请勿使用任何中文路径和中文文件名。耐心等待渲染结果，如图12-138~图12-142所示。

图12-138 Beauty（美景）

图12-139 Material ID（材质ID）

图12-140 Transparency Color（透明颜色）

图12-141 Occlusion（阻光）

图12-142 Specular Reflection（镜面反射）

一般来说，将输出结果放在工作文件夹的Renderoutput目录内。

根据计算机性能的不同，渲染可能需要半小时到两小时。更快的CPU/内存/磁盘组合可以提升渲染速度。

12.7.5 局部补充渲染

已经完成了主要通道的渲染，下面需要将刚才隐藏的车窗和灯罩单独渲染，以获得它们的反射通道，供Photoshop修图使用。

STEP 01 使用快捷键Ctrl+Shift+J显示所有对象。关闭大灯罩和窗户的透明属性，即把Glass Material（玻璃材质）基本参数卷展栏下的Exterior Transparency（外部透明度）参数改为黑色，如图12-143所示。这是因为我们只需要玻璃的反射结果来进行修图。

TIPS

无需修改Interior Transparency（内部透明度）参数，因为光线追踪不考虑它。

在修改Exterior Transparency（外部透明度）参数前，建议将它的现有颜色记录下来，以便以后使用。

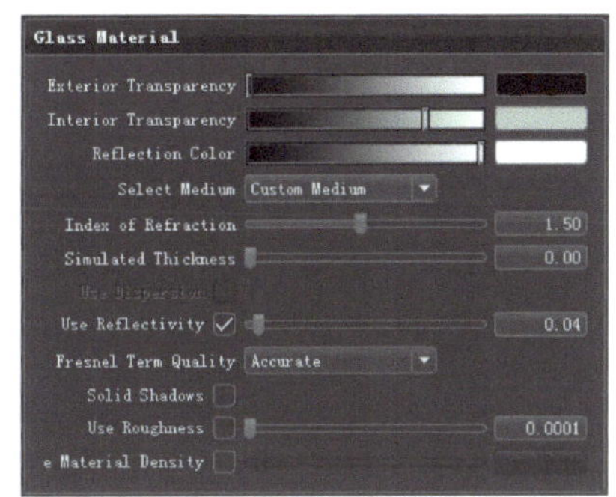

图12-143 关闭材质透明度

STEP 02 激活区域渲染功能，将车窗部分框选，然后修改Render Settings（渲染设置）>File Output（文件输出）>Renderpasses（渲染层）参数，关闭渲染通道输出功能，如图12-144所示。这是因为对于这部分输出来说，我们只需要车窗的直接渲染结果，而不再需要其他渲染通道。

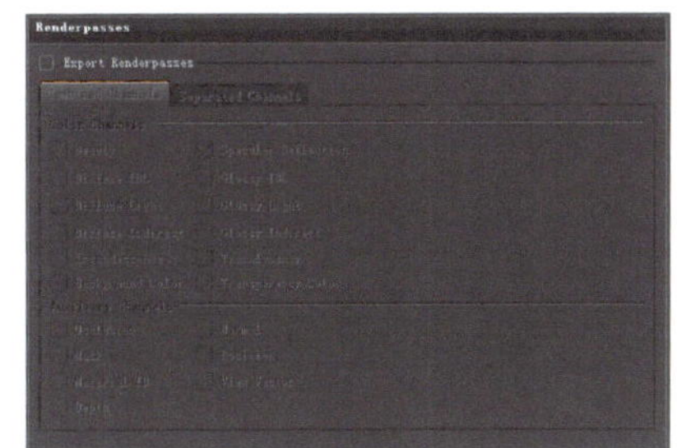

图12-144 输出通道设置

STEP 03 确认RT（光线追踪）按钮和Region（区域渲染）按钮已激活，然后单击Render（渲染）按钮，执行常规渲染操作，将车窗补充渲染结果保存为VRED_Case01_Window.png（VRED_案例01_车窗.png）。耐心等待渲染计算，结果如图12-145所示。

STEP 04 使用同样的材质透明度和区域渲染方法输出车灯灯罩部分，结果如图12-146所示。将车灯灯罩补充渲染结果保存为VRED_Case01_LampShell.png（VRED_案例01_大灯罩.png）。

图12-145 车窗补充渲染结果

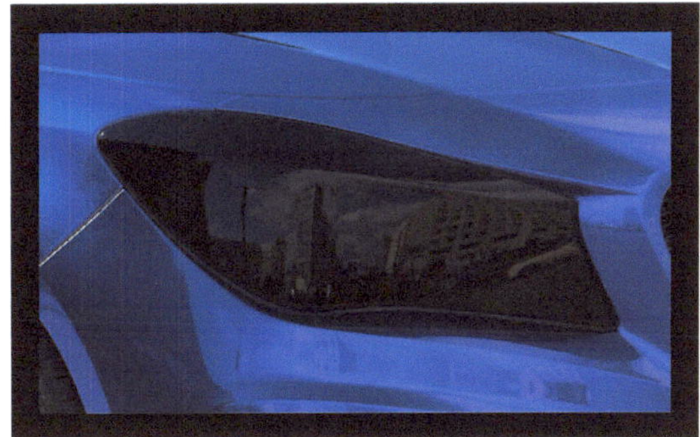

图12-146 车灯灯罩补充渲染结果

12.7.6 Material ID（材质ID）通道补充渲染

已经完成了几乎所有素材的输出，查看现在拥有的通道，是不是少了什么？对，还缺少一个完整的车身材质ID通道，它以便于对窗户和大灯部分进行抠图。

STEP 01 确认没有对象被隐藏，修改Render Settings（渲染设置）>File Output（文件输出）>Renderpasses（渲染层）参数。选择Export Renderpasses（导出渲染层）复选框，然后选择Material ID（材质ID）复选框，只进行材质ID输出，如图12-147所示。

STEP 02 确认RT（光线追踪）功能已激活，确认Region（区域渲染）功能已关闭，然后单击Render（渲染）按钮渲染图像，将其保存为VRED_Case01_ID_Materal ID.png，渲染结果如图12-148所示。

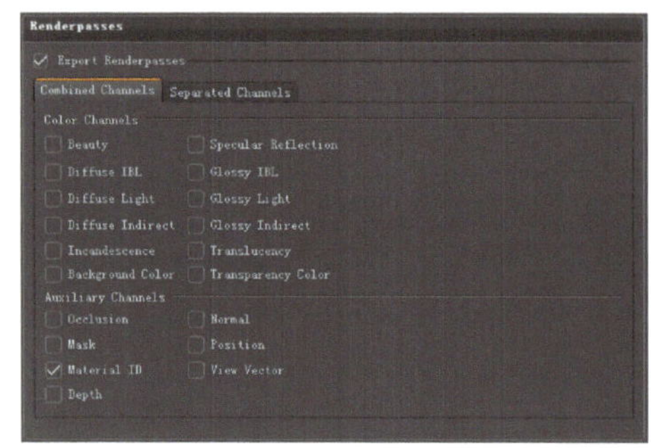

图12-147 输出通道设置

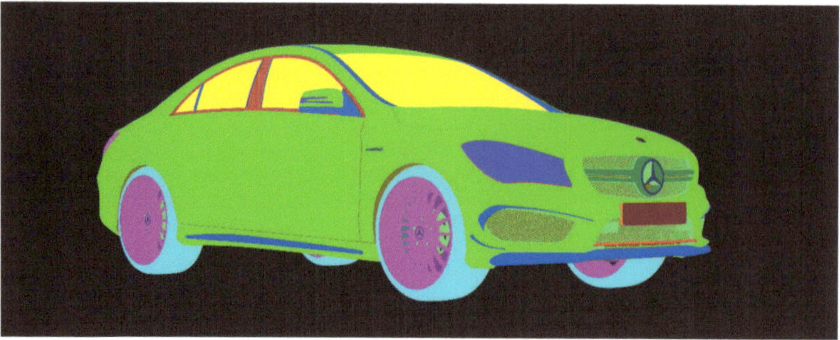

图12-148 完整材质ID通道

STEP 03 将车灯和窗户的透明度调回之前的参数，一个典型项目的所有通道均已输出完成。保存项目，然后关闭VRED。接下来将进入后期修图（Retouching）环节。

12.8 后期修图

修图（Retouching）在日常的商业项目中通常由修图师而非CGI摄影师（渲染师）执行，这是行业发展的细分结果。一般来说，修图师拥有更好的审美能力和更丰富的Photoshop使用经验，对最终效果的把控能力超过普通CGI摄影师（渲染师），所以业内也有“三分渲七分修”的说法。但是要做完整的项目体验，不能只渲染不修图，还应学会修图。

12.8.1 合成文件模板

在下载资源中提供了一个典型的合成文件模板，这是我的工作经验的总结。使用这套模板可以有效地管理修图逻辑，希望对你的学习和工作有所帮助。

虽然在文件夹命名中全部使用了英文，但是由于Photoshop对中文有良好的支持性，所以在修图练习过程中，Photoshop内新建的文件夹和图层可随意使用中文。

模板文件名为Standard Car Comp PSD.psd（标准车辆合成PSD），位于下载资源的“WorkingFiles\01_SeperatedWorkingFiles\Case00\Misc”文件夹中，它是一个包含众多文件夹的.PSD文件，尺寸为5000像素×3750像素，色彩深度为16位。

使用Photoshop打开模板文件，切换到图层面板，可以看到5个主要的文件夹，它们的用途说明如下。

» **BG（背景）：** 即Background，用来进行背景修图。已在文件夹中放置了一黑一白两个基本图层，可以通过修改图层透明度在各灰度间切换背景颜色。

» **Shadow And Sturcture（阴影与结构）：** 用来放置阴影和AO阴影通道。

- **Car（车辆）：** 用来存放车辆通道，进行车身主体修图。在下文中将详细介绍其子文件夹的内容。
- **Mask（遮罩）：** 用来放置Material ID等遮罩通道。
- **Glare（光斑）：** 用来放置各种高光和灯光光斑。会在下文中详细介绍它的子文件夹内容。

Car（车辆）文件夹的子文件夹说明

- **Beauty（美景）：** 用来放置原始输出素材，特别是Beauty（美景）通道。
- **Carpaint（车漆）：** 所有关于车漆部分的修图图层都将被放置在这里。它是车辆修图中最重要的部分。
- **Mainlamp（大灯）：** 存放大灯部分的修图图层。
- **RearLight（尾灯）：** 存放尾灯部分的修图图层。
- **Wheel（车轮）：** 存放车轮部分的修图图层。
- **Window（窗户）：** 存放车窗部分的修图图层。
  - WindowRear（后车窗）：存放后车窗的修图图层。
  - WindowFront（前车窗）：存放风挡部分的修图图层。
  - WindowSide（侧车窗）：存放侧面车窗的修图图层。
- **Part（局部）：** 存放车身其他零星部分的修图图层。
- **GlobalAO（全局AO）：** 存放影响整个车身的AO通道，为车身整体添加阻光效果。

Glare文件夹的子文件夹说明

- **MainLamp_00（大灯）：** 可用于存放大灯光晕。
- **DrivingLight_00（行车灯）：** 可用于存放行车灯光晕。
- **RearLight_00（尾灯）：** 可用于存放尾灯光晕。
- **Body（车体）：** 存放车体部分的光晕。
- **Scene（场景）：** 存放环境部分的光晕。

光晕文件夹存在编号，是为了方便素材复制。例如，在一个车灯的修图中，可能需要将同一个光晕素材复制十几次，编号有助于更好地进行管理。

12.8.2 导入素材

下面将开始正式的修图流程。

STEP 01 打开Standard Car Comp PSD.psd，将它另存为项目修图文件VRED_Case01_Comp00.psd（VRED_案例01_合成00），按快捷键Ctrl+Alt+I，调出“图像大小”模块，取消“锁链”按钮的尺寸绑定设定后，将图像尺寸设置为3840像素×2160像素，具体参数设置如图12-149所示。

一般将修图文件直接保存在工作文件夹的Renderoutput目录内，对于小型项目来说，这样可以方便调用素材资源。

使用“重新采样”功能是我的一个习惯。不过在这个操作中，由于图像内容仅有两个单色图层，所以使用什么选项并没有太大的区别。

STEP 02 选中Car（车辆）>Beauty（美景）文件夹，然后按快捷键Ctrl+-缩小画布预览，直到可以看到整个画布，如图12-150所示。

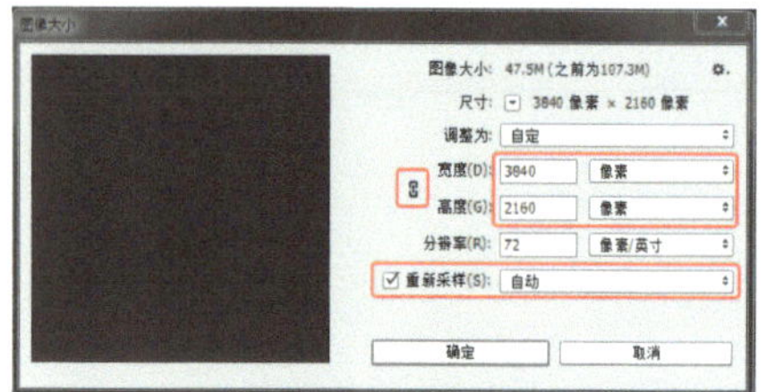

图12-149 调整图像大小

图12-150 缩小画布预览

STEP 03 将渲染好的通道全部选中后拖入画布中，系统会将素材当作智能对象导入，并自动对齐。这时，连续按Enter键，以完成导入确认，如图12-151所示。

图12-151 智能对象导入

STEP 04 为这些图层归类并设置可见性，具体操作可参考表12-2和图12-152。

表12-2

一级文件夹	二级文件夹	三级文件夹	图层名	备注
(√) Shadow And Sturcture	/	/	(√) VRED_Case01_Main_Occlusion	环境光阻光层
(√) Car	(√) Beauty	/	(√) VRED_Case01_Main_Beauty	美景层
			(×) VRED_Case01_Main_Transparency_Color	透明颜色图层
			(×) VRED_Case01_Main_Specular_Reflection	镜面反射图层
	(√) MainLamp	/	(×) VRED_Case01_LampShell	车灯灯罩补充渲染结果
	(√) Window	/	(×) VRED_Case01_Window	车窗补充渲染结果
(X) Mask	/	/	(√) VRED_Case01_ID_Material ID	整车材质ID图层
	/	/	(√) VRED_Case01_Main_Material ID	带内饰和大灯部分的材质ID图层

注：表中的√与×代表可见性设定，其中√代表可见，×代表不可见。

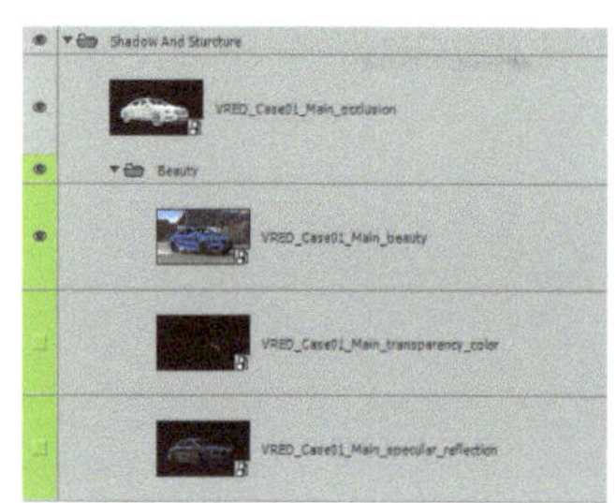

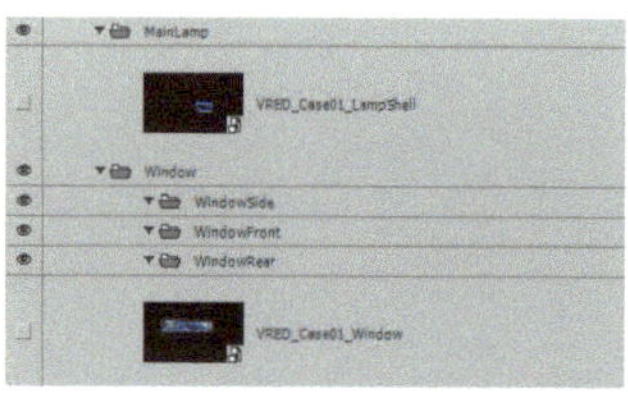

图12-152 图层归类与可见性设置

12.8.3 蒙版与调整图层

在修图时，会大量使用蒙版和调整图层，称之为“魔棒-蒙版”加调整图层方法。下面以Carpaint（车漆）文件夹为例来讲解它们的使用方法。

STEP 01 按快捷键W启用“魔棒工具”，确认主面板上的参数设置，如图12-153所示。

图12-153 魔棒参数设置

STEP 02 在图层面板中选择Mask（遮罩）文件夹下的VRED_Case01_ID_Material ID（整车材质ID）层，用“魔棒工具”选中车漆部分，然后按快捷键Ctrl+Alt+R，调出调整边缘对话框，将其他参数归零，设置“羽化”为0.3，如图12-154所示。

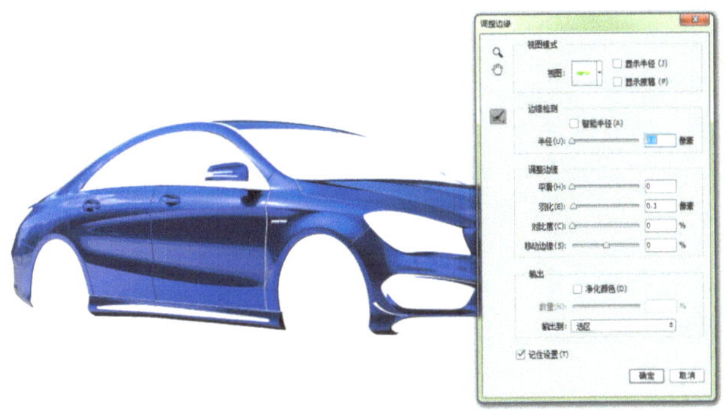

图12-154 选区设置

TIPS 轻度的羽化可以有效地避免修图过程中出现的边缘锯齿。

STEP 03 保持选区处于激活状态（即蚂蚁线持续闪烁），在图层面板中选中Carpaint（车漆）文件夹，然后单击图层面板下方的“添加图层蒙版”按钮，如图12-155所示。系统会自动使用当前选区为Carpaint（车漆）文件夹创建一个蒙版，并就此清空选择状态，如图12-156所示。这样，在这个文件夹中做的任何修图操作都不会影响到非车漆部分。

图12-155 “添加图层蒙版”按钮

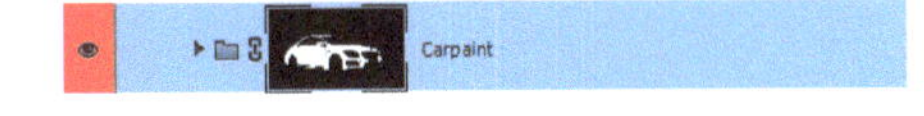

图12-156 添加蒙版

STEP 04 单击“创建新的填充或调整图层”按钮，如图12-157所示。在Carpaint（车漆）文件夹中创建一个“曲线”调整图层，如图12-158和图12-159所示。接着随意修改它，尝试并观察它对车漆部分的影响，如图12-160所示。

图12-157 “创建新的填充或调整图层”按钮

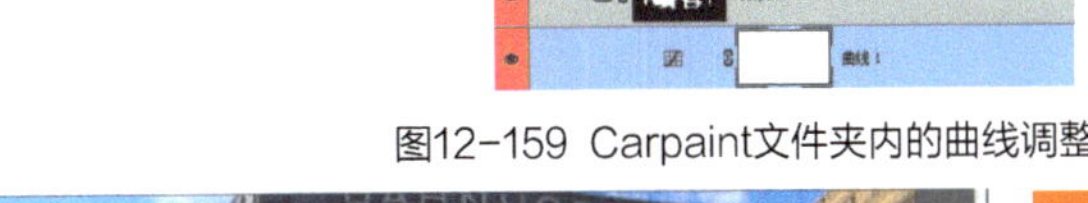

图12-159 Carpaint文件夹内的曲线调整图层

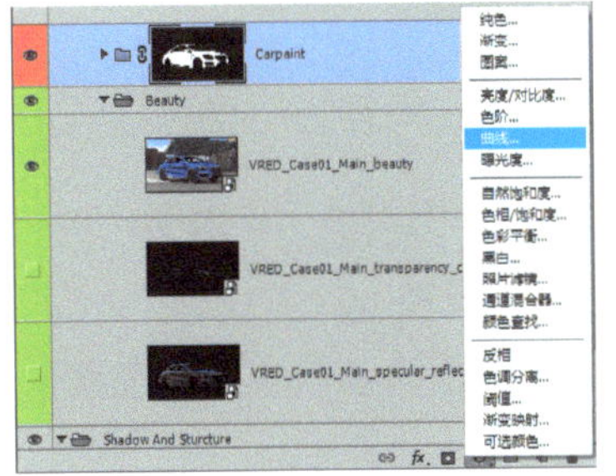

图12-158 创建曲线调整图层

图12-160 使用曲线调整图层修改车漆部分的对比度

TIPS 如果可以，建议所有的此类修改操作都通过调整图层进行，以免影响原始素材。这是一个良好的习惯，在后期修改和团队合作中有着很重要的意义。

STEP 05 将曲线调整图层恢复到初始状态，之后将重新处理车漆部分。

12.8.4 图层整合

现在需要把已经导入的图层整合成一个基本的修图文档，主要工作是使用“魔棒-蒙版”方法给不同的图层添加不同的遮罩。

STEP 01 使用“魔棒-蒙版”方法将整个车体部分选出，为Car（车辆）文件夹添加一个车身蒙版。这样，在Car（车辆）文件夹内执行的所有操作就都不会影响到背景部分。

TIPS 选中蒙版，使用快捷键Ctrl+I可以反转黑白。

STEP 02 关闭Shadow And Sturcture（阴影与结构）文件夹的眼睛图标。目前不需要使用这个部分，关闭可见性能够避免其挡住背景。

STEP 03 将VRED_Case01_Main_Beauty（美景）图层复制到BG（背景）文件夹中，这样就获得单独的背景图层，如图12-161所示。

STEP 04 使用“魔棒-蒙版”方法将所有车窗部分选定，为Window（窗户）文件夹添加一个整体蒙版，然后使用同样的方法为WindowSide（侧车窗）和WindowFront（前车窗）文件夹分别添加风挡和侧面车窗的蒙版，接着将VRED_Case01_Window（车窗补充渲染）图层分别复制到WindowSide（侧车窗）和WindowFront（前车窗）文件夹，并打开图层的眼睛图标，图层结构如图12-162所示。

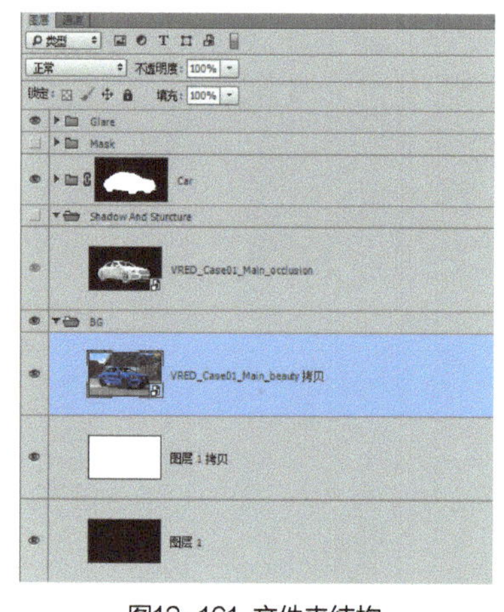

图12-161 文件夹结构

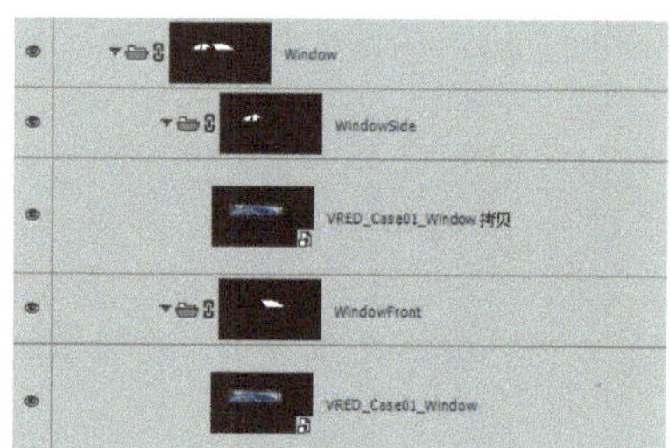

图12-162 车窗图层文件夹结构

STEP 05 适当降低上述两个图层的不透明度，以表现出玻璃的透明质感，这里使用的数值是94%和97%，效果如图12-163所示。

TIPS 按住Alt键，在图层面板中拖曳图层，就能实现复制操作。

图12-163 车窗图层整理结果

STEP 06 使用同样的方法为Mainlamp（大灯）文件夹创建蒙版，具体操作步骤如下。

① 将VRED_Case01_Main_Transparency_Color（透明颜色）图层复制到Mainlamp（大灯）文件夹中，然后打开它和原本已有的VRED_Case01_LampShell（车灯罩补充渲染）图层的眼睛图标。

② 使用“魔棒-蒙版”操作将日间行车灯以外的部分从VRED_Case01_Main_Transparency_Color（透明颜色）图层中去除，使当前图层仅显示日间行车灯结果。

③ 修改后的图层结构如图12-164所示。

STEP 07 修改VRED_Case01_LampShell（车灯罩补充渲染）图层的叠加方式为“变亮”或“滤色”，然后适当降低它的不透明度（为80%），以显示出一种外层玻璃的效果。接着修改VRED_Case01_Main_Transparency_Color（透明颜色）图层的叠加方式为“柔光”或“叠加”，并适当降低它的不透明度（为79%），以加强车灯内部的细节对比，如图12-165所示。

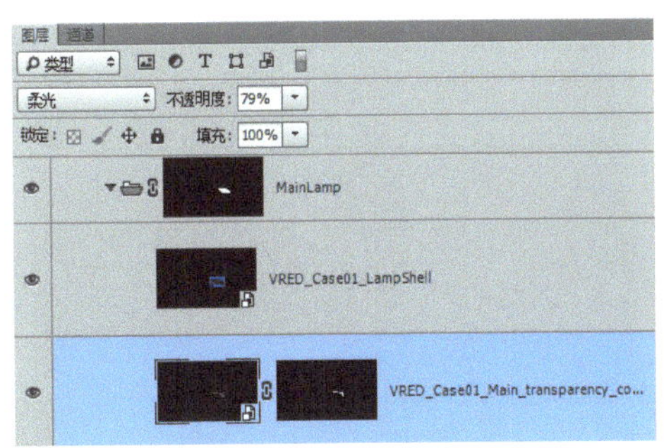

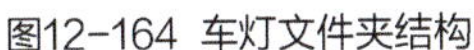
图12-164 车灯文件夹结构

图12-165 车灯图层处理结果

TIPS

当需要模拟表层光洁曲面时，“滤色/变亮”模式是不错的选择，它们可以使叠加结果变亮，非常适合用来模拟车灯罩效果。

使用Transparency_Color（透明颜色）通道在车灯区域内进行叠加是一个常用方法，它可以有效地提升车灯的“深邃”感。其中“柔光”的效果较为温和，而“叠加”较为强烈，请按需选择。

12.8.5 车灯效果微调

上述已经完成了车灯部分的图层整理，可以看到，这部分看起来太过黑暗、没有生气。车灯是汽车的眼睛，必须使它明亮起来。下面使用曲线图层来提亮车灯部分，并适当调整对比度。

STEP 01 创建一个调整图层，然后将其放在MainLamp（大灯）文件夹的最下层，这样它就不会影响文件夹内的其他图层。由于车灯文件夹已有蒙版的限制，这个调整图层只会影响到原有Beauty（美景）图层的车灯部分。调整曲线以整体提亮车灯部分，如图12-166所示。

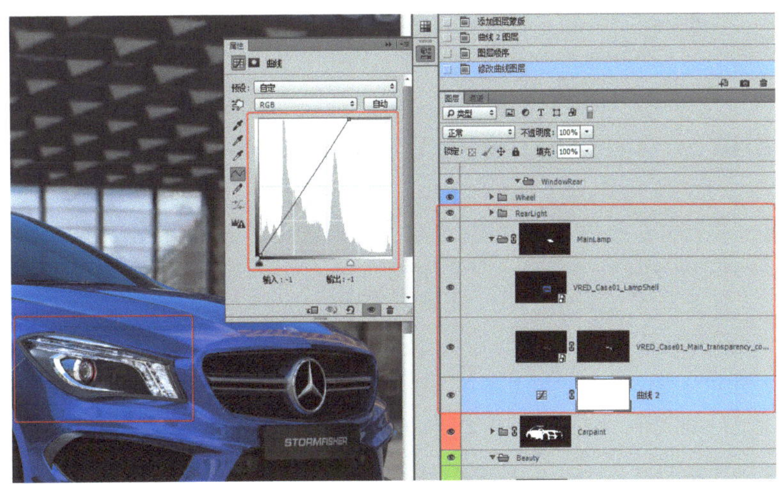

图12-166 曲线修改图层与修改结果

STEP 02 使用调整图层的剪贴蒙版模式单独调整VRED_Case01_Main_Transparency_Color（透明颜色）和VRED_Case01_LampShell（车灯罩补充渲染）这两个图层，获取更细致的调整结果。以VRED_Case01_Main_Transparency_Color（透明颜色）图层为例，具体操作步骤如下。

① 选中需要被调整的图层。

② 新建一个曲线调整图层，确认新建的调整图层位于原图层之上。

③ 在调整图层面板中单击“此调整影响下面的所有图层（单击可剪切到图层）”按钮（以下简称剪贴蒙版按钮），以创建一个剪贴蒙版，如图12-167所示。

④ 此时，调整图层左侧会出现一个拐角箭头，这表示它只影响自己下方的主图层，如图12-168所示。如此，调整曲线只会对VRED_Case01_Main_Transparency_Color（透明颜色）图层产生影响，而不会调整其他现有图层。这是一个常用技巧，应熟练掌握。

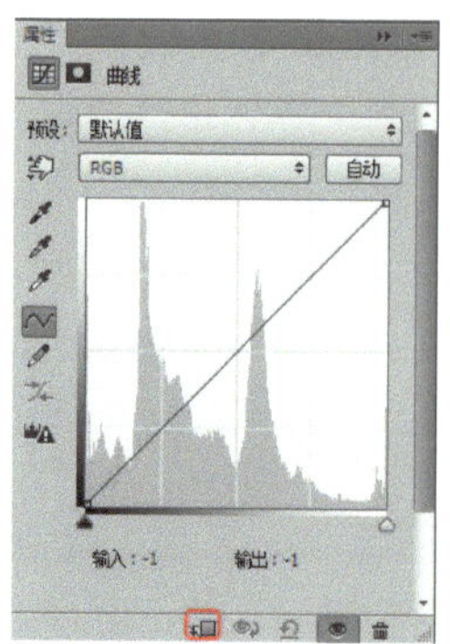

图12-167 剪贴蒙版按钮

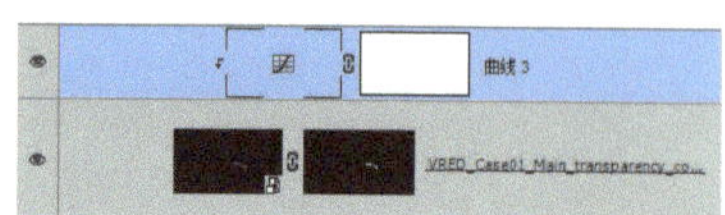

图12-168 调整图层的剪贴蒙版模式

STEP 03 提亮了车灯，整个图像效果已经相当不错了。现在，图层结构如图12-169所示，图像效果如图12-170所示。

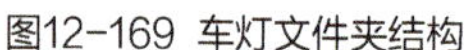
图12-169 车灯文件夹结构

图12-170 提亮车灯后的效果

12.8.6 调整车漆

接下来将进行车漆处理。车漆是整个外观效果的核心，所以它值得花费大量精力来进行微调。

STEP 01 已经完成了对Carpaint（车漆）文件夹的蒙版操作，现在只需要在它的内部进行车漆微调即可。微调在前文中（12.8.3小节）创建的曲线调整图层，以整体性地修改车漆对比度，如图12-171所示。

STEP 02 现在的蓝色有些过于浓烈，看起来有些不舒服。在车漆文件夹内添加一个“色相/饱和度”调整图层，适当降低饱和度，如图12-172所示。

STEP 03 现在的整体效果已经很不错了，不过希望使车身的结构对比可以更突出一些，这时就需要使用AO图层了。将VRED_Case01_Main_Occlusion（以下简称AO图层）复制到Carpaint（车漆）文件夹中，放在现有的修改图层之上，然后将图层混合模式改为“正片叠底”，如图12-173所示。

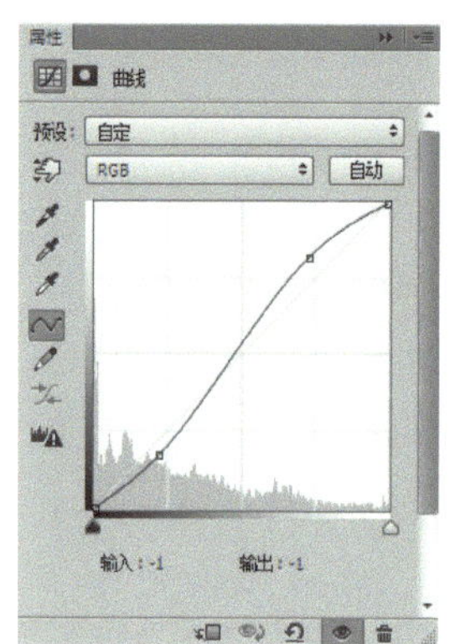

图12-171 提高车漆整体对比度

图12-172 降低车漆饱和度

图12-173 正片叠底AO图层

TIPS “正片叠底”是一个用来“变暗”的重要模式，也是AO图层的首选用法。它不会把白色部分进行图层混合，而只会混合比白色暗的部分，图像越暗，则效果越明显，所以调整AO层的明暗就能实现对混合量的控制。

STEP 04 以目前的效果来说，AO的效果有些过于夸张，并且结构上的明暗对比不够突出。单独查看AO图层，它的明暗对比不明显，显得有些灰，如图12-174所示。

图12-174 直接查看AO图层的原始效果

STEP 05 使用调整图层的剪贴蒙版模式，用一个新的“曲线”调整图层来增加AO层的明暗对比。图层结构如图12-175所示。其效果如图12-176所示。

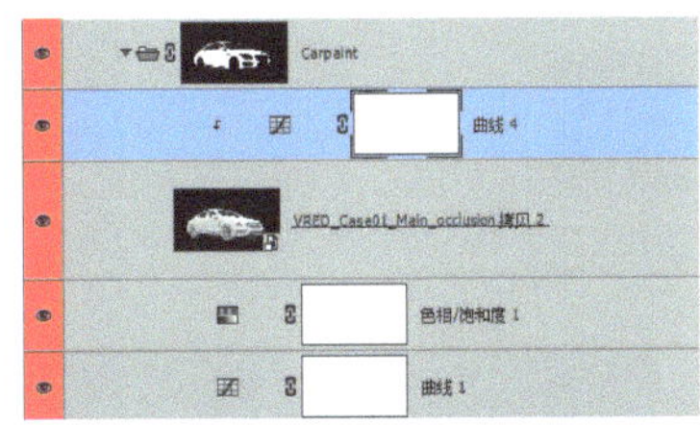

图12-175 图层结构

图12-176 经过曲线调整后的AO图层

TIPS 要直接查看AO图层，可以将图层混合模式改为“正常”。

STEP 06 现在，AO层的结构已经变得明晰了。这时，降低AO图层的不透明度，以免车漆显得过黑、过脏，这里使用的数值是20%，效果如图12-177所示。

图12-177 效果预览

12.8.7 其他部分的调整

经过上述几步操作以后，车身的效果已经非常接近最终结果了。同样使用“魔棒-蒙版-调整图层”方法对车身局部进行微调，以获得满意的效果。最终车身效果如图12-178所示。这个过程不再讲解，如果有困惑，可以查看PSD源文件。下面罗列了主要的注意事项。

» 为车窗加入轻微的绿颜色，可以让它更加好看，使用照片滤镜、曲线、色相/饱和度等多种修改图层来达成这个目标。

图12-178 完成车身调整的图像

» LOGO要大、要亮。

» 轮胎黑一些会更有贴地感。

» 提高网格的明暗对比会让这部分结构显得更有质感。

» 千万不要死背参数，要根据修图思路灵活处置素材。

12.8.8 添加车身光晕

光晕是最终图像的画龙点睛之笔。光晕虽小，却能大大提升图像的品质。通常，使用素材为图像添加光晕，这样可以获得大的后期操作空间。如果不喜欢手动添加光晕，也可以使用VRED直接渲染。

STEP 01 将下载资源中提供的G1_01、G1_04素材导入Photoshop中，并放置在Glare（光斑）>MainLamp_00（大灯）文件夹中，用它们创建大灯光晕，如图12-179和图12-180所示。

图12-179 G1_01素材

图12-180 G1_04素材

STEP 02 修改这两个图层的混合模式为“滤色”，这是光晕素材的首选混合模式。选中G1_04图层，按快捷键Ctrl+T，进入自由变换模式。接着拖曳图层，把它放置在大灯的高光位置，缩放它的大小至合适，如图12-181所示。

TIPS

寻找高光位置需要一定的经验，无法通过文本简单准确地描述。建议多观察真实照片，以理解光晕的位置和大小。简单来说，将光斑放置到几何体最亮的转折处往往是没错的。

图12-181 放置大灯光晕

STEP 03 使用同样的方法把G1_01放置到合适的位置，图层结构如图12-182所示。其效果如图12-183所示。如果有多个地方需要出现光晕效果，那么复制现有素材即可。

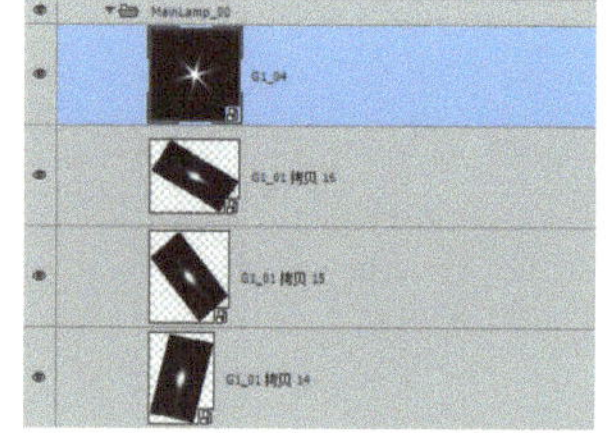

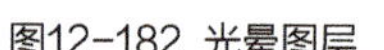

图12-182 光晕图层

图12-183 添加光晕的大灯

STEP 04 使用同样的方法为车体和车轮的高光位置添加光晕，如图12-184和图12-185所示。

图12-184 车身添加光晕结果

图12-185 车轮添加光晕结果

TIPS

处理多个光晕图层时有一个小技巧，如果想选中某个光晕图层，不需要到图层面板去找它。激活移动工具，然后在需要选择的内容上单击鼠标右键，就可依靠名称来选择了，如图12-186所示。

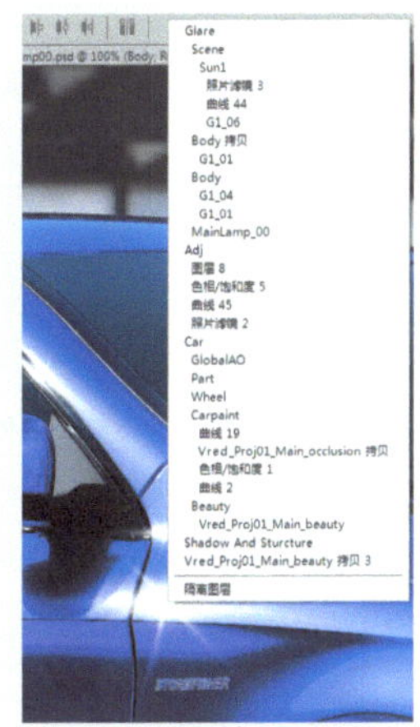

图12-186 使用移动工具

STEP 05 如果光晕强度不足，可以将现有光晕复制一层。比如，在项目中将Body文件夹（车身光晕部分）复制一次，以获得更强烈的车身光斑，如图12-187所示。

图12-187 车身加强光晕结果

12.8.9 背景调试

如果只打算学习车辆渲染技术，那么当车身添加光晕之后，把背景图层改为标准的黑色，就可以收工了，如图12-188所示。

图12-188 使用黑色背景的渲染结果

如果想完成一个完整的作品，还需要做一些简单的背景微调。一般来说，商业项目中使用的背景通常由专业的图像公司提供，这些图像品质极高，即使没有车在其中，也是优秀的摄影作品。然而这些图像价格不菲，个人用户通常无力承担。在这个初级练习中，使用VRED自带的环境背景，它的效果并不优秀，但是足以配合学习相关技能。

TIPS

如果有意向购买高质量背景图，可以访问下列网站。

美观（Maground）：http://www.maground.cn/，http://www.maground.com/

DOSCH：http://www.doschdesign.com/

STEP 01 确认你已经将Beauty（美景）层复制到了BG（背景）文件夹中，并且没有被原始的黑/白图层遮挡。

STEP 02 当前背景的首要问题是发灰，其次是由于HDRI尺寸不足造成的模糊。

STEP 03 使用剪贴蒙版模式的“曲线”调整图层为背景图层增加对比度，然后使用同样模式的“色相/饱和度”调整图层微微增加背景饱和度。图层结构如图12-189所示，“曲线”调整如图12-190所示，“色相/饱和度”参数如图12-191所示，修改后的效果如图12-192所示。

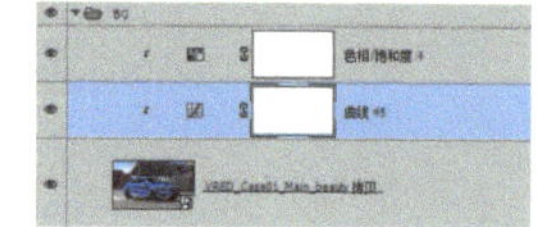

图12-189 背景的剪贴蒙版模式调整图层

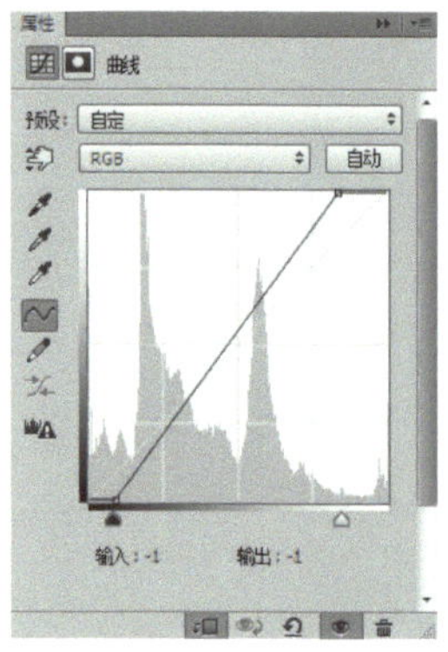

图12-190 曲线图层参数

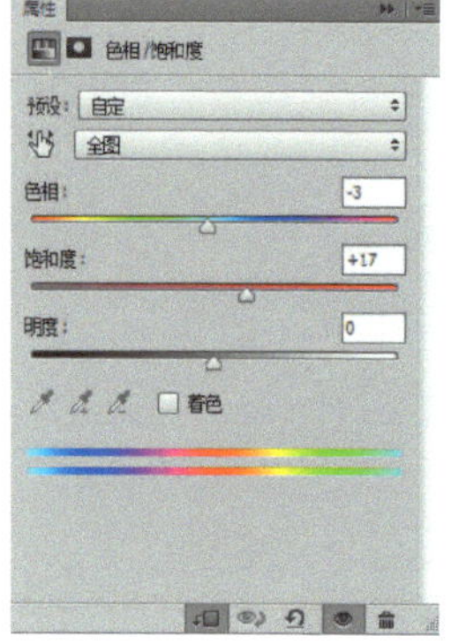

图12-191 色相/饱和度图层参数

图12-192 增加背景对比度与饱和度效果

STEP 04 下面对背景进行锐化，特别是锐化图像下部的地面，它们现在看起来太模糊了，如图12-193所示。

STEP 05 选中背景图层，它的名字是“VRED_Proj01_Main_Beauty 拷贝”。然后在菜单栏中执行“滤镜>锐化>智能锐化”命令，如图12-194所示。在打开的智能锐化面板中设置相关参数，如图12-195所示。

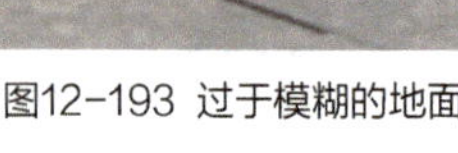

图12-193 过于模糊的地面

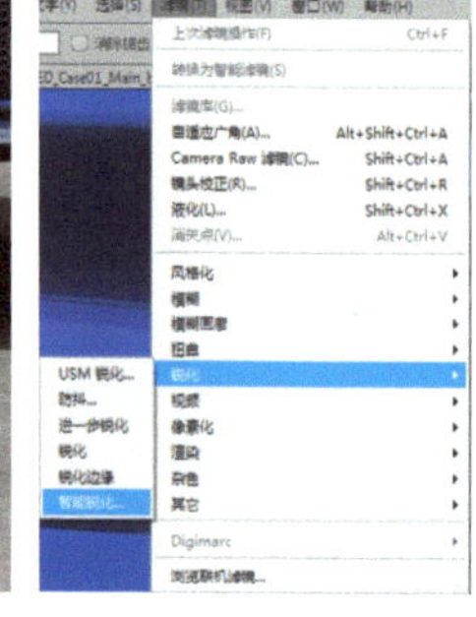

图12-194 打开智能锐化滤镜

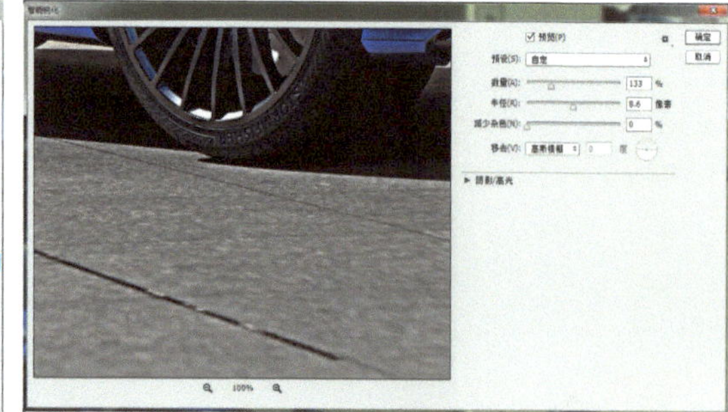

图12-195 锐化参数

TIPS

“数量”和“半径”参数越大，锐化效果越强烈；“半径”参数越大，锐化的Artifacts（艺术化）效果越明显。

STEP 06 锐化结果不错，但是在近处地面的锐化结果令人满意时，远处地面的锐化效果却有些过了，如图12-196和图12-197所示。

STEP 07 这时，可以使用蒙版工具控制锐化的应用范围。当智能锐化创建后，系统会自动在图层下方创建一个图层蒙版。选中这个蒙版，使用快捷键Ctrl+I反相，所有的锐化效果都会被隐藏，如图12-198所示。

图12-196 地面近处的锐化结果

图12-197 地面远处的锐化结果

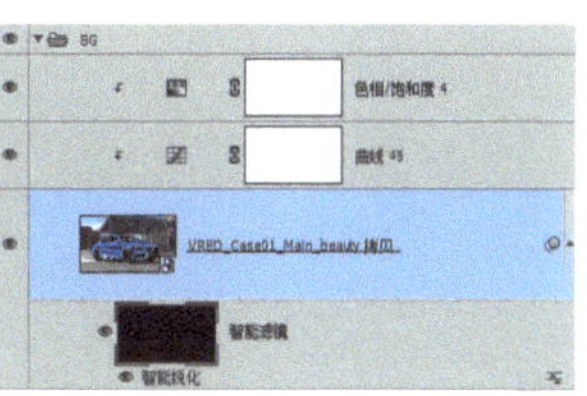

图12-198 反转智能锐化蒙版

STEP 08 将画笔调整为软边缘模式，如图12-199和图12-200所示。确认前景色为白色，保持蒙版选中，在近处地面上画几笔，如图12-201和图12-202所示，使近处地面的锐化结果显示出来。

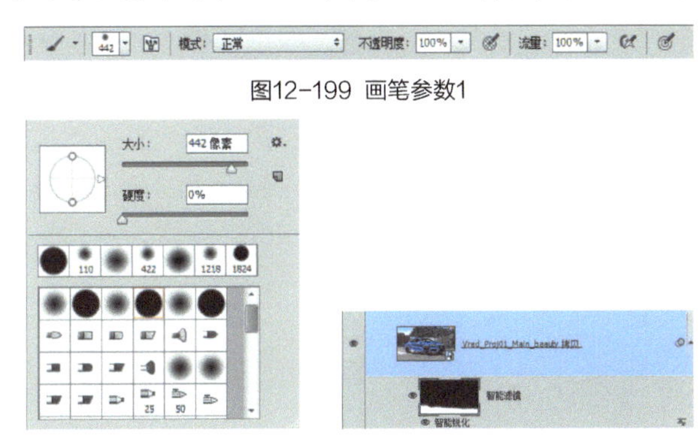

图12-199 画笔参数1

图12-200 画笔参数2

图12-201 智能锐化蒙版预览图

图12-202 智能锐化蒙版截图

TIPS 按住Alt键并单击蒙版，可以直接在画布中看到蒙版效果，再次单击则回到正常模式。

STEP 09 调整后的锐化结果已经令人比较满意了，如图12-203和图12-204所示。

STEP 10 再次查看图像结果，已经基本完成作品了，只需要再做一些小调整。将原有背景图层复制一次，放置到现在的各调整图层的上方，然后将它的混合方式改为“叠加”，并调整其不透明度，如图12-205所示。这样可以有效地增加背景的明暗对比。

图12-203 近处地面的锐化效果

图12-204 远处地面的锐化效果

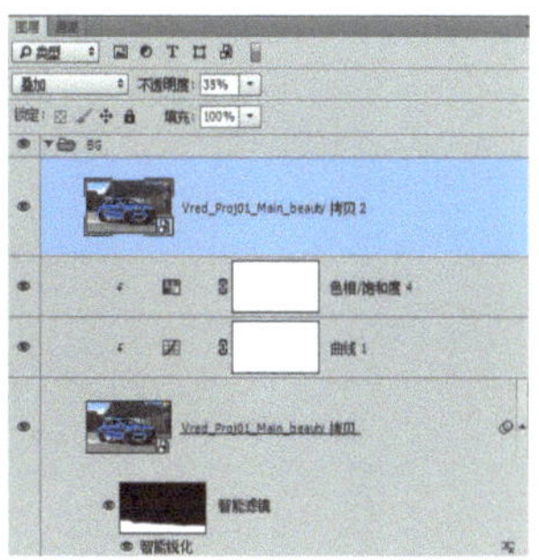

图12-205 叠加背景图层

STEP 11 使用调整图层按钮，在BG（背景）文件夹的最上方添加一个“照片滤镜”，如图12-206所示。使用“冷却滤镜(80)”选项，将背景色调整体“降温”，使图像微微偏蓝并对应车体本身的蓝色，如图12-207所示。

TIPS 照片滤镜模拟的是真实的镜头滤镜效果，它非常适合用来执行图像的整体颜色微调，如整体的冷暖色调修改。

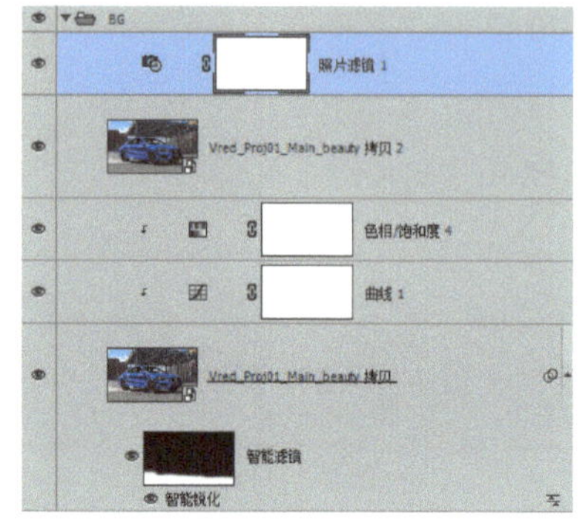

图12-206 添加照片滤镜

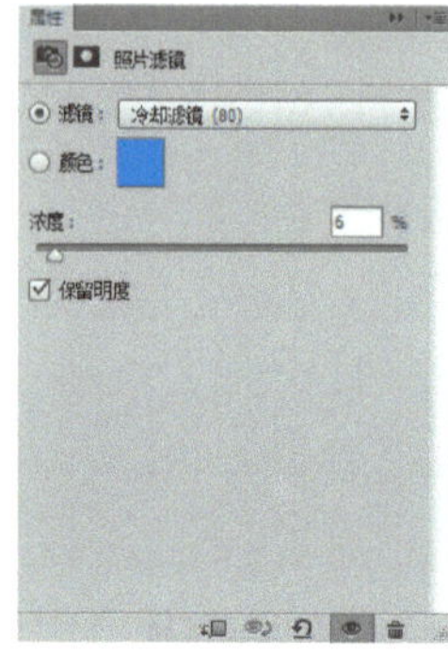

图12-207 照片滤镜参数

STEP 12 删除文档自带的黑白图层，背景调整结束，效果如图12-208所示。

图12-208 接近完成的渲染结果

12.8.10 最后的微调

下面只需要做一些补充的步骤就能完成这个项目。

STEP 01 在这个画面中，太阳位于左上方，所以应该在左上方添加一个来自天空的大面积光晕。选中Glare（光斑）>Scene（场景）文件夹，在其内部创建一个名为Sun1（太阳1）的子文件夹，然后将随书提供的G1_06光晕素材放到这个文件夹中，如图12-209所示。将它的混合模式改为“滤色”，并稍稍降低不透明度（这里使用了63%）。

STEP 02 移动这个素材到画面的左上角，然后调整它的大小，如图12-210所示。

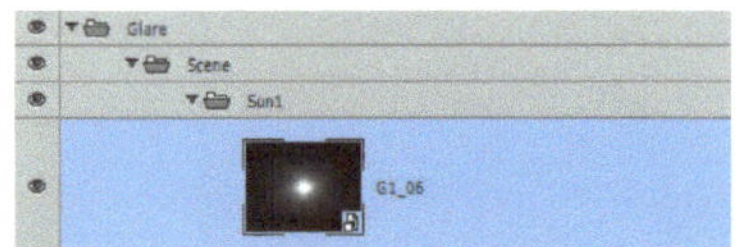

图12-209 太阳光素材

图12-210 光晕位置和大小

STEP 03 现在的光晕有些太大、太白、太模糊，所以使用剪贴蒙版模式的“曲线”调整图层来降低它的中间调亮度，如图12-211和图12-212所示。

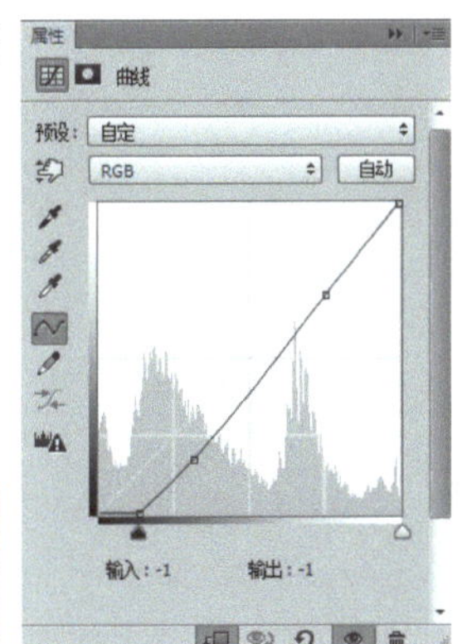

图12-211 为光晕单独添加调整图层　图12-212 调整图层参数

STEP 04 由于太阳光是黄色的，而光晕默认是纯白色，所以使用照片滤镜作为调整图层，为这个光晕进行“升温”，让它带有更多的暖色调，如图12-213和图12-214所示。太阳光晕添加完成。

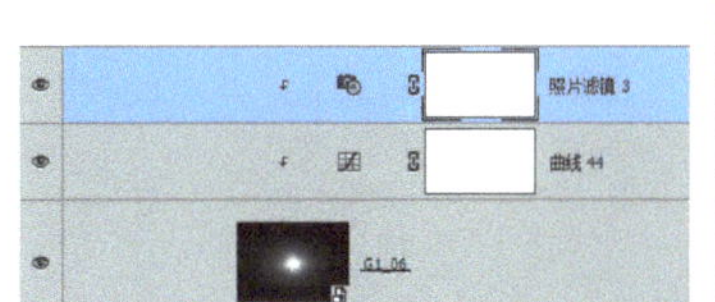

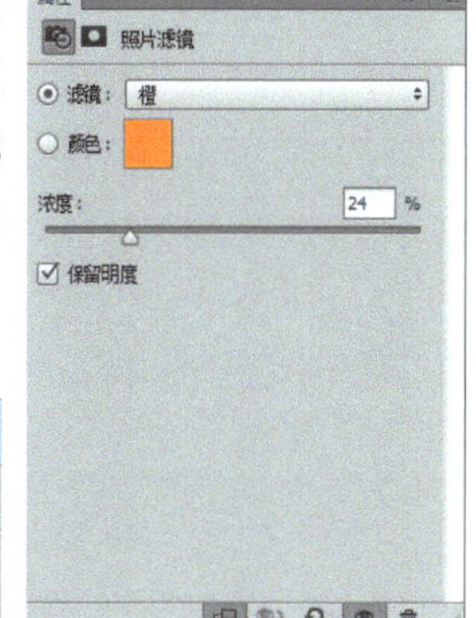

图12-213 剪贴蒙版模式的照片滤镜调整图层　图12-214 调整图层参数

STEP 05 下面为图像加入暗角。

在Car（车辆）文件夹之上创建一个Adj（Adjustment，调整）文件夹，如图12-215所示。使用它来调整整个画面的效果。

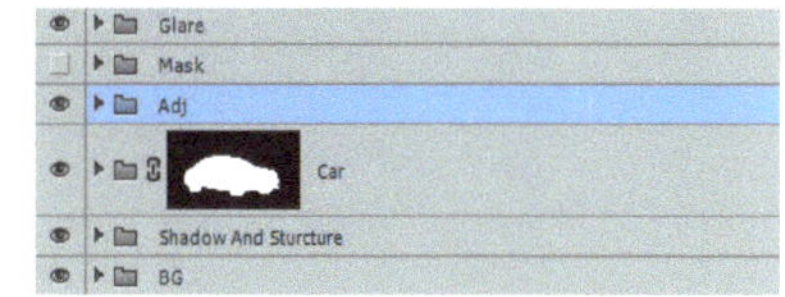

图12-215 Adj文件夹

TIPS 理论上来说，暗角也可以通过VRED直接渲染得到。但是，通常不要这么做，因为后期调整可以拥有更大的修改空间。

STEP 06 在Adj文件夹中新建一个空图层，将混合模式改为“正片叠底”，然后使用白色填充它，现在不会看到任何结果。

STEP 07 选中刚才的图层，使用快捷键Ctrl+Shift+R，调出“镜头校正”对话框，如图12-216所示。使用它来创建一个暗角图层。

STEP 08 调整“自定>晕影”参数，为图像创建一个暗角，如图12-217所示。

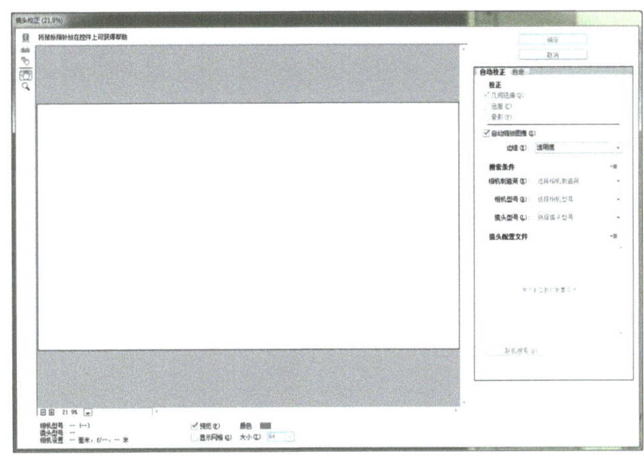

图12-216 镜头校正对话框

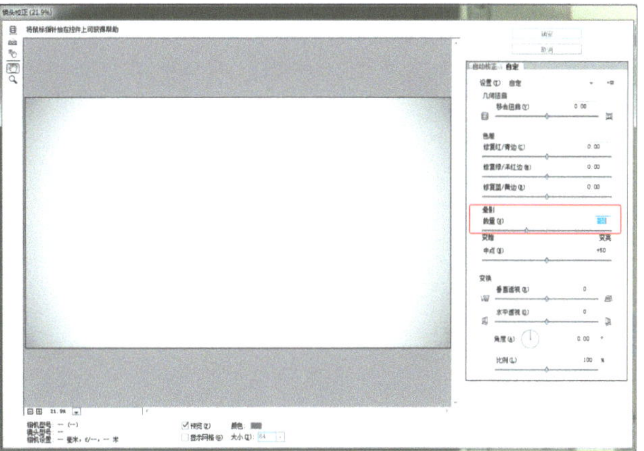

图12-217 创建暗角

STEP 09 微调图层不透明度以获得合适的暗角混合量，这里使用的是64%，如图12-218所示。调整后的暗角效果如图12-219所示。

TIPS 此外，在Adj文件夹中还额外创建了3个调整图层，轻微地调整了整体画面效果。因为它们的效果微乎其微，建议直接查看PSD源文件，这里不再介绍。

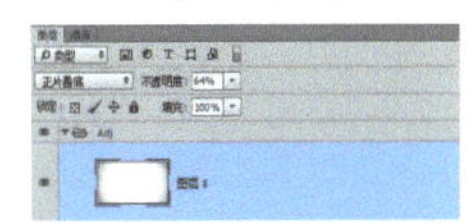

图12-218 暗角图层

图12-219 添加暗角后的效果

STEP 10 到目前为止，已经完成了99%的工作，最后需要将图片锐化以获得更好的观感。锐化这一步，相信许多读者都有自己的心得。在这里，我使用了明度混合的方法。选中图层面板中位于最上方的Glare（光斑）文件夹，确保它处于可见状态，然后按快捷键Ctrl+Shift+Alt+E盖印所有可见图层，以得到一个当前图像的结果图层。接着将这个图层放到整个层级的最上方，以确保它能影响到所有图层，再将该图层的混合模式修改为“明度”，最后将图层命名为“锐化”，如图12-220所示。

STEP 11 使用智能锐化滤镜锐化这个图层，具体参数如图12-221所示。

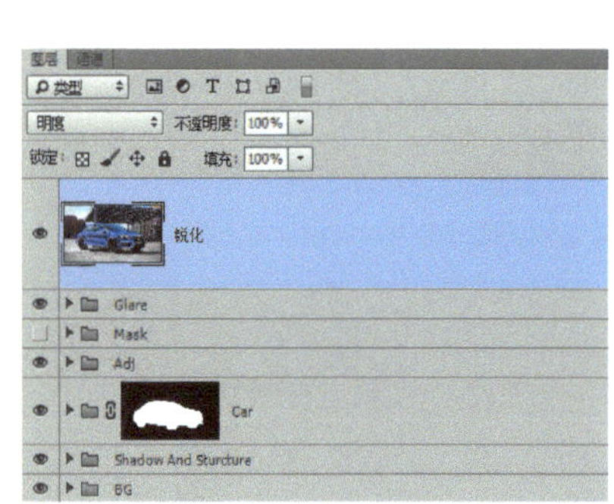

图12-220 锐化图层

图12-221 智能锐化参数

TIPS 切忌硬背参数，应根据需要进行灵活调整。如果觉得锐化不够，那么可以提高“数量”和“半径”参数；反之，降低它们。

STEP 12 调整“锐化”图层的不透明度，以控制最终的锐化混合量（这里使用的数值是37%）。在图层面板中新建一个Mark文件夹，使用文字工具为图像加上LOGO，合成完成，如图12-222和图12-223所示。

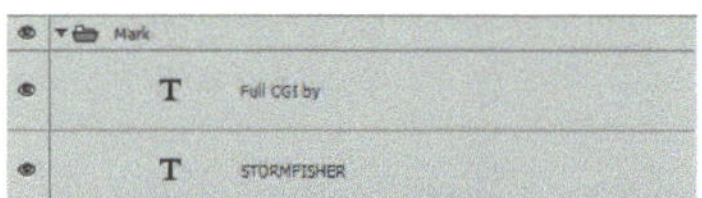

图12-222 Mark图层

图12-223 LOGO

至此，已经完成了一个完整的VRED项目，相信你已经了解了从模型导入、材质指定、场景布光、渲染输出，到后期合成的完整流程，希望你有所收获。下一个案例将使用真正的背景图，创作一幅真正的作品。

13 项目教学02

VEHICLE VISUALIZATION

- 掌握场景重置方法
- 掌握背景图使用方法
- 掌握HDR Light Studio使用方法
- 掌握更细致的修图方法

13.1 项目准备

通过第一个练习项目，完整地体验了VRED的工作流程，下面将执行一个真正的汽车表现项目，如图13-1所示。在这个项目中，将学习如何简单地匹配图像背景、如何使用HDR Light Studio进行摄影棚布光，以及如何进行更细致的后期修图，包括如何制作焦散效果。

图13-1 项目教学02

无需再一次导入模型，可以继续使用第一个案例的工程文件。在此，将学习如何重置一个现有的工程文件，以方便制作新的项目。

13.1.1 重用文件

打开已经完成的第一个VRED工程，将它另存为新的工程VRED_Case02_00.vpb（VRED_案例02_00）。确认光线追踪已关闭，以方便后续操作。

13.1.2 重置环境

STEP 01 在Material Editor（材质编辑器）中找到默认环境切换器Environments，使用Delete命令删除其内部的所有子环境，如图13-2所示。然后将Asset Manager（预设管理器）中的Studio（工作室）环境指定给场景，并为其烘焙地面，如图13-3所示。

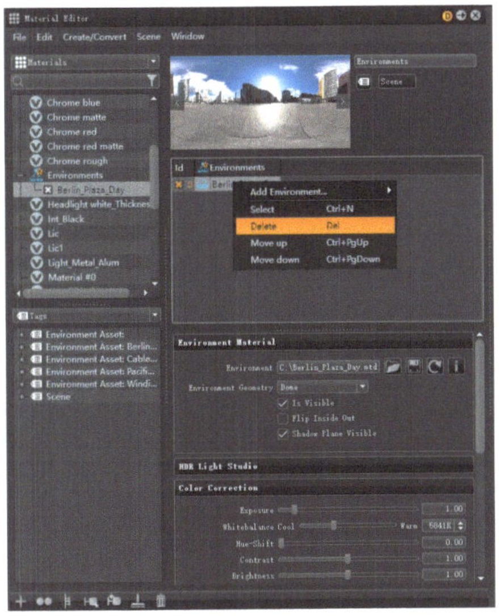

图13-2 清理现有环境

图13-3 默认Studio（工作室）环境效果

TIPS

Studio（工作室）环境的ShadowPlane（地面阴影片）可能被自动隐藏了，可从SceneGraph（结构树）中将其取消隐藏，如图13-4所示。

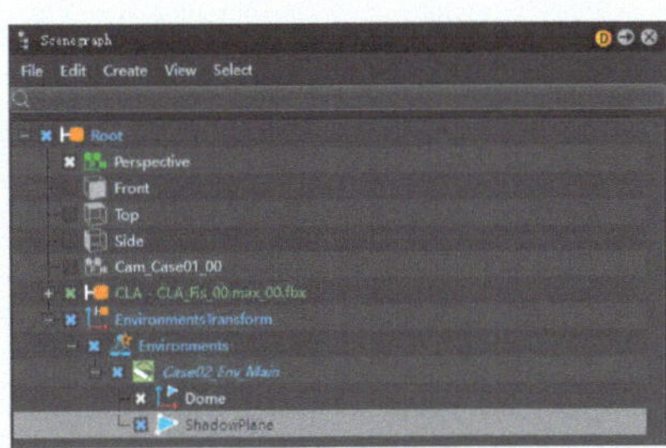

图13-4 将ShadowPlane（地面阴影片）取消隐藏

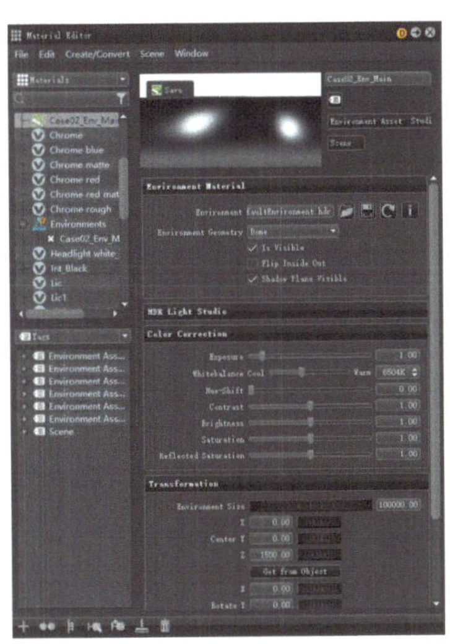

图13-5 修改环境名称

STEP 02 在Material Editor（材质编辑器）中选择刚才添加的Studio（工作室），单击Modify（修改）按钮，进入修改模式，然后将其命名为Case02_Env_Main（案例02-环境-主要），如图13-5所示。

STEP 03 找到Case02_Env_Main环境的Environment Material（环境材质）基本参数卷展栏，将Environment Geometry（环境几何体）选项改为Sphere（球形），如图13-6所示。对于影棚布光而言，Sphere（球形）比默认的Dome（半球）更有优势，因为Sphere（球形）在各个方向上更为均匀。

Environment Geometry Sphere

图13-6 Sphere（球形）模式

TIPS 对于非影棚类的普通实拍HDRI，仍然建议使用默认的Dome（半球）模式。

13.1.3 重置摄影机

打开Camera Editor（摄影机编辑器），在摄影机列表中双击Perspective（透视），使默认透视摄影机成为当前渲染窗口摄影机。然后选择在上一个项目中创建的摄影机，接着按Delete键将其删除，如图13-7所示。

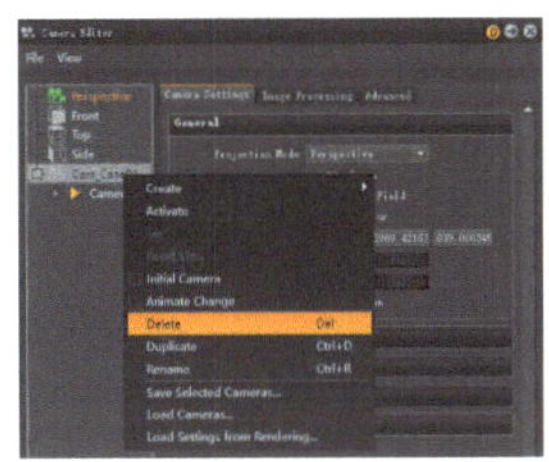

图13-7 清理原有的摄影机

13.1.4 黑色非金属漆

在上一个项目中，我们渲染了蓝色车漆，这次来渲染黑色车漆。黑色车漆非常适合在暗调影棚中来表现，而且制作过程也很简单，具体参数设置和效果如图13-8和图13-9所示。在这个项目教学中，能够学习如何使用Metallic Carpaint（金属漆）材质来表现Unicolor Paint（非金属漆）效果。

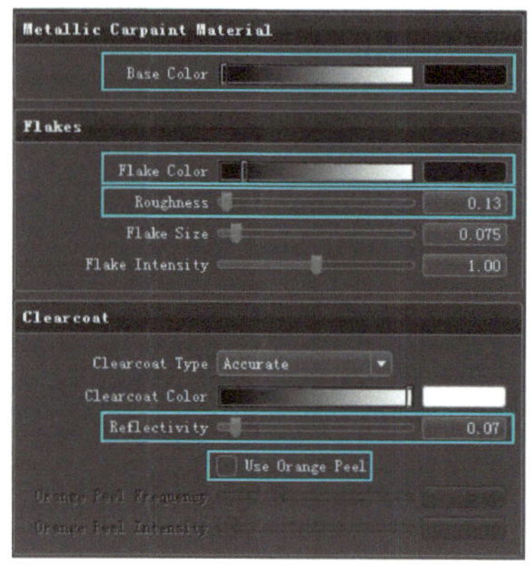

图13-8 黑色非金属漆材质参数

图13-9 黑色非金属漆效果预览

下面将讲解这个材质的调试思路。

» 可以直接从Asset Manager（预设管理器）中调用Paint Black（黑色非金属漆）的预制模板，但是通常不会这样做。因为从表现效果上来说，预设的非金属漆材质都不够“好看”，所以一般通过修改Metallic Carpaint（金属漆）参数来制作非金属漆效果。

TIPS “真实”与“好看”是两个不同的概念。

» 要使用Metallic Carpaint（金属漆）制作非金属漆效果非常简单。根据金属漆的现实原理，只要弱化金属颗粒的特征，就能强化非金属漆的特征。所以，至少应该将颗粒颜色和色漆层的颜色调试得接近一致，以避免出现明显的变色效果。

» 因为需要调试成黑色车漆，所以Base Color（基础色）应该是黑色。而Flake Color（颗粒颜色）应该是接近黑色的深灰色，这样就能得到一点轻微的高光溢出效果，使得车漆更有层次，这是使用金属漆材质调试非金属漆的主要原因。

注意，这里提高了一些Clearcoat（清漆）的Reflectivity（反射），因为黑色车漆的反射效果比多数彩色的车漆更强。反之，白色车漆的反射比彩色的车漆更弱。

这个特征可以通过能量守恒定理来解释。物体表面能够反弹的总能量是一定的。当漫反射较强时，镜面反射则会较弱，如白色车漆；当漫反射较弱时，镜面反射则会变强，如黑色车漆。

» 关闭Use Orange Peel（使用橘皮效果）选项，使车在影棚表现中获得完美而光滑的漆面。

13.1.5 轮毂

在上一个项目中，我们渲染了一个黑色轮毂。这次渲染一个具有金属质感的高亮轮毂。事实上，CLA运动款的多幅轮毂是黑色的，本案例的高亮轮毂只是为了讲解知识点。轮毂材质具体参数设置如图13-10所示。

新的轮毂效果如图13-11所示。为了方便说明，将环境换成了调试材质时使用的Winding_Road，你在学习时没有必要这样做。如果觉得这个轮毂不够亮，则是烘焙AO的原因，请观察去掉烘焙以后的结果，如图13-12所示。

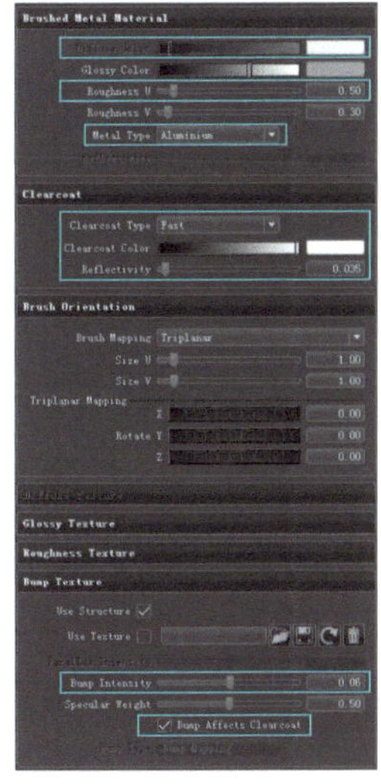

图13-10 轮毂材质参数

图13-11 轮毂材质效果

图13-12 去掉了烘焙AO以后的轮毂效果

下面简要介绍轮毂材质的调试思路。

» 基础材质使用了Brushed Metal（拉丝金属），这里直接引用了Asset Manager（预设管理器）中的Aluminum Brushed（拉丝铝）预设。

» 较强的金属感需要较强的高光反射，所以Glossy Color（光泽颜色）参数较亮。

» 观察之前搜集的参考图，确认此类轮毂是否都是模糊反射材质。为了达到模糊反射效果，需要使用稍高的Roughness（粗糙度）参数。首先对Roughness U和V（粗糙度U和V）参数进行同步调整，当它们的数值为0.5时，认为获得了想要的效果，然后根据各向异性的表现原理，轻微降低了Roughness V（粗糙度V）参数，使轮毂的高光呈现一定的各向异性特征。

» 至于Metal Type（金属类型）参数，由于常见的高性能轮毂都是铝制的，因此保留了预设的Aluminum（铝）选项。

TIPS 也可以尝试使用其他金属类型，以感受不同的质感。

» 为了让轮毂表面的反射表现出更多的细节，使用了少量的Clearcoat（清漆）效果，将它的Reflectivity（反射）参数设为0.035，这是一个小到可以忽略不计的数值。由于Clearcoat（清漆）的效果实在是微不足道，将Clearcoat Type（清漆模式）设为Fast（快速）以加快计算。

TIPS 注意车漆等重要的反射对象不要使用Fast（快速）模式。

» 为了材质表现出更多细节，打开了Bump Texture（凹凸纹理），借助它提供的程序纹理，可以更加细致地模拟亚光金属。

» 使用0.06这个很小的Bump Intensity（凹凸强度），避免轮毂显得过于粗糙。此外，记得打开Bump Affects Clearcoat（凹凸影响清漆反射）选项，以便清漆反射也产生凹凸效果。

13.1.6 清理材质

可能会在新场景中使用了一些新的材质替换之前的材质结果。当完成这些工作以后，建议使用材质编辑器的材质清理工具清理一下场景，删除没有被使用的材质，以节约系统资源，如图13-13所示。

图13-13 清理未使用的材质

13.1.7 背景加载与摄影机匹配

下面将学习如何在场景中加入背景图片，然后匹配这个背景来进行渲染。

STEP 01 将Render Window Size（渲染窗口尺寸）设置为1280像素×720像素（16：9）。

STEP 02 按住主界面图标栏的Backplate（背景）按钮，系统会弹出两个子选项，选择Create Backplate（创建背景）选项，如图13-14所示。

图13-14 Create Backplate

STEP 03 使用打开的对话框加载随书提供的背景图文件VRED_Case02_BG_w1280.png。它位于下载资源中的"WorkFiles\01_SeperatedWorkingFiles\Case02\Sceneassets\Images\Backplate\VRED_Case02"文件夹里。

> **TIPS**
>
> 虽然没有严格的要求，但是对于背景图文件，建议在今后的工作中都执行如下标准。
>
> 第1点：首选.png格式，.jpg格式可作为第二选择。
>
> 第2点：准备一大一小两张背景，大的用于最终修图，小的用于渲染窗口预览。
>
> 第3点：背景小预览图的宽边像素不超过2000。
>
> 第4点：背景图与最终输出图像同比例。如最终输出3840像素×2160像素（16：9）的图像，则预览图的长宽比也应当是16：9，如1920像素×1080像素或1280像素×720像素。

STEP 04 单击主界面图标栏的Grid（坐标网格）按钮，调出参考网格。它有助于更好地找到透视平面，如图13-15所示。如果参考网格不是水平面方向的，那么按住Grid（坐标网格）按钮，然后在打开的菜单中选择xy命令。

图13-15 渲染窗口中的参考网格

STEP 05 打开Camera Editor（摄影机编辑器），为本项目创建一个透视摄影机。观察参考网格的透视变化，然后调整摄影机位置，使车身透视和场景透视尽可能匹配。对于这张背景来说，由于只有一个普通的地面，因此匹配难度并不大。通常，只要能够对齐背景与场景的虚拟地平线，就能完成大致的透视匹配。

STEP 06 图13-16所示的效果是一个典型的错误匹配，场景地平线与背景地平线出现了明显的偏差。图13-17所示的效果是一个正确的匹配结果，也是最终将使用的结果，这个侧后方的机位可以方便在案例中学习尾灯渲染的知识。

图13-16 错误的透视匹配

图13-17 正确的透视匹配

TIPS

要想快速匹配上摄影机和背景，首先应该确认地平线的位置和倾斜角。背景图的地平线可以通过常识很容易推断，因此，摄影机的俯仰和倾角都能通过地平线进行轻松的设定。

比较有难度的是焦距。焦距没有硬性的方法可以计算，主要依靠用户的经验来设置。要平衡最终结果、场景自身的透视关系及地面网格的透视变形三者之间的关系，除了多观察、多练习和多拍照以外，没有捷径可循。

不过，焦距并非完全不可推算，如果有照片的EXIF信息，那么要获知焦距是一件非常轻松的事情。详情请搜索“EXIF信息”。另外，在执行背景匹配这一步时，因为黑车漆不易辨认，可以考虑暂时将汽车的Base Color（基础色）改为白色。

STEP 07 设置摄影机的相关参数，如图13-18所示。可以看到，此处使用了大约80mm的焦距。回忆项目教学01中的摄影机焦距内容，以明确这样做是出于什么目的。

STEP 08 将当前摄影机结果创建为一个Viewpoint（视点），这以免误操作而造成镜头移位。

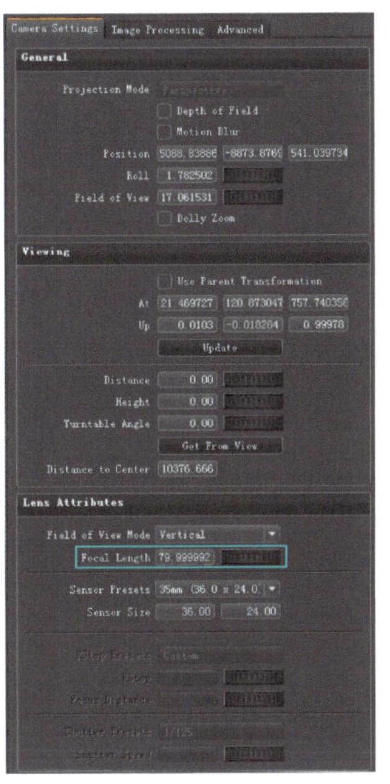

图13-18 摄影机参数

TIPS

需要提醒的是，如果在制作中关闭了VRED，当重新打开场景的时候，背景可能会出现不正确的显示结果，摄影机可能也不在正确的位置。可以通过一些设置解决这些问题，但是这样都不够简便。下面是遇到此类问题时，建议的操作方法。

针对摄影机问题。在Camera Editor（摄影机编辑器）的摄影机列表中，双击之前创建的Viewpoint（视点），使摄影机回到之前的状态。

针对背景丢失问题。按住Backplate（背景）按钮，从打开的菜单中选择Delete Backplate（删除背景）选项，以删除现有背景，如图13-19所示。然后使用Create Backplate（创建背景）命令重新加载一次之前的背景。

图13-19 删除背景

13.2 布光

终于到了激动人心的布光环节了，我们将使用HDR Light Studio制作第一个定制照明环境。这个过程简单又轻松，如果之前使用的是3ds Max-VRay这样的传统渲染器，你会无比喜爱VRED的这个模块。

在开始这个部分的学习之前，建议简单复习“11 车辆外观表现思路”章节。另外，如果不熟悉HDR Light Studio的使用方法，建议简单复习第2部分的“7.4 HDR Light Studio”章节。

TIPS 虽然VRay也可以使用VRayRT直接使用HDR Light Studio，但我仍然认为它不如VRED方便。

13.2.1 准备工作

在正式布光开始之前，应该做一些简单的准备工作。

» 确认当前环境的Environment Geometry（环境几何体）处于Sphere（球形）模式，这个模式是进行影棚渲染的首选模式。当然，使用标准的Dome（半球）也是可以的。

» 将Render Settings（渲染设置）模块的相关参数设置为渲染测试用参数。具体设置内容请参考上一个教学，或查阅软件基础教学部分的“8.7 渲染参数模板”章节，这里不再赘述。

» 关闭Grid（坐标网格）显示，确认Region（区域渲染）按钮处于关闭状态，确认抗锯齿按钮（AA按钮）处于关闭状态。

» 从SceneGraph（结构树）中选择Dum_Wheel_Front_Left_Dir（左前轮方向代理），将其向左旋转25° 使车体显得更有动势。

TIPS 可以使用Transform（变换）面板来旋转车轮的方向，也可以使用快捷键Shift+E。

» 使用同样的方法将Dum_Wheel_Front_Right_Dir（右前轮方向代理）旋转25° 。

» 在Material Editor（材质编辑器）中选择当前场景环境。

» 单击RT按钮，进入Interactive（光线追踪交互）模式。在这个模式下进行主要的布光工作。

13.2.2 启动HDR Light Studio

准备工作完成后，开始HDR Light Studio布光操作。找到环境球材质的HDR Light Studio卷展栏，单击Edit & Load Settings（编辑和加载设置）按钮，激活VRED内置的HDR Light Studio插件，如图13-20所示。初始状态的HDR Light Studio插件主面板如图13-21所示。初始HDR Light Studio渲染效果如图13-22所示。

图13-20 HDR Light Studio卷展栏

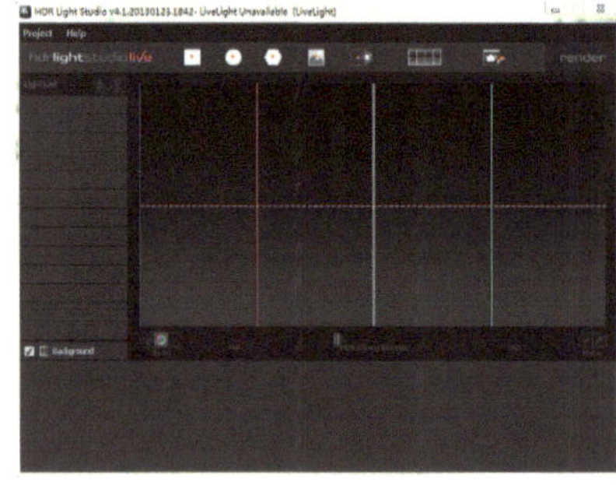

图13-21 初始HDR Light Studio插件主面板

图13-22 初始HDR Light Studio渲染效果

打开HDR Light Studio插件以后，系统会自动使用HDR Light Studio环境替换当前环境图像。在HDR Light Studio中进行了布光操作时，VRED的渲染窗口也会实时更新。这种更新需要一定的计算量，根据计算机性能的不同，刷新时间可能为几秒到十几秒。

13.2.3 输出设置

为实时插件设定正确的坐标系。单击HDR Light Studio主面板右上方的Render（渲染设置）按钮，打开Production Render（产品渲染）面板，然后将产品渲染面板右上方的选项改为Live（实时对接）。接着确认输出尺寸为1500像素×750像素，关闭Show Guides（显示引导）和FastPreview（快速预览）功能，如图13-23所示。单击Apply（应用）按钮，确认修改，最后单击Close（关闭）按钮，关闭面板，完成输出设置。

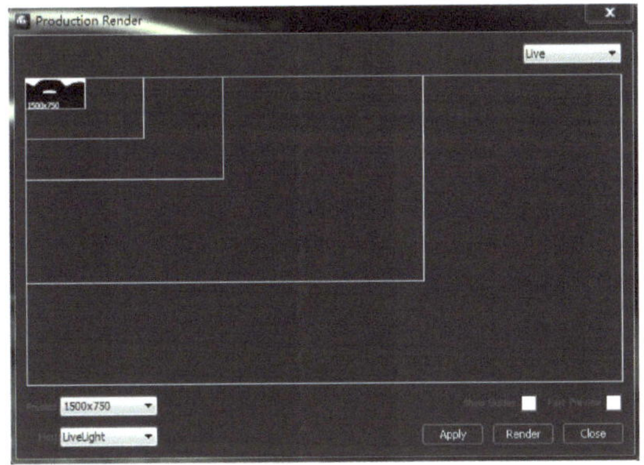

图13-23 渲染设置面板

Live代表实时对接模式，不输出真正的HDRI文件到硬盘。1500像素×750像素是最小的输出尺寸，用于测试渲染。Show Guides（显示引导）和 Fase Preview（快速预览）是诊断模式选项，不需要在工作中打开，以免忘记关闭而造成错误。

13.2.4 主光

先来创建主光。在这个案例中，要重点表现车体的C柱及沿着C柱所伸展的曲面。所以，把主光放在了C柱的位置上。

STEP 01 在Material Editor（材质编辑器）中选择当前环境球材质，然后选择HDR Light Studio卷展栏下的LightPaint（光绘）选项，接着设置其模式为默认的Reflection Painting（反射绘制）。选择HDR Light Studio主面板，单击其上部的Round Light（圆形灯光）按钮，如图13-24所示。在HDR画布中创建一个圆形灯光，如图13-25所示。这个基本的灯光效果如图13-26所示，注意反光板边缘的硬过渡特征。

图13-24 Round Light（圆形灯光）按钮

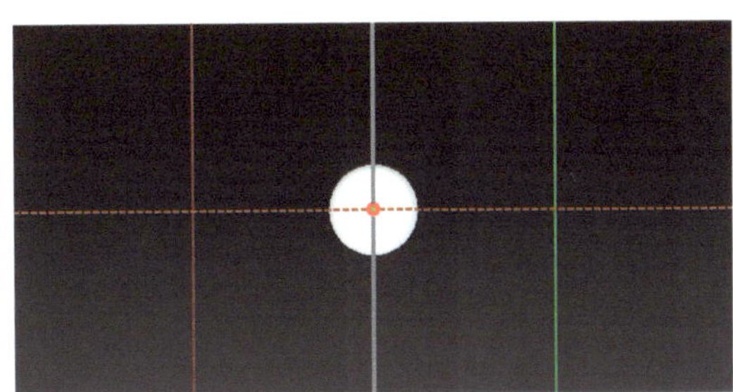
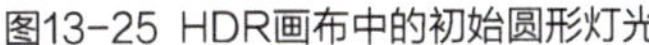
图13-25 HDR画布中的初始圆形灯光

图13-26 默认圆形灯光效果

在下文中，可能会把HDR Light Studio中的Light叫作“灯光”或者“反光板”。不要感到奇怪，在工作中，这两种叫法都是很常见的。

STEP 02 在HDR Light Studio面板中，把灯光的Falloff（衰减）参数降低为0，以获得柔和的渐变边缘，如图13-27所示，效果如图13-28所示。

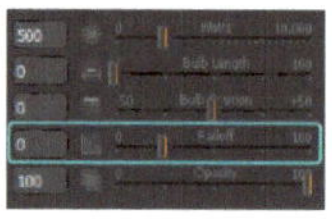

图13-27 Falloff参数

图13-28 处理效果

STEP 03 在HDR Light Studio的灯光列表中确认选择了Round Light（圆形灯光），如图13-29所示。然后回到VRED主界面，在Render Window（渲染窗口）中按住Shift键，等待光标变为十字形，接着在C柱的中上方单击，几秒后就能看到C柱被照亮了，如图13-30所示。这就是指哪打哪的LightPaint（光绘）功能。

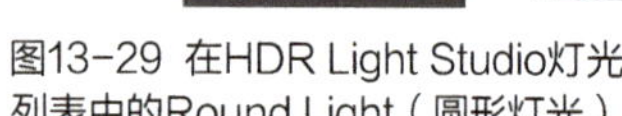

图13-29 在HDR Light Studio灯光列表中的Round Light（圆形灯光）

图13-30 使用LightPaint（光绘）功能移动后的圆形灯光

TIPS

按照上述步骤处理后，HDR画布中的灯光位置会发生同步移动，如图13-31所示。

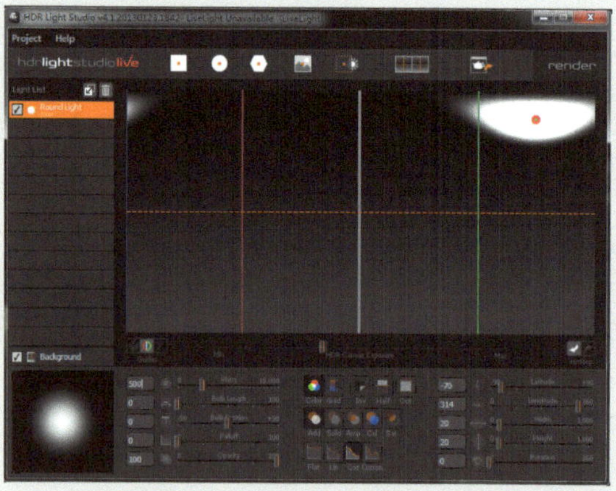

图13-31 HDR画布中的圆形灯光位置

STEP 04 现在背景渐变的亮度太亮了，需要降低渐变亮度，以免车体下方显得过于明亮。单击HDR Light Studio主面板上的画布背景设定按钮，打开Background Settings（背景设置）面板，然后确认进入了GRADIENT（渐变）页面，接着将页面最下方的Peak Wattage（最大亮度）改为15，以减弱背景渐变的亮度，如图13-32所示。

STEP 05 关闭Background Settings（背景设置）面板，回到HDR Light Studio主面板，然后将圆形灯光的Watts（瓦数/亮度）提高到1800以加强主光强度。接着反复使用LightPaint（光绘）功能在车身上单击，以寻找一个最好看的主光位置，这个位置可以把C柱附近的几条主要结构线都表现出来。经过反复测试，最后设定的主光位置如图13-33所示。主光效果如图13-34所示。

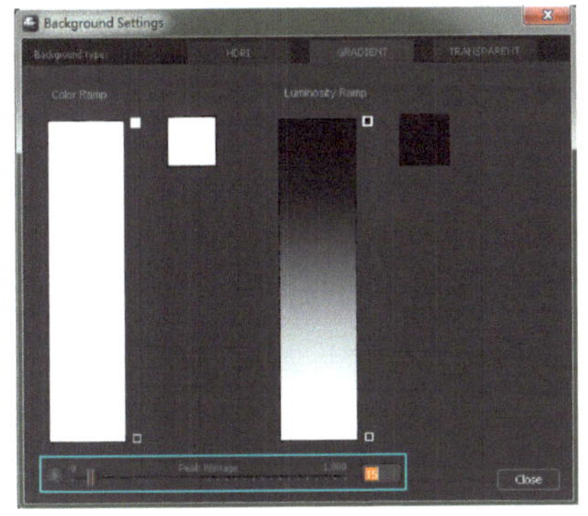

图13-32 修改背景渐变亮度

图13-33 主光位置

图13-34 主光效果

STEP 06 现在的主光面积有些小，希望它能更长、更大一些，以把侧面的整个弧形结构都表现出来。注意图13-35中的蓝色标注部分，这是需要重点表现的侧面结构。为了达成这个目标，修改了主光的长度，并尝试旋转了灯光的方向。反复测试后，在Rotation（旋转）为10时，可以更好地展现这个结构的转折关系。最终的主光参数如图13-36所示，效果如图13-37所示。

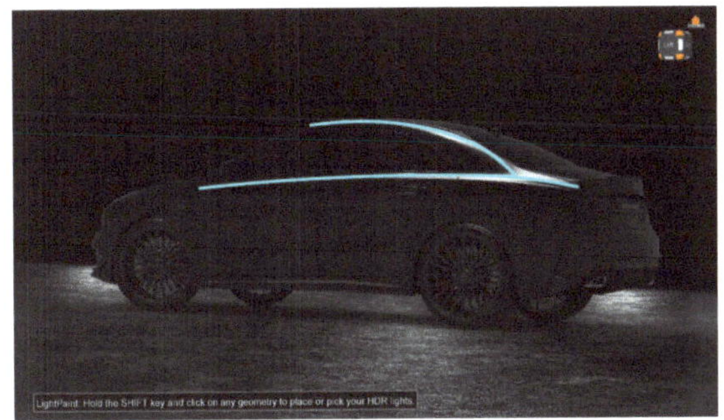

图13-35 重点结构线

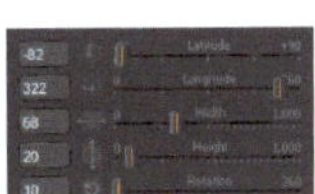

图13-36 主光参数

图13-37 主光表现结果

TIPS 很少有人可以一次性完成灯光设置，它需要反复修改、测试和微调，才能获得一个良好的效果。事实上，我也是这样做的。

13.2.5 腰线

主光设置完成后，开始腰线的设定。腰线可以分为结构腰线和反射腰线，其中反射腰线是天际线在车身上的反射。要模拟这种反射，需要使用硬切边反光板。

STEP 01 单击HDR Light Studio主面板上方的Picture Light（图片灯光）按钮，打开Picture Light Browser（图片灯光浏览器）面板，如图13-38所示。从面板列表中选择Softer Half Square（大意为“软边半矩形”）模板，然后单击Select（选择）按钮，将其加入HDR画布中。新添加的Softer Half Square反光板位置如图13-39所示。

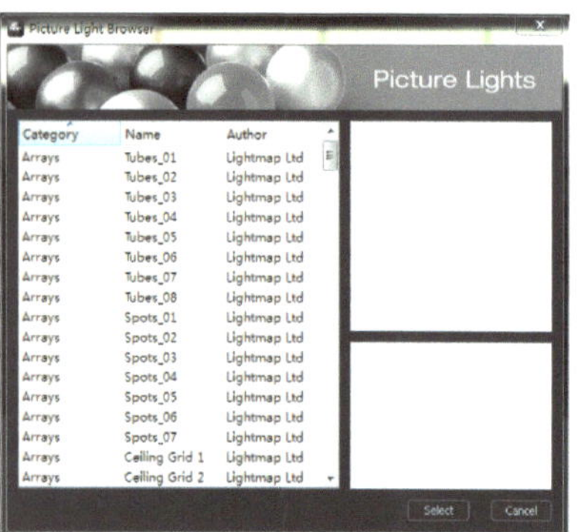

图13-38 图片灯光浏览器面板

图13-39 新添加的硬切边反光板Softer Half Square

> **TIPS**
> 注意，必须为HDR Light Studio安装图片灯光素材包才能正常使用Picture Light（图片灯光）功能。如果没有资源包，那么可以创建一个普通的Round Light（圆形灯光），然后将它的Fall off（衰减）参数设为0，接着单击灯光参数面板的Half（一半）按钮，只保留一半现有灯光，这同样可以模拟硬切边效果。

STEP 02 将Softer Half Square的灯光混合模式改为“Add（加亮）”，以免灯光之间出现遮挡，如图13-40所示。使用LightPaint（光绘）功能将新添加的Softer Half Square移动到车辆天际线位置，如图13-41所示。

图13-40 灯光位置与混合模式参考

图13-41 移动到天际线的Softer Half Square

STEP 03 现在的天际线面积太大，抢走了主光源的风头，适当对它进行调整，使之更小、更清晰锐利。减小天际线的宽度，使其在车身上显得更窄。将天际线的Height（高度）参数改为5，使它在车身上的纵向反射高度变小，然后拉长天际线的长度，使它可以覆盖更大的侧面区域。将天际线的Width（宽度）设为了26，使反射区域在车身侧面延伸，接着调整了天际线的位置，使其处在腰线结构的中心，最后提高Watts（瓦数/亮度）到800，使天际线更明亮。天际线的最终参数如图13-42所示，效果如图13-43所示。

图13-42 天际线灯光参数

图13-43 天际线效果

13.2.6 补充天际线

天际线在前轮眉处出现了延伸，但是后翼子板部分却死黑一片。希望天际线可以覆盖整个侧面，所以在车尾补充一条天际线。

STEP 01 确认选择了Softer Half Square，即天际线，然后单击HDR Light Studio灯光列表的复制按钮，将这个灯光复制一次，如图13-44所示。确认选择的是新Softer Half Square，接着使用LightPaint（光绘）功能将它指定到车尾，如图13-45所示。

图13-44 复制灯光按钮

图13-45 指定到车尾的补充天际线

STEP 02 现在这条Softer Half Square显得太细、太长，因而和现有的天际线（旧Softer Half Square）出现了重复。将其加长、加宽，避免显得太纤细。另外，还需要降低尾部天际线的亮度，以免盖过了原有的天际线。补充天际线的最终参数如图13-46所示，效果如图13-47所示。

图13-46 补充天际线的参数

图13-47 补充天际线效果

13.2.7 车头补光/背景光

侧面的主要光源已经处理完成，现在来处理一些次要的补光。可以看到，背景图片的车头位置有一个明显的光源，为了与它呼应，需要在三维场景中的车头相应位置创建一个补光。这样可以将模拟从车辆背后投来的背景光效果，为车头勾上一层亮边。

STEP 01 创建一个Round Light（圆形灯光），设置Falloff（衰减）参数为0，然后使用LightPaint（光绘）功能将其移动到车头位置，效果如图13-48所示。

图13-48 车头补光效果

STEP 02 调整灯光的位置和面积，以获取更好的补充照明效果，如图13-49所示。

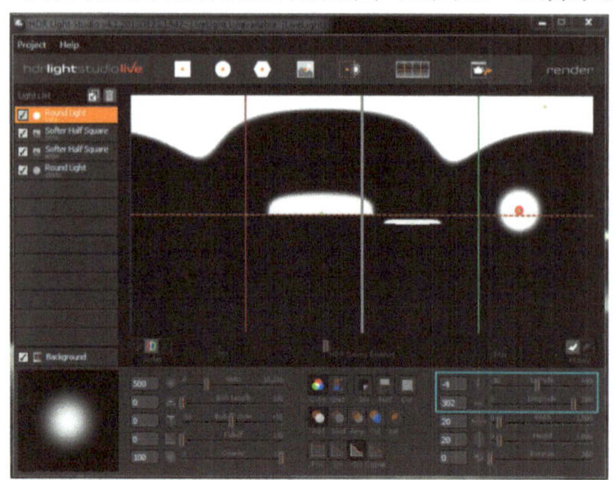

图13-49 HDR Light Studio主界面中的车头补光示意图

STEP 03 这个补光实质上是一个背景光，尝试把它的面积放大一些，看看它能否满足整辆车的背景光照明需求。答案是当然可以，并且效果非常不错，如图13-50所示。可以看到，背景光的作用非常巨大。设置灯光的参数，如图13-51所示。

图13-50 车头补光/背景光效果

图13-51 车头补光/背景光参数

TIPS 除了直接使用LightPaint（光绘），也可以尝试在HDR画布中移动灯光。有时，使用LightPaint（光绘）难以获得的效果，反而可以用手动方式来获得，当然这需要具有一定的经验。

13.2.8 车尾补光

现在，已经得到了一个基本的摄影棚场景，主光、天际线和背景光一应俱全。观察现有图像，由于主光和天际线的作用，车身的侧面已经得到了较为良好的表现。由于背景光的作用，在车顶、后车窗和引擎盖上部也形成了一条流畅的曲线。

对于车身上的主要大曲面，目前只有车窗和车尾的垂直曲面没有得到良好的照明，如图13-52和图13-53所示。车窗目前死黑一片，我们将在“13.3 渲染输出”章节解决这个问题。车尾也缺乏明暗变化，将在本小节解决它。

图13-52 车窗

图13-53 车尾

本小节的目标，就是为车尾完成补充照明。

STEP 01 在HDR Light Studio中创建一个Round Light（圆形灯光），设置Falloff（衰减）为0，然后使用LightPaint（光绘）功能将灯光移动到车尾，如图13-54所示。

STEP 02 当前的车尾补光看起来太小、太暗，应使其大一些、亮一些，以覆盖到尾灯及更多的车尾上部区域，让尾部的曲面区分更明显。另外，由于这个灯光距离车牌较近，最好让它能够对车牌也产生照明，使之产生明暗变化，凸显结构。反复尝试灯光的尺寸、位置和强度后，使用图13-55所示的补光参数，产生的效果如图13-56所示。

图13-54 初步放置的车尾补光

图13-55 尾部补光参数

图13-56 尾部补光效果

13.2.9 车身下部补光

在尾部添加补光以后，整个车身的表现效果已经非常不错了，但要注意背景图像的地面区域。在车辆的后轮附近、侧裙的下方及背景地面存在着一个亮区，如图13-57所示。这个亮区说明这个位置受到了某种光照，也就是说，车身下方的反射也应该存在某种明暗变化。然而，目前车身上并没有反映出这种变化，如图13-58所示。所以，本节将添加这个“不太重要”的细节补光。

图13-57 地面的亮区

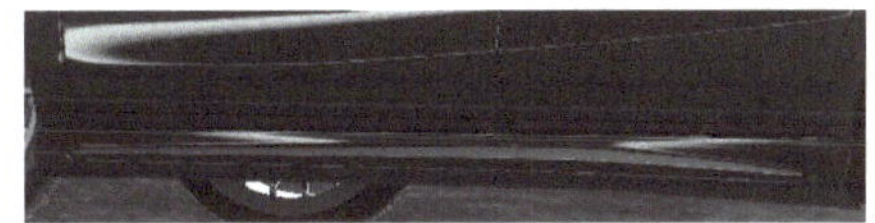

图13-58 缺少变化的车体下部

STEP 01 创建一个Round Light（圆形灯光），将Falloff（衰减）参数设置为0，然后使用LightPaint（光绘）功能将它放置到车体下方。注意灯光的位置应该接近后轮，以便与地面的亮区形成呼应，如图13-59所示。

图13-59 初始车底反射

STEP 02 初步放置的补光效果非常不好，灯光的强度太高，并且覆盖面积过大。需要缩小灯光面积，并降低它的亮度，以避免补光过于突出。车身下部补光的最终参数如图13-60所示，效果如图13-61所示。

图13-60 车身下部补光参数

图13-61 修改后的车身下部补光效果

TIPS 对于车底这样比较特殊的位置来说，当调整了灯光的面积以后，可能需要重新为它设定位置。

13.2.10 效果测试

现在已经完成了全部的主要光源设置，相信你已经迫不及待地想要看看产品级渲染的品质了。当使用光线追踪Interactive（交互）模式将布光工作进行到一定程度以后，应该打开抗锯齿按钮，使系统进入光线追踪Still Frame（静帧）模式，以观察最终的输出结果预览，然后根据预览的结果进行进一步的修改。

TIPS

将布光工作进行到一定程度以后，这个“程度”需要根据自己的工作习惯和经验自行决定。通常越有经验的用户越可以使用接近完成的布光方案进行最终检查。如果缺少VRED使用经验，并且项目时间充裕，建议多使用抗锯齿功能，并激活光线追踪Still Frame（静帧）模式，以进行检查。

之所以切换到光线追踪静帧模式进行最终效果预览，是因为在最终渲染时会使用Full Global Illumination（完整全局照明，FGI）模式进行光线追踪计算。而在布光测试时为了加快系统反应速度，使用的光线追踪计算方法是Precomputed Illumination（预烘焙照明），这两种计算方法生成的图像结果存在着一定的质量差异。

STEP 01 选择HDR Light Studio主面板，单击面板右上角的Render（渲染设置）按钮，打开Production Render（产品渲染）面板，然后单击面板下方的Render（渲染）按钮，如图13-62所示。接着将目前的布光方案以1500像素×750像素的小尺寸输出，这样方便快速预览VRED。

图13-62 单击Render按钮，以执行渲染操作

TIPS

单击Render（渲染）按钮之后，HDR Light Studio会进行快速渲染计算。计算完成以后，VRED会自动将HDR Light Studio的计算结果载入当前环境中。由于经过了HDR Light Studio的渲染运算，载入完成后的环境反射会变得更为清晰。

这种特性存在的原因在于，当进行实时布光的时候，系统会为环境添加一张尺寸极小的HDRI，以获取更快的响应速度。单击Render（渲染）按钮，手动命令HDR Light Studio计算HDRI以后，系统会用新生成的成品HDRI替换原有的小尺寸HDRI，从而提供更清晰的反射结果。

如果在之后还要进行1500像素×750像素的HDRI渲染，则无需再次打开渲染设置面板，只要在按住Ctrl键的同时，单击HDR Light Studio主面板的Render（渲染设置）按钮即可。这样系统会自动使用当前设置重新输出环境HDRI。

STEP 02 激活抗锯齿功能，进入光线追踪Still Frame（静帧）模式，此时系统会使用高质量的FGI算法进行渲染，其效果如图13-63所示。

图13-63 光线追踪静帧模式渲染结果（FGI）

TIPS

现在，你可能认为光线追踪Still Frame（静帧）模式与光线追踪Interactive（交互）模式之间没有非常明显的差异。这是出于循序渐进的教学需要，故意使用了一个效果差别不大的案例（黑车漆、简单影棚光）来进行讲解。在之后的学习或工作中，会发现两种模式之间存在着明显的效果差异，进而了解到这一步的重要性。

STEP 03 由图13-63可知，现有的效果还不错，但是由于Trace Depth（追踪深度），尾灯目前死黑一片，没有细节。想要看看尾灯的细节渲染结果，可以像上一个教学中的大灯渲染一样，再次使用区域渲染功能查看尾灯。使用Region（区域渲染）按钮框选尾灯区域，然后打开Render Settings（渲染设置）面板，接着找到Raytracing Quality（光线追踪质量）选项卡下的Trace Depth（追踪深度）卷展栏，将Still Frame（静帧）参数设置为16，如图13-64所示。最后使用光线追踪Still Frame（静帧）模式查看尾灯渲染结果，如图13-65所示。

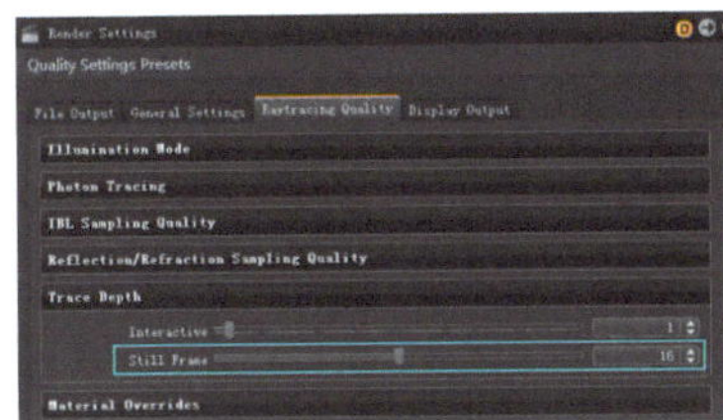

图13-64 修改追踪深度

图13-65 尾灯渲染结果

TIPS

如果想要更细致地检查尾灯渲染结果，可以参考上一个案例中检查大灯质量的方法，将尾灯进行全尺寸局部输出。

如果使用了预设的Rearlight red材质，可能会觉得尾灯有些“发乌”，这是因为预设的材质透明度不高。想要尾灯变得更通透，可以将Glass Material（玻璃材质）基本参数卷展栏下的Exterior Transparency（外部透明度）参数设置得更红一些，如图13-66所示。

图13-66 我使用的尾灯透明度

13.2.11 保存布光方案

布光方案已经确定，如图13-67所示。要将它保存，以免程序出错而导致前面的工作被清空。保存操作分为两步：第一步是将HDR Light Studio布光工程保存到VRED工程文件中，第二步是将VRED工程文件保存到硬盘中。

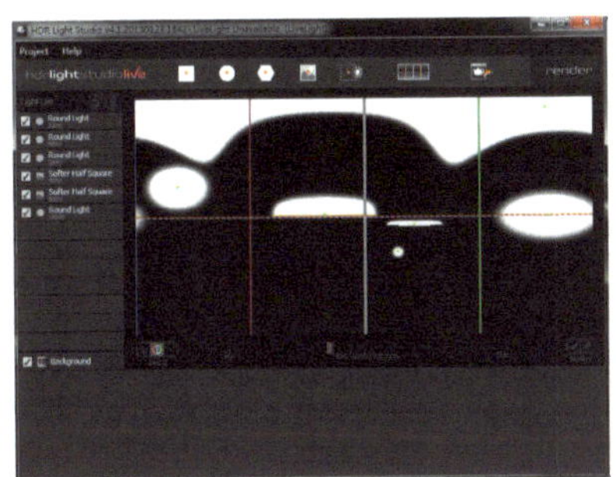

图13-67 当前的布光方案

STEP 01 在Material Editor（材质编辑器）的材质列表中选择当前环境球材质，然后在HDR Light Studio卷展栏中单击Save Settings（保存设置）按钮，如图13-68所示。软件将会把当前HDR Light Studio布光方案保存到VRED工程文件中，一并保存的还有刚才输出过的环境HDRI。

图13-68 HDR Light Studio卷展栏设置

STEP 02 关闭HDR Light Studio主面板，关闭LightPaint（光绘）功能，然后单击VRED主面板图标栏的Save（保存）按钮，将当前场景保存到磁盘中。

不使用HDR Light Studio以后，请养成关闭LightPaint（光绘）的习惯，以免误操作。

13.2.12 修改布光方案

有时需要修改已有的布光方案，这非常简单。让我们接着刚才的内容继续学习。

STEP 01 确认Region（区域渲染）抗锯齿功能处于关闭状态，然后确认RT功能处于激活状态，接着打开Material Editor（材质编辑器），选择当前环境球材质。单击HDR Light Studio卷展栏中的Edit & Load Settings（编辑和加载设置）按钮，打开HDR Light Studio主面板，可以看到刚才的布光方案，和关闭它的时候一模一样，如图13-69所示。

STEP 02 如果需要对主光进行修改，可以通过HDR Light Studio主面板的灯光列表来选择主光，也可以单击鼠标右键，在主面板的HDR画布中选择主光。还有另一个更方便的方法：回到VRED主面板，打开LightPaint（光绘）功能，接着在渲染窗口中按Shift键，当光标变为十字形以后，使用鼠标右键单击车身上的主光。这时能够惊喜地发现，HDR Light Studio主面板中的主光Round Light（圆形灯光）被自动选择了，如图13-70所示。

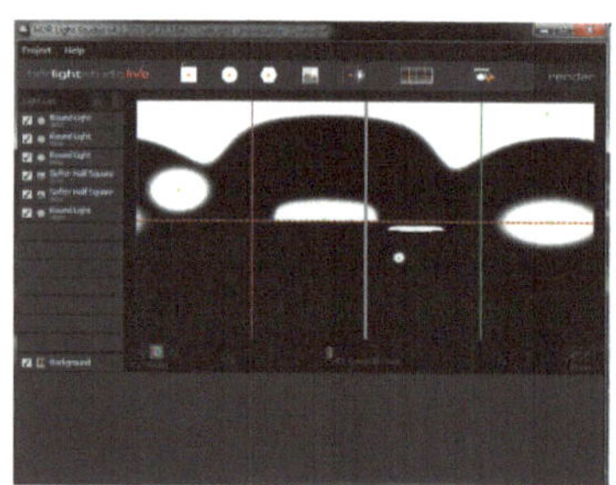

图13-69 重新打开的布光方案

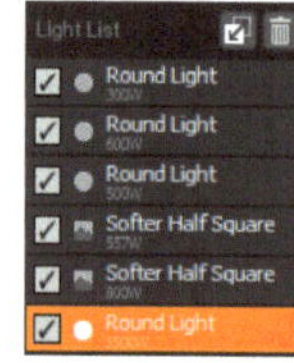

图13-70 HDR Light Studio灯光列表中被选择的主光

在工作中可能会遇到几个灯光重合在一起的情况。如果使用上述的方法进行灯光选择时，在单击位置之下出现了灯光重叠，那么系统会弹出一个对话窗口，供你做具体而精确的选择。

STEP 03 现在打开了布光方案，重新选择需要修改的光源。和之前的操作一样，使用各种参数调整灯光的大小、位置、强度和方向。下面将对现有布光方案进行进一步的修改。

13.2.13 进一步补光

虽然这个布光方案已经非常不错，但还有提升空间。在原基础上可以进行更细致的HDR Light Studio灯光处理，添加更多的补光，以使车辆结构得到更好的表现。下面以天际线补光为例进行演示。

图13-71 需要加强的区域

STEP 01 观察现在的渲染结果，如图13-71所示。一条简单的、较细的天际线横贯车身，它虽然表达了车体侧面的结构，但是在前车门和前翼子板附近缺少变化，导致轮眉和车门的弧度没有被很好地表现出来。所以，需要在这里增加一个补光，使它和腰线形成“光叠光”的效果，以增加这个区域的明暗变化，表现这里的曲面弧度。

STEP 02 确认Region（区域渲染）和抗锯齿功能处于关闭状态，然后确认RT功能已激活，接着确认HDR Light Studio面板已打开，最后确认LightPaint（光绘）功能已打开并处于Reflection Painting（反射绘制）状态。

STEP 03 创建一个Round Light（圆形灯光），设置Falloff（衰减）参数为0，然后使用LightPaint（光绘）功能将这个圆形光放置到前门与前翼子板的交界处附近，并且覆盖现有的天际线。

STEP 04 由于这是一个补光，因而不需要显得太亮。只希望强调前车门与前翼子板附近的曲面转折，所以也不需要它有太大的尺寸。调整补光的亮度和大小，以获得一个合适的效果。补光的最终参数如图13-72所示，效果如图13-73所示。

图13-72 补光参数

图13-73 补光结果

STEP 05 使用类似的思路和方法，为其他区域进行补光。图13-74所示的标注是所给的修改意见，你可以根据标注的内容简单地修改。

图13-74 修改参考标注

STEP 06 图13-74中的A区域过于死黑，应当用一些光线来表现翼子板的鼓起结构。B区域的复杂曲面转折关系没有得到表现，应该添加一个较弱的光源，将其适当提亮。C区域所示的整个车身下部的反射过于平淡，这个长条形的大曲面应该有一定的明暗变化。最终HDR Light Studio布光方案如图13-75所示，调整后的图像效果如图13-76所示。

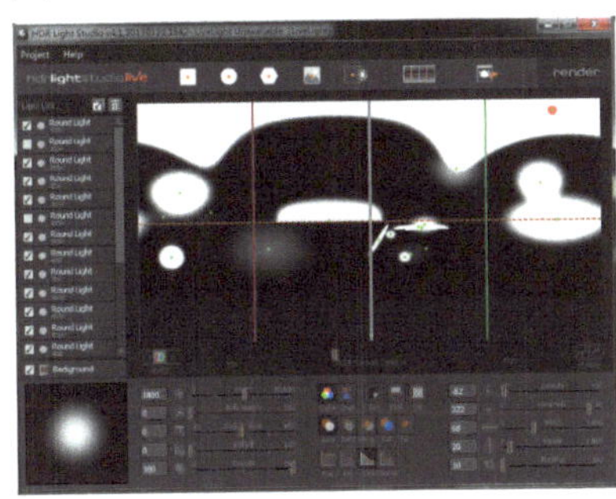

图13-75 最终的布光方案

图13-76 最终的效果预览（FGI模式）

13.2.14 最终HDRI

当确认布光方案以后，需要为最终渲染输出准备一张大尺寸的HDRI。

STEP 01 单击HDR Light Studio主面板的Render（渲染）按钮，打开Production Render（产品渲染）面板，然后选择5000像素×2500像素或更大的尺寸，如图13-77所示。接着单击窗口右下方的Render（渲染）按钮，输出大尺寸的HDRI，以获得最终渲染时所需的环境反射细节。

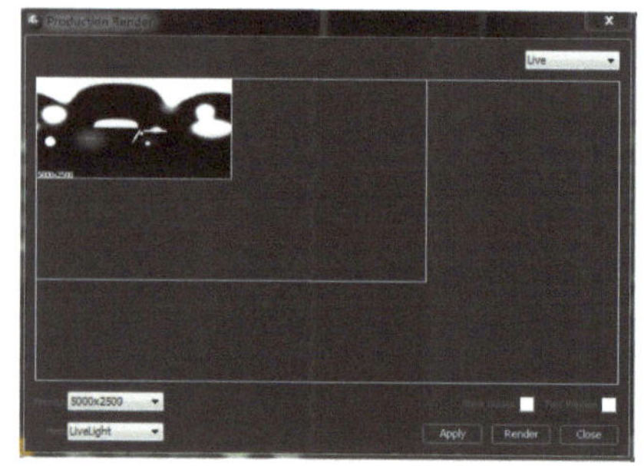

图13-77 渲染大尺寸的HDRI

渲染大尺寸HDRI需要花费一些时间。当输出完成以后，系统将HDRI载入场景也需要一定的时间。这个过程中系统可能出现假死症状，请勿关闭软件。

对于最终渲染，5000像素×2500像素的HDRI可以满足横向像素为3000~5000的最终图像渲染，如果需要渲染更大尺寸的图像，应使用更大的HDRI。

STEP 02 在Material Editor（材质编辑器）中，单击环境球材质HDR Light Studio卷展栏下的Save Settings（保存设置）按钮，将HDR Light Studio布光方案保存到VRED场景中，然后关闭HDR Light Studio主面板，接着关闭LightPaint（光绘）功能，最后单击VRED主面板图标栏的Save（保存）按钮，保存当前场景文件。

13.3 渲染输出

相对上一个项目来说，本项目的渲染输出没有本质上的区别，仍然需要输出渲染通道，并将车身主体与车窗分开渲染。但不同的是，作为进阶的学习项目，还需要额外渲染一些辅助通道，它们包括：为车窗单独布光并执行局部渲染，为车辆渲染地面倒影图层，为水泥地面在车身上的反射渲染一个补充修图通道。

13.3.1 主图层输出

首先需要进行主通道输出。主通道输出的操作方法与上一个项目相同。

STEP 01 参照参数模板，将Render Settings（渲染设置）模块调整为输出用的参数。输出尺寸为3840像素×2160像素，其他参数如图13-78~图13-81所示。

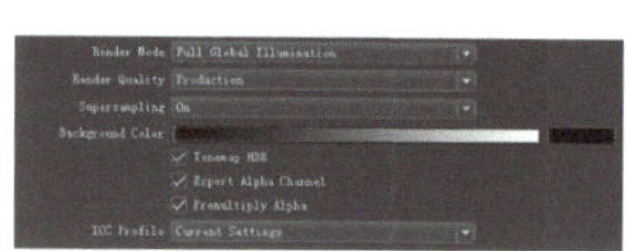

图13-78 渲染参数设置1

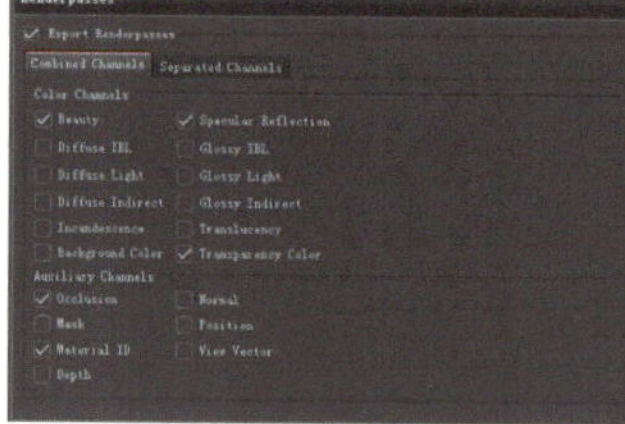

图13-79 渲染参数设置2

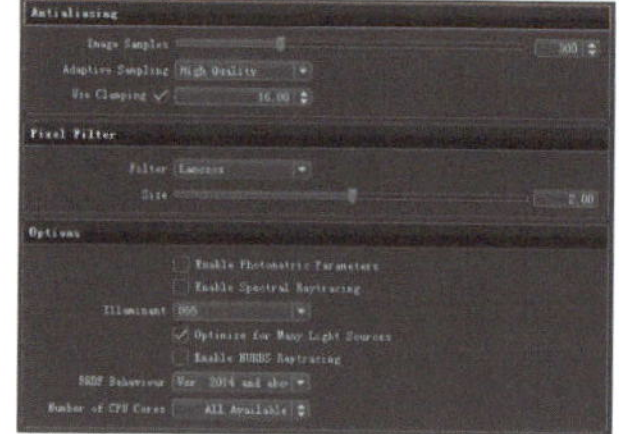

图13-80 渲染参数设置3

图13-81 渲染参数设置4

可以注意到，和上一个项目不同，因为无需使用环境背景作为最终的图像背景。这次打开了Alpha输出，让系统自动将背景区域计算为透明色。还可以关闭Specular Reflection（镜面反射）通道来节约渲染时间，因为这个通道并不是必需的。

STEP 02 确认RT功能已激活，Region（区域渲染）功能已关闭，然后执行VRED主面板的Visualization（可视化）>Renderpasses Rendering（渲染元素模式）>Auxiliary Channels（辅助通道）>Material ID（材质ID）命令，激活材质ID显示模式，如图13-82所示。在渲染窗口中检查Material ID（材质ID）是否正确，如图13-83所示。若有不正确的ID则修改。

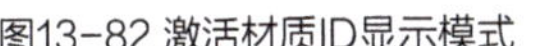
图13-82 激活材质ID显示模式

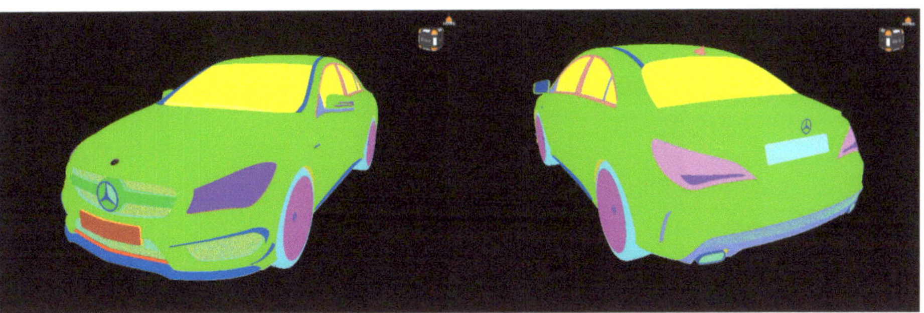
图13-83 材质ID显示检查

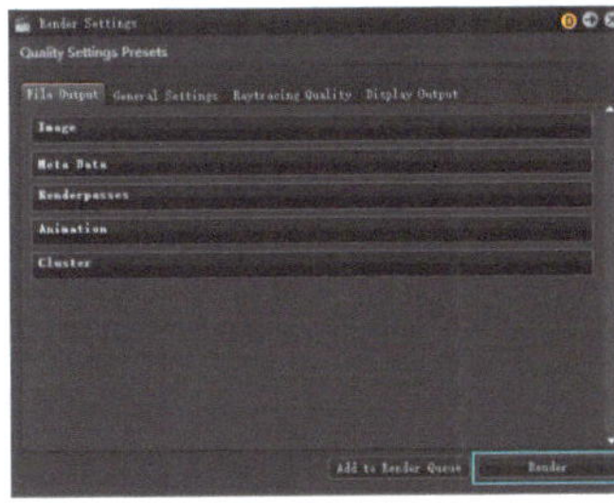

图13-84 主通道计算

STEP 03 返回Realistic Rendering（写实渲染）模式，隐藏所有车窗。然后单击Render Settings（渲染设置）面板最下方的Render（渲染）按钮，以进行主通道计算，如图13-84所示。

为输出指定一个路径，路径与命名的要求同上一个项目，即无中文路径、无中文名、图片格式为.png。将这批文件名的前缀设置为“VRED_Case02_Main”。

STEP 04 耐心等待渲染结果。最终通道如图13-85~图13-89所示。

图13-85 Beauty（美景）

图13-86 Material ID（材质ID）

图13-87 Occlusion（阻光）

图13-88 Specular Reflection（镜面反射）

图13-89 Transparency Color（透明颜色）

13.3.2 车窗补充输出

由于目前的车窗部分过于死黑，所以需要重新为车窗调试一个专用环境，以便单独渲染这个区域，供后期合成使用。

STEP 01 按快捷键Ctrl+Shift+J，取消对车窗的隐藏，然后确认RT功能已激活，抗锯齿功能和区域渲染功能已关闭。

STEP 02 将车窗材质调整为不透明状态，也就是将车窗材质的Exterior Transparency（外部透明度）参数设置为黑色。

STEP 03 在Material Editor（材质编辑器）中选择当前的环境球材质，注意这里需要选择环境球材质的本体，而非选择环境切换器Environments，然后单击Material Editor（材质编辑器）下方的复制按钮，生成一个新的环境球材质，如图13-90所示。

图13-90 复制按钮

STEP 04 将新的环境球材质命名为Case02_Env_ForRearPart（案例02_环境_为了后部），然后在Material Editor（材质编辑器）的材质列表中将Case02_Env_ForRearPart环境拖曳到环境切换器Environments中，确认它成为Environments的子对象，并已被激活成为当前环境。

TIPS 你可以在Environments（环境切换器）列表中查看到各个子对象，并通过环境名称前的C号来确认当前的激活环境。

STEP 05 确认已经在Material Editor（材质编辑器）中选择了新复制出的环境球材质——Case02_Env_ForRearPart的本体。然后激活LightPaint（光绘）功能，并单击HDR Light Studio卷展栏的Edit & Load Settings（编辑与加载设置）按钮，打开HDR Light Studio插件主面板。当HDR Light Studio主面板打开后，按快捷键Shift+鼠标右键，在VRED的渲染窗口中选择目前的主光源。

STEP 06 使用LightPaint（光绘）功能移动主光源到车窗与C柱的交界处，让灯光可以对车窗的上半部、C柱的侧面，以及车尾翼子板的上部进行照明。反复调整新主光的位置、大小和强度，以获取一个不错的效果。在尝试的过程中，注意多观察已经渲染完成的图像，以及新主光的方向，总体而言，应当与现有的主光一致。调整好的新主光如图13-91所示，灯光参数如图13-92所示。

图13-91 新的主光效果

图13-92 新的主光参数

STEP 07 单击HDR Light Studio主面板的Render（渲染）按钮，调出渲染设置窗口，确认当前输出尺寸为5000像素×2500像素，然后进行HDRI图像输出。输出完成后，返回VRED Material Editor（材质编辑器），单击HDR Light Studio卷展栏的Save Settings（保存设置）按钮，保存这个新的布光方案，接着关闭HDR Light Studio主面板，关闭LightPaint（光绘）功能。

STEP 08 激活Region（区域渲染）功能，按住R键并将主光修改部分划入渲染区域，如图13-93所示。

TIPS 注意，由于主渲染通道没有渲染车窗，所以在划入渲染区域时，除了侧面车窗外，后车窗也要包括在内。

图13-93 指定渲染区域

STEP 09 确认RT功能已激活，确认Region（区域渲染）功能已激活，确认渲染参数为输出用品质。然后关闭除Beauty（美景）、Specular Reflection（镜面反射）和Material ID（材质ID）以外的渲染通道，以节约计算时间。

TIPS 在制作这个项目的时候，只渲染了Beauty（美景）和Specular Reflection（镜面反射）两个通道。因为在制作这个教学时，额外渲染了一个车窗影棚的布光方案，即VRED_Case02_Win0.png渲染图层。已经输出过一次Material ID（材质）通道，只不过最后没有使用那个布光方案。

STEP 10 单击Render Settings（渲染设置）面板的Render（渲染）按钮，然后指定输出的路径和名称，并耐心等待计算。当渲染完成后，将得到补充渲染部分的Beauty（美景）、Specular Reflection（镜面反射）和Material ID（材质ID）通道，如图13-94~图13-96所示。

图13-94 Beauty 补充输出的美景层

图13-95 Specular Reflection 补充输出的镜面反射层

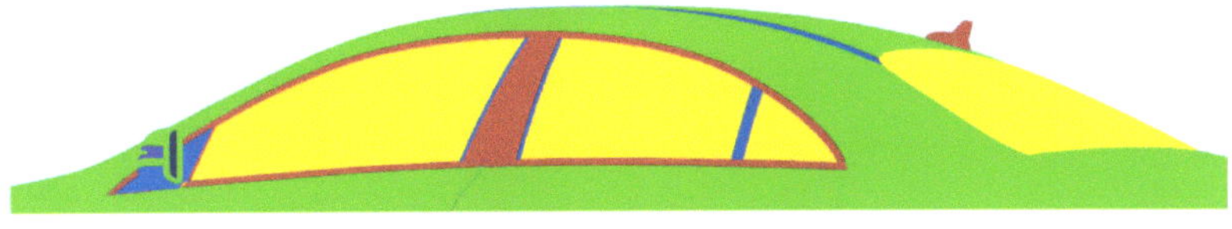

图13-96 Material ID 补充输出的材质ID层

13.3.3 地面倒影

在影棚类的表现中，为了更好地表现空间感和增加图像细节，通常需要为车辆渲染地面倒影。本节将介绍如何进行倒影渲染。

TIPS 渲染倒影非常简单，如果仔细阅读过“6.6 Shadow Material（阴影材质）”章节，那么你应该已经会渲染倒影了。

STEP 01 在Material Editor（材质编辑器）中选择默认环境切换器Environments，将当前环境更改为渲染主通道时使用的环境，然后使用区域渲染功能框选倒影可能出现的区域，如图13-97所示。

图13-97 框选倒影区域

STEP 02 确认渲染输出和Still Frame（光线追踪静帧）模式使用的光线追踪算法是FGI，如图13-98所示。然后激活RT和抗锯齿功能，令系统进入Still Frame（光线追踪静帧）模式。

Render Mode Full Global Illumination

图13-98 FGI模式

STEP 03 在SceneGraph（结构树）中选择当前环境的ShadowPlane（地面阴影片），然后确认在Material Editor（材质编辑器）中操作的也是该地面阴影片的材质——Shadow Material（阴影材质），接着确认Shadow Material（阴影材质）已处于Modify（修改）模式，再将Shadow Material（阴影材质）基本参数卷展栏下的Occlusion Intensity（阻光强度）设置为0。这样，渲染的地面反射通道就不会出现阴影了，最后确认Opacity Mode（透明模式）被设置为Transparent（透明），如图13-99所示。

图13-99 Shadow Material卷展栏参数设置

STEP 04 在这个黑暗的地面环境中，为了使结果显得“酷”，只需要使地面产生模糊的反射效果即可。展开Shadow Material（阴影材质）的Reflection（反射）卷展栏，将Reflection Mode（反射模式）设置为Diffuse + Glossy（漫反射+光泽反射）；然后将Diffuse Color（漫反射颜色）设置为黑色，以关闭漫反射效果；接着设置Glossy Color（光泽颜色）为白色，以计算光泽反射效果。

STEP 05 观察现在的渲染窗口，灵活地调整Reflectivity（反射）和Roughness（粗糙度）参数，以获取和背景图中的地面较为匹配的效果。调整时，应主要关注Roughness（粗糙度）参数，当模糊效果太强时，降低Roughness（粗糙度）；如果反射太过清晰，可提高这个参数。最终的参数设置如图13-100所示。计算结果如图13-101所示。

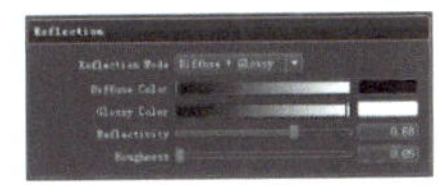

图13-100 反射参数

TIPS

无论是否渲染地面反射的漫反射内容，都建议使用Diffuse + Glossy（漫反射+光泽反射）模式。因为在这种模式下，可以通过Diffuse Color（漫反射颜色）轻松控制漫反射的反射量，从而控制是否计算Diffuse（漫反射）效果。

在进行这部分的调试工作时，可以适当降低Render Settings（渲染设置）面板的抗锯齿参数，以获取更快的反馈速度。

图13-101 地面反射的渲染结果

STEP 06 测试完成后，同样需要将这个部分进行局部输出，以便后期修图。将Render Settings（渲染设置）相关参数设置为最终输出用的参数，然后关闭Export Renderpasses（导出渲染层）功能，如图13-102所示，这是因为只需要对地面反射的Beauty（美景）进行合成即可。关闭分层渲染功能可以节约渲染时间。

STEP 07 激活RT按钮和Region（区域渲染）按钮，然后确认渲染框包含了整个地面倒影部分。接着再次确认Render Settings（渲染设置）>File Output（文件输出）>Image（图像）卷展栏下的Alpha相关功能已经打开，如图13-103所示。

STEP 08 使用已练习过多次的局部渲染输出方式，为地面倒影部分计算最终图像，计算结果如图13-104所示。

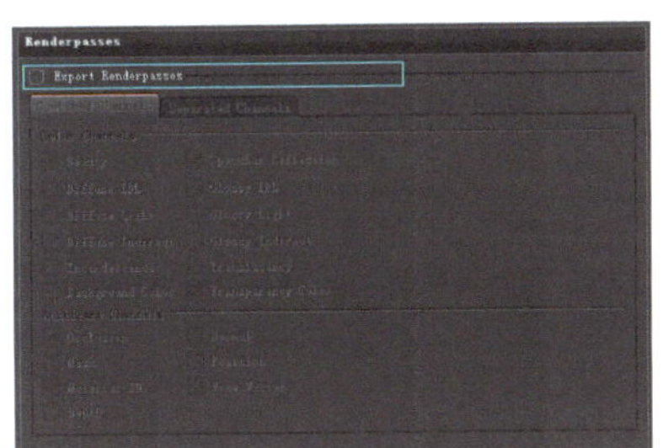

图13-102 关闭通道输出功能

图13-103 Alpha输出选项

图13-104 地面倒影输出结果

TIPS 使用的文件输出名为VRED_Case02_wetGround_beauty.png（wetGround意为湿地面）。

STEP 09 地面倒影计算完成后，将Shadow Material（阴影材质）复位，方便以后使用。将Shadow Material（阴影材质）的Reflection Mode（反射模式）改为Off（关闭），以消除材质的反射特性。接着将Occlusion Intensity（阻光强度）设置为1.0，使阻光恢复成正常状态，如图13-105所示。

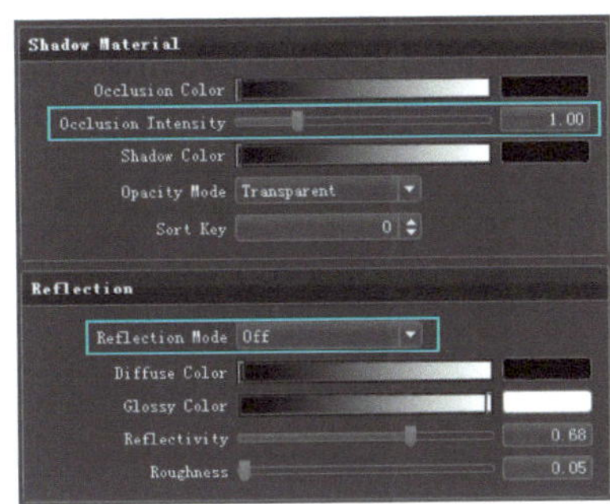

图13-105 复位后的阴影材质

复位参数是我的个人习惯。在复位参数后，可以避免一些不必要的麻烦，方便后续工作，建议你也养成这个习惯。

之所以没有将所有参数都复原，是因为只需要执行这两步就可以达到之前的材质效果，没有必要劳心费力修改所有参数。此外，保留Reflection（反射）卷展栏的相关参数，还可以方便以后随时重新进行反射计算。

13.3.4 地面水泥反射

现在我们渲染完成的车身只有影棚反射，然而车辆是停在一个水泥地面上的，所以要渲染一个水泥地面的反射通道。在后期修图时将它添加到车身上，以便车体更好地融入环境中。本节将学习使用自发光材质渲染这样的地面效果。

STEP 01 首先另存一个新场景，以单独执行地面水泥反射这项操作。在保存当前场景后，将它另存为VRED_Case02_GroundRef.vpb。然后打开新场景，确认当前摄影机的机位、焦距等参数与之前的主场景没有偏差。接着确认RT功能、抗锯齿功能和Region（区域渲染）功能处于关闭状态，以方便操作。

TIPS 还可以选择关闭Backplate（背景）按钮，因为在水泥反射渲染中无需使用背景。

STEP 02 打开Material Editor（材质编辑器），在材质列表中单击鼠标右键，创建一个Chrome（铬）材质，如图13-106所示。

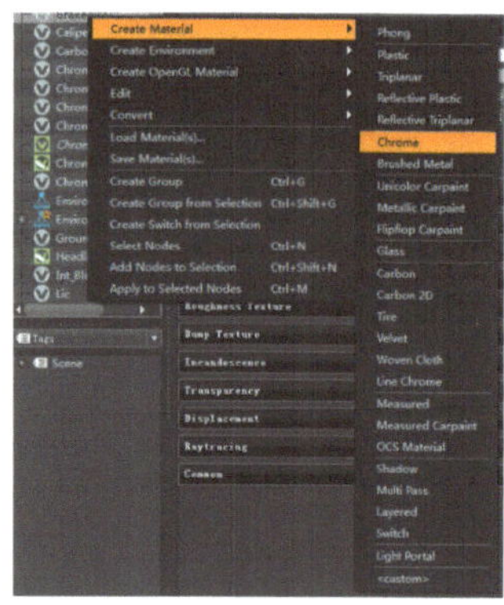

图13-106 创建Chrome材质

STEP 03 在Chrome Material（铬材质）基本参数卷展栏下找到Roughness（粗糙度）参数，输入数值0，系统会自动为其填入软件所允许的最小值0.0001，以得到几乎没有任何模糊反射的、清晰的镜面反射效果，如图13-107所示。

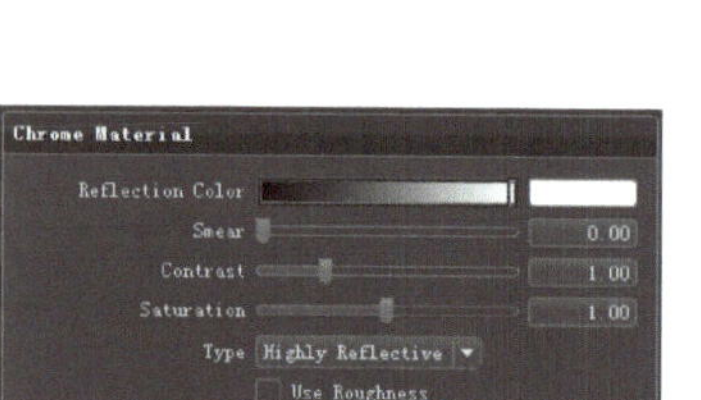

图13-107 Chrome材质参数

TIPS 事实上，并不存在粗糙度为0的完美镜面材质，而且0这样的参数会带来一些计算上的问题，这就是系统会自动纠正0为0.0001的原因。而这种自动纠错也可以方便快速输入所需要的最小参数。

STEP 04 将CLA车身上的车漆部分替换为调整过的Chrome（铬）材质。这样就可以渲染出100%的地面纹理反射，以方便后期修图。然后使用与创建Chrome（铬）材质同样的方法创建一个Phone材质，将它改名为Ground（地面）。接着将Ground（地面）材质指定给场景中的ShadowPlane（地面阴影片）。此时，地面会变成白色的实体，如图13-108所示。

STEP 05 打开RT功能，使系统进入Interactive（光线追踪交互）模式，以查看地面反射结果。如果车身上出现了白色的地面反射，则说明上述操作成功，如图13-109所示。

图13-108 Chrome（铬）车漆和Phone地面的效果

图13-109 地面反射结果

STEP 06 在Material Editor（材质编辑器）中找到Ground（地面）材质，然后展开Incandescence（自发光）卷展栏，勾选Use Texture（使用纹理）复选框，接着单击“打开”按钮，通过资源管理器加载下载资源中的Conc_02.png图像，使其成为自发光贴图。最后设置Intensity（强度）为1.5，使地面呈现出较强的自发光特性，如图13-110所示。调整完成的地面反射结果如图13-111所示。

图13-110 设置Intensity

TIPS Conc_02.png 文件位于下载资源中的“WorkingFiles\01_SeperatedWorkingFiles\Case02\Sceneassets\Images\Textures”文件夹中。

图13-111 使用了自发光纹理的地面

STEP 07 现在的地面纹理尺寸过大，需要修改纹理平铺来让地面表现出更多的细节。确认Mapping Type（贴图模式）处于UV模式，然后设置Repeat UV（重复UV）为“20，20”，通过增加U和V两个方向上的贴图平铺数量来让地面获得更丰富的细节，以匹配背景图像中的地面纹理尺寸。最终材质参数如图13-112所示。渲染效果如图13-113所示。

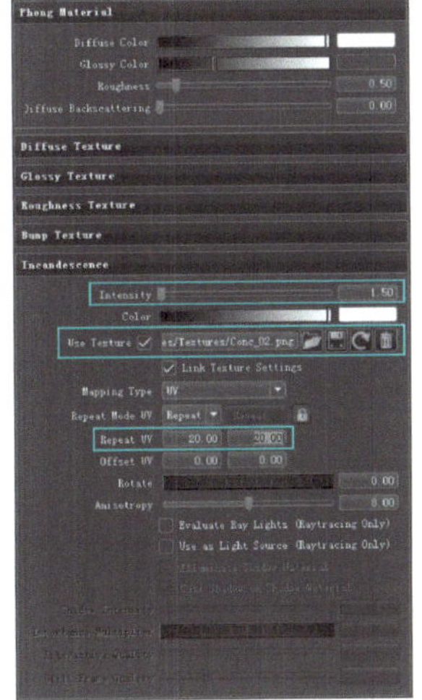

图13-112 Ground材质参数

图13-113 纹理平铺20次后的地面反射结果

TIPS 这里无需修改Phone Material（Phone材质）基本参数卷展栏中的参数，因为只需要表现材质的自发光特性。

STEP 08 现在地面反射特性已经足够令人满意，但是车身上的环境反射让车体显得太花，这在后期修图时会造成不便。因为只需要地面的混凝土反射内容来进行合成，所以要把环境反射去掉。在Material Editor（材质编辑器）中选择当前环境球材质，将Color Correction（色彩校正）卷展栏下的Exposure（曝光）参数设置为0，如图13-114所示。这将使环境的照明结果为0，这样就能去除车身上的环境反射，其效果如图13-115所示。

图13-114 关闭环境照明

图13-115 干净的车身反射结果

STEP 09 将Render Settings（渲染设置）参数调整为最终输出用的参数，然后关闭分层渲染功能，并执行最终渲染，输出结果如图13-116所示。当输出完成后，保存文件并关闭VRED，将进入后期修图环节。

TIPS 我为本次输出使用的文件名是“VRED_Case02_GroundRef_Beauty.png”，GroundRef的意思是“地面反射”。

图13-116 地面反射通道输出结果

13.4 修图

在修图环节，依然按照上一个项目的思路来展开。所以，如果对修图的相关逻辑操作还没有牢固掌握，建议对上一个项目进行简单的复习。

13.4.1 文件准备

STEP 01 打开Standard Car Comp.psd，将其另存为VRED_Case02_Comp00.psd，然后将图像尺寸修改为3840像素×2160像素，将下载资源文件夹中的背景文件VRED_Case02_BG_w3840.png放入Photoshop中的BG（背景）文件夹。

TIPS 注意，要放入图像宽度为3840像素的大尺寸背景文件，而非1280像素的预览文件。

STEP 02 将渲染完成的各通道置入Photoshop的修图文件中，然后按照上一个项目提供的规则进行归类。在上一个项目中没有提到额外通道，如车窗的补充渲染和地面的反射内容等，请放在Car（车辆）>Beauty（美景）文件夹中，同时务必关闭它们的可见性，因为目前它们仅作为备用通道使用。接着使用“魔棒-蒙版”方法为Car（车辆）、Carpaint（车漆）、MainLamp（大灯）和RearLight（尾灯）等文件夹创建蒙版。调整完成的图层结构如图13-117所示。显示效果如图13-118所示。

TIPS 在创建蒙版时，可以按快捷键Ctrl+Shift+R，为蒙版边缘设置轻微羽化，以免出现锯齿。

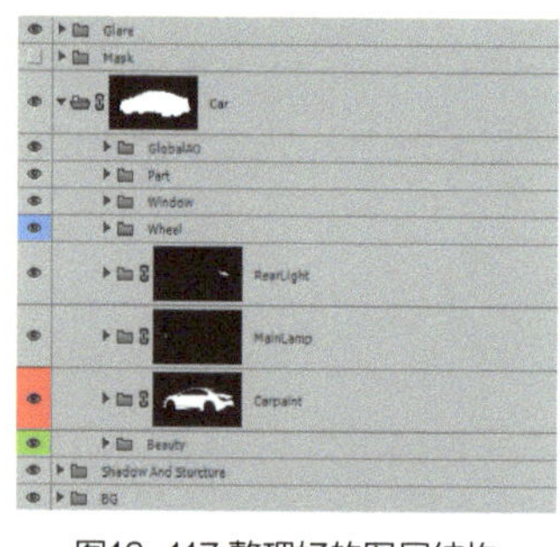

图13-117 整理好的图层结构

图13-118 初始图像效果

13.4.2 车窗显示

下面为侧面车窗和后车窗指定蒙版，使其在图像中显示出来。

STEP 01 使用“魔棒-蒙版”方法为Window（窗户）>WindowRear（后车窗）文件夹指定蒙版，然后将VRED_Proj04_RearPart_Beauty图层复制到上述文件夹中，使后车窗可以显示出来。

STEP 02 使用同样的方法，将侧面车窗及车窗周围的附属结构——B柱、窗框等一并选择，为WindowSide（侧车窗）文件夹添加蒙版，如图13-119所示。

之所以选中额外的部分，是因为主光光照不同，B柱等附件也会出现光照变化。这是一个细节，请注意。

图13-119 侧面车窗部分的蒙版

13.4.3 地面倒影与焦散

地面倒影与焦散效果（Caustics）可以大大提高场景的空间感和品质感，为整个图像增添活力。在暗调影棚表现中，这两者通常是不可缺少的“品质保障”。

STEP 01 选择倒影图层VRED_Case02_WetGround_Beauty.png，将其放入BG（背景）文件夹中，然后置于最顶层，并为其打开眼睛图标，接着将图层混合模式改为“滤色”，效果如图13-120所示。

图13-120 添加地面倒影后的效果

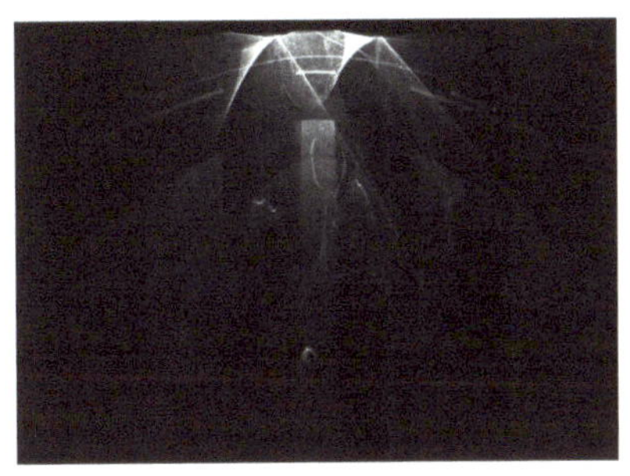

图13-121 焦散贴图

STEP 02 VRED具有焦散渲染功能，但是渲染真正的焦散过于浪费时间，所以通常使用素材进行拼贴。在下载资源文件夹中找到Caustics.png文件，如图13-121所示。将它加入修图文件中，在Photoshop中对它进行变形处理后，就能高效地模拟车轮焦散效果了。

STEP 03 在BG（背景）文件夹中新建一个Caus（焦散）文件夹，用来存放焦散相关的修图内容。然后将焦散贴图置入这个文件夹中，接着将它的图层混合模式设置为“滤色”。确认已选择焦散图层，按快捷键Ctrl+T，进入自由变换模式。最后调整各个变形点，使焦散贴图符合场景的透视关系，如图13-122所示，效果如图13-123所示。

图13-122 焦散变形演示

图13-123 焦散结果

TIPS 在使用自由变换功能时，可能需要按住Ctrl键或Alt键来进行特殊的变形操作。

STEP 04 使用同样的方法为前轮和背面的两个车轮添加焦散效果，然后设置前轮焦散贴图的不透明度为48%、后轮的不透明度为76%，使其更好地融入场景。

STEP 05 由于地面倒影过于平淡，整个地面相对车体来说太过明亮，因而给背景图层VRED_Proj04_BG_w3840加入了一个剪贴蒙版模式的曲线调整图层，如图13-124所示。然后调整曲线的形状，以加强背景地面的对比度，如图13-125所示。调整完成的效果如图13-126所示。

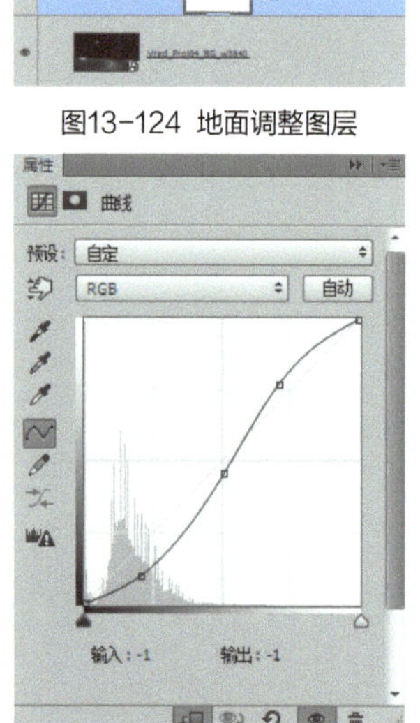

图13-124 地面调整图层

图13-125 曲线

图13-126 调整后的地面效果

13.4.4 观察不足之处

应该不时停下来观察现有图像，揣摩它的不足之处，然后根据这些不足之处来做下一步的调整。为了更好地说明问题，此处将最终完成的合成图像去掉了校色和光晕效果，以方便与现有图像进行对比，如图13-127和图13-128所示。

图13-127 去掉了光晕和整体校色的最终图像

图13-128 当前图像

下面将主要的问题进行罗列，以指导下一步操作。

- 轮毂需要提亮。
- 车漆对比度需要提高。
- 尾灯需要提亮。
- 车窗应稍显绿色。
- 车身下部的反射过强。
- 车漆没有反射出地面水泥。
- 制动盘质感不足。
- B柱太黑，与车窗渐变不符。

通过上述问题，相信你已经知道如何处理这些问题了。其核心思路非常简单，魔棒——蒙版——调整图层。在此不再讲解每个部分的调整操作，请自己根据最终图像效果进行尝试修改。下面将重要的思路和技巧进行整理，如下表所示。

操作目标	操作方法
局部提亮与对比度修改	曲线调整图层（剪贴蒙版模式）
尾灯	叠加Transparency Color（透明颜色）通道
颜色偏移	色彩平衡或照片滤镜调整图层
制动盘质感	曲线调整图层（剪贴蒙版模式）+渐变叠加

13.4.5 车漆地面反射

本节的特别之处在于为车漆输出了一个单独的地面反射通道。下面将介绍如何使用这个通道。

将车漆部分修改完成后，可以在Car（车辆）>Carpaint（车漆）文件夹中创建一个GroundRef（地面反射）文件夹，然后将VRED_Case02_GroundRef_Beauty图层（下文简称地面反射图层）放入这个文件夹中。将使用这个文件夹专门进行地面反射操作。

STEP 01 将地面反射图层的混合模式改为“滤色”，所表现的效果显得过于夸张。另外，不需要将这些反射效果出现在车身上的每一个地方，只需要出现在车身下部即可。图13-129所示的标注区域是合理的反射表现位置。

图13-129 希望反射出现的位置

STEP 02 为地面反射图层创建一个蒙版，然后调整软边缘笔刷，如图13-130所示。接着在不需要反射出现的位置简单绘制几笔，如图13-131所示的红色区域。修改后的效果如图13-132所示。

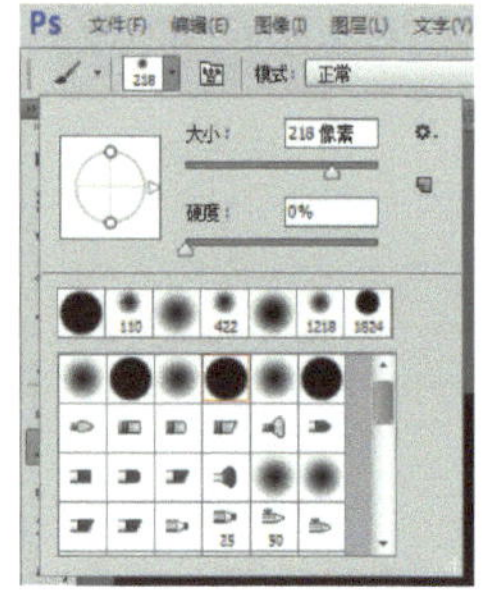

图13-130 画笔设置

图13-131 添加蒙版区域

图13-132 添加蒙版以后的反射效果

STEP 03 设置地面反射图层的不透明度为16%，以免它显得过于突兀，为它添加一个剪贴蒙版模式的曲线调整图层，降低反射内容的暗部，提高其对比度，使最终的叠加结果和黑暗的地面环境更为匹配。曲线的形状如图13-133所示。修改后的效果如图13-134所示。

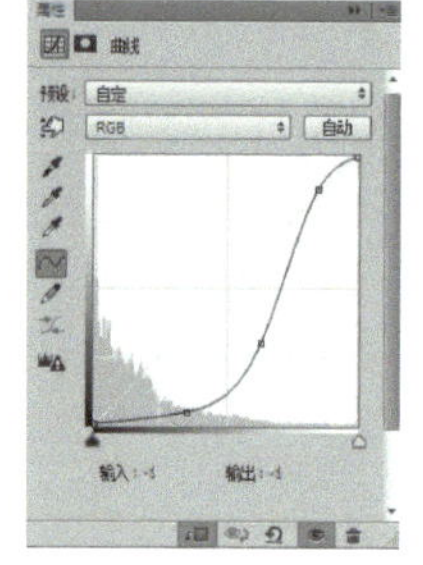

图13-133 曲线调整图层

图13-134 地面反射叠加结果

至此，完成了车漆对地面水泥的反射效果。这个效果非常微弱，甚至可以忽略不计。但是这些细微的效果往往对最终图像的品质起到明显的加分作用，它们属于那种“你看不到，但是可以感觉得到”的细节。

13.4.6 光晕

通过对上一个项目的学习，相信你已经掌握了光晕素材的使用技术。本节不再手把手讲解如何添加或修改光晕素材。只提供思路，而具体的操作需要你自己执行。添加光晕后的效果如图13-135所示。注意所标注的内容，被标注的每一个光晕都有一定的含义。

图13-135 光晕参考

- A：这个强烈的光晕用来呼应地面背景的亮部，以模拟背光照明效果。
- B：图像边角的强烈大型光晕可以模拟主光，并为整个画面“提神”。B光斑的主体是上一个项目中已经使用过的G1_04和G1_06文件，适当调整它们的大小和曲线，能得到类似于图13-135所示的效果。为了强化炫光，还在这里加入了G2_03文件，该文件是一个带有颜色的夸张镜头光斑，可以出色地模拟复杂的镜头炫光效果。
- C、D：模拟主光在车身上产生的光斑。要特别注意D，转折位置的强烈光斑会产生“点睛之笔”的效果。
- E：和A相同，在E位置添加一个光晕，可以呼应背景地面的亮部，以模拟背光照明效果。不过，由于这里的光源被车体遮挡较多，所以添加的光晕不可太强。

TIPS 注意光晕素材需要使用滤色方式进行叠加。

13.4.7 背光

除了光晕，还需要为场景稍稍添加一点背景渐变，以呼应车体的背景光效果。

以后车窗边缘和行李箱盖为例，在BG（背景）文件夹中新建一个图层，使用柔边白色笔刷轻轻画几笔，能得到简单的背光效果。这个操作会使背景出现一层明暗的渐变效果，让车身与背景的衔接处不至于太突兀，效果如图13-136和图13-137所示。注意A区域和B区域的亮度变化，A是添加了背光的区域，B是原始黑色背景区域。

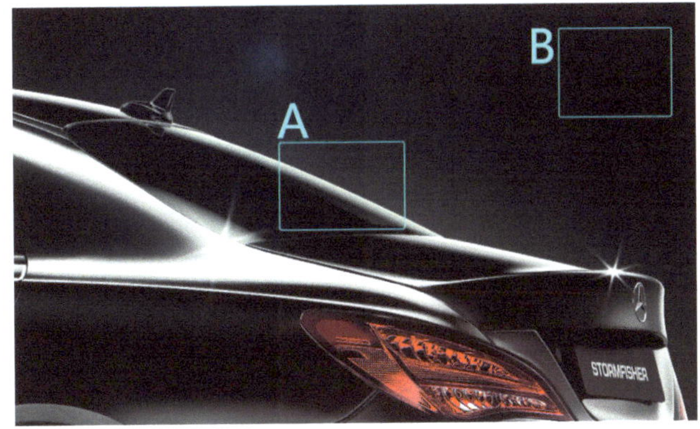

图13-136 细节展示

图13-137 添加光晕和背景光以后的结果

13.4.8 整体校色

现在作品已经接近完成了，可以直接保存并关闭文件，也可以和我一起做一个简单的整体校色。将图像往蓝色方向进行整体偏移，使图像更多地呈现冷色调——这是暗调影棚常见的处理方法。

STEP 01 在现有所有图层之上创建一个文件夹，使其可以影响到下方所有图层，将它命名为Global Color（全局色彩），然后在Global Color（全局色彩）文件夹中创建一个照片滤镜调整图层，让图像更偏青色，具体参数如图13-138所示。

STEP 02 这个图层不会起到非常明显的效果，这是因为下面将介绍另一种处理方法——调整曲线通道。简单来说，冷色调意味着更多的蓝色和绿色。所以要降低红色通道的强度，而提高蓝色和绿色通道的强度，同时要注意蓝色通道的提高量应该高于绿色通道，因为冷色调的通常含义是“偏蓝”或“偏青”，而非“偏绿”。根据上述思路，在上一步的照片滤镜之上再创建一个普通的曲线调整图层，然后分别修改“红”“绿”“蓝”3个通道，以获取想要的偏色效果，如图13-139~图13-141所示。

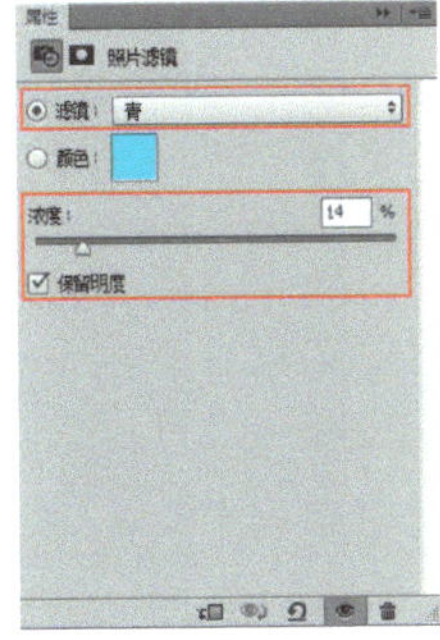
图13-138 调整图层设置

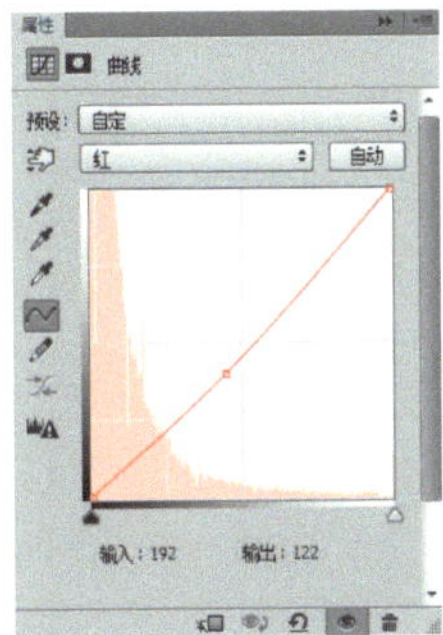
图13-139 红色通道曲线

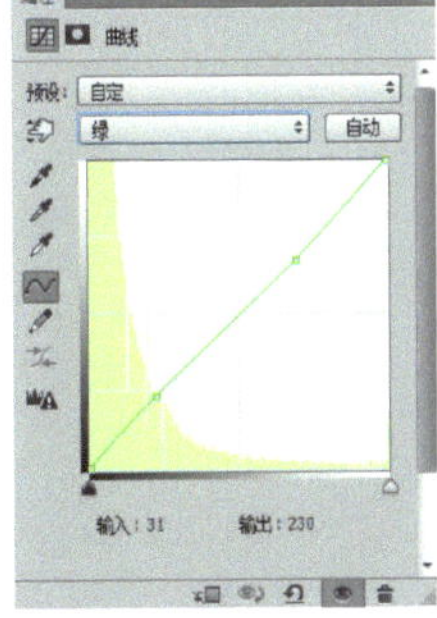
图13-140 绿色通道曲线

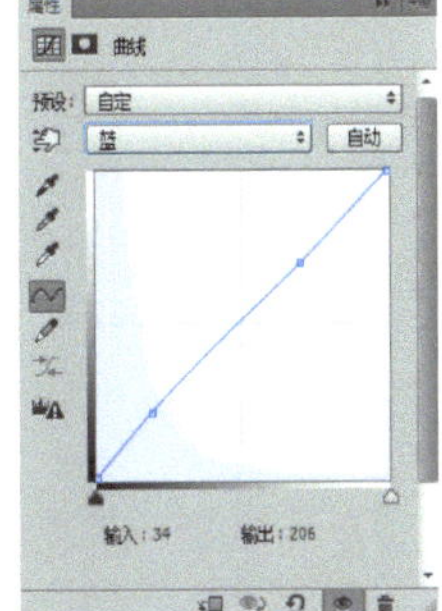
图13-141 蓝色通道曲线

13.4.9 锐化与标志

使用与上一个项目相同的方法锐化图像，并加入自己的LOGO，完成这个案例的制作，效果如图13-142所示。

图13-142 加入LOGO的最终图像

TIPS 盖印可见图层的快捷键是Ctrl+Shift+Alt+E。

可以尝试一些好玩的操作，如给车漆添加一些色条，如图13-143所示。

图13-143 色条CLA

至此，已经完成了一个基本的暗调影棚表现案例，希望你能有所收获。下一个项目将学习如何制作典型的亮调商业影棚效果。

14 项目教学03

VEHICLE VISUALIZATION

- 掌握亮调影棚的布光思路
- 了解大灯处理方法

14.1 项目准备

学习了暗调影棚，下面学习亮调影棚的效果表现，如图14-1所示。

图14-1 项目教学03

可视化同行也常将这种效果称为“白影棚”或“白棚”，其目的在于清晰地展现车身上的各个细节，而不是追求强烈的艺术化明暗对比。这种效果可谓“商业图中的商业图”。

在开始新的学习前，首先将准备工作做好。与上一个案例相同，将继续使用现有的文件来制作新的项目，其中主要的准备内容包括环境重置、摄影机重置、车漆重调整及轮毂材质重调整等。

14.1.1 重置环境/摄影机

可以继续使用上一个案例的工程文件来执行新的项目，而不必再从头执行一次模型导入工作。在正式开始项目之前，可参照上一个案例的做法，将场景另存为新的工程VRED_Case03.vpb，然后重置环境和摄影机。

14.1.2 白色金属漆

上一个项目中使用了黑色非金属漆，这个项目将学习表现白色金属漆。

虽然最终的目标是表现白色金属漆，但其实真正渲染的金属漆是银白色的。其原因在于，银白色金属漆可以通过后期程序方便地修改成白色或者深灰色。这样，在需要其他颜色的车漆时，就能够节约一些渲染时间，这是一个小小的工作技巧。

可以使用Asset Manager（预设管理器）引用新的材质预设，也可以通过修改上一个教学的车漆参数来获取新的车漆。最终车漆参数和效果如图14-2和图14-3所示。

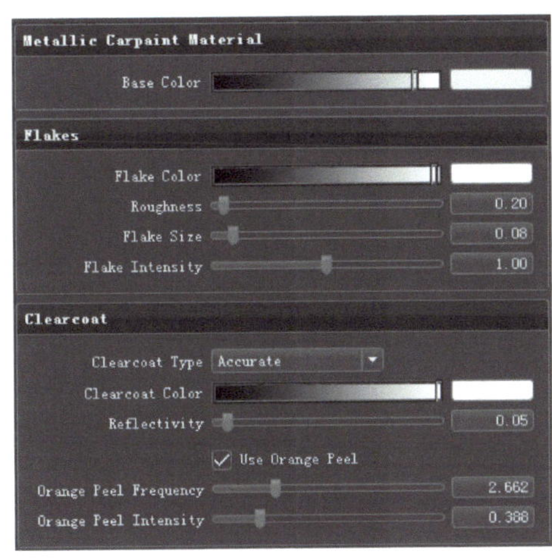

图14-2 车漆参数

图14-3 车漆效果

车漆调试思路如下。

» 因为要制作的是金属漆，理所应当要使用Metallic Carpaint（金属漆）材质。

» 白色车漆的色漆层本身即为白色，所以要将材质的Base Color（基础色）设为白色。但是考虑到需要给后期修图保留空间，同时还要照顾到色漆层与金属颗粒的明暗对比，所以最终设定的Base Color（基础色）比白色要稍暗一些。

» Flake Color（颗粒颜色）比Base Color（基础色）更明亮是一个基本的使用技巧，对于白色车漆来说，既然Base Color（基础色）已经接近白色，那么Flake Color（颗粒颜色）毫无疑问应是白色。

» 对于这种较为明亮的车漆，稍大的高光溢出区域可以让车漆看起来更柔和。所以，将Roughness（粗糙度）参数增大一些，这样“高光溢出”就会获得更大的面积。

» 在上一个项目中提到的能量守恒概念，白车漆的反射应当比黑车漆弱，所以将Reflectivity（反射）参数设为了0.05。需要说明的是，如果想渲染一种很写实的白色车漆，那么Reflectivity（反射）参数应设为0.04，甚至更低。但是在这里，因为想让车辆看起来更“高档”一些，所以最终使用了0.05的数值。

» 重新打开了Use Orange Peel（使用橘皮效果）选项，希望你在这个教学中感受一下有橘皮的摄影棚效果。使用的橘皮效果很弱，参数为0.388。如果不喜欢它，可以将它关掉。

14.1.3 轮毂

将轮毂重新设为了黑色，因为这才是这种多辐轮毂本来的颜色。在之后的项目中，都将使用黑色轮毂。轮毂材质的具体参数如图14-4所示，效果如图14-5所示。

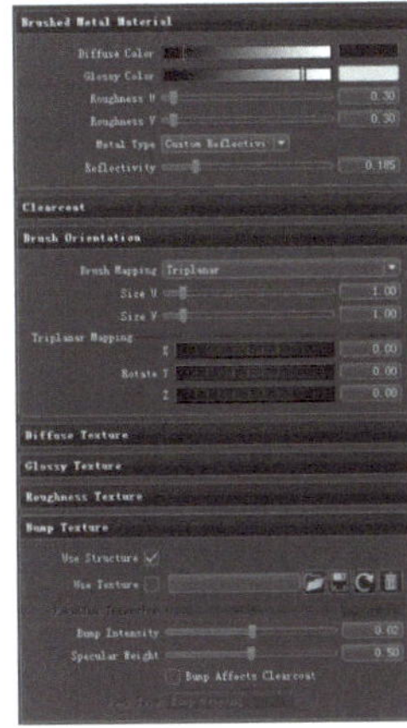

图14-4 黑色轮毂参数

图14-5 黑色轮毂效果

你可以复习第一个项目教学的相关内容，以理解黑色轮毂的材质设置思路。

14.1.4 清理

完成材质调试后，单击材质清理按钮，清理场景中已不再使用的材质，如图14-6所示。

图14-6 Material Editor（材质编辑器）提供的材质清理按钮

14.2 摄影机确认

和之前的项目一样，在正式制作开始之前，需要确认摄影机机位。作为一个标准演示场景，没有比前45°更好的角度了。

STEP 01 使用Camera Editor（摄影机编辑器）创建透视摄影机。将Lens Attributes（镜头参数）卷展栏下的Focal Length（焦距）设置为50，这是一个“典型”的镜头焦距。然后将镜头移动到车辆的前45°位置，并创建Viewpoint（视点），如图14-7所示。

STEP 02 镜头确认后，从现在的角度看起来，上一个项目中的前轮偏转值过大，所以将它修改成了17°，如图14-8所示。

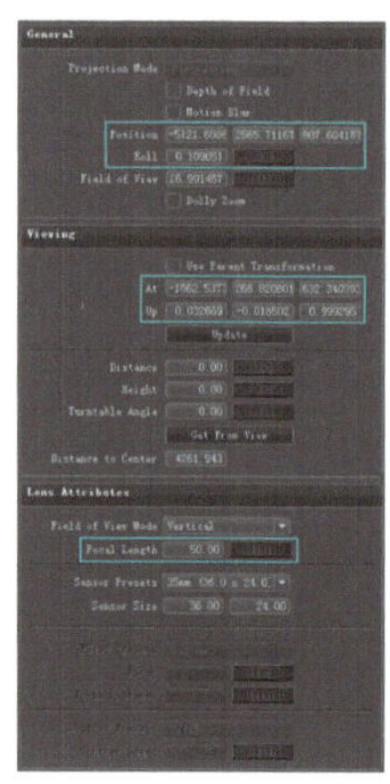

图14-7 镜头参数

图14-8 镜头效果

TIPS 修改SceneGraph（结构树）中的Dum_Wheel_Front_Left/Right_Dir对象，以旋转车轮。

14.3 布光

在这个项目中，依然使用HDR Light Studio进行布光作业。接下来不再手把手讲解HDR Light Studio每个按钮的操作，如果有疑问，请返回基础教学章节或上一个项目进行学习。

14.3.1 准备

» 确认Render Window（渲染窗口）尺寸为1280像素×720像素（16：9）。

» 在Material Editor（材质编辑器）中选中当前环境球材质，确认它进入Modify（修改）模式，将其命名为Case03_Env_Main。

» 修改Environment Material（环境材质）基本参数卷展栏下的Environment Geometry（环境几何体）为Sphere（球形）——摄影棚布光的首选模式。

» 根据参数模板，修改Render Settings（渲染设置）相关参数为测试用参数。

» 确认RT功能已激活，确认抗锯齿、Region（区域渲染）功能已关闭。

» 打开HDR Light Studio插件主面板。

» 激活LightPaint（光绘），确认它处于Reflection Painting（反射绘制）模式。

14.3.2 环境背景修改

HDR Light Studio启动后，默认的渐变环境会代替原有的环境。但默认的效果很不好，所以首先进行简单的环境背景修改。

打开HDR Light Studio的Background Settings（背景设置）面板，确认现在软件处于默认的GRADIENT（渐变）页面。然后单击Color Ramp（颜色渐变）渐变区域上、下的两个色块，将它们设定为黑色。接着在渐变区域的中心位置双击，以创建一个新的色块，并将它指定为白色。最后单击Luminosity Ramp（亮度渐变）的上方色块，将它指定为白色。

这样，整个背景的上下亮度将会相同，并呈现出中间亮、上下黑的特性，模拟出均匀的环境光照特征。将Peak Wattage（最大亮度）设置为2，以获取很轻微的整体照明效果。HDR Light Studio背景参数的设定如图14-9所示。VRED显示效果如图14-10所示。

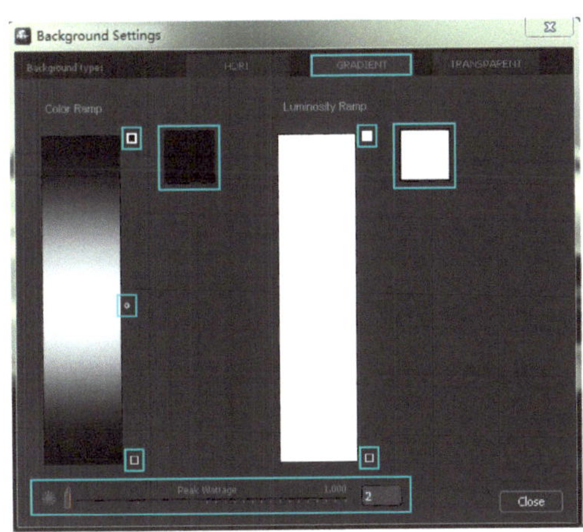

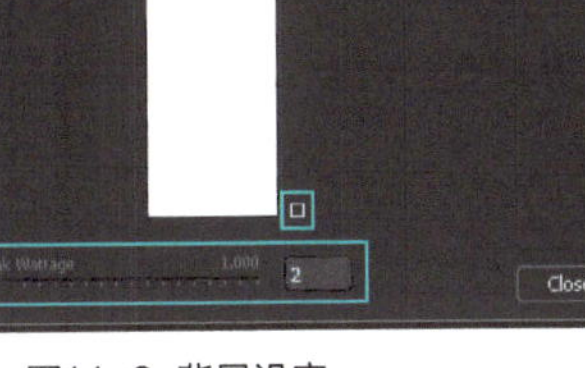

图14-9 背景设定

图14-10 微弱的整体照明

TIPS 通常不需要很强的整体照明效果，因为这会缩小使用具体反光板的操作空间。

14.3.3 主光

和上一个项目一样，首先需要定义主光。对于这个45°视角表现来说，主光通常应从斜后方照射，而斜后方又分为左方和右方。通常，左方主光主要用来表现腰线与侧面车窗，而右方主光主要表现引擎盖。在这个项目中，选择使用左方主光来作为场景中的照明主光。

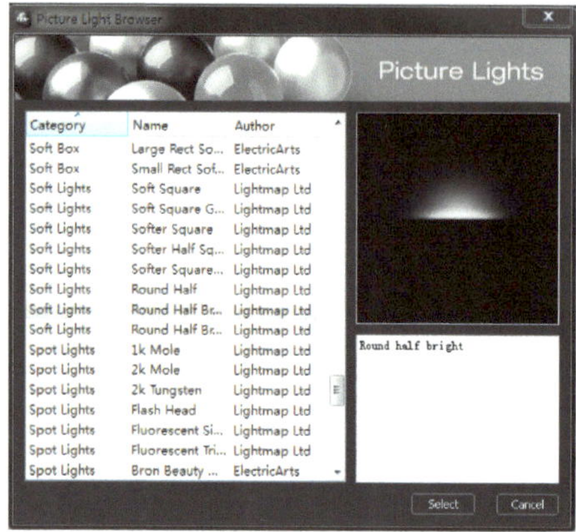

图14-11 Round Half Bright灯光

STEP 01 单击Picture Light（图片灯光）按钮，从灯光库中调用一个Round Half Bright灯光（较亮的半圆灯光），如图14-11所示。然后将其模式改为“Add（加亮）”，以免出现灯光遮挡，如图14-12所示。

图14-12 使用Add（加亮）模式

STEP 02 使用LightPaint（光绘）功能将它移动到车体中部的天际线位置，如图14-13所示。然后调整灯光的大小和强度，具体参数如图14-14所示，效果如图14-15所示。

图14-14 Round Half Bright参数

图14-13 直接将Round Half Bright移动到天际线位置的效果

图14-15 调整后的天际线效果

STEP 03 现在天际线已经完成，但，作为主光方向的曲面，车身侧面的上部仍然较黑，所以需要为此增加一个补充主光。创建一个Round Light（圆形灯光），设置Falloff（衰减）参数为0，然后使用LightPaint（光绘）功能将灯光移动到车侧上部的蓝色定位区域（大约是B柱上缘、车顶附近的位置），如图14-16所示。

图14-16 补充主光的位置与效果

STEP 04 由于这个补充主光过于靠后，使整个侧面车窗都白茫茫一片，所以要使它变成“长条形”（现在它是圆形的），并且沿着车身侧面蔓延开来。尝试把灯光拉长，并适当地旋转，观察灯光如何令车身曲面产生反射变化。在这个过程中可以尝试微调这个圆形灯光的位置。补充主光的最终参数如图14-17所示，效果如图14-18所示。

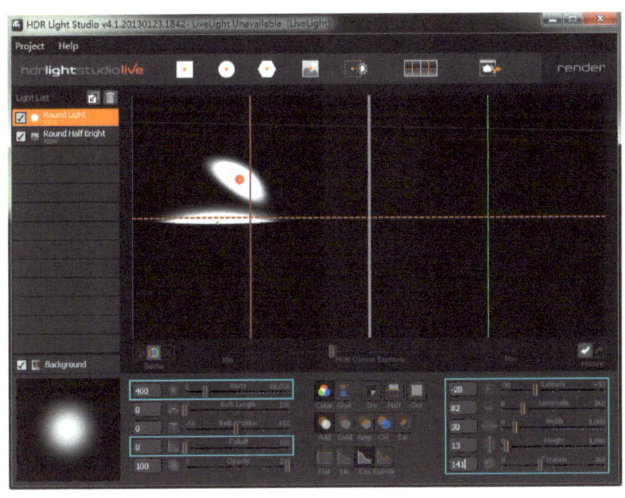

图14-17 补充主光参数及HDR画布显示效果　　图14-18 补充主光效果

主光设置完成后，可以看到，通过这两个主光就完成了车体侧面的大结构表现。

14.3.4 补光——引擎盖

对于前45° 的视角，引擎盖是车身侧面之外最重要的表现区域。只要这两个区域都处理好了，布光工作就完成了一半。接下来处理引擎盖的布光。

STEP 01 复制天际线主光Round Half Bright，使用LightPaint（光绘）功能将新Round Half Bright移动到引擎盖上，如图14-19所示。

图14-19 直接将腰线Round Half Bright复制到引擎盖

STEP 02 观察现在的图像，对于引擎盖来说，Round Half Bright太长、太宽了，所以，希望它可以更细一些。调整引擎盖的Round Half Bright参数，使其更符合这个区域的表现需求，如图14-20和图14-21所示。

图14-20 引擎盖Round Half Bright参数

图14-21 引擎盖Round Half Bright效果

STEP 03 再次观察调整后的结果，现在的引擎盖仍然太黑，为了修正这个问题，做一个“光叠光”的补光。创建一个Round Light（圆形灯光），将Falloff（衰减）设置为0，然后将该灯光与引擎盖Round Half Bright重合放置，以增强Round Half Bright的照明效果。但是这里不需要这个灯光的效果过强，所以要降低灯光的亮度，并增加灯光大小，以整体、均匀地提亮引擎盖。最终补光参数如图14-22所示，效果如图14-23所示。

图14-22 引擎盖补光参数

图14-23 引擎盖补光结果

TIPS 这个补光同时为风挡创造了一个好看的反射渐变。一般来说，引擎盖和风挡的布光是有很大关联的。

14.3.5 补光——前脸

两大主要区域完成后，下面为前脸补光。现在的前脸太黑，所以首先需要将它照亮。从靠近镜头的进气口位置开始，将逐步完成对前脸的照明。

STEP 01 创建Round Light（圆形灯光），将Falloff（衰减）设置为0，然后使用LightPaint（光绘）将灯光移动到前脸进气口的上部，如图14-24所示。图中的蓝框标定了LightPaint（光绘）点击位置，可以看到借助奔驰设计师出色的设计，前脸立马变得犀利起来。

图14-24 前脸补光

STEP 02 继续调整这个补光，增加它的面积，使整个区域的结构线都能得到更好的展示。调整完成后的灯光参数如图14-25所示，效果如图14-26所示。

图14-25 前脸补光参数

图14-26 前脸补光结果

STEP 03 近处补光完成后，进行前脸中间的补光。这一处补光的主要作用是表现主格栅附近的结构转折及照亮车牌。所以，应该把这个补光放到车牌附近，补光的具体参数如图14-27所示。效果如图14-28所示。

图14-27 前脸中间补光参数

图14-28 前脸中间补光结果

STEP 04 观察现在的图像，注意引擎盖的前部、奔驰LOGO上方的位置。这些区域比较黑，需要一个光源将其提亮。创建一个Round Light（圆形灯光），将Falloff（衰减）设置为0，然后使用LightPaint（光绘）将它放置到引擎盖的前端，以使整个引擎盖的亮光连成一线，灯光参数如图14-29所示，效果如图14-30所示。

图14-29 引擎盖前部补光参数

图14-30 引擎盖前部补光结果

14.3.6 补光——其他

在前脸补光完成以后，已经完成了整个车身的主体布光，剩下的就是对现有的方案进行补充和加强。接下来不会像讲述主体结构一样详细讲述每个细节补光的作用，只会以一个案例来说明执行此类操作时的观察与调整方法，其他的补光需要你自己来完成。

STEP 01 观察现在的渲染结果，目前侧面的主光部分在其他补光出现以后显得不够“主要”了，同时侧面区域的结构相对于引擎盖和前脸来说也不够明确。因此，需要在侧面添加一个细节补光，使车体侧面的结构腰线和翼子板的弧度能够被更有效地表现出来。

STEP 02 创建一个Falloff（衰减）为0的Round Light（圆形灯光），将其移动到车身侧面。此处重点使用这个灯光表现出轮眉和翼子板的结构。使用LightPaint（光绘）功能细致地移动这个补光，尝试在最佳角度照亮目标区域，调整完成的灯光参数，如图14-31所示。渲染结果如图14-32所示。

图14-31 细节补光参数

图14-32 细节补光结果

TIPS 由于该灯光处于车身侧面的特殊位置，所以需要参考在制作第二个侧面主光时使用的方法，将其旋转到一个合适的角度。

演示结束。在此之后请整体调整各个灯光，然后添加更多补光并且完善对前脸部分的照明，以完成布光方案。最终布光方案如图14-33所示。渲染结果如图14-34所示。

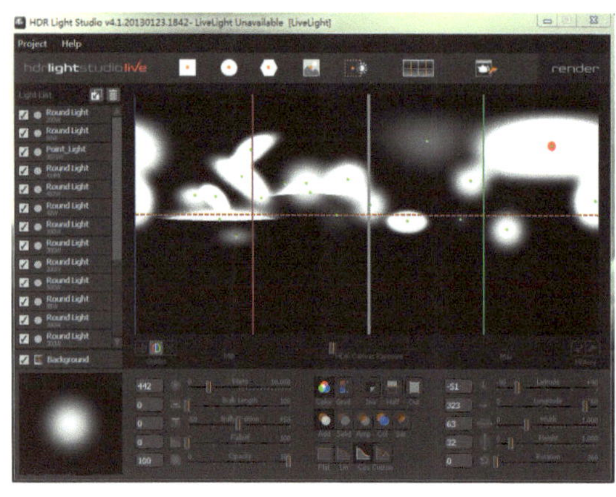

图14-33 最终布光方案

图14-34 最终布光结果

14.3.7 FGI检查

与之前的项目教学相同，在布光进行到最后阶段时，要启动Still Frame（光线追踪静帧）模式，使用Full Global Illumination（完整全局照明，以下简称FGI）算法进行最终效果检查，并根据检查结果微调现有的布光方案。

图14-35所示是FGI检查结果，在完成检查与微调后，请渲染大尺寸HDRI，以获得更清晰的环境反射结果。然后像之前的项目一样，保存布光方案，关闭HDR Light Studio面板，关闭LightPaint（光绘）功能，最后保存当前VRED场景。

图14-35 FGI预览效果

14.4 渲染输出

在布光方案完成后，再一次进入了最终渲染输出小节。在这一节，将学习使用一种稍微不同的方法来输出最终图像。在开始这一小节的学习之前，请根据之前项目教学的讲解，或者复习基础教学部分的“8.7 渲染参数模板”章节，来准备好最终渲染输出所使用的Render Settings（渲染设置）参数。

14.4.1 主图层输出

在输出本案例的主图层时，没有隐藏车窗，这样可以体验另一种输出方法。

STEP 01 确认所有对象均未被隐藏，然后将Render Settings（渲染设置）相关参数设置为最终输出状态。但是，为了提高渲染效率，需要在这里微调两个参数。将Raytracing Quality（光线追踪质量）>Trace Depth（追踪深度）>Still Frame（静帧）参数设置为8，然后关闭File Output（文件输出）>Renderpasses（渲染层）下的Occlusion（阻光）通道。

关闭Occlusion（阻光）通道的原因是正在连同车窗一起渲染，而Occlusion（阻光）无法对内饰进行准确计算。之后将车窗隐藏，然后进行专门的Occlusion（阻光）渲染。

STEP 02 确认RT功能已激活，Region（区域渲染）功能已关闭，然后执行渲染操作。计算完成后的Beauty（美景）、Material ID（材质ID）、Specular Reflection（镜面反射）和Transparency Color（透明颜色）通道效果如图14-36~图14-39所示。

图14-36 Beauty（美景）

图14-37 Material ID（材质ID）

图14-38 Specular Reflection（镜面反射）

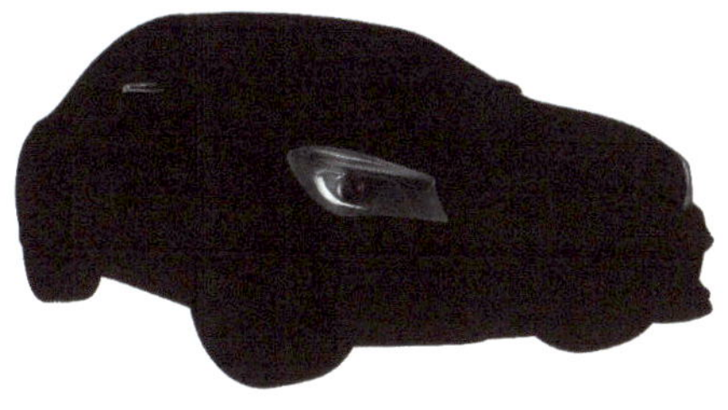

图14-39 Transparency Color（透明颜色）

将本次的主图层渲染命名为VRED_Case03.png。

或许你注意到了，车灯内部没有细节。这是为了提高渲染效率而降低了Trace Depth（追踪深度）。在后续的教学中会重新渲染这个部分。

14.4.2 AO与补充Material ID（材质ID）输出

下面将隐藏灯罩和车窗来输出阻光通道，并通过这次渲染得到更详细的材质ID通道。沿用之前的渲染参数，但是关闭所有其他渲染通道，只保留Material ID（材质ID）和Occlusion（阻光）。然后参考前几个案例的教学，对输出通道进行最基本的检查，检查完成后即可直接进行渲染计算。Material ID（材质ID）和Occlusion（阻光）通道的渲染结果如图14-40和图14-41所示。

图14-40 补充输出的Material ID（材质ID）

图14-41 补充输出的Occlusion（阻光）

TIPS 此次的输出文件命名为VRED_Case03_ID1.png。

14.4.3 内饰

为了后期合成方便，还专门输出了一个内饰部分的Beauty（美景）通道。在修图时，可以把这个通道叠加到车窗内，以模拟玻璃的透明效果。

单击Region（区域渲染）按钮后，框选内饰区域，然后关闭Export Renderpasses（导出渲染层）功能，以节约渲染时间。接着确认RT功能和Region（区域渲染）功能已激活，再进行输出检查，执行渲染操作，最终结果如图14-42所示。

TIPS 内饰输出的文件名被设定为VRED_Case03_Int.png。

图14-42 内饰局部输出结果

14.4.4 大灯

刚才提到过，单独提高Trace Depth（追踪深度）参数后对大灯进行局部渲染，可以获得时间和质量的平衡。

显示所有对象，然后单独隐藏大灯罩，接着将Render Settings（渲染设置）>Raytracing Quality（光线追踪质量）>Trace Depth（追踪深度）>Still Frame（静帧）参数设置为16或更高，以使大灯内部的细节得到充分的计算。

使用Region（区域渲染）功能框选大灯区域，然后重新激活Export Renderpasses（导出渲染层）功能和Export Renderpasses（导出渲染层）功能。注意，只需要Beauty（美景）和Transparency Color（透明颜色）两个通道，所以要关闭其他无用的通道。接着执行渲染输出，Beauty（美景）和Transparency Color（透明颜色）通道的效果如图14-43和图14-44所示。

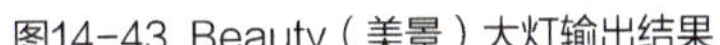
图14-43 Beauty（美景）大灯输出结果

图14-44 Transparency Color（透明颜色）大灯输出结果

只渲染这两个通道是因为在之前的渲染中已经计算过其他各个通道，没有必要在这里进行重复计算。大灯输出使用的文件名是VRED_Case03_Mainlamp.png。另外，汽车有两个前大灯，如果有需要，可以使用同样的方法渲染另一边的车灯。

14.4.5 地面倒影

输出地面倒影的方法与上一个项目相同，通过修改Shadow Material（阴影材质）的参数来实现。详细操作不再介绍，这里只提供相关参数。

STEP 01 在倒影输出之前，建议取消环境球材质Environment Material（环境材质）基本参数卷展栏下的Is Visible（可见性）选项，使Environment Geometry（环境几何体）不再对摄影机可见，以获得更加干净的地面反射结果，如图14-45所示。然后设置Shadow Material（阴影材质）的参数，如图14-46所示。最终渲染结果如图14-47所示。

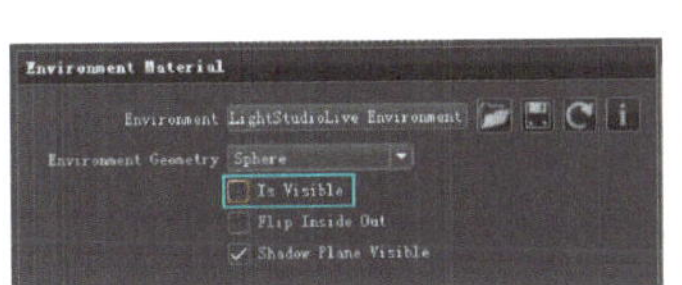
图14-45 关闭Is Visible（可见性）选项

图14-46 阴影材质参数

图14-47 地面倒影渲染结果

TIPS 对于倒影渲染，要启用Render Settings（渲染设置）>File Output（文件输出）> Image（图像）卷展栏内的Alpha输出选项。

STEP 02 倒影输出完成后，将Shadow Material（阴影材质）复位，如图14-48所示。

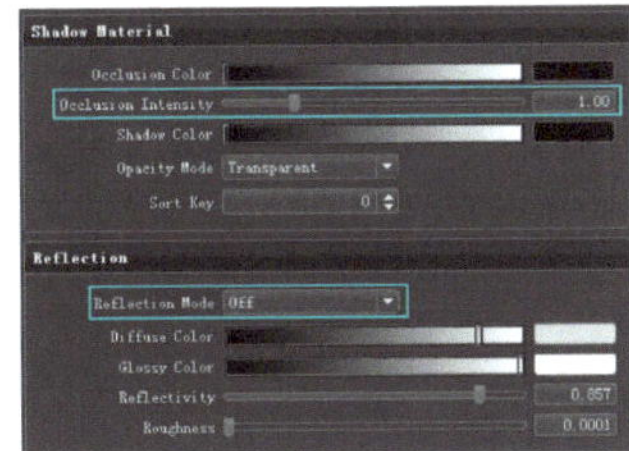
图14-48 复位阴影材质

至此，完成了全部渲染输出工作。通过3个项目，学习到了3种不同的渲染输出方法，它们各有优劣，请根据工作习惯和制作需求灵活地选择不同的最终输出方法。

14.5 修图

又到了令人兴奋的修图时刻。本节不仅将各个通道的内容完美地融合在一起，而且还要为背景添加一些细节，使整个画面更加丰富。

14.5.1 前言与文件准备

在修图前，先看看修图结果和渲染结果，如图14-49和图14-50所示。

图14-49 修图结果

图14-50 渲染结果

图14-50中的渲染结果和原始的主图层Beauty（美景）层有所不同，这是因为将大灯补充计算结果也显示了出来，以方便进行效果对比，如图14-51所示。

图14-51 将大灯补充渲染结果和主图层Beauty（美景）层同时显示出来

原始渲染结果和最终修图结果十分接近，只是在亮度上存在较大差别。这种亮调影棚的修图过程非常简单，甚至可说是没有修图，只调整对比度。

处理过上一个项目后，相信不用看书都知道接下来应该怎么做了，所以在修图部分只做思路讲解，准备工作完成的文件效果如图14-52所示。与其他项目教学一样，进行基本的修图文件准备，其主要内容如下。

- 使用标准PSD文件，将它保存为项目修图文件VRED_Case03_Comp00.psd。
- 将图像尺寸设置为3840像素×2160像素。
- 置入渲染素材，按照图层文件夹进行归类，并为其设置可见性。
- 使用“魔棒-蒙版”方法为各主要文件夹创建蒙版。
- 将背景设置为白色。
- 降低地面倒影图层的不透明度。这里使用的数值是36，也可以根据喜好灵活调整。

经过上述操作，文件准备完成的图像效果如图14-52所示。

图14-52 准备工作完成的文件效果

14.5.2 大灯处理

注意车灯，现有的大灯效果存在着一定的问题。由于反光板的布置问题，氙气灯上存在了过多的白色反射，使玻璃显得不够通透，如图14-53所示。

你或许已经想到了，可以创建一个新的环境，为氙气灯的特殊效果进行一次专门的布光，并进行局部输出。这是可行的。制作奔驰C260L时就使用了单独渲染的大灯，如图14-54~图14-56所示。

图14-53 大灯特写

图14-54 梅赛德斯-奔驰 C260L车体渲染，大灯被处理为黑色（BITONE）

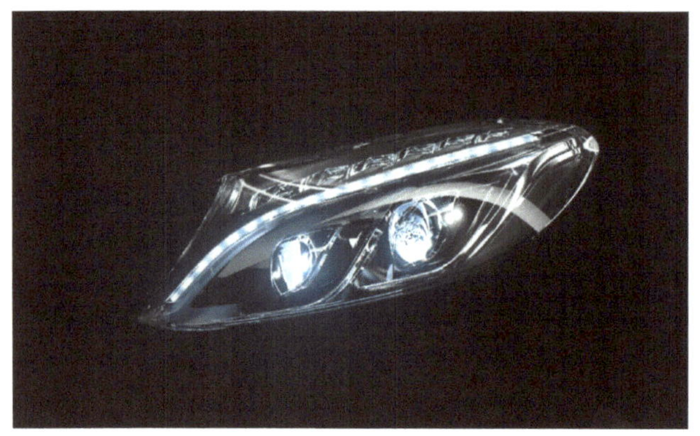
图14-55 单独渲染的车灯通道（BITONE）

图14-56 大灯与车身合并后的修图结果（BITONE）

但是，氙气灯在画面中的比重极小，重新布光并渲染未免成本过高。所以，下面讲解一个简单、快捷的小方法。

STEP 01 找到一个不错的车灯素材，它可以是实拍照片，也可以是其他渲染结果。在这里使用的是项目教学05中渲染的车灯部分，如图14-57所示。

STEP 02 将车灯素材置入修图文件中的适当文件夹，然后在图像中将其移动到一个合适的位置。接着为图层添加一个蒙版，对这个蒙版进行绘制，使之可以覆盖现有的氙气灯区域，但不会影响车灯的其他部分。再断开蒙版和图层的链接关系，这样在自由变换图层时，蒙版就不会受到影响，方便素材尺寸的微调，如图14-58所示。

STEP 03 确认选中了车灯素材图层，然后按快捷键Ctrl+T，进入自由变换模式，接着微调素材到合适的尺寸和位置，如图14-59所示。

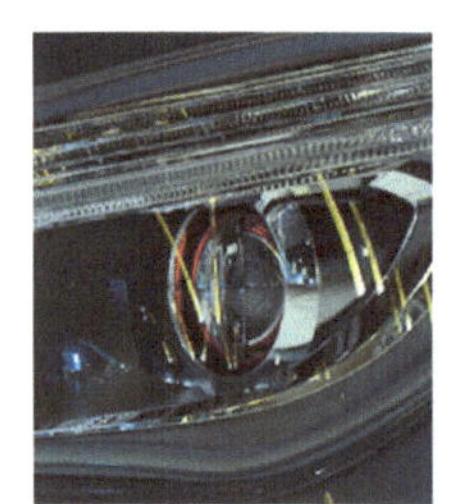
图14-57 取自项目教学05的车灯素材

图14-58 断开蒙版链接

图14-59 替换后的车灯

STEP 04 使用剪贴蒙版模式的调整图层修改刚才添加的车灯素材，新建曲线和黑白调整图层，如图14-60所示。然后使用“曲线”调整图层增加车灯素材的亮度和对比度，使之与车灯内其他结构的亮度相匹配，如图14-61所示。接着使用“黑白”调整图层将其去色，以模拟纯粹的摄影棚光照环境，如图14-62所示。调整完成后的车灯效果如图14-63所示。

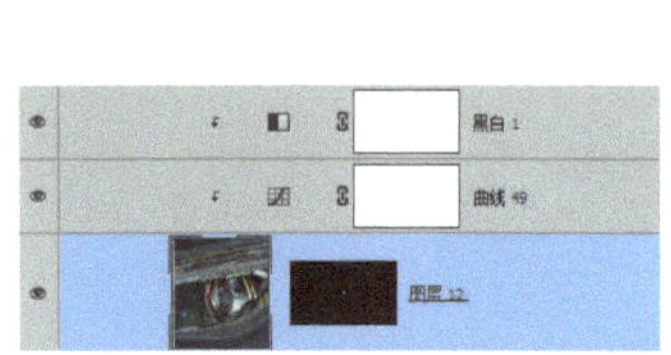

图14-60 图层结构

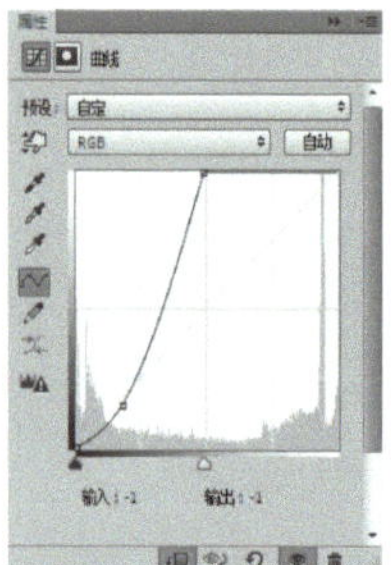

图14-61 曲线调整图层

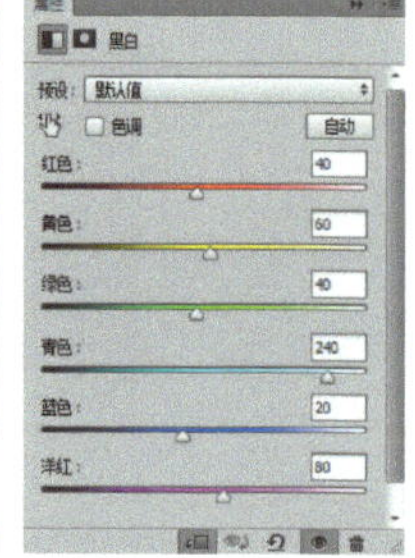

图14-62 黑白调整图层

图14-63 图层修改结果

14.5.3 局部修图

下面将针对车辆的各个局部内容进行修图。在这个过程中，主要使用的仍然是“魔棒-蒙版-调整图层”方法。

重点内容说明如下。

STEP 01 使用曲线调整图层整体提亮车漆部分，使之看起来呈现白色（因为要制作的是白色车漆），曲线参数如图14-64所示。

STEP 02 使用大灯渲染时，将输出的Transparency Color（透明颜色）通道进行柔光混合，令大灯更有“深度”。然后使用曲线调整图层微调整个大灯区域，令它更亮、对比度更强。接着去掉车顶的白色光斑，提亮前脸格栅部分，使之更有质感，再增加车窗的对比度。最后使用色彩平衡调整图层，让车窗整体微微偏绿，参数如图14-65所示。

STEP 03 增加车牌对比度，提亮字体，然后稍稍提高车胎与地面接触面附近区域的亮度（使用白色软边笔刷在上述位置轻轻涂几笔即可），模拟来自地面的反弹光，使车轮更有体积感。LOGO要亮（这一步很重要）。最后调整轮毂的对比度，前轮毂调整曲线如图14-66所示。

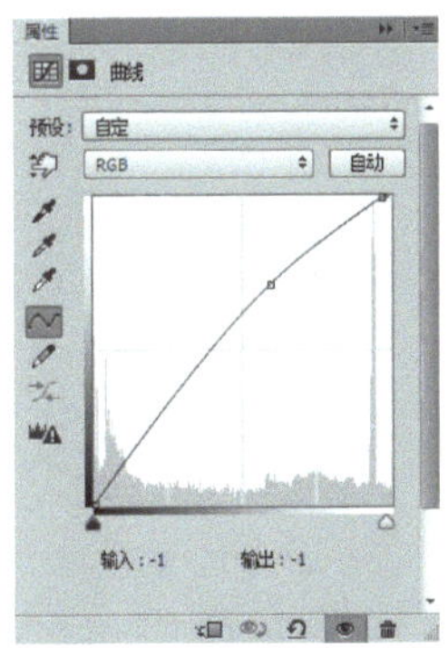

图14-64 车漆调整曲线

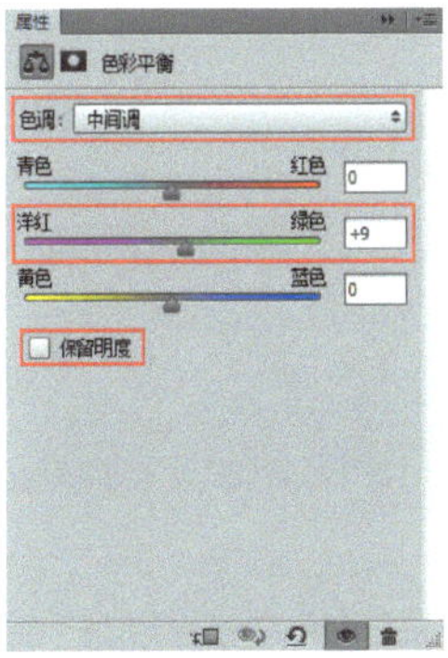

图14-65 车窗颜色微调图层

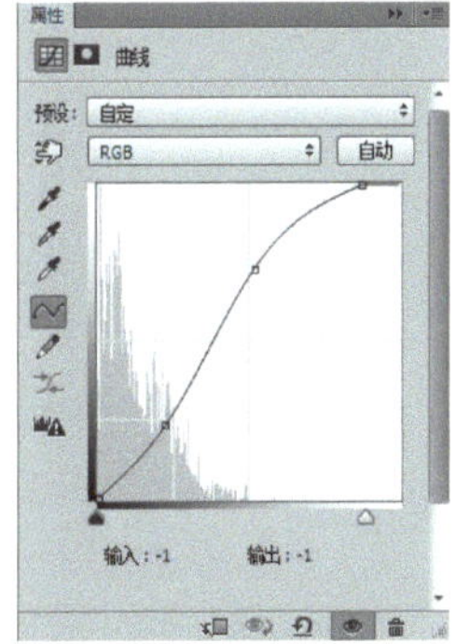

图14-66 前轮毂调整曲线

STEP 04 反复观察图像，不断调整其他需要调整的部分。

TIPS 不要死记硬背参数，更不要照抄参数，要根据对图像的理解灵活地调整。

14.5.4 其他

最后，做一些附加的修图操作。

STEP 01 为背景创建暗角效果，然后使用喜欢的光晕素材，在车灯和车标上添加几处光斑，使高光区域更加耀眼。接着使用照片滤镜为图像校色，使之轻微地偏向冷色调，其参数如图14-67所示。

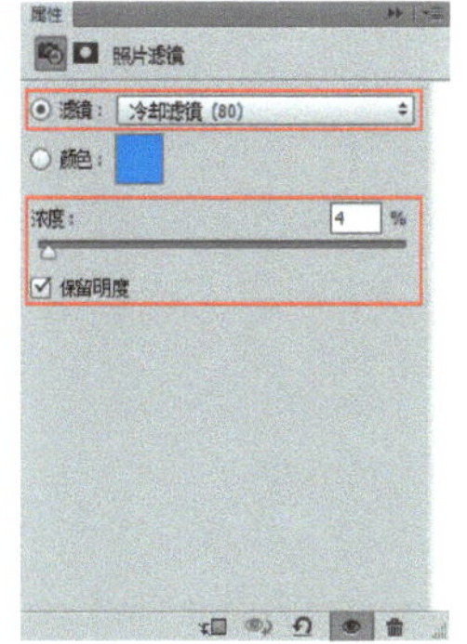

图14-67 照片滤镜参数

TIPS

镜头校正滤镜的快捷键是Ctrl+Shift+R，暗角图层应该使用正片叠底图层混合模式。如果忘记了暗角的创建方法，请复习项目教学01相关内容。

使用渐变工具配合蒙版操作，在背景中画一条极不明显的地平线。

STEP 02 上述操作完成后，得到了一张比较满意的摄影棚图像，如图14-68所示。可以尝试使用不同的背景，以观察虚拟地平线对图像空间感的影响，如图14-69所示。

图14-68 有虚拟地平线的背景

图14-69 没有虚拟地平线的背景

至此，亮调摄影棚案例学习完成，现在已经学习了两种典型影棚的表现方法。在下一个项目中，将学习如何制作真正的室外渲染效果。

15 项目教学04

VEHICLE VISUALIZATION

- 掌握使用VirtualRig Studio Pro方法
- 掌握使用HDR Light Studio修饰全景HDRI的方法
- 掌握使用Timeline（时间线）制作关键帧动画的方法
- 掌握运动模糊的渲染方法

15.1 项目准备

到目前为止，已经完成了3个项目的学习。

在第1个项目中，渲染了一个简单的室外场景，如图15-1 所示。

图15-1 项目教学01

在第2个项目中，学习了如何使用背景图，以及如何使用HDR Light Studio布光，如图15-2所示。

图15-2 项目教学02

在第3个项目中，学习了如何制作一个典型的商业摄影棚效果，如图15-3所示。

图15-3 项目教学03

以上的室外表现效果令人不太满意，对不对？这是因为这些项目只使用了一张极其普通的HDRI，而没有对它进行任何美化。和人的化妆一样，HDRI也是需要化妆的。下面将介绍使用HDR Light Studio为实拍HDRI化妆的技术。

此外，本项目还有另一个重要的知识点——运动模糊。将学习如何使用VirtualRig Studio Pro为环境HDRI和背景图片创建运动模糊效果，以及使用VRED为车轮渲染旋转运动模糊效果。教学最终成品如图15-4所示。

图15-4 项目教学04

本教学的知识量较大，建议适当复习软件基础教学部分的“5.7 Timeline（时间线）：动画控制”与“10 VirtualRig Studio Pro”章节。

依然沿用上一个VRED工程文件进行创作，以节约模型检查、材质指定等操作步骤。

准备相关工作与之前的项目完全相同，所以不再浪费篇幅重复讲解。请自行执行项目准备工作，将直接从摄影机确认和布光环节开始本项目的讲解。在项目准备工作完成后，至少要有一个完整的、带有完备材质的CLA车辆模型，以及一台自定义的透视摄影机。此外，各项系统参数也要处于测试状态。

将本项目工程命名为VRED_Case04.vpb。

如果沿用了上一个项目，要将车轮方向归零。

15.2 环境与摄影机

与常规的制作流程不同，此处并非先确认摄影机角度，然后根据这个角度来调整匹配背景。在这个项目中，摄影机与环境的调整是同时进行的，因为和第一个项目教学一样，也直接使用了环境HDRI作为最后的渲染输出背景，因此，需要随时根据HDRI状态调整摄影机，以使车辆和背景都足够好看。

在这个项目中，除了车辆，公路、雪山、天空……它们全都来自环境HDRI。你一定觉得很有趣，让我们开始吧！

本项目使用的HDRI来自DOSCH DESIGN（www.doschdesign.com）。DOSCH DESIGN是一家高质量的CGI内容供应商，提供了大量优质的模型、贴图、HDRI环境及背景音乐等素材。感谢DOSCH DESIGN为本书提供的图像内容授权。

15.2.1 构思

在这个项目中，要渲染一个迎面而来的汽车路跑场景。因为CLA是一辆很酷的车，所以，此项目中希望它奔驰在一个寒冷的场景中，并且车身最好能呈现出一种“寒冰”感的色彩。

据此，以下为梳理HDRI环境应当具备的一些要素。

» 实拍HDRI。毫无疑问要实拍HDRI，因为不可能自己渲染一个雪地场景，这样的制作成本太高了。

» 雪。雪可以说明寒冷的环境。

» 野外。城市雪景往往显得温馨、浪漫，难以表现出“Cool（酷）”的气氛，所以，场景应该位于野外。

» 公路。很简单，CLA不是越野车，所以需要让它奔驰在公路上。

» 多云的天空。百分之百的阴天对于车辆表现来说不是很好，因为没有主光就没有结构，没有结构就不会好看。而晴朗的天空会产生强烈的雪地反射，使车的下半部变得太亮，这会导致车辆显得不够“稳重”。所以，多云的天气刚刚好，并且蓝白相间的天空会使车身反射变得更好看。

» 高大的雪山。雪山是非常好的景色，车辆可以行驶在一边是悬崖一边是深渊的弯曲山道上，让车辆的一半反射天空，一半反射山峦。

15.2.2 环境

根据以上这些需求，找到了一张满意的HDRI——除了没有雪山，一切都非常好。可以在下载资源文件夹中找到VRED_Case04_Pano_w13000.hdr，如图15-5所示。

图15-5 全景HDRI预览效果

TIPS

文件名中的Pano代表全景图Panorama（全景图），w13000代表图像的横向尺寸为13000像素。使用这种命名方式是我的个人习惯，可以酌情参考。

对于汽车室外表现而言，实拍HDRI起着基础性的作用。下列网站提供优质的全景HDRI购买渠道，可以根据需要酌情购买。

Dosch Design：http://www.doschdesign.com/

Maground：https://www.maground.cn/ 或 https://www.maground.com/

Moofe：http://www.moofe.com/

Evermotion：http://www.evermotion.org/

为了方便后面的工作，需要将这张HDRI额外存储为两个不同大小的版本，它们的横向宽度分别是1500像素（VRED_Case04_Pano_w1500.hdr）和8000像素（VRED_Case04_Pano_w8000.hdr）。在执行测试工作时，使用小尺寸HDRI可以提高工作效率。

TIPS

有许多软件都可以修改HDRI的图像尺寸，这里使用了Photoshop来执行这项工作，其操作方法与缩小普通图像相同。如果Photoshop不能修改HDRI尺寸，请考虑安装最新的完整版本。

15.2.3 环境加载与微调

这一步将加载全景HDRI，以初步观察图像效果。

STEP 01 确认Render Settings（渲染设置）参数为测试用参数，确认RT功能和Region（区域渲染）功能已关闭。

STEP 02 打开Material Editor（材质编辑器），在材质列表中单击鼠标右键，在弹出的快捷菜单中选择Create Environment（创建环境）>Sphere Environment（球形环境）命令，在打开的加载窗口中选择VRED_Case04_Pano_w13000.hdr，如图15-6和图15-7所示。这会命令系统使用指定的HDRI创建出一个新的球形环境。

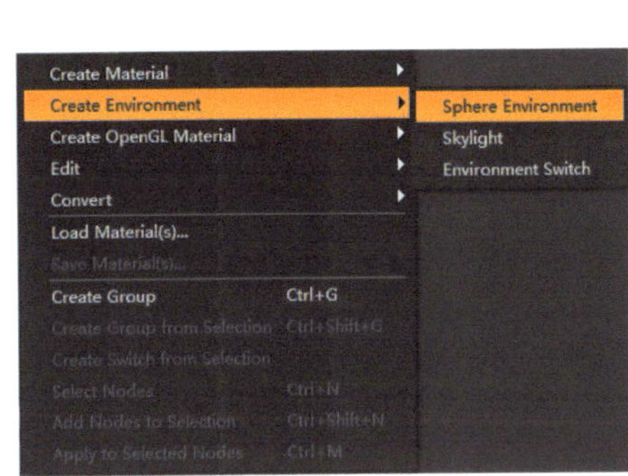

图15-6 创建球形环境选项

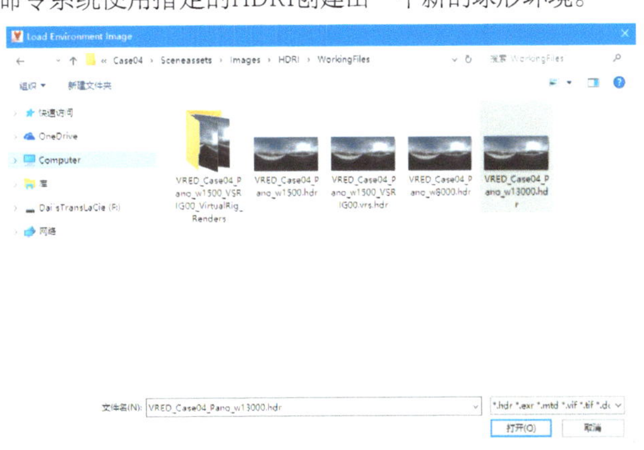

图15-7 创建球形环境

STEP 03 由于全景HDRI尺寸较大，系统会消耗一些时间进行加载。加载完成后，为这个环境下属的ShadowPlane（地面阴影片）烘焙AO，烘焙完成后的实时预览效果如图15-8所示。

图15-8 环境加载结果

STEP 04 在Material Editor（材质编辑器）中选择刚刚加载的环境球材质，调整Transformation（变换）卷展栏下的Rotate Z（旋转 Z）参数，使环境中的公路方向同车头方向一致。因为路是双向的，所以，至少要尝试两次，以确认哪一边的效果更好。以车头的光照结果为准，当太阳在车辆左侧时效果更好，所以，最后设定的Rotate Z（旋转Z）为92，效果如图15-9所示。

STEP 05 现在，尝试从其他角度观察车辆，此时车体不在车道中心，而且现有的车道也太宽了，如图15-10所示。在Transformation（变换）卷展栏下，设置Center Y（中心 Y）为120、 Center Z（中心 Z）为1200，以移动环境投射修复现有问题，如图15-11所示。

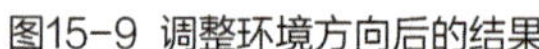

图15-9 调整环境方向后的结果

图15-10 环境投射调整前

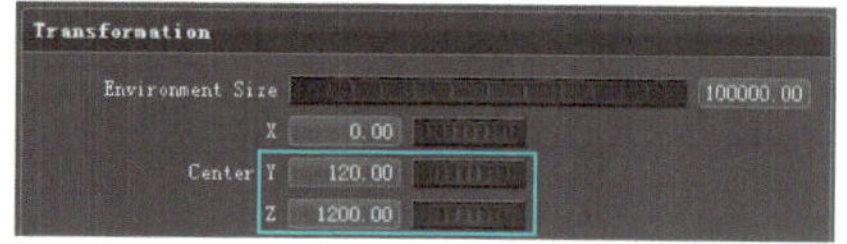

图15-11 环境Center（中心）参数

STEP 06 调整完成后车辆不仅处于车道中心，且车道也变窄了，如图15-12所示。不过，从俯视图来看，车道有些过于窄小。但是请注意，将视角调整到车体前方，则车道的宽度正好合适，接下来将以这个角度为准，如图15-13所示。

图15-12 环境投射调整后

图15-13 车辆前方视角下的路面效果

STEP 07 观察现有图像，可以发现当前HDRI照明不足，使得场景显得有些灰暗，应该为此增加环境照明的强度。将Color Correction（色彩校正）卷展栏下的Exposure（曝光）设置为3，以提高环境的亮度。亮度提高后，环境显得对比度稍有不足，因此，还需设置Contrast（对比度）为1.03，如图15-14所示。参数设置完成后的环境效果如图15-15所示。

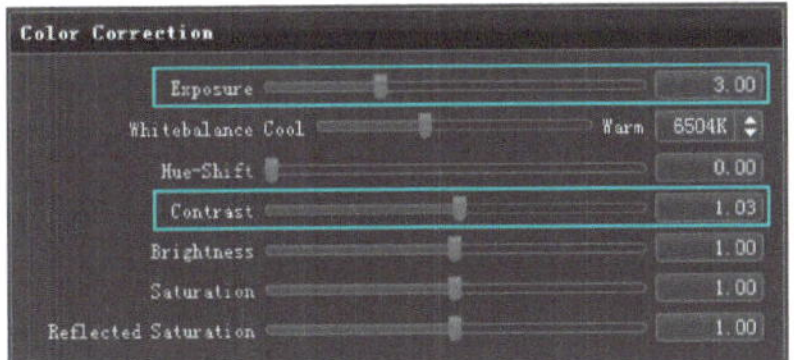

图15-14 Color Correction（色彩校正）参数

图15-15 增加环境亮度和对比度后的图像效果

15.2.4 补充——车漆

现在，场景中的车漆仍然是上一个项目中使用过的纯白色车漆，根据之前提到的构思，它应当带有更多的“冰”的质感，因此需要微调车漆参数。

使用Google或Bing搜索Ice，收集参考资料。观察图15-16所示的冰的图像，它表现出一种很淡的蓝白色特征，并且这种蓝色有一点点发青。鉴于此，需要将Flake Color（颗粒颜色）设置为蓝白色，如图15-17和图15-18所示。调整后的车漆效果如图15-19所示。

图15-16 冰的参考图

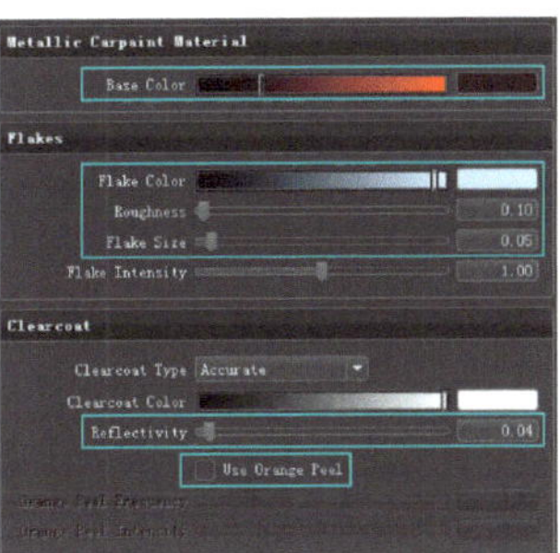

图15-17 车漆材质参数

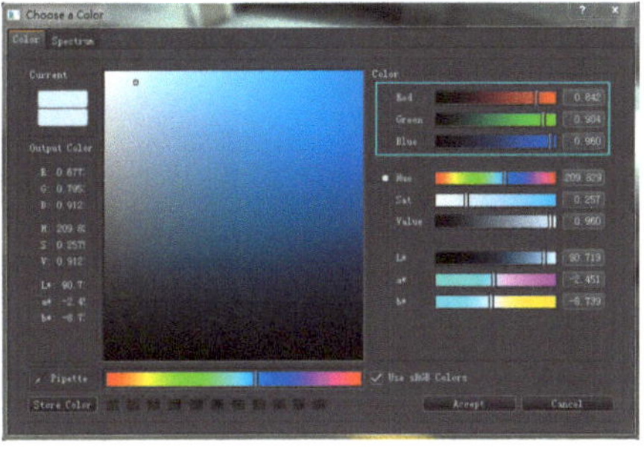

图15-18 Flake Color（颗粒颜色）颜色

图15-19 冰版车漆效果

TIPS

相信你注意到了，图示中的Base Color（基础色）是暗红色的，如图15-20所示。它来自我的一次错误操作。为了忠实地记录创作过程，在写作教学时，我没有修改这个错误，所幸它对最终效果几乎不产生影响。

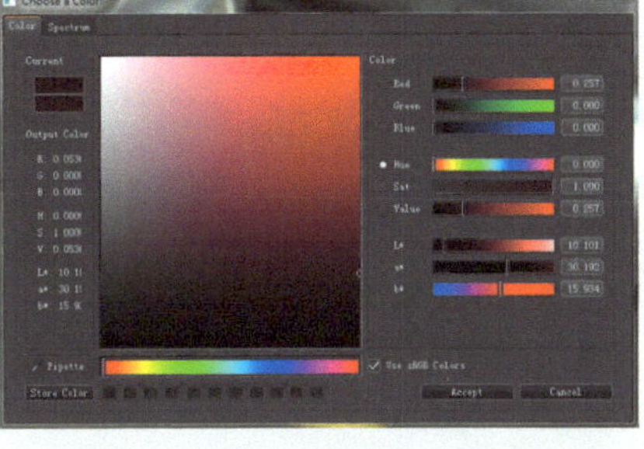

图15-20 Base Color（基础色）颜色

至于颜色之外的其他参数，在这里不做过多解释，只提出两个问题。

为什么将Flake Color（颗粒颜色）设置为蓝白色，而不是将Base Color（基础色）设置为蓝白色？

为什么将Roughness（粗糙度）设置为0.1，它会带来什么样的效果？

15.2.5 摄影机机位

对环境整体效果基本满意以后，调整摄影机。本项目希望渲染一个基于车头的路跑效果。既然要渲染路跑，当然必须强调速度感；既然要强调速度感，那么镜头就应当有一定的倾斜。倾斜带来不稳定，不稳定带来动势，动势带来潜意识中的运动预判。图15-21所示是两个矩形，但是你是否感觉到了潜在的运动呢？

图15-21 倾斜与运动预判

STEP 01 在Camera Editor（摄影机编辑器）中新建Perspective Camera（透视摄影机），然后根据前文中的设想调整摄影机，最终参数如图15-22所示，效果如图15-23所示。

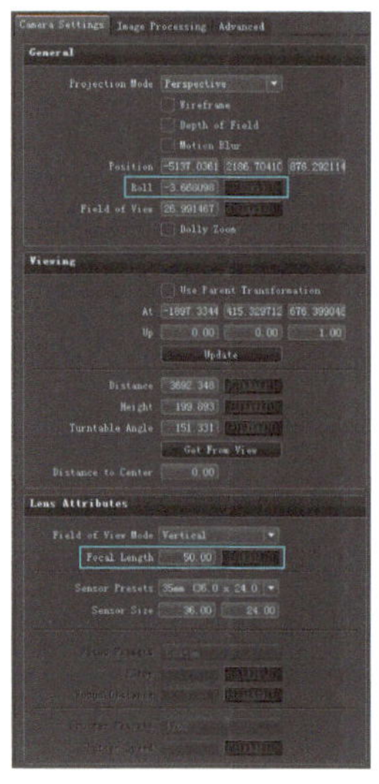

图15-22 摄影机参数

图15-23 镜头效果

TIPS 记得为新摄影机创建Viewpoint（视点）。

STEP 02 查看现在的结果，注意图15-24所示的车头局部，被阳光直射的部分有些过曝了。可以修改Camera Editor（摄影机编辑器）>Image Processing（图像处理）>Tonemapping（色调映射）>Whitepoint（白点）参数，将其设置为4，以避免这个问题，如图15-25所示。修改后的效果如图15-26所示。

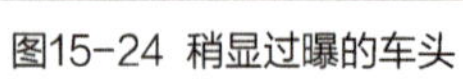

图15-24 稍显过曝的车头

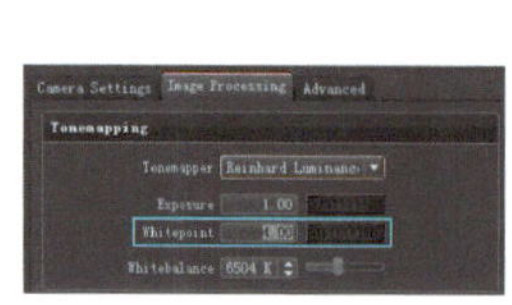

图15-25 修改Whitepoint（白点）参数为4

图15-26 修改Whitepoint（白点）以后的车头不再过曝

TIPS 关于Whitepoint（白点）的具体含义，可查看软件基础教学部分的“5.6 Camera Editor（摄影机编辑器）：摄影机管理”章节。

15.3 环境运动模糊

下面将使用VirtualRig Studio 2.2 Pro为全景HDRI和背景图像添加运动模糊效果。建议在学习这个章节以前，先粗略复习软件的基础教学部分的内容。

15.3.1 全景HDRI处理

环境与镜头已经确认了，接下来为全景HDRI添加运动模糊效果，以便让反射“动起来”。经过运动模糊处理后的全景HDRI如图15-27所示。将模糊后的HDRI添加到VRED中的效果如图15-28所示。

图15-27 经过运动模糊处理的全景HDRI

图15-28 带有运动模糊效果的环境反射

STEP 01 打开VirtualRig Studio 2.2 Pro，从Windows资源浏览器中找到全景HDRI的小尺寸版本VRED_Case04_Pano_w1500.hdr，然后将其拖曳到VirtualRig Studio 2.2 Pro工作空间（大面积白色区域）中，使VirtualRig Studio 2.2 Pro加载这张HDRI。接着按P键打开Project Settings（项目设置）面板，激活窗口下部的Spherical image mode（球形图像模式）选项，如图15-29所示。这将指示VirtualRig Studio 2.2 Pro当前处理的是“纬度-经度”模式的全景HDRI。

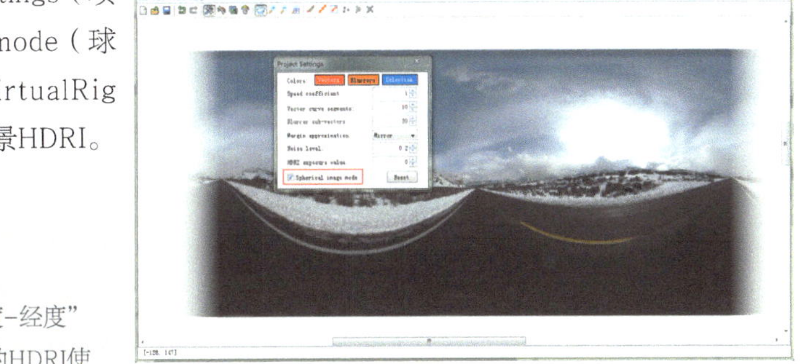

图15-29 VirtualRig Studio 2.2 Pro工作界面与Project Settings（项目设置）面板

> **TIPS**
>
> 注意，不要将素材HDRI放置到中文路径中。
>
> Spherical image mode（球形图像模式）是“纬度-经度”模式全景HDRI的专用处理模式。请为所有此类型的HDRI使用Spherical image mode（球形图像模式）选项。

STEP 02 按快捷键Ctrl+S，保存VirtualRig Studio 2.2 Pro工程。工程的默认保存路径为原HDRI路径，默认工程名为原HDRI名+.vrs扩展名，如图15-30所示。

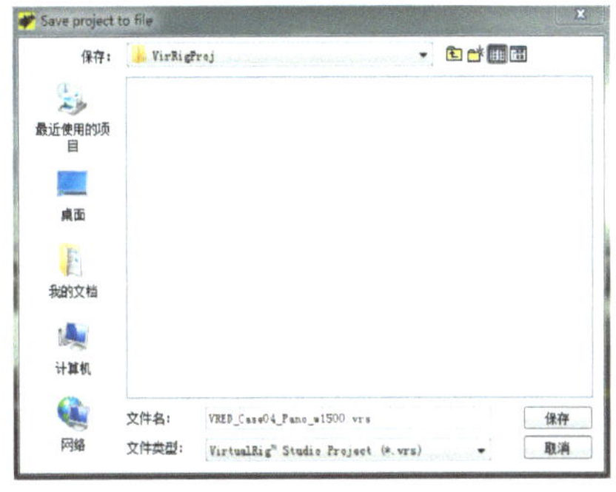

图15-30 保存工程文件

> **TIPS**
>
> .vrs格式是VirtualRig Studio 2.2 Pro的标准工程文件格式。与VRED所用的.vpb格式不同，.vrs格式不会将图像内容保存到工程文件之中。它的作用类似于MP3歌单，而被修改的图像才是MP3歌曲的本体。所以，一旦保存了.vrs文件，则不要轻易移动或删除原始图像素材。

STEP 03 单击Blurrer（模糊线）按钮，然后在画面中拖曳出第一条Blurrer（模糊线），它从路的一个消失点开始，持续到路的中段结束；然后从第一条Blurrer（模糊线）的结束位置开始，往路的另一个消失点画出第二条Blurrer（模糊线）。这样就创建了一个基本的Blurrer（模糊线）组，如图15-31和图15-32所示。

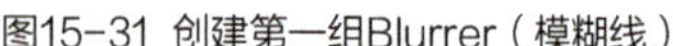

图15-31 创建第一组Blurrer（模糊线）

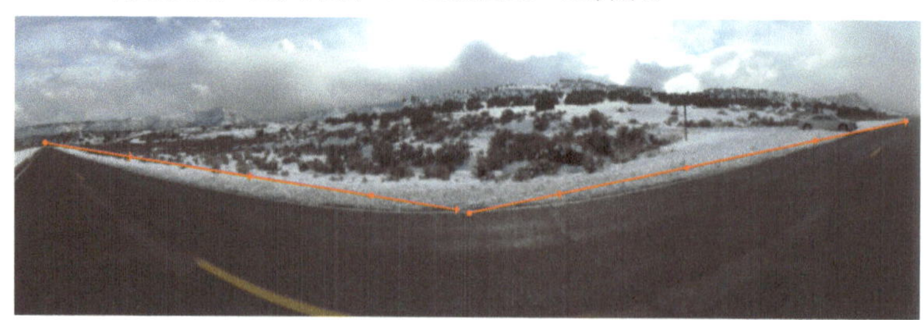

图15-32 第一组Blurrer（模糊线）特写

STEP 04 激活选择对象工具，调整Blurrer（模糊线）的弧度调整手柄，以使Blurrer（模糊线）的弯度与路面弧度相匹配，如图15-33所示。使用同样的方法创建并调整更多Blurrer（模糊线），使整个路面被覆盖起来，如图15-34所示。

图15-33 弯曲Blurrer（模糊线）

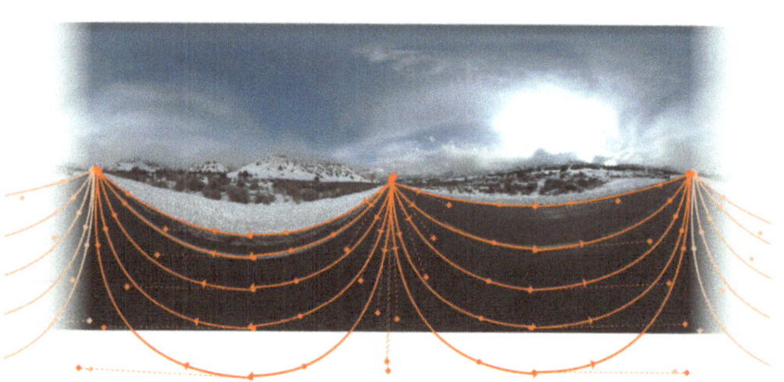

图15-34 覆盖路面的Blurrer（模糊线）

TIPS 路本身并没有弯，它之所以在图像中看起来是弯的，是因为图像被球形映射了，变得类似于世界地图。在处理“纬度-经度”模式HDRI时，应时刻记住这一点，Blurrer（模糊线）必须匹配球形展开的经纬度变形。

STEP 05 按S键打开Render Settings（渲染设置）窗口，进行第一次测试输出。在默认情况下，系统已经设置好了输出路径、文件名及文件格式，无需关心这些细节，只需要单击蓝色的Preview（预览）字样，将输出尺寸设为预览大小，然后单击Render（渲染）按钮，进行计算即可，如图15-35所示。

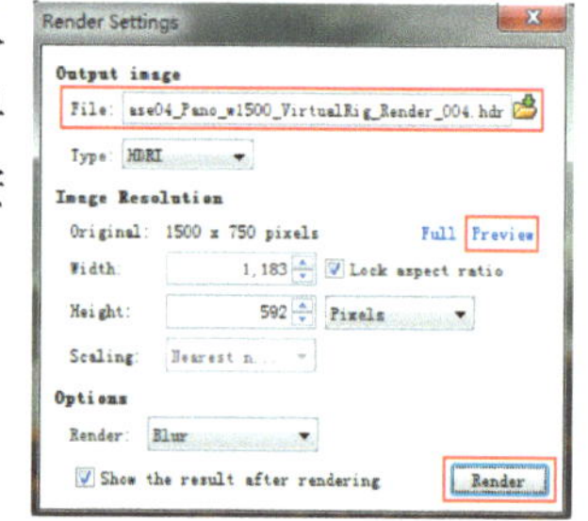

图15-35 Render Settings（渲染设置）面板

STEP 06 经过短暂的计算后，系统会自动弹出Results Viewer（结果查看器）对话框，以显示刚才的渲染结果。由图15-36和图15-37可以看到，路面已经被成功地添加了运动模糊效果，但天空的效果非常差。此外，路面上虽然出现了运动模糊特效，但它并不符合“近处的模糊量大于远处，非常远的地方几乎没有运动模糊”的现实规则，需要对此进行调整。

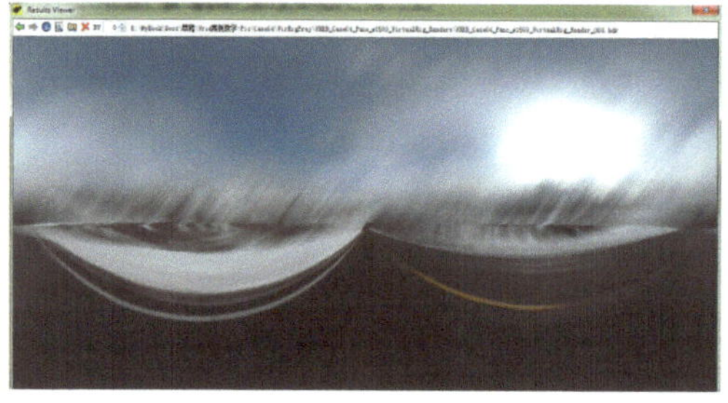

图15-36 渲染计算结果

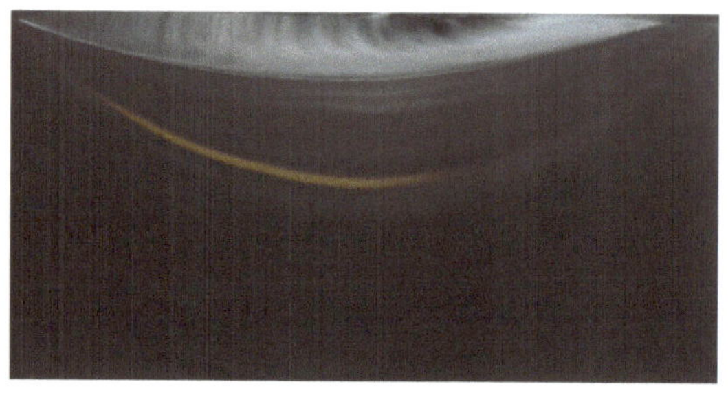

图15-37 地面模糊特写

STEP 07 使用选择对象工具，调整每一条Blurrer（模糊线）的起始/终止模糊强度滑块，使靠近我们的部分拥有更大的模糊量，远离我们的部分只有较少的模糊量，如图15-38所示。调整完成后重新进行测试输出，输出结果如图15-39所示。

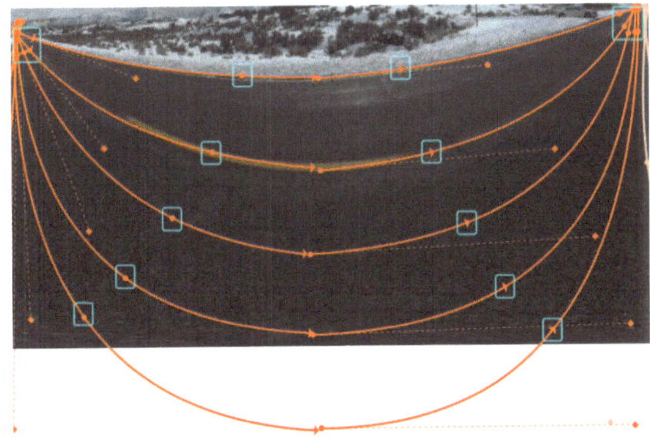
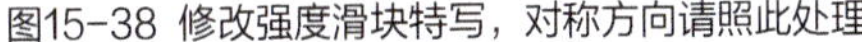

图15-38 修改强度滑块特写，对称方向请照此处理

图15-39 调整模糊强度后的渲染结果

STEP 08 路面修改完成后，为天空和其他地面区域添加Blurrer（模糊线）。天空Blurrer（模糊线）的添加方法与地面相同，不过由于天空距离摄影机较远，所以只需要为它设定几条均匀的Blurrer（模糊线），并启用少量的模糊强度即可。天空Blurrer（模糊线）的添加结果如图15-40所示，细节如图15-41所示。测试输出后的效果如图15-42所示。

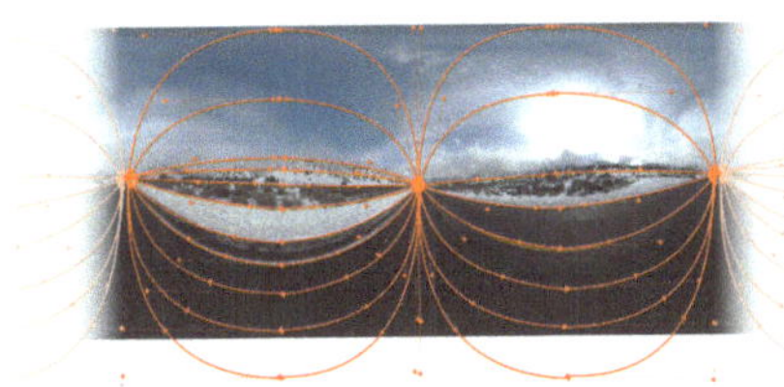

图15-40 为天空和其他地面区域添加Blurrer（模糊线）

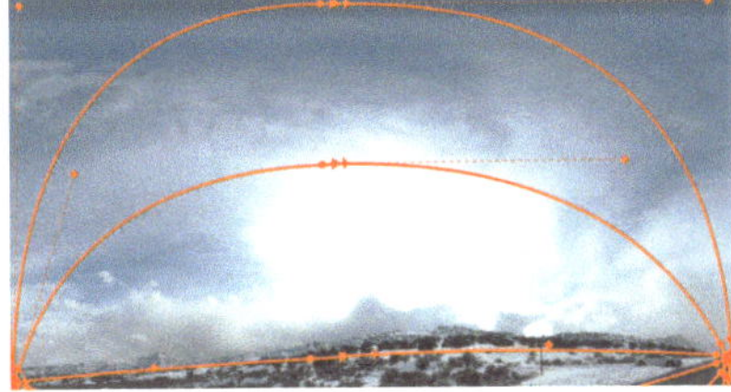

图15-41 天空Blurrer（模糊线）特写

图15-42 渲染结果

STEP 09 上面的效果已经不错了，但是图像中的运动速度有些过快，如远山和路面消失点附近的模糊量都有些超出计划，因此，需要修改运动模糊的整体强度。按P键打开Project Settings（项目设置）面板，然后将Speed coefficient（速度系数）设置为0.6，如图15-43所示。这表示新的模糊量将是之前的60%，测试渲染的效果如图15-44所示。

图15-43 整体修改运动模糊量

图15-44 新的渲染结果局部特写

STEP 10 现在的效果已经令人足够满意了，下面将进入最终输出环节。在Project Settings（项目设置）对话框中，将Vector curve segments（矢量曲线分段）和Blurrer sub-vectors（模糊线子矢量）设置为40，提高Blurrer（模糊线）的分段数，以获取更平滑的模糊效果；接着将Noise level（噪波等级）设置为0.02，降低总体的噪波水平。参数设置如图15-45所示。

如果你和我一样只使用Blurrer（模糊线）进行模糊量标定，则无需修改Vector curve segments（矢量曲线分段）参数。像这样同时修改两个参数是我个人的一个习惯。

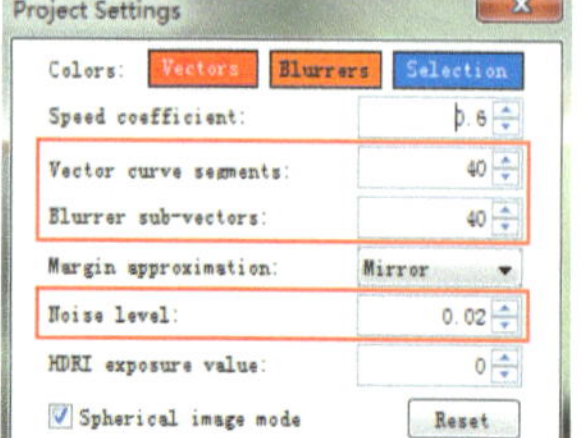

图15-45 最终Project Settings（项目设置）参数

STEP 11 将背景图换为原尺寸的大型HDRI，以便输出高质量的最终图像。按I键打开Change Image（更改图像）对话框，单击右侧的黄色文件夹按钮，打开文件加载面板，接着将全尺寸的原始HDRI：VRED_Case04_Pano_w13000.hdr作为背景图像加载，再勾选Re-scale objects（重缩放对象）复选框，最后单击Apply（应用）按钮，以应用新图像，如图15-46所示。操作完成后，关闭Change Image（更改图像）窗口。

STEP 12 按S键打开Render Settings（渲染设置）面板，确认软件自动设置的输出路径与文件名无误，然后单击蓝色的Full（完整）字样，将输出尺寸设置为原始图像大小，如图15-47所示。

图15-46 Change Image（更改图像）窗口

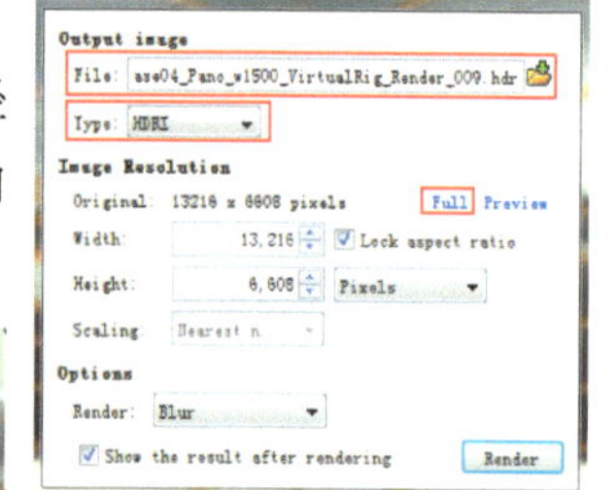

图15-47 最终输出设置

STEP 13 单击Render（渲染）按钮以执行渲染计算，计算结果如图15-48和图15-49所示。检查图像细节，当确认无误后保存并关闭VirtualRig Studio Pro，全景HDRI运动模糊工作到此结束。另外，使用Photoshop将刚才渲染的运动模糊图像复制出一个宽度为1500像素的小尺寸副本，以方便后续的VRED布光测试。

图15-48 最终计算结果

图15-49 最终计算结果细节

TIPS 对于这样的大尺寸HDRI，计算可能需要耗费不少时间，这就是系统提供Change Image（更改图像）功能的意义。

15.3.2 背景图像处理

不能直接使用模糊过的HDRI在VRED中输出背景，否则效果不佳，同时用户对其的控制能力也较弱。要使用高分辨率的原始HDRI作为环境背景进行常规输出，然后用VirtualRig Studio Pro为这张输出图像添加运动模糊。

STEP 01 回到VRED，然后确认当前环境球材质加载的是原尺寸的VRED_Case04_Pano_w13000.hdr文件，接着确认Color Correction（色彩校正）和Transformation（变换）相关参数保持为之前的设定，如图15-50所示。预览效果如图15-51所示。

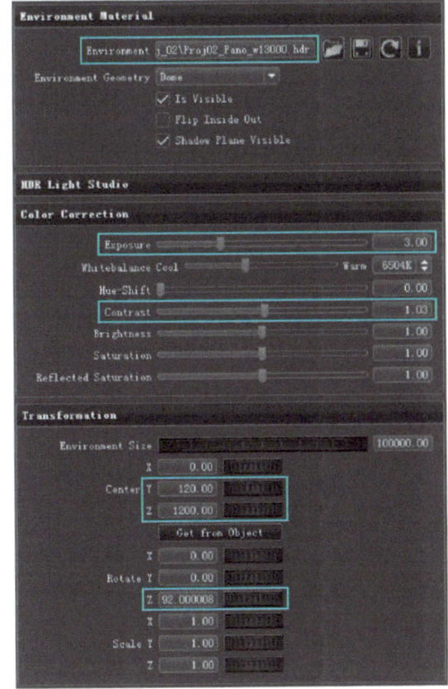

图15-50 环境球材质相关参数

图15-51 渲染窗口效果

STEP 02 将Render Settings（渲染设置）相关参数设置为渲染输出参数，但是要关闭Export Alpha Channel（导出Alpha通道）选项，如图15-52所示，否则，环境背景将被渲染为透明色。另外，请关闭Export Renderpasses（导出渲染层）选项，如图15-53所示，这因为目前不需要其他通道进行合成。

图15-52 关闭Alpha输出

图15-53 关闭输出通道

STEP 03 通过SceneGraph（结构树）隐藏全部CLA车体，然后取消勾选环境球材质的Shadow Plane Visible（地面阴影片可见性）复选框，以隐藏ShadowPlane（地面阴影片），如图15-54所示。隐藏CLA车体和ShadowPlane（地面阴影片）后的完整环境背景，如图15-55所示。

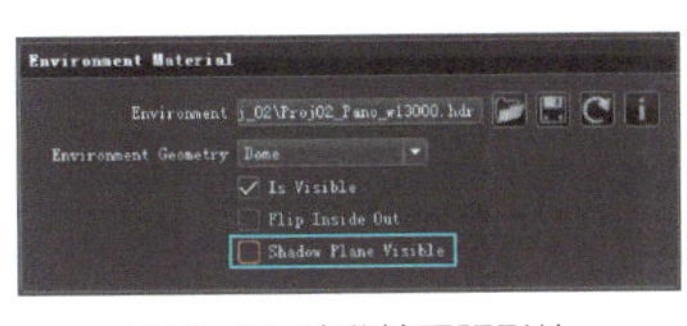

图15-54 隐藏地面阴影片

图15-55 隐藏车体和阴影后的完整环境背景

STEP 04 确认RT和Region（区域渲染）功能已关闭，确认背景显示正确，然后执行渲染输出操作，将这个纯粹的背景图像保存到硬盘中。

之所以在输出中关闭RT功能，是因为背景输出时没有对象需要被渲染，关闭光线追踪可以节约计算时间。

将输出的结果保存为VRED_Case04_BG.png。

STEP 05 打开Photoshop，使用仿制图章等工具抹除画面远处因为环境包裹问题产生的路面标线弯曲，效果如图15-56所示。

STEP 06 打开VirtualRig Studio Pro，新建一个空项目，将修复后的背景拖曳到工作区，然后将VirtualRig Studio Pro工程进行保存。

将保存的VirtualRig Studio Pro工程文件名为VRED_Case04_BG_Blur00.vrs。

图15-56 修复结果

STEP 07 确认Project Settings（项目设置）面板的Spherical image mode（球形图像模式）已关闭，在处理常规图像的运动模糊时不需要激活它。与上一个模糊项目的思路相同，沿着路面方向创建几条Blurrer（模糊线）。注意Blurrer（模糊线）需要沿着路面的透视方向展开，并且近处的模糊强度大于远处。基本的Blurrer（模糊线）设定如图15-57所示。

STEP 08 图15-57所示的基本Blurrer（模糊线）不足以覆盖远处的路面，所以增加几条Blurrer（模糊线），以延续模糊的方向，并适当控制该区域的模糊强度，如图15-58所示。为远景和天空添加Blurrer（模糊线），在操作时请注意Blurrer（模糊线）的透视关系，并牢记远景的模糊强度小于地面但大于天空的原则，如图15-59所示。操作完成后使用Preview（预览）尺寸进行渲染测试，可以发现画面左下角有些问题，如图15-60所示。

图15-57 路面的第一组Blurrer（模糊线）

图15-58 远处路面的Blurrer（模糊线）

图15-59 远景和天空的Blurrer（模糊线）

图15-60 预览结果

STEP 09 出现这个问题是因为画面外没有足够的Blurrer（模糊线）来标定透视变化，软件将这个区域进行了平行模糊处理。控制左下角区域的模糊方向就能修正这个问题。在该区域增加一两条Blurrer（模糊线），以指示透视关系，如图15-61所示。修正后的渲染结果如图15-62所示。

图15-61 添加新的Blurrer（模糊线）

图15-62 新的预览结果

STEP 10 新的渲染结果令人满意，但是运动模糊量有些大，导致场景模糊到什么都看不清了。打开Project Settings（项目设置）对话框，设置Speed coefficient（速度系数）为0.3，使模糊量变为当前效果的30%；然后设置Noise level（噪波等级）为0.05，减少画面中的噪波。参数设置如图15-63所示。

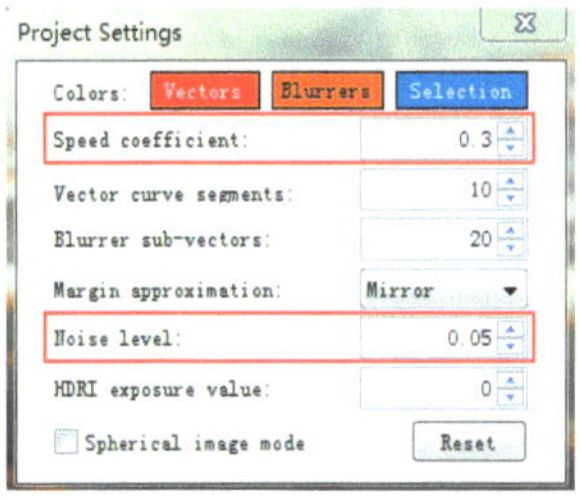

图15-63 Project Settings（项目设置）参数

STEP 11 按S键打开Render Settings（渲染设置）对话框，然后单击面板中的蓝色Full（完整）字样，将渲染输出尺寸设置为完整尺寸，如图15-64所示。确认相关设置正确后，渲染运动模糊结果，如图15-65所示。

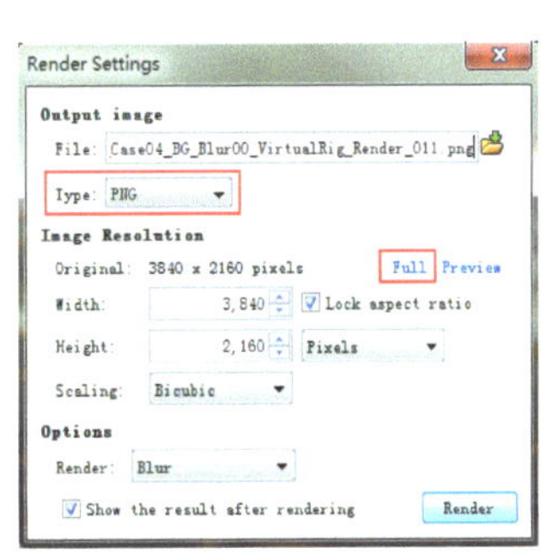

图15-64 渲染输出设置

图15-65 最终输出结果

15.4 布光

下面进入最关键的布光环节。在这个项目的布光环节中，将讲解如何使用HDR Light Studio修饰现有的HDRI。注意，这是非常重要的技能，所以请认真学习这个章节。

15.4.1 HDR Light Studio——加载环境

STEP 01 显示被隐藏的CLA车体和ShadowPlane（地面阴影片），将Render Settings（渲染设置）的相关参数修改为测试用参数。使用Backplate（背景）按钮，将上一小节制作好的运动模糊图像加载为当前背景。确认RT功能已激活，抗锯齿按钮和Region（区域渲染）功能已关闭，使系统处于Interactive（光线追踪交互）模式。在Material Editor（材质编辑器）中选择当前环境球材质，记下Rotate Z（旋转 Z）的参数（92）后，将其重新设为0。最后打开HDR Light Studio插件面板，激活LightPaint（光绘）功能，这样准备工作就完成了。此时的渲染结果如图15-66所示。

STEP 02 单击HDR Light Studio主面板的画布背景设定按钮，激活Background Settings（背景设置）模块，然后将背景模式切换为HDRI，接着单击Browse（浏览）按钮，将之前处理好的、带有运动模糊效果的小尺寸版全景HDRI加载进来，最后关闭Flip（反转）选项，根据公式360-92=268，将HDRI旋转值设定为268°，如图15-67所示。

图15-66 HDR Light Studio默认环境搭配运动模糊背景效果

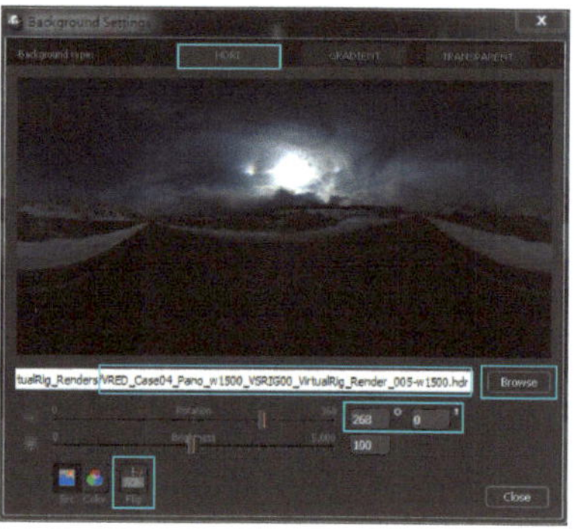

图15-67 HDRI背景设置

TIPS 在一开始的测试阶段，加载小尺寸的HDRI以节约渲染时间。
关于HDRI的角度公式，可参考基础教学部分的“7.4 HDR Light Studio”章节。

STEP 03 关闭Background Settings（背景设置）对话框，然后单击HDR Light Studio主面板的Render（渲染设置）按钮，打开Prodction Render（产品渲染）对话框，接着在对话框中将输出模式设为Live（实时对接模式），最后单击Apply（应用）按钮，以完成渲染设置，如图15-68所示。

STEP 04 查看当前Render Window（渲染窗口），整个图像已经具备了基本的格调，如图15-69所示。

图15-68 渲染输出设置

TIPS 也可以尝试单击Render（渲染）按钮，进行一次简单的测试输出，以查看基本的反射效果。

图15-69 HDRI和背景加载完成的渲染结果

15.4.2 HDR Light Studio——主光

现在需要使用HDR Light Studio调整已有的HDRI，以加强其优点，并掩盖其不足。HDRI中的太阳位于云后，是当前场景的主光。但是太阳不够强烈，显得目前的图像主光照明不足，像一个普通的阴天，所以需要加强这个主光的效果。

创建一个Falloff（衰减）为0的Round Light（圆形灯光），然后在HDR画布中将它拖曳到太阳的位置。接着将灯光的混合模式设置为Amp（增强），再减小它的面积、提高它的强度，使它的特征更像一个太阳。最后将这个Round Light（圆形灯光）命名为SunLight（太阳光），以方便同其他灯光进行区分。最终的灯光参数如图15-70所示，效果如图15-71所示。

图15-70 主光参数

TIPS

Amp（增强）混合模式非常适合用来修改实拍HDRI，它会将灯光的亮度与背景进行混合，起到对原有图像进行局部曝光调节的作用。

图15-71 添加了额外主光以后的效果

15.4.3 HDR Light Studio——压暗地面

注意车辆的侧面，目前它的下部太亮了，如图15-72所示。这是因为车体侧面反射到了路边的积雪，如图15-73所示。降低这个区域的曝光度，使车辆“沉下来”。

图15-72 过亮的车体反射

图15-73 路边积雪

STEP 01 创建一个Falloff（衰减）为0的Round Light（圆形灯光），使用LightPaint（光绘）将它放置到上述需要调整的位置，并激活Inv（反转）功能■。现在，这个Round Light（圆形灯光）将成为一块遮光板，降低背景HDRI的亮度，如图15-74所示。

图15-74 侧面遮光板效果

STEP 02 调整遮光板的大小、方向和强度，使它不至于把整个侧面都挡住，具体参数如图15-75所示。需要注意的是，这里故意将雪地留出了一小片没有被挡住，以呼应左下角的道路白线，如图15-76所示。

图15-75 遮光板参数

图15-76 修改后的遮光板效果

STEP 03 使用完全相同的方法，为前脸创建一块遮光板，以凸显结构线，加强与主光的明暗对比。具体的操作在此不再赘述，请参考图15-77所示的灯光参数与图15-78所示的渲染结果。注意，观察添加遮光板以后的车头结构是否变得更立体了。

图15-77 前脸遮光板参数

图15-78 前脸遮光板效果

15.4.4 HDR Light Studio——补光

目前的效果基本可以了。下面简单增加一些细节补光，使车体的结构更饱满。

还记得第三个项目的主光方位吗？同样，在类似的方位添加一个补光，使侧面结构得到更好的展示。创建一个Falloff（衰减）为0的Round Light（圆形灯光），然后使用LightPaint（光绘）将它移动到CLA的侧后方。调整灯光的强度和大小，使之产生不明显的照明效果。灯光的最终参数如图15-79所示，效果如图15-80所示。

图15-79 补光参数

图15-80 补光结果

15.4.5 FGI测试与最终调整

目前的结果已经非常不错了。所以，希望做一个FGI效果测试。

STEP 01 使用HDR Light Studio主面板的Render（渲染设置）按钮进行一次成品渲染输出，以获取基本清晰的环境HDRI。然后保存这个布光方案，关闭HDR Light Studio主面板。返回VRED主面板，激活抗锯齿功能以进入Still Frame（光线追踪静帧）模式，FGI的计算结果如图15-81所示。

图15-81 FGI计算结果

STEP 02 可以再微调一下灯光，如在引擎盖上添加一点补光，使引擎盖的弧度更有层次。在实际操作时，额外添加了4个轻度补光，它们的参数如图15-82~图15-85所示。最终的布光效果如图15-86所示。

图15-82 补光参数1

图15-85 补光参数4

图15-83 补光参数2

图15-84 补光参数3

图15-86 添加补光后的FGI计算结果

STEP 03 目前，布光方案已经令人很满意了，接下来将进行常规的收尾工作。保存HDR Light Studio布光方案，然后保存VRED工程。当保存操作完成后，使用HDR Light Studio主面板的画布背景设定按钮激活Background Settings（背景设置）模块，然后使用Browse（浏览）按钮加载原尺寸（13000像素）HDRI，以替换现在使用的小尺寸（1500像素）测试版本。当原尺寸HDRI加载完成后，关闭Background Settings（背景设置）模块。

STEP 04 使用HDR Light Studio主面板的Render（渲染设置）按钮，为最终布光方案输出大尺寸HDRI。注意，HDR Light Studio计算大尺寸的HDRI，以及VRED加载计算完成的HDRI都需要一定的时间。当VRED加载完成后，保存布光方案，关闭LightPaint（光绘）功能，关闭HDR Light Studio主面板，最后保存VRED工程，布光环节至此结束。

15.5 动画

使用Timeline（时间线）工具为车轮创建简单的旋转动画，以便摄影机能够渲染运动模糊效果。下面以右前轮为例进行介绍。

STEP 01 关闭VRED的光线追踪和抗锯齿功能，进入实时预览模式，以方便视口操作。然后从SceneGraph（结构树）中选择Dum_Wheel_Front_Right_Rot组（以下简称车轮旋转组），对这个Group（组）制作旋转动画。

STEP 02 按快捷键Shift+W调出移动控制杆，查看它是否位于车轮中心，如图15-87和图15-88所示。如果控制杆不位于中心，可以从VRED主面板快捷方式栏中打开Transform（变换）模块，然后单击Rotation Pivot（旋转轴点）卷展栏下的Move to Object Center（移动到对象中心）按钮，将轴点移动到对象中心，以保证车轮绕自身中心旋转，如图15-89所示。

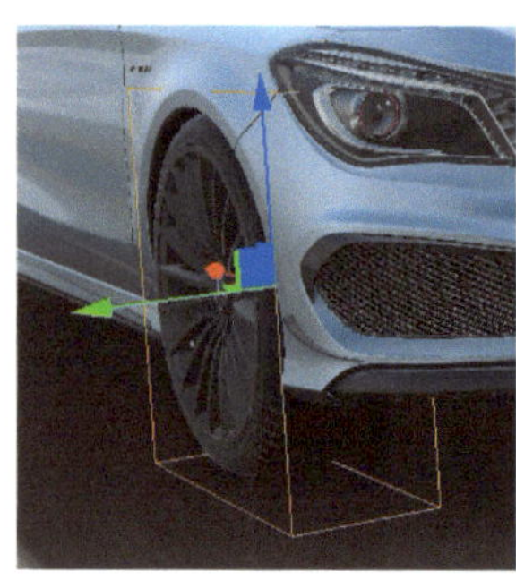

图15-87 位于对象中心的控制杆1

图15-88 位于对象中心的控制杆2

图15-89 Move to Object Center（移动到对象中心）按钮

STEP 03 关闭Transform（变换）面板，按快捷键Shift+W关闭移动控制杆，然后在VRED主面板菜单栏中勾选Animation（动画）>Timeline（时间线）复选框，如图15-90所示。这可以调出Timeline（时间线）模块，它默认位于VRED主面板的快捷方式栏的上方，如图15-91所示。

STEP 04 确认已经选择且仅选择了车轮旋转组（Dum_Wheel_Front_Right_Rot），然后确认其轴心位置正确，接着在Timeline（时间线）中移动橙色滑块，将当前时间定位到第5帧，如图15-92所示。接着单击Timeline（时间线）右上角的钥匙按钮，创建一个关键帧。成功创建关键帧以后，时间线上会出现一个红色标签，如图15-93所示。

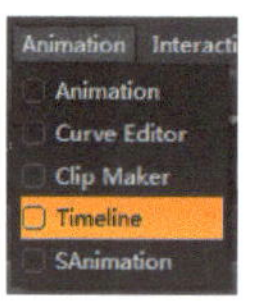

图15-90 打开Timeline（时间线）

图15-91 Timeline（时间线）模块

图15-92 第5帧

图15-93 关键帧红色标签

TIPS 本关键帧的意义是向系统声明，在0~5帧车轮都将保持初始不动的状态。

STEP 05 将橙色的当前帧滑块拖曳到第10帧，然后打开Transform（变换）模块，将Rotation（旋转）卷展栏下的Rotate Y（旋转Y）设置为-240，如图15-94所示。

图15-94 车轮旋转设置

注意，当手动输入整数时，系统可能会自动将输入值替换为某个极其接近的小数，如当输入-240时，输入框中实际显示的数值可能是-239.999999，可忽略这个特性。

STEP 06 单击钥匙按钮，创建一个新的关键帧，然后在5~10帧滑动橙色滑块，注意车轮是否出现了旋转运动，如图15-95所示。如果没有，则重复上面的操作。

图15-95 检查动画

本关键帧的意义是向系统声明，在5~10帧时车轮会旋转-240°。

不需要真的看出车轮在转动，因为只使用了5帧来创建这个动画，以至于相邻两帧之间的旋转幅度可能过大，无法从视口中看出转动效果。在此，只需要确认上一帧和下一帧的车轮出现了变化即可。

STEP 07 现在，在第5帧和第10帧创建了两个关键帧，这代表车轮会在0~5帧保持静止，在5~10帧进行旋转。当渲染运动模糊时，只需要把当前帧设置到5~10即可。在默认的第0帧，车轮仍然会保持初始状态，这是一个管理场景的好方法。

STEP 08 查看一下运动模糊效果，确认当前时间在第7帧。然后打开Camera Editor（摄影机编辑器），从摄影机列表中选择当前摄影机。接着在Camera Editor（摄影机编辑器）面板下方找到并激活MB按钮，以启动摄影机的运动模糊计算功能，如图15-96所示。最后，激活VRED的抗锯齿按钮，可以看到车轮旋转起来了，如图15-97所示。

计算运动模糊效果无需启用光线追踪，只要用户激活了抗锯齿功能，就能在视口中查看到相应的计算结果。当然，在最终渲染输出时，仍然需要打开光线追踪，以获得更细腻、准确的结果。

图15-96 MB按钮

图15-97 车轮旋转结果

STEP 09 通过调整摄影机Lens Attributes（镜头参数）卷展栏下的Shutter Presets/Shutter Speed（快门预设/快门速度）参数来控制车轮旋转的模糊量，这与使用真实相机拍摄运动模糊的体验是相同的，快门效果如图15-98所示。

鉴于快门速度对渲染结果的影响，我们的工作思路是，物体旋转速度不变，修改快门速度，以获取不同的运动模糊量。这里，使用的快门速度是1/62。

图15-98 不同快门速度对模糊量的影响

STEP 10 使用同样的方法为后轮制作运动模糊效果。在此之后，建议开启FGI进行一次效果检查，确认无误之后，进入渲染输出环节。

15.6 渲染输出

本节主要介绍渲染输出时的注意事项。与前几个项目相比，这个项目增加了部分补充输出内容，注意理解。

15.6.1 主图层输出

和其他项目一样，要进行主图层输出。关闭摄影机的运动模糊功能，并将当前帧设置为第0帧，这将使渲染操作和普通项目相同，然后使用常规方法渲染主图层。注意，这里只需要Beauty（美景）、Material ID（材质ID）和Transparency Color（透明颜色）3个通道，计算完成后的效果如图15-99~图15-101所示。

图15-99 Beauty（美景）

图15-100 Material ID（材质ID）

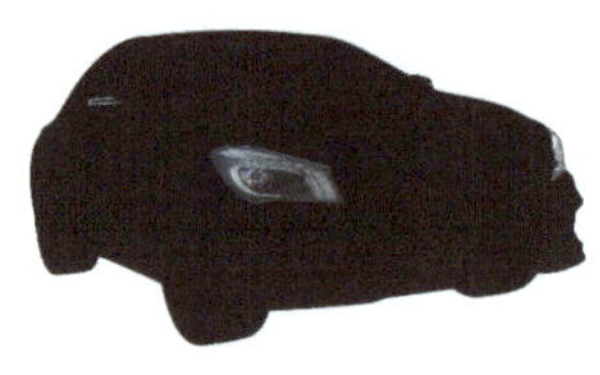

图15-101 Transparency Color（透明颜色）

TIPS

将这些文件名的前缀设置为“VRED_Case04_Main”。

在渲染时关闭了Alpha输出和Backplate（背景）按钮，把车辆和环境HDRI一并渲染出来。这样可以看到经过HDR Light Studio处理的环境。另外，没有输出Occlusion（阻光）通道，因为把车窗与灯罩隐藏后进行单独输出；也没有输出Specular Reflection（镜面反射）通道，因为它在这个项目中没有用处。

15.6.2 补充输出1

这一步要补充输出一个Material ID（材质ID）通道和一个没有运动模糊效果的Occlusion（阻光）通道。隐藏车窗和大灯罩，单独输出Material ID（材质ID）和Occlusion（阻光）通道，效果如图15-102和图15-103所示。

图15-102 Material ID（材质ID）

图15-103 Occlusion（阻光）

TIPS 将这些文件名的前缀设置为“VRED_Case04_Add1”。

15.6.3 补充输出2

这一步将使用未经过HDR Light Studio修改的原始HDRI环境，渲染带有运动模糊效果的Occlusion（阻光）通道。使用原始HDRI的原因在于，这样产生的阴影更为柔和、自然。

STEP 01 使用Material Editor（材质编辑器）复制当前环境，然后将复制出的新环境添加到默认环境切换器Environments中，并将它作为新的当前环境。

STEP 02 选择当前环境球材质，打开HDR Light Studio主面板，然后删除添加的所有灯光，令环境变为原始的HDRI背景效果。接着单击HDR Light Studio的Render（渲染）按钮，渲染大尺寸HDRI，以获得清晰的原始环境反射。

STEP 03 确认车窗和大灯罩已被隐藏，然后将Timeline（时间线）上的当前帧移动到第7帧，接着打开摄影机的运动模糊功能，再确认Shutter Presets/Shutter Speed（快门预设/快门速度）为1/62，并确认RT功能已激活，Region（区域渲染）功能已关闭，最后单独渲染Occlusion（阻光）通道，效果如图15-104所示。

图15-104 带运动模糊的阻光通道

TIPS

将此处的文件命名为“VRED_Case04_Main_Add_Occlusion.png”。

当需要渲染运动模糊时，切记将当前帧放到关键帧之间。

注意对比图15-103与图15-104所示的地面阴影部分，图15-104中的地面阴影更为柔和，这是因为我们删除了手动添加的补充主光。

使用常规抗锯齿参数渲染的运动模糊效果可能带有一定的噪点。但对于阻光通道而言，这是可以接受的。

15.6.4 补充输出3

回头查看主通道输出结果，如图15-105所示。在Beauty（美景）层的车身侧面下部，由于反射到了浓重的地面阴影，因而显得非常黑。要借用刚才创建的原始HDRI环境来修正这个错误。

关闭摄影机的运动模糊计算功能，然后关闭通道输出功能，接着确认RT功能已激活，最后使用区域渲染功能框选车身的侧面，将其输出，效果如图15-106所示。

TIPS 将这个补充通道命名为“VRED_Case04_Part1.png”。

图15-105 过黑的车身侧面

图15-106 单独的车身侧面输出结果

15.6.5 车轮输出

下面将为车轮单独渲染运动模糊特效。因为运动模糊计算相比普通计算来说，需要更高的抗锯齿采样，消耗更多时间，所以要使用较高的参数单独渲染车轮，以节约渲染时间。

STEP 01 在Renderoutput（渲染输出）文件夹中创建一个MotionWheel（运动车轮）文件夹，用来单独存储车轮的渲染结果。然后在MotionWheel（运动车轮）文件夹内部创建WheelFront（前轮）与WheelRear（后轮）子文件夹，分别用来保存前后轮的渲染结果。接着确认Timeline（时间线）中的当前帧处于第7帧。

TIPS 当需要渲染运动模糊时，切记将当前帧放到关键帧之间。

STEP 02 确认摄影机的运动模糊功能已打开，然后确认Shutter Presets/Shutter Speed（快门预设/快门速度）参数为1/62。接着关闭RT和Region（区域渲染）功能，激活抗锯齿功能。最后查看运动模糊效果是否正确，如果正确，则执行下一步。

STEP 03 关闭抗锯齿功能，激活RT功能，然后使用Region（区域渲染）功能将前车轮划入渲染框。重新设置Render Settings（渲染设置）相关参数为最终输出用的参数，但在Renderpasses（渲染层）部分，仅保留Beauty（美景）、Material ID（材质ID）、Occlusion（阻光）3个通道，以便同主图层输出时相一致，如图15-107所示。最后设置高质量抗锯齿参数，如图15-108所示。

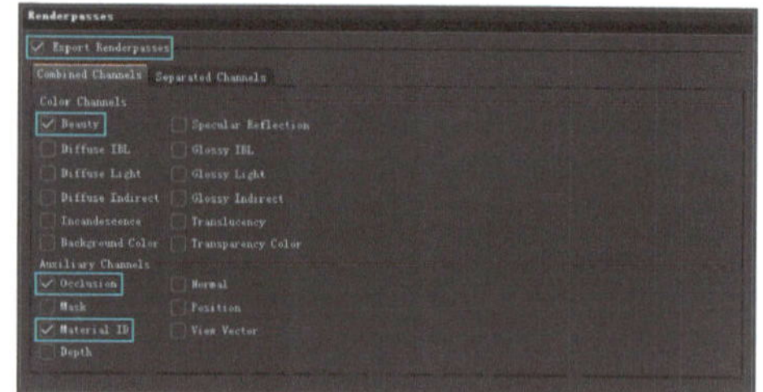

图15-107 输出通道设置

图15-108 设置高质量抗锯齿参数

STEP 04 在大图输出前进行各项检查，然后执行渲染。Beauty（美景）、Material ID（材质ID）和Occlusion（阻光）通道的渲染结果如图15-109~图15-111所示。使用同样的方法渲染后轮，具体操作不再赘述。

图15-109 Beauty（美景）

图15-110 Material ID（材质ID）

图15-111 Occlusion（阻光）

TIPS 将这些文件名的前缀设置为“VRED_Case04_MotionWheel_Front”。

15.6.6 烘焙AO输出

下面将执行ShadowPlane（地面阴影片）烘焙AO的补充输出操作。这是一个细节内容，可以方便在后期修图时更好地控制车轮与地面的接合感。

STEP 01 打开AO模块，然后选择当前环境的ShadowPlane（地面阴影片），接着设置Maximum Distance（最大距离）为1000，烘焙地面阴影，参数如图15-112所示。

如果之前已经为该ShadowPlane（地面阴影片）烘焙过阴影，那么可单击Clear All（清除所有）按钮，清除已有的烘焙信息。

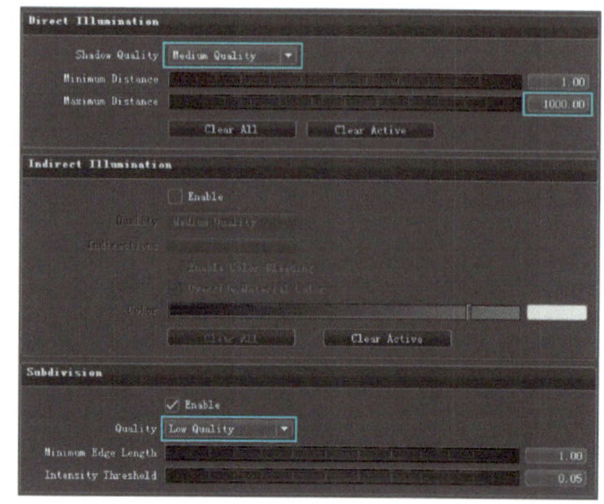

图15-112 AO烘焙参数

STEP 02 在VRED主面板的菜单栏中执行Visualization（可视化）> Ambient Occlusion Rendering（环境光阻光模式）命令，进入烘焙AO显示模式，然后确认选择且仅选择了ShadowPlane（地面阴影片），接着单击Isolate（孤立）按钮，将其孤立显示。

STEP 03 确认RT、抗锯齿和Region（区域渲染）功能都处于关闭状态，然后在Render Settings（渲染设置）模块中设置标准的最终输出用渲染参数，接着执行渲染计算，计算结果如图15-113所示。

TIPS

将这个文件命名为“VRED_Case04_AO_Baked-r1000.png”，其中Baked表示“烘焙”，r1000表示“距离1000”。

这是一次典型的非光线追踪渲染。对于烘焙AO而言，使用光线追踪渲染会造成计算资源的浪费。

图15-113 烘焙AO输出结果

15.7 修图

现在到了最后的修图环节。在这个项目的修图中，将学习一些新的局部调整方法，以实现单次输出无法实现的效果。如果你有兴趣，还可以学习背景图像的处理技巧。

15.7.1 准备

在正式开始工作前，和其他项目相同，需要进行修图文件的基本准备工作。

STEP 01 将VRED_Case04_AO_Baked-r1000图层的其他部分也修改为白色，以获得干净的输出结果，如图15-114所示。

图15-114 修整后的烘焙AO图层

TIPS

直接置入的素材是智能对象，不能直接使用画笔编辑。在修改烘焙AO图层时，如果需要使用画笔编辑智能对象，那么系统会提示栅格化图层，单击“确认”按钮即可，如图15-115所示。

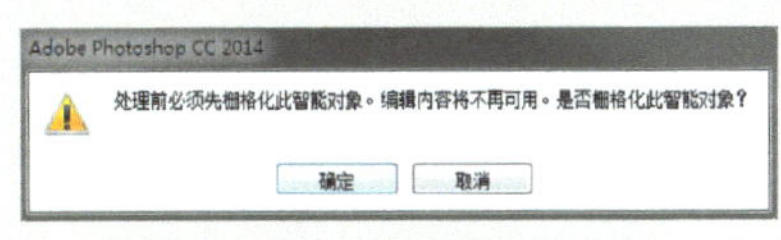

图15-115 栅格化图层对话框

STEP 02 使用前面项目介绍的方法调用标准修图文件，然后做好渲染素材的置入和管理工作，接着使用“魔棒-蒙版”方法为各个主要文件夹创建蒙版。

设置步骤

① Mask（遮罩）文件夹的结构如图15-116所示。

② Car（车辆）文件夹的结构如图15-117~图15-120所示。注意，在Car（车辆）>Wheel（车轮）文件夹中创建了WheelFront（前轮）和WheelRear（后轮）两个子文件夹，单独存放运动模糊车轮渲染结果；在Car（车辆）>Mainlamp（大灯）文件夹中，Transparency Color（透明颜色）图层应使用柔光混合模式；在Car（车辆）>Beauty（美景）文件夹中，之后会使用VRED_Case04_Part1图层来修改车身侧面的反射问题。

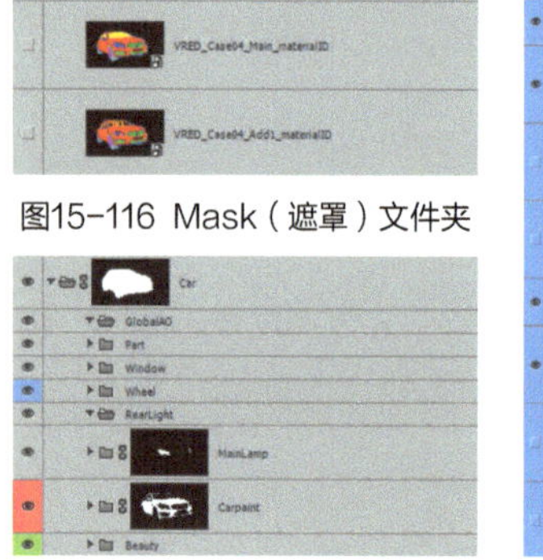

图15-116 Mask（遮罩）文件夹

图15-117 Car（车辆）文件夹

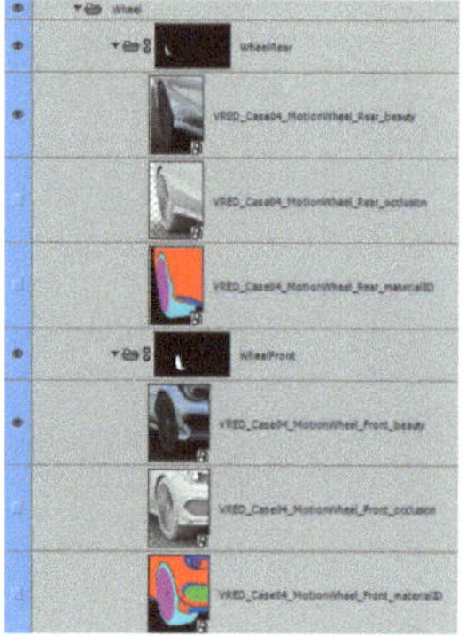

图15-118 Car（车辆）>Wheel（车轮）文件夹

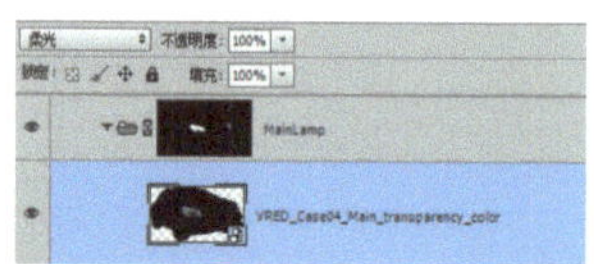

图15-119 Car（车辆）>Mainlamp（大灯）文件夹

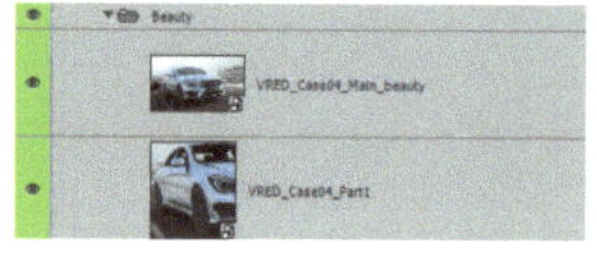

图15-120 Car（车辆）>Beauty（美景）文件夹

③ Shadow And Sturcture（阴影与结构）文件夹的图层结构如图15-121所示。注意，这个文件夹内的所有图层都应使用正片叠底混合方式。

④ BG（背景）文件夹的图层结构如图15-122所示。

⑤ 文件准备完成后的图像效果如图15-123所示。

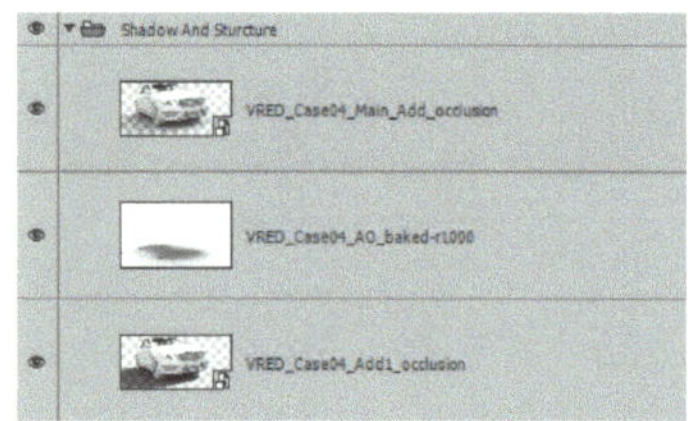

图15-121 Shadow And Sturcture 文件夹

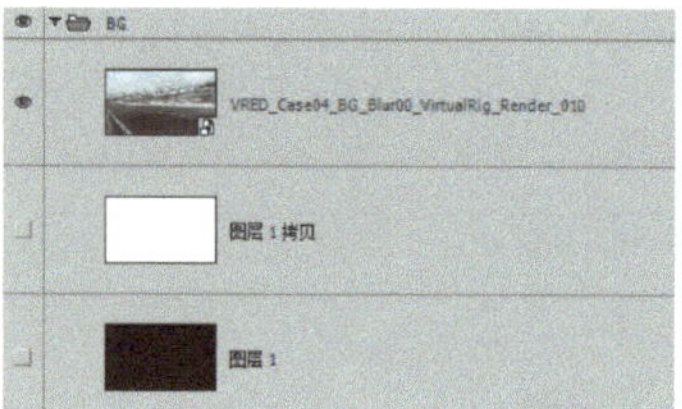

图15-122 BG（背景）文件夹

图15-123 文件准备结果

15.7.2 初步微调

STEP 01 稍调整背景图层的曲线，可以发现，如果作为写实渲染，那么这个结果已经相当不错了，效果如图15-124所示。

STEP 02 使用“魔棒-蒙版-调整”图层方法，微调一下当前的车体。尝试修改车漆、车窗、奔驰大标、车灯和前车轮的曲线，效果如图15-125所示。可以看到，简单的调整就能大幅优化最终效果。

图15-124 微调对比度

图15-125 微调车身曲线结果

15.7.3 侧面暗部

下面解决车身侧面下部反射太暗的问题。

STEP 01 将VRED_Case04_Part1图层（以下简称修补图层）放入Carpaint（车漆）文件夹，然后为它创建一个全黑的蒙版，如图15-126所示。

STEP 02 选择创建的蒙版，调试一个小尺寸软边缘的画笔，然后为它指定较低的不透明度，具体参数如图15-127和图15-128所示。

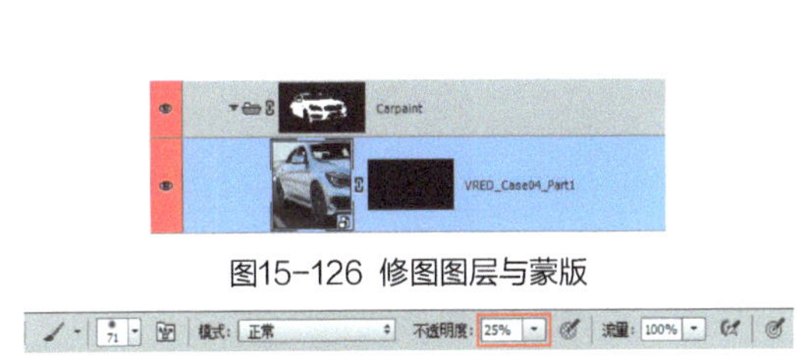

图15-126 修图图层与蒙版

图15-127 使用的画笔参数1

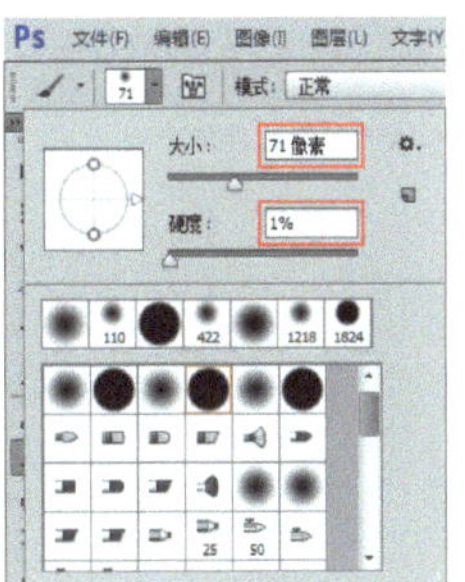

图15-128 使用的画笔参数2

STEP 03 使用这个画笔在蒙版中的车身下部画几笔，让修补图层可以透出来，如图15-129和图15-130所示。修补完成后的效果如图15-131和图15-132所示。

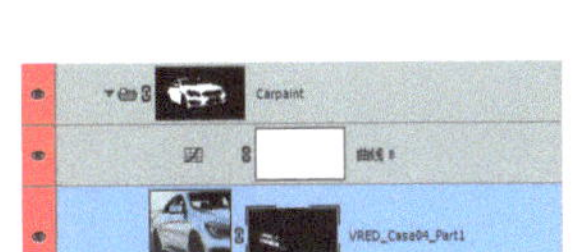

图15-129 修补图层与蒙版

图15-130 手绘蒙版

图15-131 修正后的暗部效果

图15-132 修正后的整体效果

15.7.4 进一步修图

使用在之前的项目中学到的方法，细致地调整图像细节。将它处理为图15-133所示的效果，稍后将提供修图的指导思路。

在进一步修图之前，可以考虑使用制作完成的背景图，效果如图15-134所示。这样，就可以将精力集中到车身处理上。当然，如果你愿意，也可以自己来尝试调整背景。

图15-133 修图结果

图15-134 我处理完成的背景

TIPS 所提供的背景文件位于下载资源的Renderoutput\BG\文件夹中，名称为VRED_Case04_BG_Final.png。

细节修图的操作思路说明如下。

STEP 01 大幅增强图像对比度，然后细心调节车漆曲线，具体参数如图15-135所示。

STEP 02 细致调整车身各处的局部曲线，以获取更细腻的质感。作为演示，车辆前格栅部分的调整操作如图15-136~图15-139所示。调整后的效果如图15-140所示。

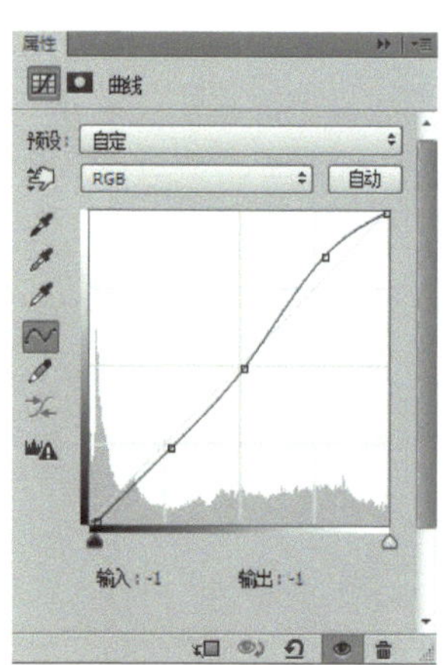

图15-135 车漆曲线

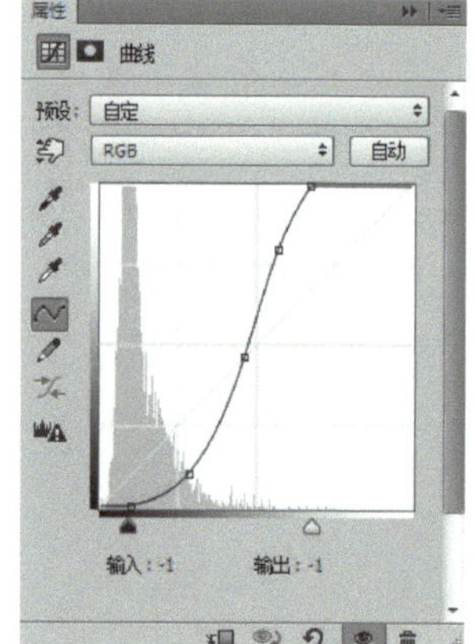

图15-137 局部调整曲线1

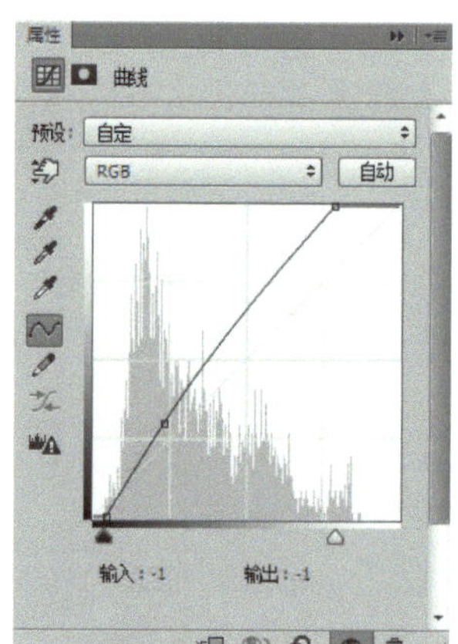

图15-139 局部调整曲线2

图15-136 局部调整蒙版示意1

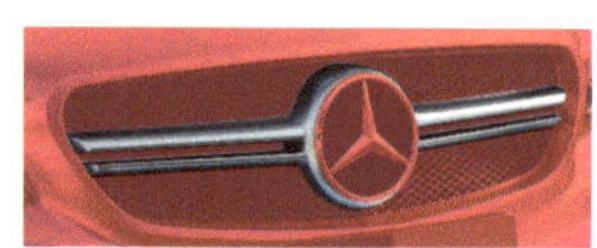

图15-138 局部调整蒙版示意2

图15-140 局部调整后的前格栅部位效果

STEP 03 将现有背景复制，用“叠加”方式与原背景混合。已经在第一个项目中学习过这样的操作手法，这将获得很不错的背景效果。（使用成品背景可忽略该步骤。）

STEP 04 在BG（背景）文件夹中创建新的调整图层，为天空单独绘制蒙版以调整云的特性，如图15-141所示。（使用成品背景可忽略该步骤。）

STEP 05 用黑白调整图层处理背景，以获取对每个通道的独立控制，如图15-142所示。（使用成品背景可忽略该步骤。）

STEP 06 将背景分为几个部分，分别创建带蒙版的调整图层，以单独修改每个区域，如图15-143所示。（使用成品背景可忽略该步骤。）

图15-141 天空蒙版

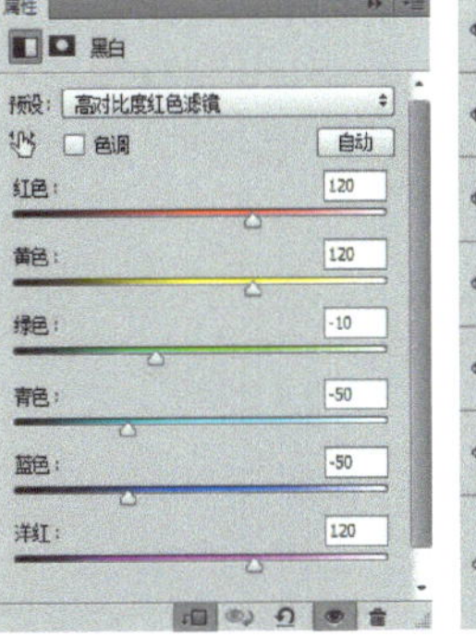

图15-142 黑白调整图层

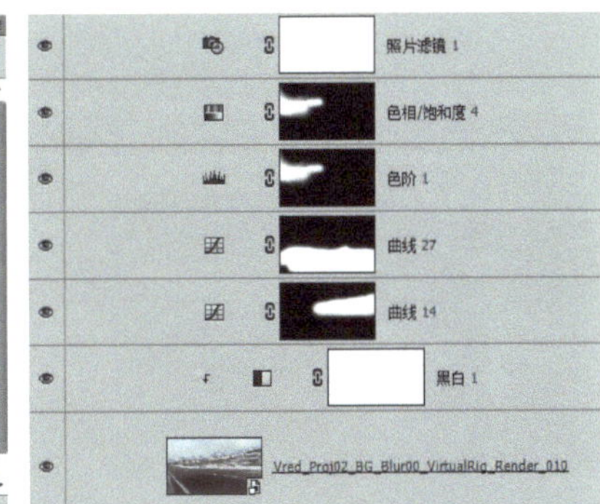

图15-143 一系列带蒙版的调整图层

TIPS 由于背景相关图层处于整个图层结构的最下方，因而不用担心调整图层会影响到车体。

STEP 07 为地面和景物绘制蒙版，以使用曲线控制该区域的效果，如图15-144和图15-145所示。（使用成品背景可忽略该步骤。）

图15-144 曲线调整图层蒙版示意：控制路面区域

图15-145 曲线调整图层的蒙版示意：控制飞驰而过的景物

STEP 08 将整体画面色调往蓝色偏移，建议使用照片滤镜来执行这项工作，然后适当增加画面饱和度来创建更“蓝”、更“冷”的氛围。

15.7.5 光晕

已经在之前的项目中多次添加过光晕，所以，在这里不再详细讲解光晕素材的用法，只提供一套操作思路说明。

STEP 01 首先为大灯添加光晕，使它显得在发光。推荐使用的素材有G1_05、G1_06和G2_01，图层结构如图15-146所示，效果如图15-147所示。

TIPS 注意要用曲线调整图层单独修改G1_06的对比度，就像项目教学01中所学的。

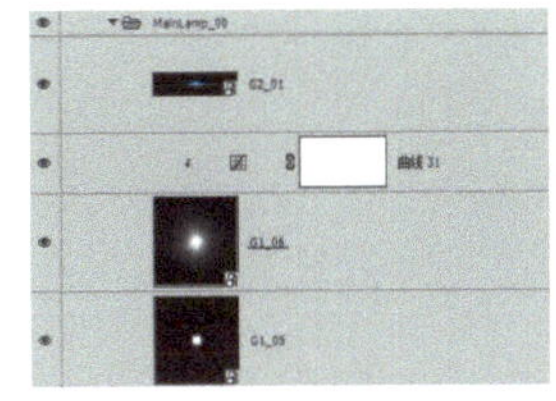
图15-146 图层结构

图15-147 大灯光晕

STEP 02 为车身添加光晕。推荐使用G1_04和G1_02，效果如图15-148所示。

STEP 03 考虑到主光（也就是太阳）位于画面的右上方，所以需要在画面的右上角增加一个暖色调的光晕，以强化主光的存在感。另外，这个光晕还会起到为画面增添冷暖对比的作用。推荐使用G2_02来制作这个太阳光，效果如图15-149所示。

图15-148 车身光晕

图15-149 光晕效果

STEP 04 查看图15-150所示的图层结构，注意将G2_02素材用了两次，以增加光晕的强度。此外，由于原有素材的橙色光晕过于鲜艳，使用色相/饱和度调整图层来降低它的饱和度。最后，相信你已经注意到了图层的蒙版，它们被用来清除素材下部的奇怪光晕。

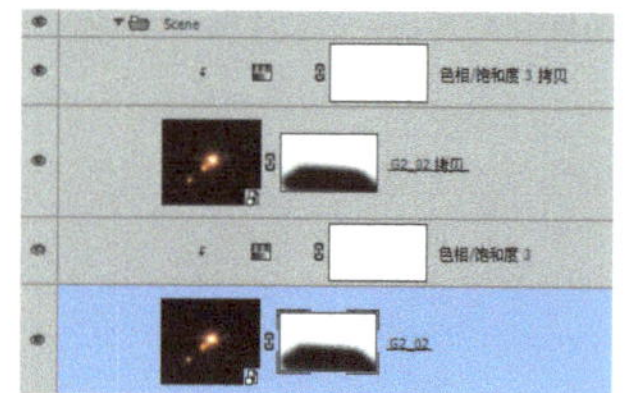

图15-150 图层结构

15.7.6 完成

同其他项目一样，盖印所有可见图层，对图像执行锐化操作，如图15-151所示。然后加入自己的标志，即完成第四个项目，如图15-152所示。

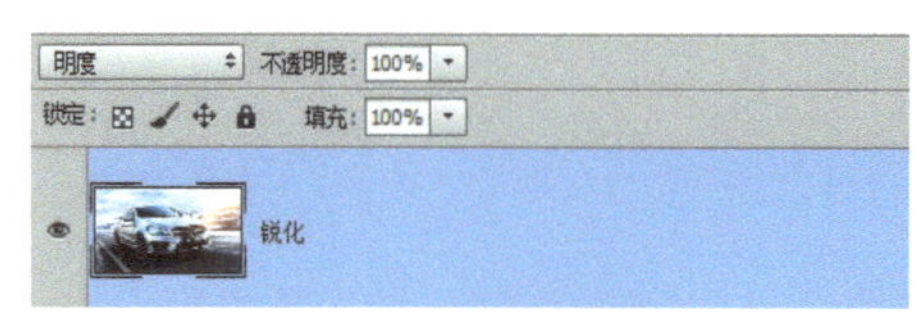

图15-151 锐化图层

图15-152 项目结果

如果使用了所提供的完成版背景，可以忽略添加标志部分。此外，在这种情况下，仅锐化车体部分，否则，会造成背景内容的重复锐化。

16 项目教学05

VEHICLE VISUALIZATION

- 体验真正的、复杂的创作型案例的制作过程

16.1 项目准备

本章补充了一个教学课程，送给有兴趣向汽车可视化领域走得更深、更远的读者，如图16-1和图16-2所示。

图16-1 项目教学05

图16-2 项目教学05 局部

这个项目的难度较大，强于前面几个基础和进阶型项目的难度。前面的几个项目都是为了本书的教学目标量身定制的，以便达到最终效果、学习难度和知识点之间的平衡。而这个项目不同，它是一个真正的创作型项目，并非想要用它来说明任何技术型知识点，只是想发挥最佳水平。所以，在制作时根本没有考虑学习性。

但是这个项目和前面的项目使用了完全相同的技术。所以，只要你认真学习并掌握了前面的相关知识，就完全能够理解这个项目。

需要说明的是，作为一个真正的创作型项目，其制作逻辑明显不如教学型项目清晰。从渲染素材中可以看到，在同一个位置反复输出了好几个不同的图像，以便在后期修图时比较哪一个方案更好。另外，最初制作的车牌是白色的，在朋友的建议下才重新将它渲染成黑色。

TIPS 车牌颜色一类的细节修改在工作中十分常见。如果你有兴趣加入这个有趣的汽车可视化行业，一定不要对此感到意外。

下面渲染了3个不同的车身侧面效果，如图16-3~图16-5所示。

图16-3 侧面布光方案1

图16-4 侧面布光方案2

图16-5 侧面布光方案3

早期的白色车牌与修改后的黑色车牌效果如图16-6和图16-7所示。

同其他项目教学一样，可以将上一个项目另存为新的工程，然后使用它来执行这个项目。在项目开始之前，同样需要执行一些清理操作。请参考之前的项目进行清理，在此不再赘述。

图16-6 原始渲染的白色车牌

图16-7 修改后的黑色车牌

16.2 构思

要渲染一个静态的、停放中的车辆，但是这个车辆应该表现出一种蠢蠢欲动的气场，而非呆呆地停在那里。所以，在构图前，将车轮旋转了20°。

整体的照明环境是夜景，因为我比较喜欢华丽的光效和强烈的明暗对比，类似于图16-8所示的效果。

图16-8 迈凯轮P1（Mackevision）

至于表现车头还是车尾，我会选择车头。

在构思过程中，正好看到了国外设计师Osama Al-Qader的作品——AUDI RS7/CGI/PERONAL WORK，如图16-9所示。于是参考他的作品来创作这个案例。

图16-9 AUDI RS7/CGI/PERONAL WORK

TIPS

我非常喜欢Osama Al-Qader的作品，可以通过访问他的网站或者Behance来查看他的创作。

http://www.xtr-cgi.com/

https://www.behance.net/gallery/22581505/AUDI-RS7CGIPERONAL-WORK

16.3 车漆

通过参考图可知，本项目中的汽车需要一种铁灰色的车漆。可以尝试自己来调试，也可以参考下面的设置参数，如图16-10~图16-12所示。

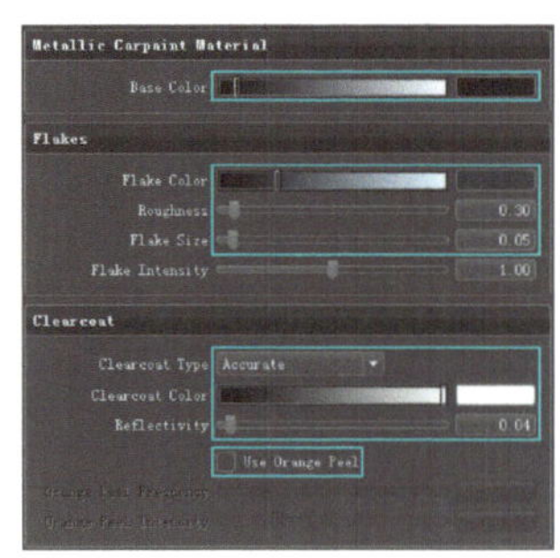

图16-10 车漆参数

图16-11 Base Color（基础色）颜色

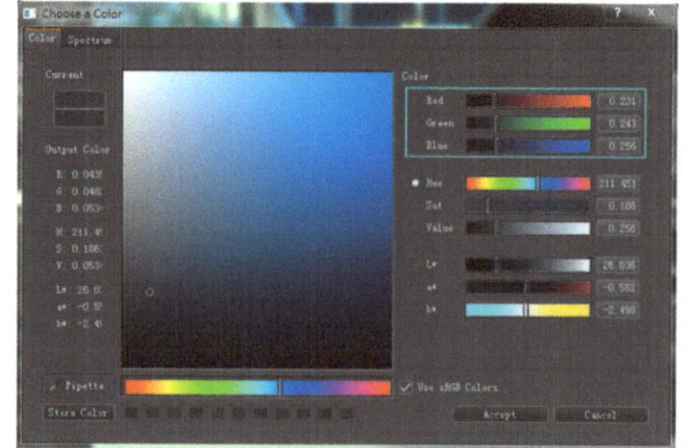

图16-12 Flake Color（颗粒颜色）颜色

TIPS

这在实际工作中并非一次性就能调试出截图中的车漆参数。事实上，先凭着经验调试了一种深色金属漆，用于效果查看。然后在环境和摄影机效果均确定以后，才将这种深色车漆仔细调整到如图16-10~图16-12所示的参数状态。不过，对于学习中的读者来说，可以在项目一开始就使用这套参数。

16.4 环境与摄影机

本节主要介绍环境HDRI的处理过程和摄影机的架设思路。在这个项目中，没有像前面的教学一样讲解每一步操作，而是提供了流程思路说明。在前面的教学中已经介绍过基础知识，在这里读者更应关注实际项目执行中的思考逻辑。

16.4.1 环境说明

有一张和Osama一样的全景HDRI，所以，理所当然地将其作为环境使用，如图16-13所示。

图16-13 停车场HDRI

TIPS 本项目教学中使用的HDRI与配套背景图均来自Maground（美观）。Maground（美观）是一家顶尖的内容供应商，提供大量高品质的实拍背景图与环境HDRI素材。感谢Maground（美观）为本书提供的图像授权！

Magound（美观）网站：www.maground.cn 与 www.maground.com

这张HDRI的优势如下。

- 它是一个夜景场景，满足基本构思需要。
- 它的建筑物很漂亮，车身反射会比较好看。
- 它的路灯具有类似于太阳的强烈主光源效果，同时角度也和下午三四点钟的太阳相近。
- 它四周的地面比较空旷，可以直接把车放到环境地面上，而不需要做额外的地面处理。

注意，挑选好HDRI以后，要准备一个小尺寸的预览版本。

16.4.2 环境加载

STEP 01 创建一个新的Sphere Environment（球形环境），将选中的HDRI加载进来，然后为它烘焙地面。接着调整环境球材质Transformation（变换）卷展栏下的Center Z（中心 Z）参数为1000，通过它修改地面投射的大小，使之适应车体尺寸。环境加载后的效果如图16-14~图16-16所示。

图16-14 环境加载结果1

图16-15 环境加载结果2

图16-16 环境加载结果3

STEP 02 原始HDRI暖光过多，要使它更“冷”一些，并且更亮一些。因此，修改环境球材质的Whitebalance（白平衡）参数为4925K，然后提高Exposure（曝光）参数为1.25。曝光值提高以后的图像有些发灰，所以还需要设置Contrast（对比度）为1.05。环境球材质参数设置如图16-17所示，场景效果如图16-18和图16-19所示。

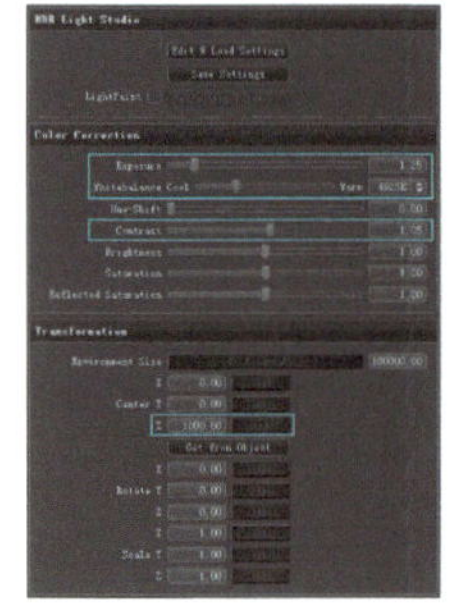

图16-17 环境设置参数

图16-18 修改后的场景效果1

图16-19 修改后的场景效果2

TIPS 在这个环境调整环节，不必打开RT按钮，因为此处只需要粗略地查看环境与主光的整体效果。

16.4.3 摄影机

在环境效果确认以后，基于对渲染结果的构思——“停止”“潜在的运动预期”和“车头表现”，反复修改摄影机参数，最终确认的机位如图16-20所示，摄影机效果如图16-21所示。

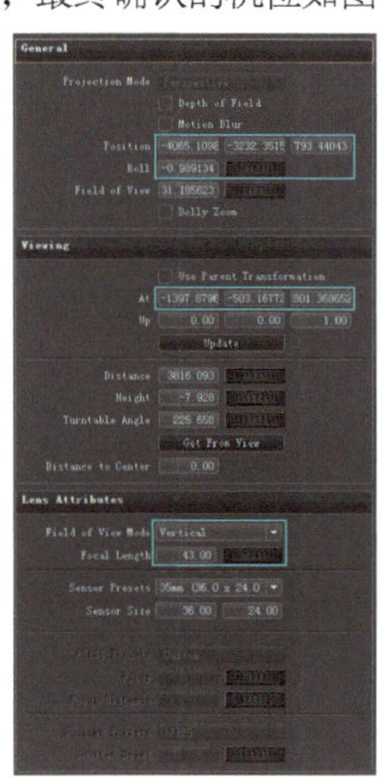

图16-20 摄影机参数

图16-21 摄影机效果

TIPS

当环境景物较为复杂时，可能会觉得反射太“花”，给寻找机位造成困难。将渲染模式改为Ambient Occlusion Rendering（环境光阻光模式），可以有效地避免这个问题，但前提是为车辆烘焙过AO，如图16-22所示。

注意，无需手动为摄影机输入过多的参数，可以直接使用所提供的场景工程文件。

图16-22 Ambient Occlusion Rendering（环境光阻光模式）

16.4.4 环境方向

现在的光照效果显然不能令人满意，因为背景太花，车身侧面太黑，可以通过旋转环境来获取更好的结果。

注意，在这个环境中，停车场的路灯起到了类似于太阳的主光作用，所以在旋转环境时，一定要注意主光的位置。

TIPS 可以复习“11 车辆外观表现思路”章节，以了解高低位主光对车辆结构表现的影响。该HDRI中的路灯是一个典型的中高位主光。

反复修改Rotate Z（旋转 Z）参数，寻找最好的主光方向。经过测试后，将旋转值设置为119，这个角度刚刚好，既可以让车身反射到漂亮的建筑结构，又可以让主光从斜上方照射，表现出车身侧面的形体结构。

TIPS 确认角度以后，最好分别使用光线追踪Interactive（交互）模式和光线追踪Still Frame（静帧）模式检查渲染结果，以便对几种渲染方式的效果有所预期，如图16-23~图16-25所示。

图16-23 实时预览模式效果

图16-24 光线追踪Interactive（交互）模式效果

图16-25 光线追踪Still Frame（静帧）模式效果

16.5 材质微调

在确认了环境以后，应该对场景材质进行一些细微的调节，以获取最佳的效果。图16-26~图16-28所示的是所使用的材质参数，包括轮毂、制动盘和车胎的材质，可参考所提供的截图来设置自己的材质参数。

如果要自己微调材质参数，应多与实拍图片进行对比。

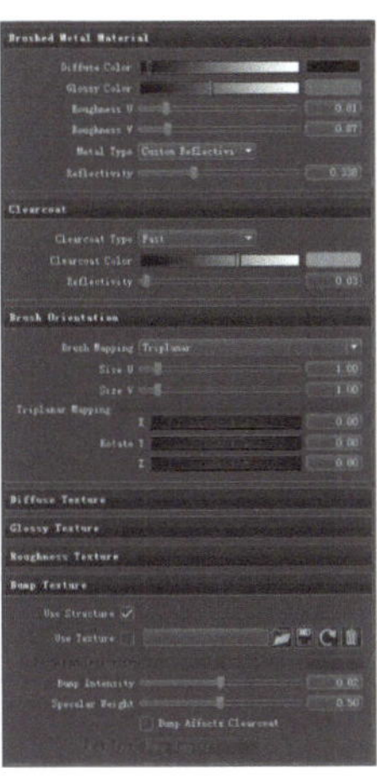

图16-26 轮毂材质参数

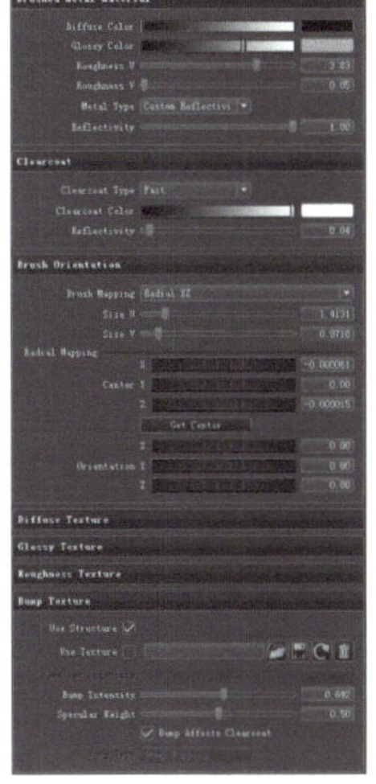

图16-27 制动盘材质参数

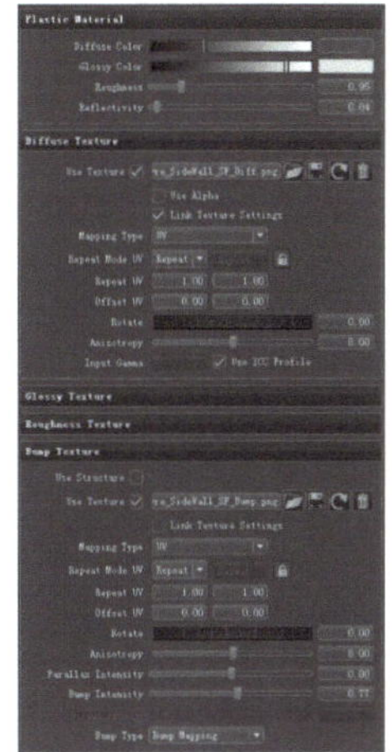

图16-28 车胎材质参数

16.6 布光

本节的布光着重于思考逻辑，在操作上与上一个项目没有什么区别，要注意理解如何观察与分析问题。

16.6.1 HDR Light Studio——问题梳理

目前，直接使用全景HDRI的效果已经非常优秀了。所以，并不需要做太多的“化妆”工作，只需要修整几个存在于现有布光方案中的不足之处即可。

观察图16-29，注意标注区域，这将在下文中说明目前布光方案中存在的问题。

图16-29 问题标注

» A区域：引擎盖主体过黑，缺少渐变，导致曲面转折结构不突出。

» B区域：引擎盖转折结构存在同样的过黑问题。

» C区域：由于地面太亮、太均匀，导致车体侧面反射缺乏变化。

» 下面是相应的调整方法。

» A区域：增加反光板，提亮引擎盖结构。

» B区域：增加照明，突出转折结构，强调弧形变化。

» C区域：增加挡光板，让地面反射产生更多的层次变化。

16.6.2 HDR Light Studio——补光

STEP 01 进入Interactive（光线追踪交互）模式，然后将环境球材质的Rotate Z（旋转 Z）参数归零。接着打开HDR Light Studio插件，激活LightPaint（光绘）功能，设定Live（实时对接）输出模式，再将环境HDRI的小尺寸副本作为背景HDRI加载，最后关闭Flip（反转）选项，根据HDRI偏移计算公式，得到旋转坐标参数为241，如图16-30所示。

图16-30 背景HDRI设置

TIPS 原环境球材质的Rotate Z（旋转 Z）参数为119，根据公式得出360-119 = 241。

STEP 02 单击HDR Light Studio主面板的Picture Light（图片灯光）按钮，打开Picture Light Browser（图片灯光浏览器）对话框，然后将Round Half Brighter（半圆形较亮灯光）灯光加载到场景中，接着将它修改为Add（加亮）模式，以免出现灯光遮挡。

STEP 03 使用LightPaint（光绘）功能将Round Half Brighter拖曳到引擎盖上，适当调整其亮度、大小与方向，使它既可以提亮结构，又不至于太突兀。调整完成后的灯光参数如图16-31所示，效果如图16-32所示。

图16-31 引擎盖补光参数

图16-32 引擎盖补光结果

TIPS 在调整这个灯光时请牢记，引擎盖处于背光面，此时操作的是一个补光，所以它不可过于突兀。

STEP 04 创建一个Falloff（衰减）为0的Round Light（圆形灯光），然后使用LightPaint（光绘）将它拖曳到B区的下部、大灯的上缘，这个位置的灯光可以将B区前部的弧形结构展示出来。为了模拟路灯一样的点光源效果，需要将这个灯光的尺寸设置得很小，并给予它极高的亮度，其参数如图16-33所示，效果如图16-34所示。

图16-33 点光源参数

图16-34 点光源效果

当添加了这个灯光以后，不用在意车身上出现的白色光斑，因为使用Photoshop可以将它们轻松去除。

STEP 05 创建一个Round Light（圆形灯光），单击Inv（反转）按钮，此时这个灯光便成为了一块挡光板。使用它来降低地面亮度，让车身侧面产生更多的变化。

STEP 06 使用LightPaint（光绘）将这块挡光板放置到C区域的下部，以便使车身的侧面呈现出从上到下、由亮到暗的变化。然后调整灯光的强度，以控制地面变暗的程度，接着修改灯光的大小，以便压暗效果仅保持在车身侧面的下部区域。还需要调整Falloff（衰减）参数，使得变暗区域的边缘变得更清晰一些，这会使压暗效果显得更犀利。最终的挡光板参数如图16-35所示，效果如图16-36所示。

图16-35 挡光板参数

图16-36 地面压暗效果

STEP 07 被挡光板影响的地面区域饱和度过高，应该降低其饱和度。创建一个Falloff（衰减）为0的Round Light（圆形灯光），然后将它设置为Sat（饱和度）模式，这将使这个灯光不再影响背景HDRI的亮度，而是影响其饱和度。接着单击Inv（反转）按钮，让灯光进入饱和度降低模式。

TIPS 查看HDR画布，注意被这个灯光覆盖的背景图像区域是否出现了饱和度降低的情况。

STEP 08 使用LightPaint（光绘）将这个灯光粗略地移动到饱和度过高的位置，然后在HDR画布中仔细地移动它，以获得更准确的结果，接着修改灯光亮度以控制饱和度的降低量。注意，在Sat（饱和度）模式下，灯光强度越高，饱和度降低效果越显著。最终的饱和度控制灯光参数如图16-37所示，效果如图16-38所示。

图16-37 饱和度灯光参数

图16-38 地面饱和度降低结果

STEP 09 三大主要问题修改完毕。激活Still Frame（光线追踪静帧）模式，使用FGI算法检查当前布光结果，效果如图16-39所示。

图16-39 三大主要问题修正后的FGI计算结果

延续刚才的思路，添加更多的补光。这部分的补光过程无非是三大问题修正的反复重演，故不再讲解。请根据对画面的理解和对最终效果的构思，反复尝试、调整布光方案，并特别注意下列提示。

- 一道切边是否足够表现出引擎盖结构？
- A区域与B区域的转折结构是否已经被表现出来？
- C区域的明暗效果是否已经明显？
- 窗户是否过于死黑？
- 前脸的结构线是否清晰？

学习前面的内容后，相信你能够理解我提出的一系列问题，并有能力做出一定的修改。请参考最终布光方案，如图16-40所示，效果如图16-41所示。特别注意车身腰部的天际线，它出现在目前的最终布光方案中。但在最后修图时将它去掉了，这在实际工作中是十分常见的。

图16-40 最终的布光方案

图16-41 最终布光方案效果

将HDR Light Studio的背景HDRI替换为原尺寸图像，然后进行大尺寸环境HDRI输出。完成后保存HDR Light Studio布光方案和VRED场景文件。最后关闭HDR Light Studio插件和LightPaint（光绘）功能，布光过程结束。

16.7 渲染输出

本项目的渲染输出逻辑与其他案例基本相同，所以不再详细讲述操作步骤。如果有不清楚的地方，可复习前文中的相关章节。

16.7.1 主图层输出

隐藏车窗，在Render Settings（渲染设置）模块中使用最终输出用的参数计算主图层。具体参数如图16-42~图16-44所示，可以一一对照检查确认。注意，在这个项目中，关闭Export Alpha Channel（导出Alpha通道）选项，因为此处希望Beauty（美景）层可以保留车窗后的环境背景。

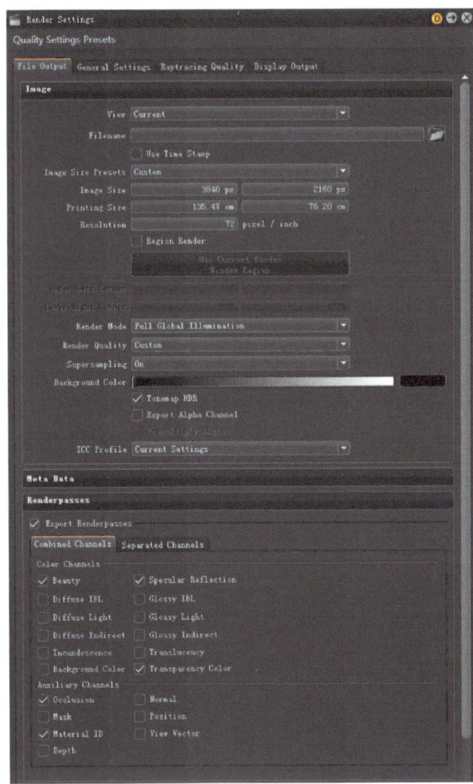

图16-42 渲染参数1

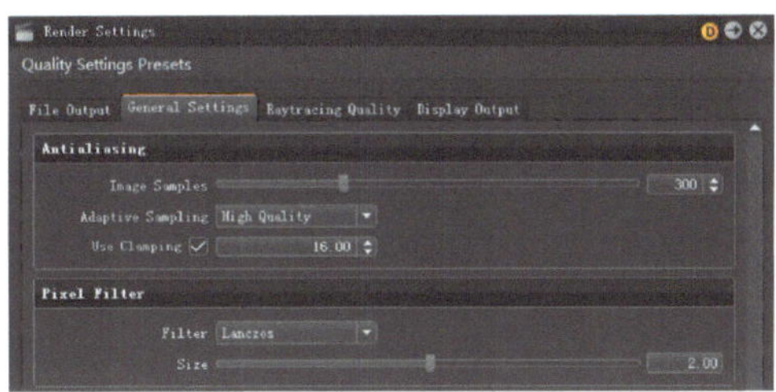

图16-43 渲染参数2

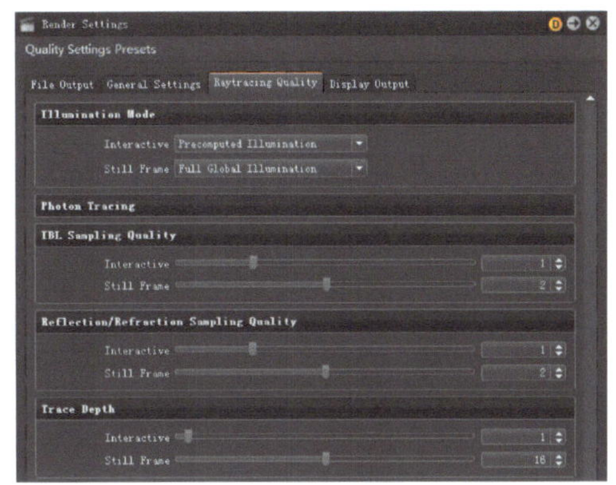

图16-44 渲染参数3

将主图层命名为VRED_Case05.png。

渲染完成后，Beauty（美景）、Specular Reflection（镜面反射）、Transparency Color（透明颜色）、Occlusion（阻光）和Material ID（材质ID）通道的效果如图16-45~图16-49所示。

图16-45 Beauty（美景）

图16-46 Specular Reflection（镜面反射）

图16-47 Transparency Color（透明颜色）

图16-48 Occlusion（阻光）

图16-49 Material ID（材质ID）

在主图层输出时，使用一块白色的车牌，这十分扎眼。在朋友的建议下，将其改为黑色并单独渲染，新的车牌如图16-50所示。

图16-50 单独输出的黑色车牌

16.7.2 大灯

按照之前的教学，如果要隐藏车窗进行输出，要同时隐藏大灯罩。但是在上面的主图层输出时，车灯罩并没有被隐藏，因为这样可以得到两种不同的大灯效果，以进行对比。所以，在这里还需要进行车灯部分的补充输出。

隐藏大灯罩后，对大灯部分进行区域渲染操作。计算完成后的Beauty（美景）、Material ID（材质ID）、Specular Reflection（镜面反射）和Transparency Color（透明颜色）通道效果如图16-51~图16-54所示。

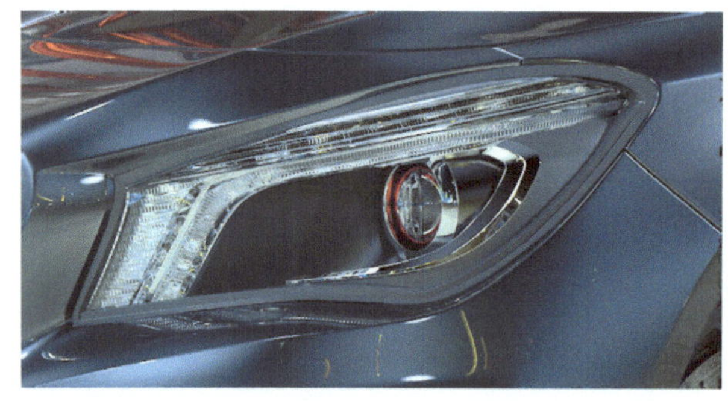

图16-51 Beauty（美景）

图16-52 Material ID（材质ID）

图16-53 Specular Reflection（镜面反射）

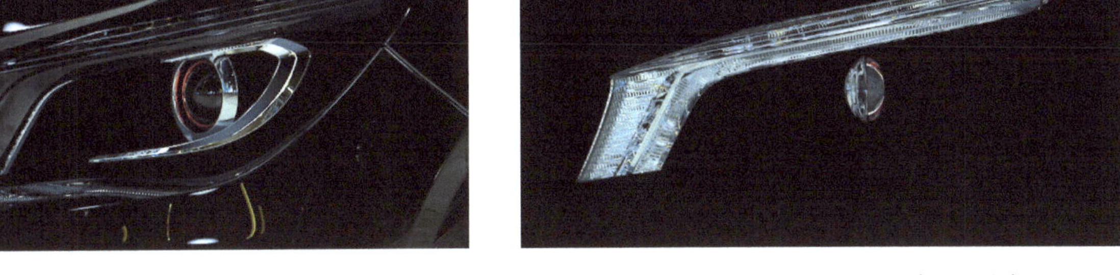

图16-54 Transparency Color（透明颜色）

TIPS

将这些文件名的前缀设置为VRED_Case05_MainLamp。
在执行渲染操作前，要检查渲染参数，特别是Trace Depth（追踪深度）设置。

16.7.3 倒影输出

HDRI中的地面是一种粗糙的混凝土，所以从理论上来说，车辆是不会显示出倒影的。但是为了最终效果上的美观，还是执行了一次倒影输出，以增加后期修图的操作空间，强化图像细节。

由于这一步十分简单，因而不再赘述具体的操作过程。Shadow Material（阴影材质）参数如图16-55所示。计算完成后的效果如图16-56所示。

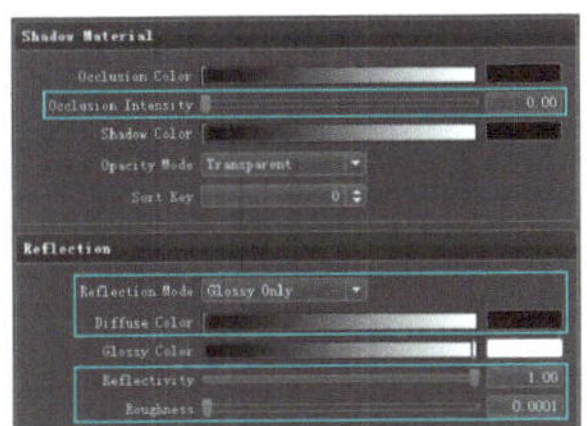

图16-55 材质参数

图16-56 倒影计算结果

TIPS

将本次输出的结果命名为VRED_Case05_GroundRef.png。
此外，当渲染完成后，要将Shadow Material（阴影材质）复位。

16.7.4 原始环境输出

和上一个项目一样，需要使用没有被HDR Light Studio修饰过的原始HDRI环境进行一次输出，以便修图操作。在执行这次输出时，要显示所有对象，以渲染车窗上的环境反射。

具体的操作步骤请查看项目教学04，这里只说明主要的工作步骤。

- 复制当前环境。
- 将新环境放入默认环境切换器Environments中。
- 使用新环境作为当前场景环境。
- 清除新环境中的HDR Light Studio灯光，只保留原始HDRI背景。
- 命令HDR Light Studio渲染大尺寸HDRI，以获得清晰的环境反射。
- 保存新布光方案，环境替换完成。

当环境替换完成后，即可执行常规渲染操作。渲染后的Beauty（美景）、Specular Reflection（镜面反射）、Transparency Color（透明颜色）和Material ID（材质ID）通道效果如图16-57~图16-60所示。

图16-57 Beauty（美景）

图16-58 Specular Reflection（镜面反射）

图16-59 Transparency Color（透明颜色）

图16-60 Material ID（材质ID）

TIPS

将这些文件名的前缀设置为VRED_Case05_OrigEnv。

由于主图层输出时已经计算过Occlusion（阻光）通道，且在这个环境中HDR Light Studio的修改对阴影效果影响不大，因而没有在这里执行第二次阻光输出。

为了之后方便修图，单独渲染了一个纯粹的大灯罩反射图像。相关操作十分简单，请将Trace Depth（追踪深度）的Still Frame改为1，如图16-61所示。然后关闭通道输出功能，接着使用区域渲染功能直接渲染车头大灯区域，如图16-62所示。

TIPS

将这个特殊的图像输出命名为VRED_Case05_MainLamp_Shell_Beauty.png。

你知道我为什么将Trace Depth（追踪深度）参数设置为1，来渲染纯粹的大灯罩外壳吗？因为这样可以节约大量的光线追踪计算时间。

图16-61 Trace Depth（追踪深度）参数

图16-62 大灯罩反射图像

16.7.5 地面阴影

当前主图层的Occlusion（阻光）通道效果不错，但是地面阴影过于死黑，如图16-63所示。和上一个项目一样，在修图时可以有一个地面软阴影图层，以方便处理车轮和地面的接触区域。

使用和上一个项目相同的方法，将烘焙了AO的ShadowPlane（地面阴影片）进行无光线追踪渲染输出，结果如图16-64所示。

图16-63 过于死黑的Occlusion（阻光）阴影

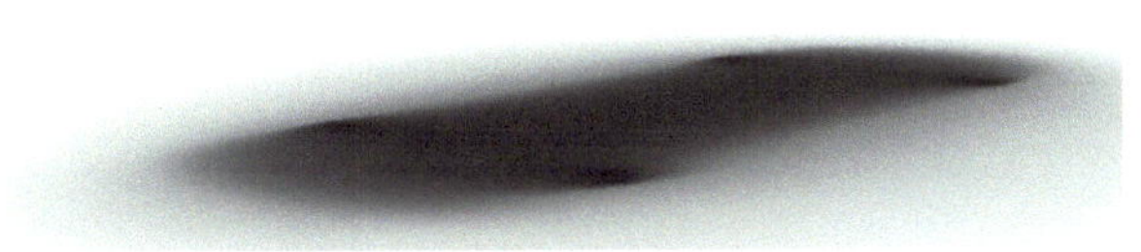

图16-64 地面烘焙AO输出结果

将本次的输出内容命名为VRED_Case05_AOGround.png。

16.7.6 补充侧面输出

打开主图层Beauty（美景）通道，观察现有的车身侧面反射内容，可以发现这里存在着不少缺陷，它们包括难看的地面黑斑、重复的条纹、奇怪的高光和扭曲的线条等。对这些内容的标注如图16-65所示。

要修正它们，最简单的方法是通过旋转环境来避开这些不佳的反射区域，然后对车身侧面进行额外的区域渲染。在之后修图时，将区域渲染结果当作局部素材来修饰主图层。

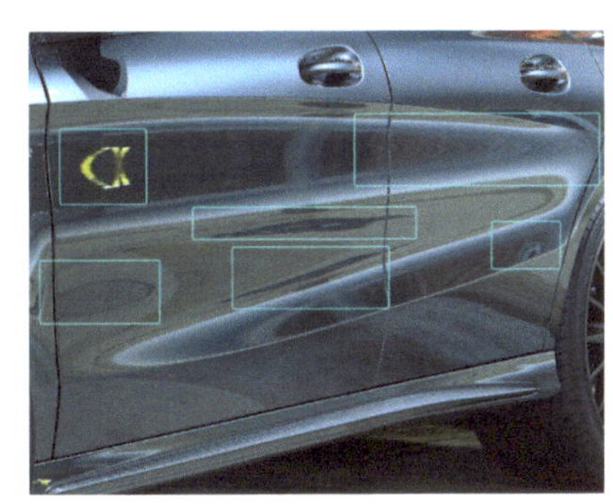

图16-65 车身侧面反射问题

确认当前使用的是没有经过HDR Light Studio修饰过的原始环境，即在16.7.4小节复制出的新环境；然后确认系统处于光线追踪Interactive（交互）模式；接着调整环境球材质的Rotate Z（旋转 Z）参数，以找到合适的角度来避免上述的问题。使用的Rotate Z（旋转 Z）参数为23，区域渲染后的车身侧面结果如图16-66所示。

TIPS

将本次输出命名为VRED_Case05_Part1_Beauty.png。

在这一步，由于不会再对环境执行额外的修改，所以可以直接旋转环境球材质的Rotate Z（旋转 Z）参数，而不是像一般操作那样修改HDR Light Studio的背景HDRI旋转值——这样更为快速、直观。另外，对于这样的补充输出内容，由于只需要最终结果以进行修图，所以只输出了Beauty（美景）通道。

图16-66 侧面补充渲染结果

此处还额外设定了一个Rotate Z（旋转 Z）角度，以提供更多的修图补充素材，如图16-67所示。

TIPS 上图文件为VRED_Case05_Part2_Beauty.png。

图16-67 额外的侧面渲染结果

16.7.7 背景输出

参考上一个项目，隐藏车辆和阴影，使用实时预览模式将环境背景进行输出，如图16-68和图16-69所示。

图16-68 背景输出结果1：VRED_Case05_BG00.png

图16-69 背景输出结果2：VRED_Case05_BG00_01.png

TIPS

注意观察第2张环境背景输出结果VRED_Case05_BG00_01.png，可以发现它的角度有所不同，因为这可以在后期修图时有更多的选择。将环境球材质的Rotate Z（旋转 Z）参数设为15，然后执行了一次额外的输出。

背景输出结果被保存在下载资源中的“WorkFiles\01_SeperatedWorkingFiles\Case05\Renderoutput\BG”文件夹中。

背景输出完成后，保存并关闭VRED，进入最后的修图环节。

16.8 修图

相信经过前面4个案例的学习，你已经非常熟悉汽车外观的修图流程了。在本节中，只讲解关键性步骤。

16.8.1 文件准备

使用标准合成文件，运用标准操作方法将渲染素材进行整理，相关过程不再赘述。各图层文件夹结构如图16-70~图16-72所示，文件准备结果如图16-73所示。

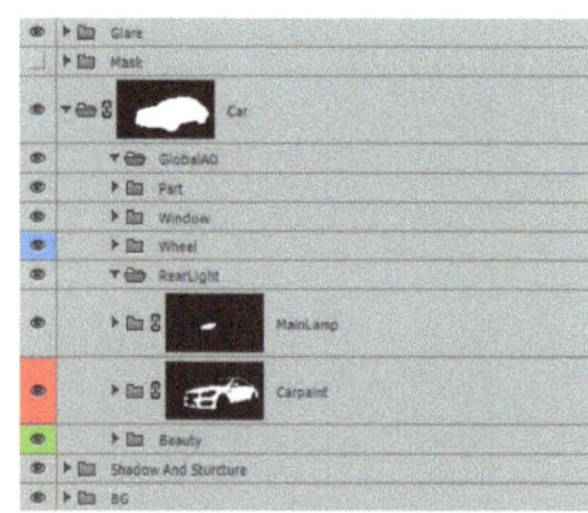

图16-70 完整图层结构

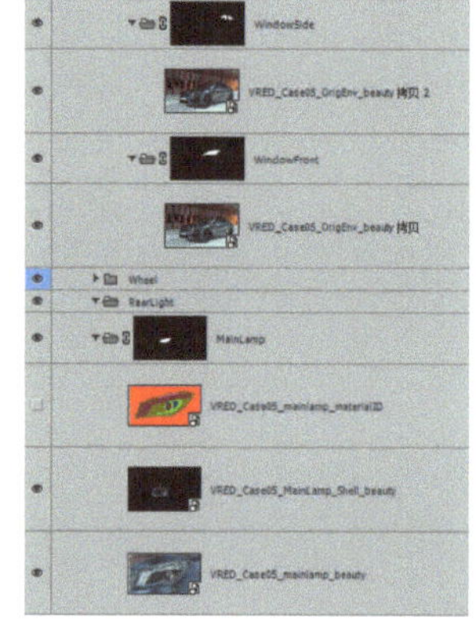

图16-71 Car（车辆）>Window（窗户）和Car（车辆）>MainLamp（大灯）文件夹结构

图16-72 Car（车辆）>Carpaint（车漆）文件夹结构

图16-73 文件准备结果

16.8.2 侧面反射修复

回忆上一个项目中调节车身侧面反射的方法，在这个项目中再一次使用同样的方法。

STEP 01 激活VRED_Case05_Part1_Beauty图层（以下简称Part1图层）的可见性，为它添加一个全黑的蒙版。

STEP 02 使用软边缘笔刷在蒙版上轻轻地涂抹，让干净的Part1图层替代主图层显示出来。蒙版的效果如图16-74所示。处理后的效果如图16-75所示。

由于主图层的天际线反射太过突兀，所以除了前文中提到的环境反射问题，还使用Part1图层将其盖住。

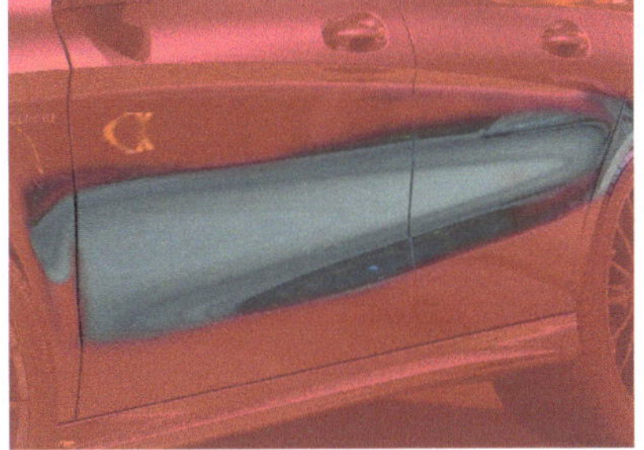

图16-74 蒙版演示

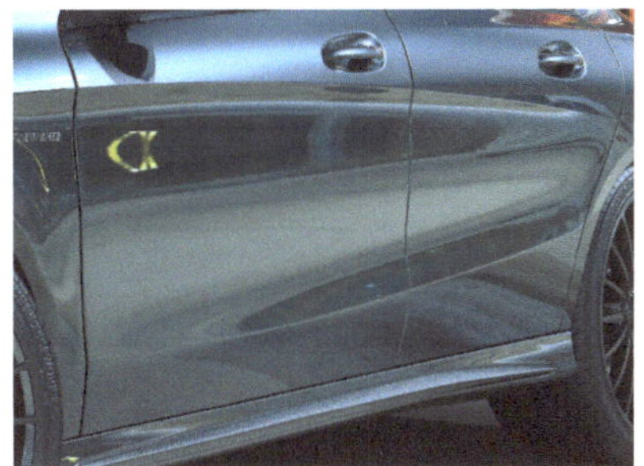

图16-75 修整后的侧面反射

STEP 03 使用同样的方法，为VRED_Case05_Part2_Beauty图层绘制蒙版，修复侧面的反射问题。蒙版的效果如图16-76所示。处理后的效果如图16-77所示。

图16-76 蒙版演示

图16-77 侧面调整结果

STEP 04 现在，主要的问题都被修复了。但是，由于环境反射，车身上仍然存在着一些瑕疵，如翼子板的侧标附近有一个黄色的斑块、车门上有一根柱子，它们都应当被抹除，如图16-78所示。

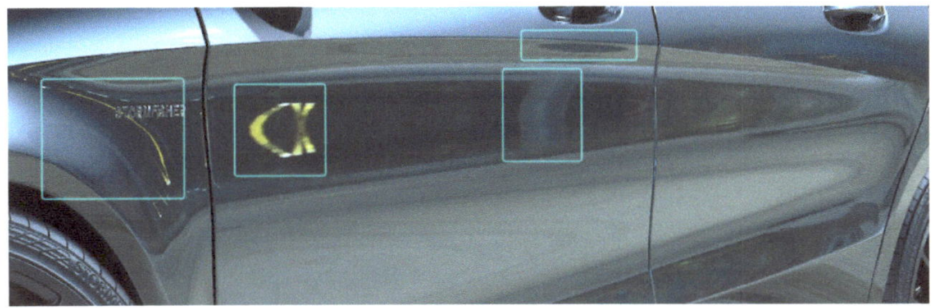

图16-78 瑕疵标注

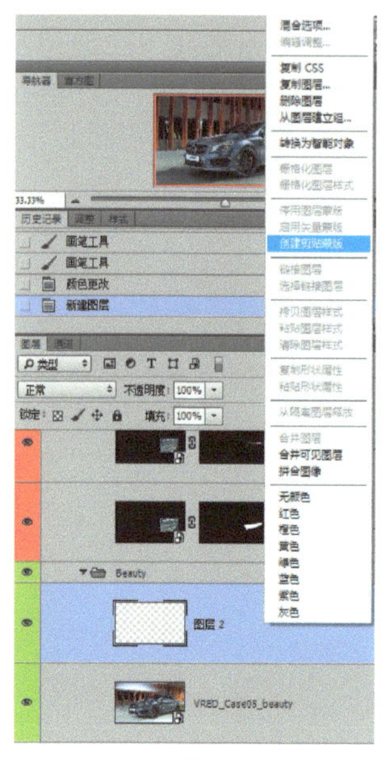

STEP 05 有许多方法可以抹除这些瑕疵，这里使用了简单的仿制图章方法。选中Car（车辆）>Beauty（美景）文件夹中的VRED_Case05_Beauty图层（以下简称主图层），然后在它之上创建一个新的空图层，接着单击鼠标右键，在弹出的快捷菜单中选择“创建剪贴蒙版”命令，将新的空图层指定为主图层的剪贴蒙版，如图16-79和图16-80所示。

TIPS 在创建剪贴蒙版以后，就可以在不影响主图层原始性的情况下修改它的瑕疵，这也是一种调整图层的思路。

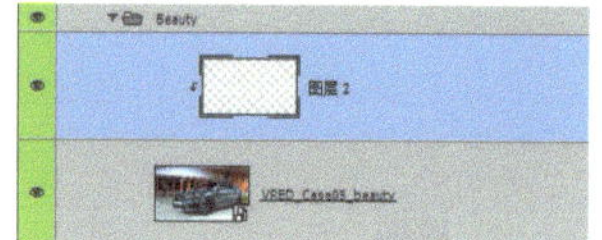

图16-79 创建剪贴蒙版

图16-80 创建完成的剪贴蒙版

使用小尺寸的柔边仿制图章工具，对主图层采样，然后在调整图层中进行修复，效果如图16-81和图16-82所示。这是一个需要耐心和细心的工作，请认真处理。

图16-81 瑕疵抹除

图16-82 整体结果

16.8.3 局部调整

侧面的调整完成后，整个车体的主要光影结构即已没有问题，剩下的就需要读者耐心细致地进行局部调整了。

原始的输出结果比较灰，所以，要做的第一件事就是增加图像对比度。使用曲线增加对比度以后，车体明显变得更有质感了，如图16-83所示。

图16-83 增加了对比度的图像

不过，这里需要的是铁灰色、近似于黑色的漆面。在使用曲线增加了对比度以后，由于白平衡特性的影响，新版本的车漆变成了深蓝色，因此，需要单独为车漆部分添加一个“色相/饱和度”进行调整，以降低车漆的饱和度。调整图层参数如图16-84所示，效果如图16-85所示。

主要的车体调节已经完成，下面的修改不再一一讲解。请根据自己的判断和下面的提示进行更深入的调整。

图16-84 色相/饱和度参数

图16-85 饱和度降低以后的车漆效果

- 车窗和B柱的光影是否匹配？
- 车身侧面的反射颜色与车身主体是否匹配？
- 前脸结构线是否得到了明确的表现？（特别是在格栅附近）
- 大灯是否明亮而有神？
- 增加对比度以后的主光区域是否过亮？
- LOGO够不够亮？
- 引擎盖的转折结构是否明确？
- 制动盘是否太突兀？
- 车牌是否清晰明亮？
- 车头格栅部分的质感是否到位？
- 阴影部分的细节是否充足？

修改完以上问题，车辆效果应如图16-86所示。

图16-86 车辆修改结果

TIPS 不要担心车体太黑，添加光晕，修改背景以后，效果会变得更好。

16.8.4 背景

在修图时可以直接使用所提供的背景，将它放在BG（背景）文件夹中，以跳过背景修图部分。完成版的背景如图16-87所示。车辆和背景的合成效果如图16-88所示。

图16-87 处理完成的背景：VRED_Case05_BG-Final_00.png

图16-88 当前车辆与背景的叠加效果

处理完成的背景结果被保存在下载资源中的WorkingFiles\01_SeperatedWorkingFiles\Case05\Renderoutput\BG 文件夹中。

你也可以继续学习下面的内容，以简单了解如何进行背景修图。

STEP 01 选择环境HDRI附带的背景图VRED_Case05_BG.jpg（以下简称自带背景图），将其拖曳到修图文件中，如图16-89所示。然后将它放在现有背景图层VRED_Case05_BG00（以下简称输出背景图）的上方。

图16-89 HDRI自带背景：VRED_Case05_BG.jpg

TIPS HDRI自带背景图位于下载资源中的WorkingFiles\01_SeperatedWorkingFiles\Case05\Sceneassets\Images\HDRI\WorkingFiles文件夹中。由于这张背景图并非来源于渲染输出，而是来自原始素材，所以它的存放路径与上文中的背景路径不同。

STEP 02 按快捷键Ctrl+T，使自带背景图进入自由变换模式，然后调整它的大小和比例，使之符合当前的车辆透视变化，如图16-90所示。在调整过程中，可以参考现有的输出背景，观察红色柱子的大小，以获取合适的缩放尺寸。调整后的背景效果如图16-91所示。

图16-90 自带背景图缩放大小示意

图16-91 自带背景图添加结果

STEP 03 我不太喜欢自带背景图的地面，希望使用输出背景图的地面。所以，这里使用了一个蒙版，将自带背景图的地面部分抹掉，以便让原有的地面透出来。地面蒙版如图16-92和图16-93所示。调整后的背景效果如图16-94所示。

图16-92 地面蒙版示意

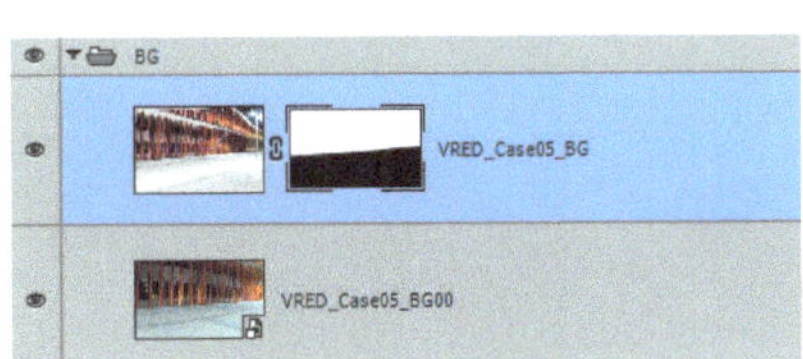

图16-93 图层结构示意

图16-94 透出原有地面

STEP 04 使用调整图层修改输出背景图的亮度、色相和对比度，使地面效果和柱子效果相匹配，如图16-95所示。

图16-95 匹配地面

STEP 05 反复使用蒙版工具和调整图层，混合两张背景图，将地面的地砖结构处理掉。完成后的效果如图16-96所示。

图16-96 处理后的地面

STEP 06 细致调整背景效果，为地面添加车辆倒影、焦散和灯光等细节。相关素材如图16-97和图16-98所示。完成后的效果如图16-99所示。

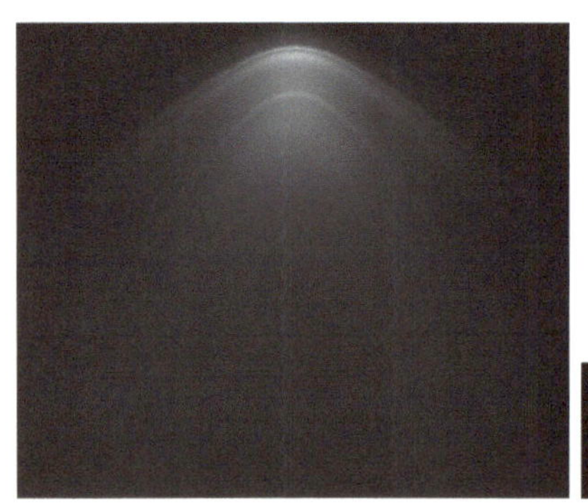

图16-97 灯光贴图以及经过变形的灯光图层

图16-98 焦散图层

图16-99 背景处理结果

TIPS

焦散的渲染方法请查看补充教学案例。

为了节约渲染时间，此处使用了镜面反射来渲染地面倒影。所以，在将倒影图层用于合成时，为了匹配水泥地面，需要将渲染结果进行模糊处理，效果如图16-100所示。

图16-100 经过模糊并添加了蒙版的地面倒影图层

16.8.5 光晕

完成了上述操作，完成光晕工作只是时间问题。

由于这是和前几个项目一样的重复操作，这里不再详细讲述。可参考图16-101~图16-103，自行添加素材。

图16-101 光晕参考1

图16-102 光晕参考2

图16-103 光晕参考3

TIPS

推荐使用下列素材：G1_02、G1_04~G1_06，以及G2_00~G2_03。

其中G1_02~G1_06已使用多次，而G2_00~G2_03主要用于大灯和场景的夸张光晕中。另外，有些素材不能直接使用，需要根据场景效果调整它们的曲线、色相、饱和度及不透明度。

16.8.6 完成图像

盖印可见图层，以锐化图像，然后添加自己的标签，如图16-104所示。

图16-104 项目教学05

17

补充教学——焦散

VEHICLE VISUALIZATION

- 掌握焦散的渲染方法
- 掌握焦散的设置技巧

17.1 概述

以下内容较为特殊，提供了一个补充案例，讲解使用VRED渲染Caustics（焦散）的方法。

虽然焦散的效果十分华丽，但是在实际工作中极少真正地去渲染它。这是因为渲染高品质焦散需要极大的计算量，甚至可能超过车辆主图层的渲染时间——这对任何项目来说都是得不偿失的。

更多时候会像本书中的项目教学02那样，使用预先渲染好的素材来进行修图，而非真正去执行渲染操作。对于一般读者来说，不建议学习本章内容，也不建议在工作中使用焦散，所提供的素材已经可以满足绝大多数情况下的工作需要。对于有兴趣的读者，建议在完成项目教学05以后再阅读下面的简易教学。

TIPS 说句题外话，当我进行个人作品创作时，如果使用了焦散，同事有时会调侃说：“哟，这次下血本了，焦散都用上了啊！”

下面将使用项目教学05的文件来进行焦散课程的讲解。注意本课程与项目教学05是两个独立的教学，如图17-1和图17-2所示。

图17-1 项目教学05

图17-2 项目教学05中的焦散图层

17.2 文件准备

完成项目教学05的主要输出工作以后，将工程文件另存为一个新文件，使用它来渲染焦散效果。

我已经为本课程准备好了VRED_Case05-Caus-Start.vpb文件，只需要打开进行练习即可。同理，操作完成的文件被命名为VRED_Case05-Caus-Final.vpb。

STEP 01 调试渲染参数，进入测试状态，然后保持实时预览模式以方便后续设定，接着将Render Settings（渲染设置）>Raytracing Quality（光线追踪质量）>Photon Tracing（光子追踪）>Mode（模式）选项设置为Caustics+Indirect（焦散+间接照明），以激活焦散渲染功能，如图17-3所示。这样，当启用FGI以后，系统就会使用Photon Tracing（光子追踪）进行焦散计算。

Photon Tracing（光子追踪）算法也叫Photon Mapping（光子映射），这是一种VRay、Mental Ray等主流渲染器都会用到GI算法。不过由于它较为老旧，现在已经很少使用了，渲染焦散几乎是它的唯一用途。

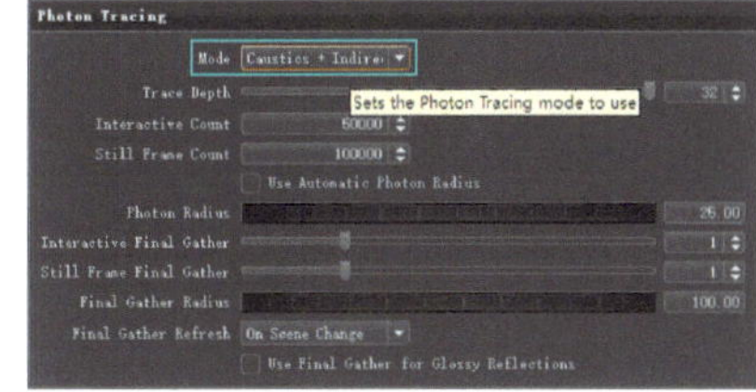

图17-3 激活焦散功能

STEP 02 在Material Editor（材质编辑器）中新建一个Chrome（铬）材质，将它赋予整个车体，然后修改ShadowPlane（地面阴影片）的材质，将Reflection Mode（反射模式）设置为Diffuse Only（仅漫反射），使ShadowPlane（地面阴影片）可以获得焦散计算结果，如图17-4所示。

请直接将Chrome（铬）材质拖曳到SceneGraph（结构树）的CLA车体节点上，以一次性地快速替换材质。

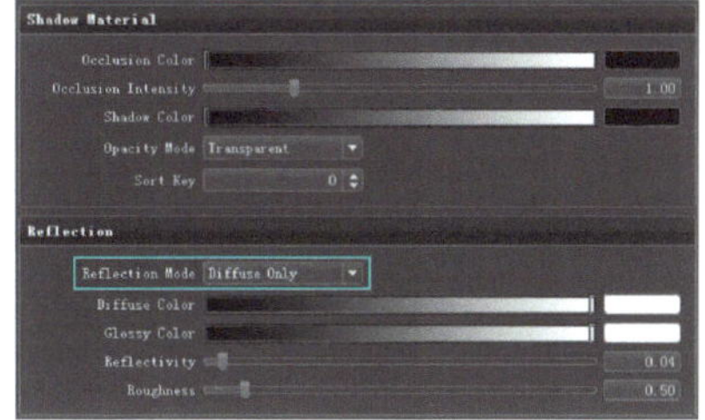

图17-4 阴影材质参数

STEP 03 在Asset Manager（预设管理器）中任意导入一个环境，然后使用HDR Light Studio插件将它改为纯黑色。

TIPS 在默认情况下，取消HDR Light Studio主面板的Background（背景）选项 Background ，就能得到纯黑色的环境。使用纯黑环境可能导致无法看到车辆。这时，可以考虑加载一个中灰色的背景（Backplate），以便能够看到车辆的轮廓。也可以关闭环境球材质的可见性（Is Visible），以使用系统默认的渐变背景。

STEP 04 调用VRED主面板的Window（窗口）>New Render Window（新渲染窗口）命令，创建一个新RenderWindow（渲染窗口），如图17-5所示。在之后的操作中将使用其中一个渲染窗口观察摄影机效果，用另一个窗口调整灯光位置，如图17-6所示。

TIPS 拖曳渲染窗口之间的分界线，可以调整它们的大小。

图17-5 创建新渲染窗口

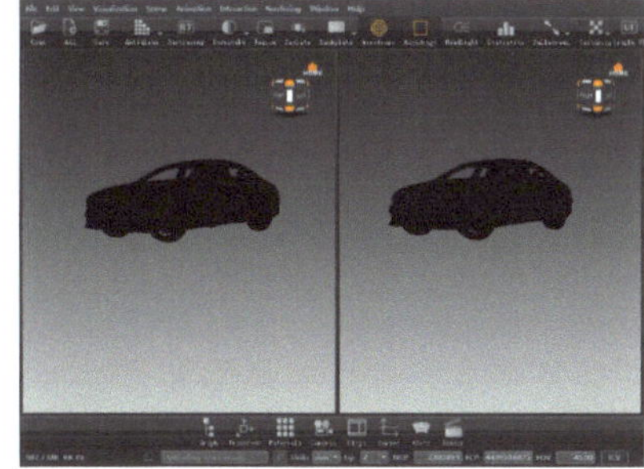
图17-6 两个渲染窗口

STEP 05 将左边的渲染窗口指定为摄影机视角，即Cam_Case05_00——Viewpoint2。

TIPS 如果屏幕较小，可能无法完整看到整辆车。不过没有关系，只需要看到主光位置即可。

17.3 灯光

这里需要使用VRED内置的Light（实体灯光），而非环境HDRI来计算焦散效果，这大概是Light（实体灯光）在项目中的唯一用途了。

STEP 01 在VRED主面板菜单栏中执行Scene（场景）>Light Editor（灯光编辑器）命令，打开Light Editor（灯光编辑器）对话框，如图17-7和图17-8所示。

STEP 02 单击面板左下角的加号，在打开的菜单中选择Spot Light（聚光灯），创建一个Spot Light（聚光灯），如图17-9所示。

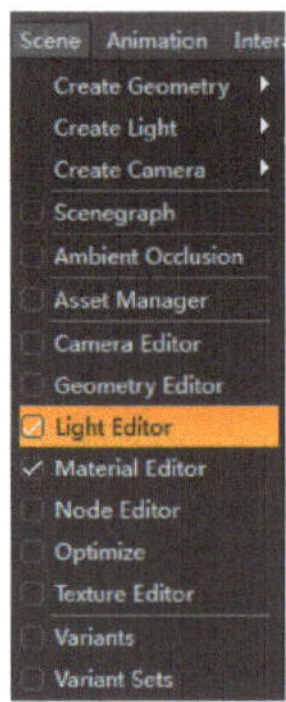

图17-7 打开Light Editor（灯光编辑器）

图17-8 Light Editor（灯光编辑器）面板

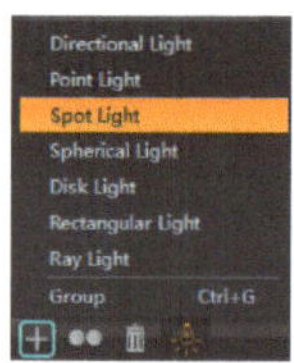

图17-9 创建Spot Light（聚光灯）

STEP 03 使用快捷键Shift+W/Shift+E激活移动/旋转控制杆，然后在右侧渲染窗口中移动并旋转这个Spot Light（聚光灯），与此同时注意观察左侧渲染窗口的光照情况，使该灯光投射的高光能够与渲染图的主光区域大致重合，如图17-10和图17-11所示。

图17-10 渲染图高光位置

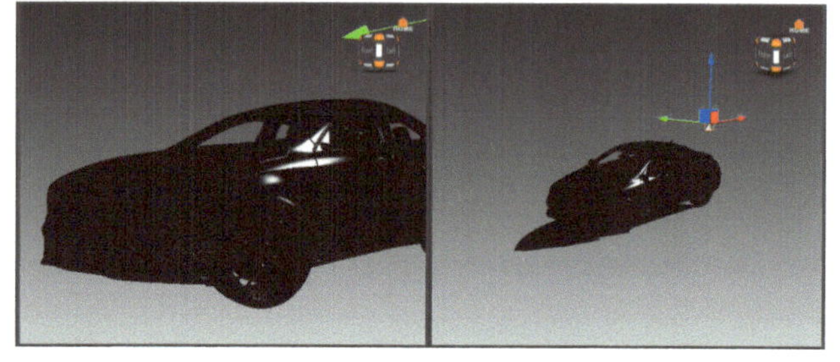

图17-11 移动与旋转灯光

TIPS

最终使用的灯光坐标与旋转数值，如图17-12所示。

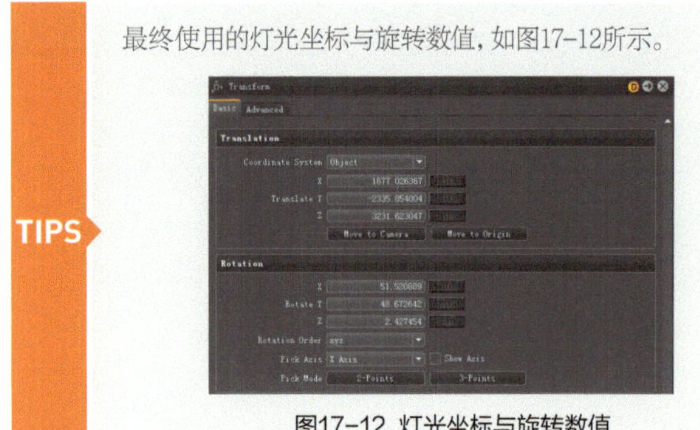

图17-12 灯光坐标与旋转数值

STEP 04 进入Still Frame（光线追踪静帧）模式，即可看到初步的焦散计算结果，如图17-13所示。

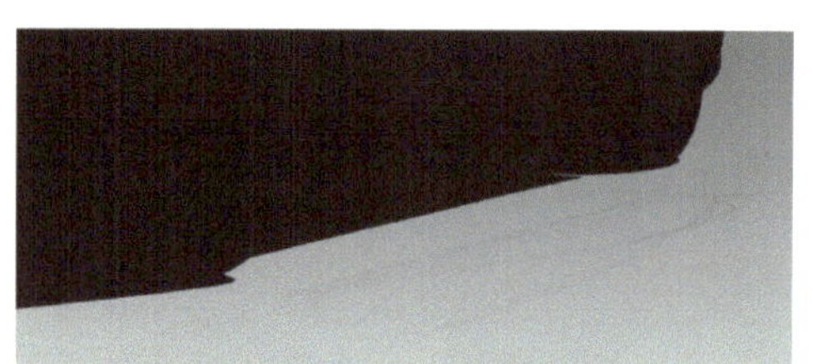

图17-13 初步的焦散计算结果

STEP 05 虽然效果不佳，但是焦散已经计算正确，可以关闭额外的渲染窗口。选中第二个Render Window（渲染窗口），然后在VRED主面板菜单栏中执行Window（窗口）>Close Render Window（关闭渲染窗口）命令，将其关闭以节约系统资源，如图17-14所示。

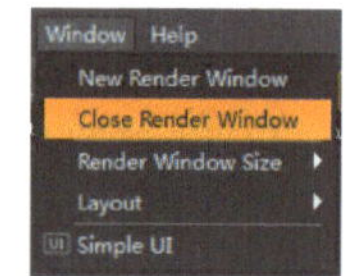

图17-14 关闭渲染窗口

17.4 参数调整

切回实时预览模式，调试一些进阶参数。

STEP 01 打开Light Editor（灯光编辑器）对话框，确认已选中SpotLight（聚光灯）；然后提高Intensity（强度）参数到10，以获取更强的光照；接着将Shadow Intensity（阴影强度）改为0，以禁止灯光产生阴影；将Map Resolution（贴图尺寸）改为128，缩小阴影贴图尺寸以节约系统资源；最后关闭Cast Shadow on Shadow Material（在阴影材质上产生阴影）选项，以避免灯光在地面上投下阴影。参数设置如图17-15所示。

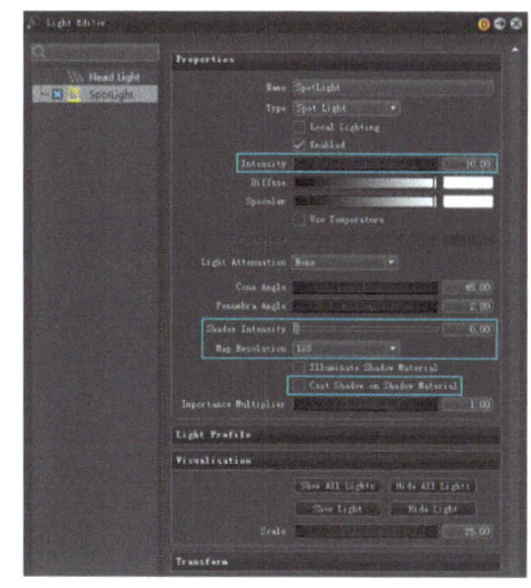

图17-15 灯光参数

STEP 02 打开Render Settings（渲染设置）面板，找到Raytracing Quality（光线追踪质量）>Photon Tracing（光子追踪）部分，将设定光子发射量，以获取更精彩的焦散效果。Photon Tracing（光子追踪）相关参数设置如图17-16所示。

设置步骤

① 将Trace Depth（追踪深度）设置为16，以控制追踪计算量。

② 将Interactive Count（交互模式数量）和Still Frame Count（静帧模式数量）参数分别设置为50000和500000，使系统发射更多的Photon（光子），产生更细腻的焦散效果。

③ 将Photon Radius（光子半径）改为10，使单个Photon（光子）变小，使焦散细节更清晰。

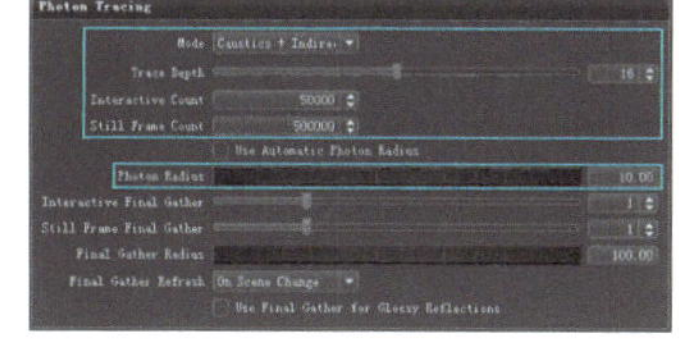

图17-16 Photon Tracing（光子追踪）参数

TIPS

一般来说，越高的Count（数量）则代表越多的Photon（光子），越多的Photon（光子）则代表越好的焦散效果。当然，这同时也代表运用更多的计算时间。

由于最终只在Still Frame（光线追踪静帧）模式执行渲染操作，所以不必修改Interactive Count（交互模式数量）参数，这么做是我个人的一个习惯。

Photon Radius（光子半径）与Still Frame Count（静帧模式数量）是两个相辅相成的参数。越低的Photon Radius（光子半径）可以产生越清晰的焦散细节，但是需要用越多的Still Frame Count（静帧模式数量）填补光子之间的缝隙，同时更多的Still Frame Count（静帧模式数量）会导致更久的渲染时间。设定这两个参数需要反复测试，在实际工作中可以从所提供的参数模板开始，经过多次调整，以获取质量和速度的平衡。

STEP 03 使用新的灯光和渲染参数，在Still Frame（光线追踪静帧）模式下进行FGI渲染测试。建议此刻使用高抗锯齿参数，以查看更精确的结果，如图17-17所示。查看新的焦散渲染效果，可以看到清晰的焦散图像，并且地面也没有再出现阴影，如图17-18所示。

图17-17 高抗锯齿参数

图17-18 焦散计算结果

17.5 渲染输出

焦散输出相比普通渲染输出而言，没有任何特别之处，唯一需要注意的就是，一定要保证Alpha通道是开启的，否则会在后期修图时遇到一定的困扰。另外，不必为焦散渲染输出各个Renderpasses（通道），也不必使用较高的Trace Depth（追踪深度），这样能够节省不少时间。

图17-19~图17-21所示的是所使用的焦散渲染参数。它们大体上与普通项目的最终输出设置相同，可根据在前面的项目中学习的知识参考并设置，这里仅将重要参数进行标注。

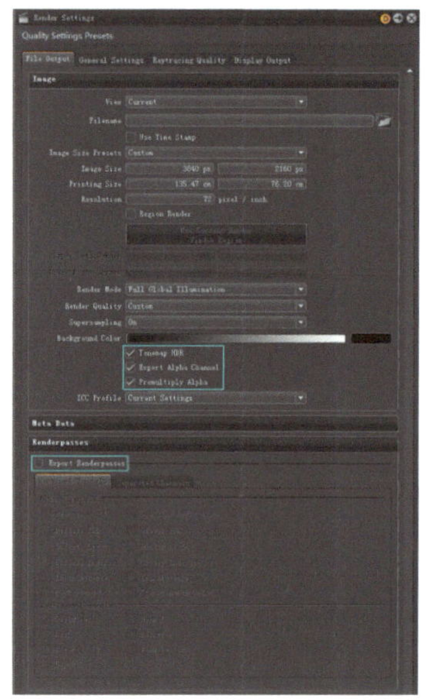

图17-19 渲染参数1

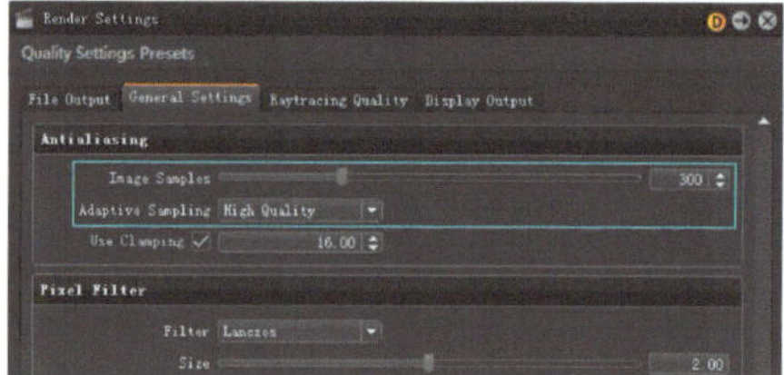

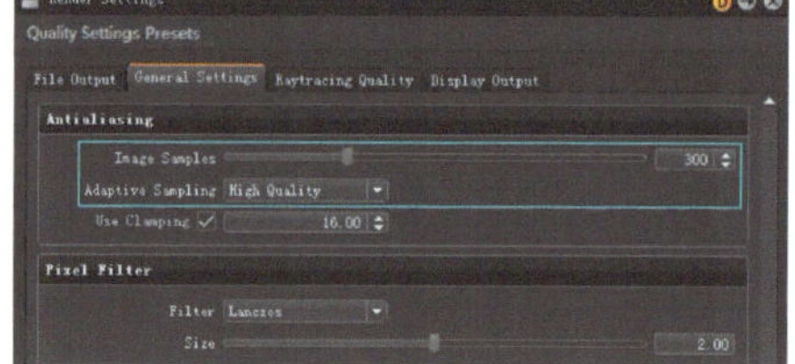

图17-20 渲染参数2

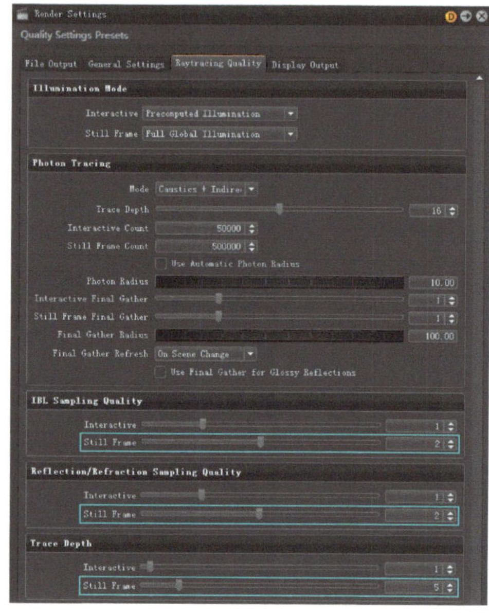

图17-21 渲染参数3

TIPS 将本次输出命名为VRED_Case05_Caus.png。

由于场景设置，焦散的渲染结果是黑色的，如图17-22所示。这没有任何关系，只需要在后期修图时使用快捷键Ctrl+I将图像反相，就能获得正常的白色焦散，如图17-23所示。

图17-22 焦散渲染结果

图17-23 图层反相结果

由于焦散图层会被放置在主体车辆图层下方，所以画面中的车身完全不会影响我们的工作。如果你追求完美表现，可以使用Material ID（材质ID）或手动遮罩将它清除。

保存并关闭文件，焦散课程就此结束。

www.ingramcontent.com/pod-product-compliance
Ingram Content Group UK Ltd.
Pitfield, Milton Keynes, MK11 3LW, UK
UKHW060106300726
14090UKWH00003B/387
9787115445254